Christ
D1985445

CICERO

SÄMTLICHE REDEN

MARCUS TULLIUS CICERO
SÄMTLICHE REDEN

EINGELEITET, ÜBERSETZT UND ERLÄUTERT VON
MANFRED FUHRMANN

AUSGABE IN SIEBEN BÄNDEN
BAND II

ARTEMIS & WINKLER

Dieser Band ist

HANS ROBERT JAUSS

gewidmet

Die Deutsche Bibliothek – CIP-Einheitsaufnahme

Cicero, Marcus Tullius :
Sämtliche Reden / Marcus Tullius Cicero.
Eingel., übers. und erl. von Manfred Fuhrmann. –
Düsseldorf ; Zürich: Artemis und Winkler, 2000
ISBN 3-7608-3510-4 (Kassette)
Bd. 2: 2000 ISBN 3-7608-3512-0

© 1970, [2]1985 Artemis & Winkler Verlag, Düsseldorf/Zürich
Bibliothek der Alten Welt

© 2000 Patmos GmbH & Co. KG
Artemis & Winkler Verlag, Düsseldorf/Zürich
Alle Rechte, einschließlich derjenigen des auszugsweisen Abdrucks sowie der fotomechanischen und elektronischen Wiedergabe, vorbehalten.
Druck: Freiburger Graphische Betriebe, Freiburg
ISBN 3-7608-3510-4 (Kassette)
Bd. 2: ISBN 3-7608-3512-0

FÜR CLUENTIUS HABITUS

ÜBER DAS SIEDLERGESETZ

FÜR RABIRIUS

CATILINARISCHE REDEN

FÜR MURENA

REDE FÜR A. CLUENTIUS HABITUS

Einleitung

Die Rede für A. Cluentius Habitus ist das Plädoyer des Verteidigers in einem öffentlichen Strafprozeß (*causa publica*). Sie entstammt dem Jahre 66 v. Chr.; Cicero bekleidete damals das Amt eines Prätors. Die ungewöhnlich lange Rede ist vollständig erhalten.

Cluentius wurde beschuldigt, seinen Stiefvater Statius Albius Oppianicus mit Gift ermordet zu haben. Ein zweiter Vorwurf gründete sich auf ein Strafverfahren, das Cluentius acht Jahre zuvor gegen Oppianicus angestrengt hatte: er bezichtigte damals den Stiefvater, daß er versucht habe, ihn mit Gift zu beseitigen; er erwirkte ein Schuldurteil, so daß Oppianicus in die Verbannung gehen mußte; es hieß jedoch (und so lautete auch der zweite Anklagepunkt im Prozeß des Jahres 66 v. Chr.), daß er den Gerichtshof, der Oppianicus verurteilte, mit Geld beeinflußt habe. Im Jahre 66 v. Chr. bestanden drei Gerichtshöfe für Tötungsverbrechen, zwei *quaestiones* für gewaltsamen Mord (*inter sicarios*) und eine *quaestio* für Giftmord (*de veneficiis*)*; das Verfahren gegen Cluentius war vor dem Gericht für Giftmordsachen anhängig. Die Rolle des Anklägers hatte Titus Attius übernommen; er handelte im Einverständnis mit dem jüngeren Oppianicus, dem Sohne des angeblich Ermordeten. Vorsitzender des Gerichts war der *iudex quaestionis* Q. Voconius Naso. Dem Gericht gehörten 32 Geschworene an; es bestand, wie es die *lex Aurelia* des Jahres

* Über die *quaestiones* siehe die Einleitung zur Rede für Sex. Roscius aus Ameria.

70 v. Chr. vorschrieb, zu je einem Drittel aus Senatoren, Rittern und Ärartribunen.

Die beiden Verbrechen, die der Ankläger dem Cluentius zur Last legte, das heißt sowohl der Giftmord als auch die Richterbestechung, wurden nach dem sullanischen Mordgesetz vom Jahre 81 v. Chr. (*lex Cornelia de sicariis et veneficis*) geahndet; die Vorschriften über aktive und passive Richterbestechung galten allerdings nur für Mitglieder des Senatorenstandes. Cluentius war römischer Ritter. Der Ankläger hatte sich daher wohl lediglich aus taktischen Gründen auf die Bestechungsaffäre des Jahres 74 v. Chr. berufen: er benutzte die Bestechung als unselbständigen Anklagepunkt, aus dem sich die Triftigkeit des eigentlichen Vorwurfs, des Giftmordes, desto zwingender ergeben sollte. Der Verteidiger Cicero war für diesen Kunstgriff des Anklägers gerüstet; er suchte ihn zu durchkreuzen, indem er sich für den Vorwurf der Bestechung nicht einfach auf die Klausel des sullanischen Mordgesetzes berief, sondern bestrebt war, ihn der Sache nach zu entkräften.

Der Plan der Anklage und Ciceros Gegenplan haben die Länge und Weitläufigkeit dieses Plädoyers verursacht. Die Anklage hatte ein zweigliedriges Schema befolgt: sie war nicht sogleich auf den Hauptvorwurf eingegangen, sondern hatte sich zunächst, um ihm den Weg zu bahnen, ausführlich mit der Bestechungsaffäre befaßt. Cicero übernimmt diesen Aufbau und potenziert ihn zugleich: er behandelt ebenfalls an erster Stelle die Bestechungsaffäre und dann erst den Vorwurf des Giftmordes (1 f.); um jedoch seine Version von der Bestechungsaffäre als plausibel erscheinen zu lassen, holt er noch weiter aus als der Ankläger; er schildert zunächst das verbrecherische Vorleben des älteren Oppianicus und berichtet sodann von zwei Prozessen, die ebenfalls dem an Cluentius verübten Mordanschlag gegolten hatten und die dem Verfahren gegen den älteren Oppianicus vorausgegangen waren.

Der erste Hauptteil des ciceronischen Plädoyers besteht daher aus drei Abschnitten, die sich mit dem Vorleben des älteren Oppianicus, mit den Giftmordprozessen des Jahres 74 v. Chr. und mit der Bestechungsaffäre befassen (9).

In der Einleitung (1–9) kündigt Cicero sofort an, daß ihm der Ankläger den zweiteiligen Aufbau seiner Replik vorgezeichnet habe; er sucht weiterhin zu begründen, weshalb er sich mit dem ersten Punkte viel ausführlicher befassen werde als mit dem zweiten: der Hauptvorwurf des Giftmordes sei gänzlich unbegründet und lasse sich mit wenigen Worten abtun; die dem Angeklagten ungünstige Version von der Bestechungsaffäre habe sich seit acht Jahren fest in der öffentlichen Meinung eingenistet, und es werde daher der gemeinsamen Anstrengungen des Verteidigers und des Gerichtshofes bedürfen, daß man sich von diesem Vorurteil befreie.

Der erste Abschnitt des ersten Hauptteils (10–48) schildert eine Kette schauriger Begebenheiten, die sich vor einer überaus eigentümlichen Kulisse abspielen. In Larinum, einem Landstädtchen des nördlichen Apulien, sind einige führende Familien, denen Geld und Erbschaften über alles zu gehen scheinen, durch mannigfache Blutsbande miteinander verflochten; Ehen unter Verwandten und Wiederverheiratungen zählen zu den gewöhnlichen Ereignissen; in dem stattlichen Personal, das dieser Abschnitt der Rede aufbietet, kehren oft dieselben Namen wieder. Cicero befaßt sich zunächst mit Sassia, der Mutter des Angeklagten (11–18); er schildert sie als zügelloses, von Habgier und von Haß gegen den Sohn erfülltes Weib. Sie war zunächst mit Cluentius, dem Vater des Angeklagten, verheiratet; sie spannte sodann der eigenen Tochter den Gatten aus; sie ehelichte schließlich den älteren Oppianicus, den zweiten Haupthelden des Geschehens. Das Plädoyer wendet sich nunmehr diesem Manne zu; die Darlegungen ergeben beiläufig, daß er es auf insgesamt fünf Ehen brachte: mit Cluentia, einer Tante des Angeklagten (30), mit Magia, der Mutter des jüngeren Oppianicus (21), mit einer Papia (27; hierzu 33–35) und einer Novia (27) sowie schließlich mit Sassia. Zwei Szenenfolgen schildern die Morde, Abtreibungen und Testamentsfälschungen, die, wenn man Cicero glauben darf, der ältere Oppianicus ins Werk gesetzt hatte (19–29 und 30–42). Alle diese Verbrechen zielten auf die Erlangung von Erbschaften; ein gut Teil von ihnen richtete sich gegen Mitglieder zweier eng miteinander verwandter Häuser, der Aurier und Magier – es handelt sich meist um die Nachkommen, die einer Frau, der Dinaea, durch zwei Ehen zuteil geworden waren. Die Schilderung gipfelt in dem Doppelverbrechen des Mordes und der Testamentsfälschung, das Oppianicus an der Stammutter der beiden Häuser, an Dinaea selbst, begangen haben sollte. Cicero berichtet sodann, wie es zu dem Giftmordanschlag gegen Cluentius gekommen sei; Oppianicus habe einen Fabricius als Gehilfen und dieser wiederum seinen Freigelassenen Skamander als Werkzeug benutzt (43–48).

Der ziemlich bündige zweite Abschnitt gilt dem Prozeßkrieg, den Cluentius im Jahre 74 v.Chr. gegen die wirklich oder angeblich an dem Mordanschlag Beteiligten entfacht hatte (49–62). Er klagte zunächst das Werkzeug, den Freigelassenen Skamander an, zu dessen Verteidigung sich kein anderer als Cicero bereitgefunden hatte; Skamander wurde mit einer Ausnahme von sämtlichen Richtern für schuldig befunden. Cluentius zog sodann den Fabricius vor Gericht; abermals war seine Anklage erfolgreich. Das Ergebnis dieses Abschnitts lautet: der Gerichtshof, der schließlich in einem dritten Prozeß den Oppianicus verurteilte, war durch zwei eigene Vorentscheidungen gebunden; er konnte gar nicht anders urteilen, als er geurteilt hatte.

Der dritte und letzte Abschnitt des ersten Hauptteils ist der Bestechungsaffäre gewidmet, dem eigentlichen Hindernis also, das die Anstrengungen des Verteidigers Cicero zu überwinden hatten (63–160). Cicero bestreitet nicht, daß der Gerichtshof, der im Jahre 74 v.Chr. den älteren Oppianicus mit schwacher Mehrheit verurteilt hatte, durch Geld beeinflußt worden war; er behauptet indes, nicht der Ankläger Cluentius, sondern der Angeklagte Oppianicus habe sich der Richterbestechung schuldig gemacht. Diese Version steht in handgreiflichem Widerspruch zum Ausgang des Prozesses; Cicero sucht daher in einer ersten Partie darzulegen, welcher Verkettung von Umständen das paradoxe Ergebnis zugeschrieben werden müsse (63–87): der Richter Staienus, der Mittelsmann des Oppianicus, habe die gesamte Bestechungssumme für sich behalten wollen; durch ein geschicktes Lügenmanöver sei es ihm gelungen, gerade die käuflichsten Geschworenen gegen Oppianicus aufzubringen, statt sie für ihn zu gewinnen. Diese eigenartige Wendung wiederum, beteuert Cicero, habe ein zweites Paradox bewirkt; als die notorisch bestechlichen Richter sich anschickten, einen nach Lage der Dinge gerechtfertigten Schuldspruch zu fällen, sei ein Teil der unbestechlichen Richter stutzig geworden – diese Richter hätten sich daraufhin zu einem in Wahrheit nicht gerechtfertigten *non liquet* entschlossen.

Cicero behandelt nunmehr den Stoff, der ihm durch die Anklage vorgegeben war. Eine besonders ausführliche Partie erörtert die Strafurteile und strafähnlichen Maßnahmen, die sich an den Bestechungsskandal des Oppianicus-Prozesses angeschlossen hatten (88–142); sie soll zeigen, daß allen diesen Urteilen entweder keine Beweiskraft gegen Cluentius zukomme oder daß sie gar für ihn sprächen oder daß man sie nicht als wirkliche Urteile gelten lassen dürfe (88. 103. 117). Der zuletzt genannte Gesichtspunkt zielt zum Teil auf die politischen Folgen des Oppianicus-Prozesses; von L. Quinctius, dem Volkstribunen und Verteidiger des Oppianicus, sei, behauptet

Cicero, eine Kampagne entfesselt worden, die sich erheblich auf den weiteren Verlauf der Dinge ausgewirkt habe. Insgesamt wurden acht der siebzehn Richter, die Oppianicus schuldig gesprochen hatten, in Prozesse verwickelt oder mit einer zensorischen Rüge bedacht; der einzige Prozeß, der eigens dem Vorwurf der Bestechung galt, endete, wie Cicero gern hervorhebt, mit einem Freispruch. Einen neunten Richter traf die Enterbung des Vaters, und schließlich erhielt auch der Ankläger Cluentius eine Rüge der Zensoren. Die lange Reihe der von Cicero zerpflückten Beweise endet mit Äußerungen über die Bestechungsaffäre, die der Redner selbst in einem früheren Plädoyer, in der ersten Rede gegen Verres, getan hatte (38f. Vgl. die 2. Rede gegen Verres 2, 78f. und die Rede für Caecina 28); Cicero beteuert, daß er sich hierbei lediglich von der allgemein verbreiteten, jedoch irrigen Auffassung habe leiten lassen.

In einer kürzeren Partie (143–160) legt Cicero dar, daß er sich wegen des Vorwurfs der Bestechung kurzerhand auf die Klausel des sullanischen Mordgesetzes habe berufen können; er sei allein durch die Bitten des Cluentius, dem es auch auf seinen Ruf ankomme, zu seinem umständlichen Vorgehen bestimmt worden. Mit einem Räsonnement über die guten Gründe der Klausel schließt der dritte Abschnitt des ersten Hauptteils und zugleich der erste Hauptteil selbst.

Der zweite Hauptteil gilt dem Giftmord, den Cluentius an Oppianicus verübt haben sollte (160–194); Ciceros Replik geht mit äußerster Kürze sowohl über die angeblichen sonstigen Missetaten des Angeklagten als auch über den Hauptvorwurf hinweg (160–175). Das Tempo der Darstellung verlangsamt sich erst wieder bei der Behandlung eines Beweismittels, eines Sklavenzeugnisses, auf das sich der Ankläger berufen hatte (176–194). Sassia, die Mutter des Cluentius, rückt wieder in den Mittelpunkt; Cicero sucht sie als die eigentliche

Drahtzieherin der Anklage zu erweisen. Sie habe nach dem Tode ihres Gatten versucht, sich durch grausame Sklavenfolterungen Beweise gegen den Sohn zu verschaffen; die Aussage, die sie endlich erlangt habe, sei gefälscht. Der Epilog nennt die lange Reihe derer, die sich für Cluentius verwenden, und beschwört die Richter, den Angeklagten nicht dem Haß und der Rachsucht seiner Mutter preiszugeben.

Cluentius wurde freigesprochen. Cicero soll später selbst erklärt haben, es sei ihm gelungen, den Richtern Sand in die Augen zu streuen (Quintilian, Institutio oratoria 2, 17, 21). Mit diesem Ausspruch bezieht er sich wohl vor allem auf die Behandlung, die er der Bestechungsaffäre hatte zuteil werden lassen. Mit Bedacht geht er dort von einer grundfalschen Alternative aus (64): «Wenn feststeht, daß jenes Gericht bestochen war, dann ist es entweder von Habitus oder von Oppianicus bestochen worden.» Das Richtige liest man in den erwähnten Anspielungen der Verres-Reden: sowohl der Ankläger als auch der Angeklagte hatten versucht, durch Geld auf das Gericht einzuwirken. Und man darf sofort hinzufügen, daß sich, wie das Urteil lehrt, der Ankläger Cluentius besser auf diese Kunst verstand. Der Redner hat sein Täuschungsmanöver sorgsam vorbereitet: einmal durch den eindrucksvollen Bericht von dem verbrecherischen Treiben des Oppianicus, der außer einigen Tatsachen auch manches Unwahre oder Unbewiesene enthalten mag, zum anderen durch die suggestive Verknüpfung der drei Prozesse, mit denen Cluentius den an ihm verübten Giftmordversuch beantwortet hatte – hierbei wird von Cicero mit größter Selbstverständlichkeit vorausgesetzt, daß Oppianicus als der eigentliche Urheber des Verbrechens gelten müsse.

Der Schulhumanismus der Neuzeit hat die Rede für Cluentius nicht sonderlich geschätzt; seine Einstellung war wohl vor allem durch den wenig erbaulichen Stoff bedingt. Die Antike hatte anders geurteilt. Cicero selbst zählte das Plädoyer für Cluentius zu seinen Meisterwerken (Orator 107f.); die folgenden Jahrhunderte gaben ihm recht. Die Verteidigung des Cluentius gehörte zur bevorzugten Schullektüre; die Rhetoren wurden nicht müde, aus ihr zu zitieren; Quintilian pries ihre Vorzüge (Institutio oratoria 4,1,35. 6,5,9); der jüngere Plinius erklärte, die längste aller ciceronischen Reden gelte auch für die beste (Briefe 1,20,4).

Die künstlerischen Vorzüge der Cluentius-Rede sind offensichtlich; sie beruhen insbesondere auf dem mannigfachen Wechsel der Stillagen und affektischen Mittel, auf der sicher gehandhabten Technik der indirekten Charakteristik, auf dem Reiz der ineinander verschränkten Zeitsphären und Perspektiven, auf dem komplizierten und doch übersichtlichen Aufbau. Die Rede ist zugleich ein wichtiges Beispiel für die strategische Meisterschaft des Anwalts Cicero; sie zeigt, welche Schwierigkeiten das Zusammenwirken aller Darstellungsmittel zu überwinden vermochte, wenn es galt, den Hörern eine bestimmte Deutung gegebener Sachverhalte aufzuzwingen.

Literatur

Kommentierte Ausgabe:

W. Y. Fausset, M. Tullii Ciceronis pro A. Cluentio oratio, London 1910⁴.

Abhandlungen:

C. Bardt, Zu Ciceros Cluentiana, Programm des Gymnasiums Neuwied, Neuwied 1878, 1–13.

W. Kroll, Ciceros Rede für Cluentius, Neue Jahrbücher 53, 1924, 174–184.

J. Humbert, Comment Cicéron mystifia les juges de Cluentius, Revue des Etudes Latines 16, 1938, 275–296.

C. J. Classen, Cicero, Pro Cluentio 1–11 im Licht der rhetorischen Theorie und Praxis, Rheinisches Museum 108, 1965, 104–142.

Ders., Die Anklage gegen A. Cluentius Habitus (66 v. Chr. Geb.), Savigny – Zeitschrift für Rechtsgeschichte, Romanistische Abteilung 89, 1972, 1–17.

REDE FÜR A. CLUENTIUS HABITUS

Wie ich ersehen habe, ihr Richter, bestand die Rede des Anklägers im ganzen aus zwei Teilen. Mir schien, daß sich der eine auf die bereits fest eingewurzelte üble Nachrede wegen des junianischen Prozesses[1] gründete und nach Kräften hiervon ausging, der andere hingegen nur der Gewohnheit zuliebe schüchtern und ohne Zuversicht den Beweis für die Anschuldigung der Giftmordklage berührte, worüber doch dieser Gerichtshof von Gesetzes wegen zu befinden hat. Ich bin daher entschlossen, mich in meinem Plädoyer an eben diese Zweiteilung von übler Nachrede und Anschuldigungen zu halten: jedermann soll erkennen, daß ich nichts durch Verschweigen umgehen oder durch Reden verdunkeln will. Doch wenn ich erwäge, wieviel Mühe mir diese beiden Punkte auferlegen, so scheint mir, daß der eine Teil, der für euer Urteil und für den ordentlichen Gerichtshof in Giftmordsachen wesentlich ist, sehr kurz ausfallen und keiner großen Streitrede bedürfen wird; der andere hingegen, der von diesem Verfahren weitab liegt, der sich eher für aufrührerisch erregte Volksversammlungen eignet als für ruhige und leidenschaftslose Gerichtsverhandlungen – ich sehe deutlich, welche Beschwerlichkeit und welche Anstrengung er meinem Plädoyer bereiten wird. 1

2

Doch in dieser schwierigen Lage tröstet mich immerhin eines, ihr Richter: ihr pflegt euch Beschuldigungen mit der Erwartung anzuhören, daß allein der Beistand sie widerlegt; ihr glaubt, daß ihr dem Angeklagten für seine Rettung nicht mehr zubilligen dürft, als was der Verteidiger durch die Entkräftung der Vorwürfe zu erreichen und in seiner Rede zu beweisen vermochte. Wegen der üblen Nachrede aber müßt ihr unter uns so entscheiden: ihr solltet nicht so sehr beachten, was von uns gesagt wird, als was man hier zu sagen 3

verpflichtet ist. Denn bei den Beschuldigungen handelt es sich um die besondere Notlage des A. Cluentius, bei der Nachrede jedoch um allgemeine Belange. Ich will daher den einen Teil meines Plädoyers so anlegen, daß ich euch über Tatsachen unterrichte, den anderen so, daß ich Bitten vorbringe; für den einen Teil muß ich mich eurer Sorgfalt versichern, für den anderen euren Beistand anrufen[2]. Denn niemand vermag sich ohne eure und ohne solcher Männer Hilfe
4 der Nachrede zu erwehren – ich jedenfalls weiß gar nicht, woran ich mich halten soll. Kann ich leugnen, daß es jene schimpfliche Kunde von der Richterbestechung gegeben hat? Kann ich leugnen, daß diese Sache in Volksversammlungen aufgeführt, in Prozessen behandelt, im Senat erwähnt worden ist? Kann ich dem Gedächtnis der Leute ein solches Vorurteil entreißen, ein so tief eingewurzeltes, so altgewohntes? Das vermag nicht meine Geschicklichkeit, das vermag nur eure Hilfe, ihr Richter: der Unschuld dieses Mannes in der Heillosigkeit seines Rufes so beizustehen wie in einem höchst verderblichen Brande und einer allgemeinen Feuersbrunst.

5 Denn die Wahrheit mag an anderer Stelle zu wenig Stütze und zu wenig Kraft haben; hier jedoch muß die unbegründete Nachrede wirkungslos sein: sie herrsche in Volksversammlungen, sie sei ohnmächtig vor den Gerichten; sie gelte in den Meinungen und Gesprächen der Unerfahrenen, sie werde abgewiesen von der Vernunft der Einsichtigen; sie trete plötzlich mit heftigem Ansturm auf, sie erlahme, sobald einige Zeit vergangen und die Sache geprüft ist; man halte sich schließlich an den Grundsatz für unparteiische Prozesse, den uns die Vorfahren überliefert haben: in Prozessen strafe man ohne Voreingenommenheit die Schuld und entsage man, wo keine Schuld ist, der Voreingenommenheit.

6 Daher bitte ich euch um folgendes, ihr Richter, bevor ich über die Sache selbst zu reden beginne: einmal (und dies ist

recht und billig wie nur etwas), daß ihr kein Vorurteil hierher mitbringen solltet – denn wir geben nicht nur das Ansehen, sondern auch den Begriff des Richters preis, wenn wir hier nicht allein nach Maßgabe der Verhandlungen urteilen, wenn wir zu den Verhandlungen schon fertige Urteile von Hause mitbringen; ferner, wenn sich bei euch bereits eine Meinung festgesetzt hat und wenn die Vernunft an ihr zerrt, wenn meine Rede sie erschüttert, wenn schließlich die Wahrheit sie euch entwindet: widerstrebt nicht und werft sie bereitwillig oder gelassen über Bord; außerdem aber, wenn ich über die einzelnen Punkte rede und sie entkräfte: unterlegt euren Erwägungen nicht stillschweigend, was dagegen spricht, sondern wartet das Ende ab und erlaubt, daß ich mich beim Reden an meine Anordnung halte; wenn ich geendigt habe, dann könnt ihr euch fragen, ob etwas unberücksichtigt geblieben ist.

Ich sehe ohne weiteres ein, ihr Richter, daß ich mich einem 7
Fall zuwende, von dem man bereits seit acht Jahren ständig in ungünstigem Sinne hört und der schon durch die stillschweigende Meinung der Leute geradezu entschieden und abgeurteilt ist. Doch wenn mir ein Gott eure Geneigtheit gewährt, mich anzuhören, dann werde ich euch gewiß die Einsicht vermitteln, daß sich der Mensch vor nichts so fürchten muß wie vor der Nachrede, daß ein Unschuldiger, wenn sich die Nachrede an ihn geheftet hat, nichts so wünschen muß wie ein unparteiisches Gericht; denn dort allein findet schließlich eine grundlose Verleumdung ihre Grenze und ihr Ende. Ich bin daher von großer Zuversicht erfüllt: wenn ich, was zur Sache gehört, auseinanderzusetzen und in meiner Rede alles zu bewältigen vermag, dann wird diese Stätte, eure Versammlung, von der die Gegner glaubten, sie werde dem A. Cluentius Furcht und Schrecken bringen, seinem unglücklichen und vielbedrängten Schicksal endlich einen Hafen und eine Zuflucht gewähren.

8 Zwar müßte ich, scheint mir, noch sehr vieles über die allgemeinen Gefahren der Nachrede sagen, ehe ich mich mit der Sache befasse; ich möchte jedoch eure auf meine Rede gespannte Erwartung nicht länger hinhalten und mich dem Schuldvorwurf zuwenden. Hierbei richte ich die dringende Bitte an euch, ihr Richter, die ich, wie ich sehe, des öfteren vorbringen muß: hört mich so an, als ob diese Sache jetzt zum ersten Male verhandelt würde, wie es auch wirklich der Fall ist, nicht als ob man sie schon oft verhandelt hätte, ohne je einen Beweis zu erbringen. Denn am heutigen Tage bietet sich zum ersten Male die Möglichkeit, diesen seit langem bestehenden Vorwurf zu entkräften; bisher war die Angelegenheit dem Irrtum und der gehässigen Nachrede ausgesetzt. Daher bitte ich euch, ihr Richter, hört mich, wie ihr es schon tut, bereitwillig und aufmerksam an, während ich kurz und deutlich auf die Anschuldigung vieler Jahre antworte.

9 Es heißt, A. Cluentius habe die Richter durch Geld bestochen, um die Verurteilung seines unschuldigen Feindes, des Statius Albius, zu erwirken. Da jenes scheußliche Gerücht hauptsächlich besagt, ein Unschuldiger sei durch Geld zu Fall gebracht worden, will ich zuerst zeigen, ihr Richter, daß man noch nie jemandem mit triftigeren Vorwürfen und drückenderen Zeugnissen den Prozeß gemacht hat; sodann, daß dieselben Richter, die ihn verurteilten, Vorentscheidungen gefällt hatten; daher hätten ihn schon gar nicht diese und nicht einmal beliebige andere Richter irgendwie freisprechen können. Wenn ich das bewiesen habe, dann will ich zeigen, was man, wie ich sehe, am meisten erwartet: daß jener Gerichtshof nicht von Cluentius, sondern gegen Cluentius mit Geld bearbeitet worden ist, und ich will euch begreiflich machen, was bei dem ganzen Hergang die Sache selbst mit sich gebracht, was Irrtum hinzugedichtet, was üble Nachrede zusammengebraut hat.

Der erste Punkt besteht also darin, daß ersichtlich sein 10
muß, wie sehr Cluentius seiner Sache vertrauen durfte, da er auf die stichhaltigsten Beschuldigungen und Zeugen gestützt Anklage erhob. An dieser Stelle kann ich nicht umhin, ihr Richter, euch kurz die Verbrechen zu schildern, derentwegen Albius verurteilt worden ist. Ich bitte dich, Oppianicus: sei überzeugt, daß ich wider meinen Willen über den Prozeß deines Vaters rede; mich nötigen Pflicht und Amt des Verteidigers. Denn wenn ich dir gegenwärtig nicht Genüge tun kann, so werde ich doch künftig oft Gelegenheit hierzu haben; wenn ich hingegen dem Cluentius nicht jetzt Genüge tue, so wird sich mir später keine Gelegenheit mehr bieten, ihm Genüge zu tun. Wer darf überdies zögern, gegen einen Verurteilten und Verstorbenen für einen Unbestraften und Lebenden zu sprechen? Denn den Angegriffenen hat die Verurteilung bereits jeder Gefahr der Schande entzogen, der Tod sogar der einer Kränkung; dem von mir Verteidigten hingegen kann keine Widerwärtigkeit zustoßen, ohne daß sie ihn auf das heftigste trifft und verdrießt und ohne daß sie seinem
Leben größte Unehre und Schande einbringt. Und damit ihr 11
erkennt, daß Cluentius nicht aus Freude am Anklagen, nicht aus irgendeinem Geltungstrieb oder aus Ruhmsucht, sondern wegen ruchloser Verbrechen, täglicher Nachstellungen und weil ihm die Bedrohung seines Lebens vor Augen stand, die Person des Oppianicus angezeigt hat, deshalb will ich mit dem Beginn meiner Darlegungen etwas weiter ausholen; nehmt das bitte nicht übel auf, ihr Richter; denn wenn ihr die Anfänge kennengelernt habt, werdet ihr den Ausgang viel leichter verstehen.

A. Cluentius Habitus, der Vater des Angeklagten, war ein Mann, ihr Richter, der sich nicht nur in seiner Heimatstadt Larinum[3], sondern auch in den benachbarten Gegenden durch Tüchtigkeit, Ansehen und vornehme Abkunft aus-

zeichnete. Er starb, als Sulla und Pompeius Konsuln waren[4], und hinterließ diesen Sohn im Alter von fünfzehn Jahren sowie eine erwachsene und heiratsfähige Tochter, die sich kurz nach dem Tode des Vaters mit A. Aurius Melinus vermählte, mit ihrem Vetter, einem, wie man damals glaubte, unter seinen Altersgenossen überaus ehrenwerten und vornehmen
12 jungen Manne. Die Hochzeit war noch ganz Vornehmheit, ganz Einigkeit; da entzündete sich plötzlich die abscheuliche Begierde eines hemmungslosen Weibes, die nicht nur Schande, sondern auch Verbrechen mit sich brachte. Sassia nämlich, die Mutter dieses Habitus hier – denn Mutter werde ich sie in meiner ganzen Rede, wiewohl sie dem Habitus gegenüber von feindseliger Abneigung und Grausamkeit erfüllt ist, Mutter, sage ich, werde ich sie nennen, und sie wird niemals von ihrem Verbrechen und ihrer Unmenschlichkeit hören, ohne daß sie ihren natürlichen Namen behält; denn je zärtlicher und gütiger allein schon der Muttername ist, für desto hassenswürdiger werdet ihr das beispiellose Verbrechen dieser Mutter ansehen, die bereits seit vielen Jahren und jetzt am allermeisten den Tod des Sohnes begehrt. Die Mutter des Habitus also verstrickt sich in unerlaubte Liebe zu Melinus, ihrem jungen Schwiegersohn. Zunächst (und auch das nur für kurze Zeit) versuchte sie, so gut sie konnte, ihre Leidenschaft zu beherrschen. Dann aber begann sie so von Raserei zu entbrennen, sich so von entflammter Begierde hinreißen zu lassen, daß nicht Ehre, nicht Scham, nicht Pflicht, nicht die Schande der Familie, nicht das Gerede der Leute, nicht der Schmerz des Sohnes, nicht der Kummer der Tochter sie
13 von ihrer Leidenschaft zurückhielt. Sie zog den jungen Mann, den Reife und Vernunft noch nicht gefestigt hatten, mit all den Lockungen an sich, durch die sich dieses Alter ködern und betören läßt. Die Tochter wurde nicht nur von dem Gram der Gattin gequält, wie ihn derlei Kränkungen des

Mannes gewöhnlich mit sich bringen; vielmehr war für sie das schändliche Verhältnis ihrer Mutter unerträglich, da sie sich, wie sie meinte, ohne Frevel nicht einmal darüber beklagen durfte. Sie war daher bestrebt, daß alle anderen nichts von ihrem großen Leid erfuhren; in den Armen und an der Brust des Cluentius, ihres innig geliebten Bruders, ließen Kummer und Tränen sie vorzeitig altern.

Da aber gab es eine plötzliche Scheidung; es schien, daß 14
sie all das Leid würde lindern können. Cluentia trennte sich
von Melinus, in Anbetracht solcher Kränkungen nicht un-
gern, von ihm als ihrem Gatten nicht gern. Doch da begann
diese ausgesuchte und hervorragende Mutter unverhohlen
vor Freude zu jauchzen, vor Wonne zu frohlocken – die Sie-
gerin über die Tochter, nicht über die Begierde. Sie wünschte
nicht, daß weiterhin nur unbestimmte Mutmaßungen ihrem
Rufe schadeten; sie ließ das Brautbett, das sie zwei Jahre zuvor
für ihre heiratende Tochter bereitet hatte, im gleichen Hause
für sich selbst schmücken und bereiten, nachdem sie ihre
Tochter vertrieben und davongejagt hatte. Die Schwieger-
mutter vermählt sich mit dem Schwiegersohn, ohne Feier-
lichkeiten[5], ohne das Vollwort der Verwandten[6], nicht ohne
die unheilvollen Vorahnungen aller. Welch unglaubliches 15
Verbrechen einer Frau und, bis auf diese eine, wie unerhört
im ganzen Lauf der Welt! Welch zügelloses und unbezähm-
bares Verlangen! Welch beispiellose Tollheit! Hat ihr denn
nicht gebangt – wenn nicht vor der Macht der Götter und
dem Urteil der Menschen, so doch vor der Nacht selbst und
den Fackeln ihrer Hochzeit? Nicht vor der Schwelle des
Schlafgemachs[7], nicht vor der Lagerstatt der Tochter, auch
nicht schon vor den Wänden, den Zeugen der vorigen Ver-
mählung? Sie durchbrach alle Schranken und trat sie nieder
in Leidenschaft und Raserei; die Begierde überwand die
Scham, die Tollheit die Scheu, der Wahnwitz die Vernunft.

16 Der Sohn litt schwer unter dieser allgemeinen Schande der Familie, der Verwandtschaft, des Namens; die täglichen Klagen und das ständige Weinen der Schwester steigerten seinen Verdruß. Trotzdem glaubte er, solche Kränkungen und solchen Frevel seiner Mutter nicht schlimmer vergelten zu sollen, als daß er nicht mehr mit ihr umging; man sollte nicht meinen, daß er das, was er ohne die äußerste Pein nicht ansehen konnte, durch den Umgang mit seiner Mutter nicht nur zu sehen bekomme, sondern gar willentlich gutheiße.

17 Ihr habt vernommen, wie sein Zerwürfnis mit der Mutter begann. Daß dies zur Sache gehört, werdet ihr einsehen, sobald ihr das übrige erfahren habt. Denn das verkenne ich nicht: die Mutter sei, wie sie wolle, trotzdem ist es kaum erlaubt, im Prozeß des Sohnes über die Schande der Mutter zu reden. Ich wäre nicht geeignet, Prozesse zu führen, ihr Richter, wenn ich nicht beachtete, was in den allgemeinen Überzeugungen der Menschen und sogar in ihrem Wesen begründet und verwurzelt ist, ich, den man herbeiruft, Menschen in ihren Bedrängnissen zu verteidigen; ich sehe ohne weiteres ein, daß man die Ungerechtigkeiten seiner Eltern nicht nur verschweigen, sondern auch mit Gleichmut ertragen muß. Ich glaube indes, daß man nur, was man ertragen kann, zu ertragen, nur, was man verschweigen kann, zu ver-
18 schweigen verpflichtet ist. Kein Unheil ist A. Cluentius in seinem Leben widerfahren, keiner Lebensgefahr war er ausgesetzt, kein Übel hat er gefürchtet, das nicht ganz und gar von seiner Mutter angestiftet und verursacht worden wäre. All dies würde er jetzt verschweigen und würde es, wenn er es durch Vergessen nicht könnte, trotzdem durch sein Schweigen verhüllen; indes, sie treibt es so, daß er es ganz und gar nicht verschweigen darf. Denn eben dieser Prozeß, diese Bedrängnis, diese Anklage, die ganze Schar der Zeugen, die auftreten wird, ist seit Anbeginn von der Mutter geplant

worden, wird jetzt von der Mutter hergerichtet und mit allen ihren Mitteln und Möglichkeiten in Bereitschaft gesetzt. Sie ist vor kurzem sogar selbst von Larinum nach Rom herbeigeeilt, um Cluentius zu vernichten; sie ist zugegen, die tolldreiste, die reich begüterte, die grausame Frau, sie unterweist die Ankläger, sie bereitet die Zeugen vor, sie ergötzt sich an der häßlichen Trauerkleidung des Angeklagten, sie lechzt nach seinem Untergang; sie ist bereit, all ihr Blut zu vergießen, wenn sie nur ihn zuvor das seine vergießen sieht. Wenn euch dies im Verlauf der Verhandlung nicht vollauf einleuchtet, dann dürft ihr glauben, daß wir sie ohne Bedacht namhaft machen. Doch wenn es in seiner Ruchlosigkeit zutage liegt, dann müßt ihr dem Cluentius verzeihen, daß er mich über diese Dinge reden läßt; mir dürftet ihr nicht verzeihen, wenn ich sie verschwiege.

Nunmehr will ich in Kürze darlegen, welche Verbrechen 19
zur Verurteilung des Oppianicus geführt haben; ihr könnt daraus die Charakterstärke des A. Cluentius und den Grund seiner Anklage ersehen. Und zwar will ich zuerst zeigen, warum er Anklage erhoben hat, so daß ihr erkennt: ebendies hat A. Cluentius getan, weil er sich durch Gewalt und Zwang genötigt sah. Als er handgreiflich das Gift entdeckte, das der 20
Ehemann seiner Mutter, Oppianicus, ihm zugedacht hatte, und die Tat nicht nur durch Mutmaßungen, sondern mit Augen und Händen erfaßt war und man an der Sache gar nicht mehr zweifeln konnte, da klagte er Oppianicus an – mit welcher Ausdauer und wie umsichtig, werde ich später erläutern; jetzt wollte ich euch nur dies wissen lassen: ihn bestimmte nichts anderes zur Anklage als die Absicht, auf diese einzig mögliche Weise der unmittelbaren Bedrohung seiner Sicherheit und täglichen Anschlägen auf sein Leben zu entgehen. Und damit ihr einseht, wie dem Oppianicus solche Verbrechen zur Last gelegt wurden, daß weder der Ankläger

zu bangen brauchte noch der Angeklagte hoffen konnte, will ich euch einige Anklagepunkte jenes Prozesses mitteilen; wenn ihr die kennengelernt habt, dann wird niemand von euch sich noch wundern, daß Oppianicus, an seiner Sache verzweifelnd, zu Staienus und zum Gelde seine Zuflucht nahm.

21 In Larinum lebte eine Frau namens Dinaea, die Schwiegermutter des Oppianicus; sie hatte die Söhne M. und N. Aurius sowie Cn. Magius, ferner die Tochter Magia, die mit Oppianicus verheiratet war. M. Aurius wurde als junger Mann im Bundesgenossenkrieg bei Asculum gefangengenommen[8]; er geriet in die Gewalt des Senators Q. Sergius, dessen, der wegen Meuchelmordes verurteilt worden ist, und befand sich bei ihm im Sklavenzwinger. N. Aurius hingegen, sein Bruder, verstarb und hinterließ als Erben den Bruder Cn. Magius. Hernach starb auch Magia, die Frau des Oppianicus. Schließlich verschied noch Cn. Magius, der einzige Sohn der Dinaea, der noch übrig war. Der hatte den jungen Oppianicus, den Sohn seiner Schwester, zum Erben eingesetzt und ihm aufgetragen, er solle die Hälfte an seine Mutter Dinaea abtreten. Inzwischen traf bei Dinaea ein Bote ein, der sie unzweideutig und unbezweifelbar wissen ließ, daß ihr Sohn M. Aurius noch am Leben sei und sich als Sklave in der gallischen Mark[9]
22 befinde. Die Frau, der sich nach dem Verlust der Kinder die Hoffnung zeigte, wenigstens einen Sohn wiederzugewinnen, rief ihre und ihres Sohnes sämtliche Verwandte zu sich und bat sie unter Tränen, sie möchten sich der Sache annehmen, den jungen Mann ausfindig machen, ihr den Sohn wiedergeben, den ihr der Wille des Schicksals wider Erwarten als einzigen von vielen übriggelassen habe. Als sie dies unternommen hatte, warf eine Krankheit sie nieder. Sie errichtete daher ein Testament, und zwar in der Weise, daß sie für jenen Sohn ein Vermächtnis von 400000 Sesterzen vorsah und eben-

falls Oppianicus, ihren Enkel, zum Erben einsetzte; und sie verstarb wenige Tage später. Gleichwohl taten die Verwandten, was sie sich zu Lebzeiten Dinaeas vorgenommen hatten, nicht minder nach ihrem Tode; sie brachen gemeinsam mit jenem Boten in die gallische Mark auf, den M. Aurius ausfindig zu machen.

Inzwischen ließ Oppianicus in seiner beispiellosen Tücke 23
und Dreistigkeit, wie ihr sie noch aus vielen Anzeichen ersehen werdet, zunächst durch einen Gallikaner[10], seinen Verwandten, den Boten mit Geld erkaufen; dann trug er Sorge, daß ohne große Kosten M. Aurius selbst beseitigt und getötet wurde. Doch diejenigen, die abgereist waren, ihren Angehörigen aufzuspüren und wiederzubekommen, sandten einen Brief an die Aurier in Larinum, an des jungen Mannes und ihre eigenen Verwandten: ihre Nachforschungen seien mit Schwierigkeiten verbunden, da sie bemerkten, daß der Bote von Oppianicus bestochen sei. A. Aurius[11], ein tüchtiger und tatkräftiger Mann, in seiner Heimatstadt angesehen und nahe mit M. Aurius verwandt, verlas diesen Brief in Anwesenheit des Oppianicus öffentlich auf dem Markt vor zahlreichen Zuhörern und erklärte mit deutlicher Stimme, er werde Oppianicus anklagen, wenn er erfahre, daß M. Aurius
ermordet worden sei. Unterdessen kehren die Leute, die in die 24
gallische Mark gereist waren, kurz darauf nach Larinum zurück; sie berichten, daß M. Aurius ermordet sei. Nicht nur die Verwandten, sondern alle Einwohner von Larinum sind von Abscheu vor Oppianicus und von Mitleid für den jungen Mann erfüllt. Als daher A. Aurius, der den Menschen vorher gewarnt hatte, ihn mit Geschrei und Drohungen zu verfolgen begann, da floh er aus Larinum und begab sich in das Heerlager des erlauchten Q. Metellus[12].

Nach dieser Flucht aber, die sein Verbrechen und sein 25
schlechtes Gewissen bekundete, wagte er sich niemals den

Gerichten, niemals den Gesetzen, niemals ohne Waffen seinen Feinden zu stellen, sondern eilte erst im Schutze der Gewaltherrschaft und des Sieges von L. Sulla zum größten Entsetzen aller mit bewaffneten Leuten nach Larinum; er setzte die Viermänner ab, die von den Bürgern gewählt waren[13]; er behauptete, Sulla habe ihn und außerdem drei andere ernannt und ihm zugleich aufgetragen, den A. Aurius, der ihm mit einer Anklage und mit tödlicher Gefahr gedroht hatte, sowie den anderen A. Aurius[14] und dessen Sohn Lucius, ferner den Sex. Vibius, den er bei der Bestechung des Boten als Mittelsmann verwendet haben sollte, ächten und töten zu lassen. Somit schüchterte er, indem er diese Leute auf die grausamste Weise umbrachte, die übrigen mit einer nicht geringen Furcht vor der Ächtung und Ermordung ein. Wer glaubt da noch, daß man ihn hätte freisprechen können, als diese Dinge im Prozeß und in der Verhandlung aufgedeckt wurden? Und das sind Kleinigkeiten; vernehmt das übrige, und ihr wundert euch nicht mehr, daß Oppianicus endlich einmal verurteilt wurde, sondern daß er überhaupt eine Zeitlang straffrei blieb.

26 Betrachtet zunächst die Verwegenheit dieses Menschen. Er begehrte Sassia, die Mutter des Habitus, zur Ehe – die Frau, deren Gatten A. Aurius er ermordet hatte. Ob die Schamlosigkeit dessen größer ist, der dieses Ansinnen stellt, oder die Grausamkeit derer, die sich zur Ehe bereit findet, läßt sich schwer sagen; doch gleichwohl, nehmt beider Lie-
27 benswürdigkeit und Charakterstärke zur Kenntnis. Oppianicus wünscht, daß Sassia mit ihm die Ehe eingeht, und strengt sich mächtig dafür an. Sie aber wundert sich nicht über die Verwegenheit, schreckt nicht vor der Unverschämtheit zurück, erschaudert nicht einmal vor dem Hause des Oppianicus, das von dem Blute ihres Mannes trieft, sondern weil er im ganzen drei Söhne habe[15], deshalb, entgegnete sie, lehne

sie diese Heirat ab. Oppianicus, der nach dem Gelde der Sassia trachtete, beschloß, sich in seinem eigenen Hause das Heilmittel gegen die Verzögerung zu verschaffen, die seiner Heirat auferlegt wurde. Er hatte nämlich von Novia einen kleinen Jungen; ein zweiter Sohn aber, den Papia geboren hatte, wurde zu Teanum in Apulien, das achtzehn Meilen von Larinum entfernt liegt[16], bei der Mutter erzogen. Plötzlich lädt er ohne Grund den Knaben von Teanum zu sich ein, was er sonst nur während der öffentlichen Spiele oder an Festtagen zu tun pflegte. Die unglückliche Mutter ahnt nichts Böses und schickt ihn hin. Oppianicus tat, als wolle er nach Tarent reisen; am gleichen Tage, vor Eintritt der Nacht, starb der Knabe, nachdem man ihn noch um die elfte Stunde[17] gesund auf der Straße gesehen hatte; er wurde am folgenden
Tage vor Morgengrauen eingeäschert. Und diese furchtbare 28
Trauerbotschaft trug der Mutter das Gerede der Leute eher zu als ein Familienmitglied des Oppianicus. Doch sie, da sie gleichzeitig erfuhr, daß man ihr nicht nur den Sohn, sondern auch die Pflicht der Bestattung genommen hatte, sie kam sofort wie von Sinnen nach Larinum und bestellte dort für den schon beerdigten Sohn abermals eine Leichenfeier. Noch waren nicht zehn Tage vergangen, als der andere kleine Sohn getötet wurde. So ging denn Sassia alsbald mit Oppianicus die Ehe ein, nunmehr freudigen Herzens und auf das beste in ihrer Erwartung bestätigt – kein Wunder, denn sie gewahrte ja, daß man nicht durch Brautgeschenke, sondern durch die Beisetzung der Söhne um sie geworben hatte. So fand er Gefallen daran, während andere um der Kinder willen allzu geldgierig zu sein pflegen, um des Geldes willen die Kinder dranzugeben.

Wie ich bemerke, ihr Richter, seid ihr in eurer Menschlich- 29
keit von meiner kurzen Schilderung dieser furchtbaren Verbrechen tief betroffen. In welcher Verfassung, glaubt ihr,

haben sich demnach erst die befunden, die diese Dinge nicht nur anhören, sondern auch aburteilen mußten? Ihr hört von einem, dessen Richter ihr nicht seid, von einem, den ihr nicht seht, von einem, den ihr nicht mehr verabscheuen könnt, von einem, der sowohl der Natur als auch dem Gesetz Genüge tat, den das Gesetz mit Verbannung, die Natur mit dem Tode bestraft hat; ihr hört es nicht durch seinen Feind, ihr hört es ohne Zeugenaussagen, ihr hört es, indem man, was sich mit größter Ausführlichkeit darlegen ließe, kurz und bündig darlegt. Doch jene anderen hörten von einem, über den sie als vereidigte Richter urteilen mußten, von einem, dessen ruchlose Verbrechervisage sie vor sich erblickten, von einem, den man wegen seiner Brutalität allgemein verabscheute, von einem, bei dem man jede Strafe für angemessen hielt; sie hörten es durch die Ankläger, sie hörten die Worte zahlreicher Zeugen, sie hörten, während sich P. Cannutius, ein vorzüglicher Redner, mit Nachdruck und Aus-
30 dauer über jeden einzelnen Punkt äußerte. Und da gibt es jemanden, der, wenn er dies erfahren hat, vermuten könnte, Oppianicus sei unschuldig durch den Prozeß überwältigt und zu Fall gebracht worden?

Das übrige werde ich jetzt zusammengerafft bringen, ihr Richter; ich will zu den Dingen kommen, die näher an den Prozeß des Cluentius heranreichen und enger damit verbunden sind. Doch ihr behaltet bitte im Sinn: ich habe nicht die Absicht, den verstorbenen Oppianicus anzuklagen, sondern möchte euch überzeugen, daß nicht Cluentius den Prozeß durch Geld beeinflußt hat, und hierfür benötige ich als Anfang und Grundlage meiner Verteidigung den Nachweis, daß mit Oppianicus ein Verbrecher und Missetäter schlimmster Sorte verurteilt worden ist. Er selbst reichte seiner Frau Cluentia, die eine Tante unseres Habitus war, den Becher; da schrie sie mitten beim Trinken auf, sie habe furchtbare

Schmerzen und müsse sterben, und sie lebte nicht länger, als sie dies sagte; denn während sie noch redete und jammerte, ist sie gestorben. Und außer diesem plötzlichen Tod und dem Ausruf der Sterbenden fanden sich überdies an ihrer Leiche alle die Anzeichen und Spuren, die durch Gift zu entstehen pflegen. Mit demselben Gift tötete er seinen Bruder C. Oppianicus.

Und hiermit nicht genug: wenngleich er allein durch die 31
Ermordung des Bruders kein Verbrechen mehr aufgespart zu haben scheint, er bahnte sich gleichwohl zuvor mit anderen Verbrechen den Weg, um zu dieser ruchlosen Tat zu schreiten. Denn als Auria, die Gattin des Bruders, schwanger war und man die Niederkunft schon nahe glaubte, da ermordete er die Frau mit Gift, um zugleich die Frucht, die sie vom Bruder empfangen hatte, zu töten. Hernach ging er gegen den Bruder vor; der hatte den Todesbecher schon geleert und starb erst ziemlich spät, als er über seinen und seiner Frau Untergang klagte und sein Testament ändern wollte, mitten in der Bekundung dieser Absicht. So tötete er die Frau, damit ihre Leibesfrucht ihn nicht vom Nachlaß des Bruders ausschlösse; doch die Nachkommenschaft des Bruders beraubte er eher des Lebens, als sie von der Natur das Licht der Welt zu empfangen vermochte – damit jedermann begriffe, daß dem nichts unzugänglich, nichts heilig sein könne, vor dessen Brutalität nicht einmal der schützende Mutterleib die Nachkommenschaft des Bruders zu bewahren vermochte. Ich erinnere mich, daß, als ich in Asien war[18], 32
eine Frau aus Milet zum Tode verurteilt wurde, weil sie sich selbst mit Giftmitteln ihre Frucht abgetrieben hatte, nachdem sie sich von den Ersatzerben[19] hatte bestechen lassen. Und das geschah nicht zu Unrecht; hatte sie doch die Hoffnung des Vaters, den Fortbestand des Namens, die Stütze des Hauses, den Erben des Familienbesitzes, den künftigen

Bürger des Gemeinwesens beseitigt. Eine wieviel härtere Strafe hat Oppianicus für dieselbe Untat verdient! Denn jene Frau quälte sich selbst, indem sie gegen ihren Körper Gewalt anwandte; Oppianicus aber bewirkte das gleiche durch den Tod und die Qual einer anderen Person. Es scheint, daß sonst niemand imstande ist, an Einzelnen viele Morde zu begehen; nur Oppianicus wurde für fähig befunden, in einer Person mehrere zu töten.

33 Cn. Magius, ein Onkel des jungen Oppianicus hier, hatte die tolldreisten Gepflogenheiten seines Schwagers durchschaut; als er, von schwerer Krankheit heimgesucht, diesen Sohn seiner Schwester zum Erben einsetzte, da fragte er im Beisein von Freunden und in Gegenwart seiner Mutter Dinaea seine Frau, ob sie schwanger sei. Da sie dies bejahte, bat er sie, nach seinem Tode bis zu ihrer Niederkunft bei Dinaea (die war damals die Schwiegermutter der Frau) zu wohnen und alle Vorsicht darauf zu wenden, daß sie ihre Leibesfrucht erhalten und gesund zur Welt bringen könne. Und so vermacht er ihr in seinem Testament einen hohen Geldbetrag vom Erbe des Sohnes, falls einer geboren würde; von seiten des Ersatzerben setzt er ihr kein Vermächtnis
34 aus[20]. Was er von Oppianicus mutmaßte, seht ihr; wie er ihn beurteilte, ist nicht verborgen. Denn wessen Sohn er zum Erben bestimmte, den setzte er nicht als Vormund seiner Kinder ein. Erfahrt, was Oppianicus tat, und ihr werdet feststellen, daß der sterbende Magius nicht weit vorausgeblickt hat. Das Geld, das der Frau vermacht war, falls ein Sohn geboren würde, das zahlte ihr Oppianicus, ohne dazu verpflichtet zu sein, in bar aus – wenn man dies Auszahlung von Vermächtnissen und nicht vielmehr den Lohn für die Abtreibung nennen soll. Als sie diesen Preis und außerdem viele Geschenke empfangen hatte, die damals aus den Büchern des Oppianicus verlesen wurden, da war ihre Habgier besiegt,

und sie verkaufte die Hoffnung, die sie im Leibe trug und die
ihr Mann ihr anvertraut hatte, dem Verbrechen des Oppiani-
cus. Man möchte meinen, daß sich diese Skrupellosigkeit 35
nicht mehr überbieten läßt; beachtet das Ende. Die Frau,
die in den zehn Monaten auf die inständige Bitte des Mannes
hin kein Haus als das ihrer Schwiegermutter hätte kennen
dürfen, die vermählte sich im fünften Monat nach dem Tode
ihres Gatten just mit Oppianicus[21]. Dieser Bund bestand
nicht lange; denn nicht die Würde der Ehe, sondern die Ge-
meinschaft des Verbrechens hatte ihn geschlossen.

Wie? Die Ermordung des Asuvius aus Larinum, eines ver- 36
mögenden jungen Mannes, wie bekannt war sie kurz nach
der Tat und wie breitete sie sich in aller Munde aus! Da war
ein gewisser Avillius aus Larinum; der lebte in heilloser
Liederlichkeit und äußerster Armut, doch verstand er sich
auf eine Kunst, die geeignet war, die Begierden junger Leute
aufzureizen. Als sich der durch Schmeicheleien und Liebe-
dienerei ganz und gar in den Umgang mit Asuvius einge-
schlichen hatte, da fing Oppianicus sogleich zu hoffen an, er
könne, indem er den Avillius wie eine Belagerungsmaschine
vortreibe, die Jugend des Asuvius einnehmen und dessen
väterliches Vermögen erobern. Der Plan wurde zu Larinum
erdacht, die Ausführung nach Rom verlegt; sie glaubten
nämlich, sie könnten die Vorkehrungen leichter in der Ein-
samkeit treffen, jedoch eine Tat dieser Art bequemer im Ge-
tümmel der Leute vollbringen. Asuvius reiste mit Avillius
nach Rom. Oppianicus folgte ihnen auf dem Fuße. Wie sie
nunmehr in Rom ihre Zeit verbrachten, mit welchen Gaste-
reien, welchen Ausschweifungen, welch großem und ver-
schwenderischem Aufwand (Oppianicus war hierbei nicht
nur Mitwisser, sondern auch Tischgenosse und Gehilfe),
dies zu berichten, ist mir zu langwierig, zumal ich auf an-
deres lossteuere; erfahrt das Ende dieser vorgetäuschten 37

Freundschaft. Als sich der junge Mann bei einem Frauenzimmer befand und dort übernachtete und sich auch den folgenden Tag dort aufhielt, da stellte sich Avillius vereinbarungsgemäß, als ob er krank sei und ein Testament errichten wolle. Oppianicus brachte Testamentszeugen bei, die weder Asuvius noch Avillius kannten, und er selbst nannte den letzteren Asuvius; man besiegelte das Testament[22], das auf den Namen des Asuvius lautete, und ging auseinander. Avillius erholte sich auf der Stelle; Asuvius aber wurde kurz darauf, als solle er die Gärten besuchen, in irgendwelche Sandgruben vor dem esquilinischen Tore[23] geführt und dort ermordet.

38 Als man ihn schon ein oder zwei Tage vermißte und auch an den Orten, wo man ihn seinen Gewohnheiten entsprechend suchte, nicht fand und als Oppianicus auf dem Markt von Larinum äußerte, kürzlich hätten er und seine Freunde ihm das Testament beglaubigt, da machen sich die Freigelassenen des Asuvius und einige Freunde über den Avillius her, und sie führen den Burschen dem Q. Manlius vor, der damals dem Dreimännerausschuß[24] angehörte. Denn es stand fest, daß sich Avillius an dem Tage, an dem man den Asuvius zum letzten Male gesehen hatte, bei ihm befand und von vielen beobachtet worden war. Und dort schildert er sofort alles so, wie ich es soeben berichtet habe, ohne Zeugen, ohne Anzeige, allein von dem Bewußtsein der frischen Untat eingeschüchtert, und gibt zu, daß er den Asuvius auf An-
39 stiften des Oppianicus ermordet habe. Oppianicus wird von Manlius aus seinem häuslichen Versteck hervorgezogen; man stellt ihm vor aller Augen den Angeber Avillius gegenüber. Was fragt ihr jetzt noch, wie es ausging? Die meisten von euch haben Manlius gekannt; von Jugend auf waren nicht öffentliche Ämter, nicht Streben nach Tüchtigkeit, nicht irgendeine Frucht eines guten Namens je nach seinem Sinn gewesen, vielmehr hatten ihn damals während der Bür-

gerwirren die Stimmen des Volkes von einem dreisten und unverschämten Possenreißer zum Aufseher der Schandsäule befördert, zu der er oft, von vielen Schimpfworten begleitet, abgeführt worden war[25]. So hat er sich denn damals mit Oppianicus geeinigt; er nimmt Geld von ihm, er läßt die schon anhängige und derart offenkundige Sache auf sich beruhen. Und vordem, im Verfahren gegen Oppianicus, wurde das Verbrechen an Asuvius sowohl durch zahlreiche Zeugen als auch durch dessen Testament bewiesen, worin, wie man wußte, der Name des Oppianicus an erster Stelle stand – des Mannes, von dem ihr behauptet, er sei das unglückliche und schuldlose Opfer eines Falschurteils geworden.

Wie? Hat dein Vater nicht an deiner Großmutter Dinaea, 40
deren Erbe du bist, Oppianicus, einen handgreiflichen Mord verübt? Als er seinen schon berüchtigten und oft erfolgreichen Arzt, durch den er bereits sehr viele umgebracht hatte, zu ihr führte, da rief die Frau, sie wolle unter keinen Umständen von dem behandelt werden, durch dessen Behandlung sie alle ihre Angehörigen verloren habe. Da wendet er sich plötzlich an L. Clodius, einen umherziehenden Quacksalber aus Ancona, der damals zufällig nach Larinum gekommen war, und einigt sich mit ihm für 2000 Sesterzen, wie seine eigenen Bücher bewiesen. L. Clodius, der noch viele Märkte besuchen wollte, war in Eile; sobald man ihn hereingeführt hatte, machte er die Sache ab; er beseitigte die Frau mit dem ersten Trunke und hielt sich dann keinen Augen-
blick länger in Larinum auf. Als dieselbe Dinaea ihr Testa- 41
ment errichtete, ergriff Oppianicus, der ihr Schwiegersohn gewesen war[26], die Tafeln und löschte mit dem Finger die Vermächtnisse aus[27]; da er dies an vielen Stellen getan hatte, übertrug er nach ihrem Tode das Testament auf andere Tafeln und beglaubigte es mit gefälschten Siegeln, damit man ihn nicht wegen der Streichungen überführen konnte.

Ich gehe mit Absicht über vieles hinweg; denn vermutlich macht schon dies den Eindruck des Übermaßes. Ihr müßt gleichwohl denken, daß sich Oppianicus auch sonst in seinem Leben treu geblieben ist. Daß er in Larinum die amtlichen Verzeichnisse der Zensoren gefälscht hat, stellten die Ratsherren übereinstimmend fest[28]; mit ihm ließ sich schon niemand mehr auf ein Geschäft, niemand auf irgendeine Sache ein; von so vielen Verwandten und Verschwägerten bestellte niemand ihn je zum Vormund seiner Kinder, niemand würdigte ihn eines Besuches, niemand einer Zusammenkunft, niemand eines Gespräches, niemand eines Festmahles; alle wiesen ihn von sich, alle verabscheuten ihn, alle flohen vor ihm wie vor einem furchtbaren, verderblichen Raubtier und
42 Schädling. Gleichwohl hätte Habitus diesen Menschen, der so verwegen, so ruchlos, so gefährlich war, niemals angeklagt, ihr Richter, hätte er, ohne sein Leben aufs Spiel zu setzen, davon absehen können. Oppianicus war mit ihm verfeindet, gewiß, aber er war immerhin sein Stiefvater; die Mutter war grausam und ihm gram, aber sie war die Mutter; schließlich verträgt sich nichts so wenig mit einer Anklage wie das Wesen und die Gesinnung und die gewohnte Lebensweise des Cluentius. Doch da er sich in der Zwangslage befand, entweder recht- und pflichtgemäß Anklage zu erheben oder grausam und unwürdig umzukommen, da wollte er lieber auf welche Weise immer Anklage erheben als auf diese Weise umkommen.

43 Und damit ihr euch von der Richtigkeit dieser Behauptung überzeugen könnt, will ich euch das Verbrechen des Oppianicus schildern, wie man es auf frischer Tat bemerkt und aufgedeckt hat; hieraus werdet ihr zugleich ersehen, daß beides unvermeidlich war, die Anklage des einen und die Verurteilung des anderen. In Larinum gibt es sogenannte Marsleute, staatliche Diener des Mars, die diesem Gotte nach altüber-

liefertem Kultbrauch der Larinaten geweiht sind. Da deren Zahl ziemlich groß war und da sie, ebenso wie es in Sizilien sehr viele Venusdiener gibt[29], in Larinum zum Gesinde des Mars gerechnet wurden, begann Oppianicus plötzlich geltend zu machen, sie seien sämtlich frei und im Besitz des römischen Bürgerrechts. Die Ratsherren der Larinaten und alle Einwohner waren hierüber sehr aufgebracht. Sie wandten sich daher an Habitus, er möge sich der Sache annehmen und sie von Amts wegen vertreten. Habitus hatte sich zwar von allen Angelegenheiten dieser Art ferngehalten; doch im Hinblick auf die Stellung und das Alter seines Hauses sowie auf seine Überzeugung, daß er nicht nur zu seinem eigenen, sondern auch zum Nutzen seiner Mitbürger und sonstigen Nahepersonen lebe, wollte er sich einem solchen Vertrauensbeweise sämtlicher Larinaten nicht versagen. Er übernahm 44
den Auftrag, und die Sache gelangte nach Rom; täglich entbrannten zwischen Habitus und Oppianicus aus dem beiderseitigen Verteidigungseifer heftige Streitigkeiten. Oppianicus war schon seinem Wesen nach roh und ungehobelt; die Mutter des Habitus, rücksichtslos und dem Sohne feindlich gesonnen, steigerte seine Wut. Sie glaubten nun, es sei von großem Vorteil für sie, wenn Habitus von der Sache der Marsleute entfernt würde.

Es war noch ein anderer, wichtigerer Grund vorhanden, der Oppianicus, einen ebenso habgierigen wie verwegenen Menschen, am meisten reizte. Denn Habitus hatte bis zur 45
Zeit jenes Prozesses noch überhaupt kein Testament errichtet; er konnte sich nämlich weder entschließen, einer solchen Mutter ein Vermächtnis auszusetzen, noch mochte er in seinem Testament den Namen der Mutter völlig übergehen. Da Oppianicus dies wußte (es war nämlich kein Geheimnis), rechnete er sich aus, daß nach dem Tode des Habitus dessen ganzes Vermögen an die Mutter gelangen würde;

die aber könne er hernach, wenn sich der Besitz vermehrt habe, mit desto größerem Gewinn, und wenn sie ihres Sohnes beraubt sei, mit desto geringerer Gefahr ermorden.

Vernehmt also, wie er, von diesen Umständen aufge-
46 stachelt, den Habitus mit Gift zu beseitigen versuchte. C. und L. Fabricius waren Zwillingsbrüder aus der Stadt Aletrium[30], Menschen, die einander in Aussehen und Charakter ähnelten, sich jedoch auf das schärfste von ihren Mitbürgern unterschieden, und welches Ansehen die genießen, welche fast gleichförmige, welche schier in jeder Hinsicht beständige und gemäßigte Lebensweise sie befolgen, das ist, möchte ich meinen, niemandem von euch unbekannt. Mit diesen Fabriziern stand Oppianicus seit jeher auf vertrautestem Fuße. Das wißt ihr wohl alle, welche Macht, Freundschaften zu stiften, die Ähnlichkeit des Strebens und des Charakters hat. Da die Fabrizier nach dem Grundsatz lebten, keinen Gewinn für schimpflich zu erachten, da sie jede Art von Betrug, jede Art von Tücke und Übervorteilung junger Leute ausheckten, da sie durch Laster und Gewissenlosigkeit allgemein bekannt waren, hatte sich Oppianicus, wie ich sagte, schon vor vielen Jahren geflissentlich in enger Freundschaft an sie angeschlossen.

47 So faßte er damals den Entschluß, durch C. Fabricius (denn Lucius war verstorben) einen Anschlag gegen Habitus zu verüben. Habitus war in dieser Zeit kränklich. Er ließ sich von einem Arzt behandeln, von einem nicht unbekannten und bewährten Manne, von Kleophantos. Fabricius begann dessen Sklaven Diogenes durch Versprechungen und Geld zum Giftmord an Habitus aufzuwiegeln. Der Sklave, der nicht dumm und, wie der Hergang zeigte, brav und rechtschaffen war, lehnte die Unterredung mit Fabricius nicht ab; er berichtete die Sache seinem Herrn; Kleophantos aber sprach mit Habitus. Der wiederum unterrichtete sofort den

Senator M. Baebius, seinen engsten Freund; ihr wißt wohl noch, glaube ich, wie zuverlässig, wie klug, wie umsichtig Baebius war. Er empfahl dem Habitus, er solle dem Kleophantos den Diogenes abkaufen; desto leichter lasse sich die Sache durch dessen Anzeige aufdecken oder auch als falsch erweisen. Um es kurz zu machen, Diogenes wird gekauft, das Gift in wenigen Tagen beschafft; als eine Anzahl zuverlässiger Leute aus einem Versteck hervorkam, da findet man in den Händen Skamanders, eines Freigelassenen der Fabrizier, den versiegelten Geldbetrag, der hierfür bezahlt werden sollte.
Bei den unsterblichen Göttern! Wird nach dieser Entdeckung 48
noch jemand behaupten, Oppianicus sei hinterrücks zu Fall gebracht worden? Hat man je einen brutaleren, je einen gefährlicheren, je einen offenkundigeren Verbrecher vor Gericht gestellt? Welches Geschick, welches Rednertalent, welche von wem immer erdachte Verteidigung hätte diesen einen Schuldvorwurf abzuwehren vermocht? Und außerdem, als diese Sache aufgedeckt und handgreiflich erwiesen war, wer bezweifelt da noch, daß Cluentius entweder den Tod erleiden oder Anklage erheben mußte!

Ich glaube hinlänglich dargetan zu haben, ihr Richter: 49
Oppianicus wurde wegen derartiger Verbrechen angeklagt, daß man ihn mit Anstand auf keine Weise freisprechen konnte. Erfahrt jetzt: dieser Angeklagte wurde so vorgeladen, daß er erst, nachdem er durch eine, ja zwei Vorentscheidungen verurteilt war, vor Gericht erschien. Denn Cluentius, ihr Richter, zeigte zunächst den Mann an, in dessen Händen er das Gift entdeckt hatte. Das war der Freigelassene der Fabrizier, Skamander. Der Gerichtshof war ohne Tadel; kein Verdacht der Richterbestechung; ein einfacher Fall, ein unbezweifelbarer Sachverhalt, ein einziger Schuldvorwurf kam zur Verhandlung. Da erkannte C. Fabricius, der, den ich soeben erwähnt habe, daß er nach der Verurteilung seines Freige-

lassenen derselben Gefahr ausgesetzt sein würde, und weil er
wußte, daß ich mit den Aletrinaten in freundnachbarschaft-
lichem Verhältnis[31] und mit sehr vielen von ihnen in engem
Umgang lebte, brachte er sie in großer Zahl zu mir in mein
Haus. Die dachten zwar so von dem Menschen, wie es sich
gehörte, doch weil er aus derselben Stadt war, glaubten sie
es sich schuldig zu sein, ihn so gut sie konnten zu verteidigen,
und sie baten mich, ein gleiches zu tun und die Sache Ska-
manders zu übernehmen, von der für seinen Herrn alles ab-
50 hing. Ich mochte diesen trefflichen und mir so geneigten
Leuten nichts abschlagen und vermutete auch nicht, daß der
Schuldvorwurf so erheblich und so triftig sei, so wenig wie
selbst die es vermuteten, die mir damals diese Sache emp-
fahlen; ich versprach ihnen also, alles zu tun, was sie von mir
wünschten.

Der Prozeß begann; der Angeklagte Skamander wurde auf-
gerufen. Ankläger war P. Cannutius, ein hervorragend be-
gabter und im Reden geübter Mann; der aber klagte den
Skamander mit nur drei Worten an: Gift sei gefunden. Die
Geschosse der ganzen Anklage wurden samt und sonders auf
Oppianicus geschleudert; man enthüllte das Motiv des An-
schlags, erwähnte die Freundschaft mit den Fabriziern,
schilderte des Mannes skrupellose Lebensart, und als man
endlich den ganzen Anklagestoff auf mannigfache Weise und
mit Nachdruck erörtert hatte, da krönte man ihn am Schluß
51 mit der handgreiflichen Entdeckung des Giftes. Jetzt erhob
ich mich, um zu antworten, doch in welcher Sorge, ihr un-
sterblichen Götter, in welcher Aufregung, welcher Angst!
Zwar bin ich stets sehr befangen, wenn ich zu reden beginne;
sooft ich spreche, so oft glaube ich, nicht nur mein Talent,
sondern auch meine Rechtschaffenheit und Pflichttreue aufs
Spiel zu setzen: daß man nicht glaubt, ich machte mich für
etwas anheischig, was ich nicht kann (das wäre eine Unver-

schämtheit) oder ich erreichte nicht, was ich erreichen könnte (das wäre gewissenlos oder leichtfertig). Damals aber war ich so bestürzt, daß mich alles mit Sorge erfüllte: man könnte mich, wenn ich nichts sagte, für den unbegabtesten Tropf, wenn ich in einer Sache dieser Art viel sagte, für den unverschämtesten Gesellen halten. Ich faßte mich endlich und beschloß, mich tapfer zu schlagen; man pflege es ja dem Alter, in dem ich mich damals befand[32], günstig anzurechnen, wenn ich mich auch in weniger sicheren Fällen den Bedrängnissen der Leute nicht vorenthielte. Und so geschah's; ich habe so gekämpft, mich so in jeder Weise angestrengt, so zu allen mir erreichbaren Mitteln und Kniffen, die in Prozessen üblich sind, meine Zuflucht genommen, daß ich eines zuwege brachte (ich sage es zögernd): niemand glaubte, daß in jener Sache der Anwalt gefehlt habe.

Doch was immer ich angepackt hatte, das wand mir der 52
Ankläger alsbald aus den Händen. Wenn ich fragte, welche Mißhelligkeiten zwischen Skamander und Habitus bestanden hätten, so gab er zu: keine, entgegnete jedoch, Oppianicus, dem Skamander Gehilfendienste geleistet habe, sei der Todfeind des Habitus gewesen und sei es noch. Legte ich es aber darauf an, daß der Tod des Habitus dem Skamander keinerlei Vorteil gebracht hätte, so stimmte er zu, versicherte jedoch: dann wäre das gesamte Vermögen des Habitus an die Frau des Oppianicus gelangt, eines im Gattenmord geübten Mannes. Als ich indes zu dem Beweismittel griff, das in Freigelassenenprozessen stets für sehr ehrenhaft gegolten hat: Skamander habe sich den Beifall seines Herrn erworben, dann sagte er: ja, fragte jedoch, wessen Beifall sich denn der Herr
selbst erworben habe. Als ich ausführlich dabei verweilte, Dio- 53
genes habe dem Skamander eine Falle gestellt und zwischen ihnen sei etwas anderes vereinbart gewesen: Diogenes habe ein Heilmittel, nicht Gift überbringen sollen, so etwas könne

jedem zustoßen – da fragte er, warum sich Skamander an einem derart versteckten Ort eingefunden habe, warum allein, warum mit versiegeltem Geld. Überdies wurde meine Sache an dieser Stelle durch höchst ehrenwerte Zeugen belastet. M. Baebius sagte aus, auf sein Anraten sei Diogenes gekauft, in seiner Gegenwart Skamander mit dem Gift und dem Geld überrascht worden. P. Quintilius Varus, ein Mann von größter Gewissenhaftigkeit und größtem Ansehen, erklärte, Kleophantos habe mit ihm unverzüglich von dem Anschlag gegen Habitus und der Aufwiegelung des Diogenes gesprochen.

54 Und während wir in diesem Prozeß Skamander zu verteidigen schienen, war er nur äußerlich der Angeklagte, in Wirklichkeit aber und der Gefährdung und der ganzen Anklage nach war es Oppianicus. Der machte auch kein Hehl daraus, noch konnte er es irgend verbergen; er war häufig zugegen, er zog Ratgeber bei, er kämpfte mit ganzer Anteilnahme und Beflissenheit; schließlich (was dieser Sache am meisten schadete) saß er hier an Ort und Stelle, als ob er selber der Angeklagte wäre. Da hefteten sich die Blicke aller Richter nicht auf Skamander, sondern auf Oppianicus; seine Angst und Verwirrung, der flatternde und unsichere Blick, der häufige Wechsel der Farbe machten deutlich und offen-
55 kundig, was zuvor nur Verdacht erregte. Als es an der Zeit war, in die Beratung einzutreten, da fragte, wie es das damals gültige Cornelische Gesetz vorschrieb[33], der Verhandlungsleiter C. Iunius den Angeklagten, ob man geheim oder öffentlich über ihn abstimmen solle. Oppianicus meinte, Iunius sei mit Habitus befreundet; die Antwort lautete daher in seinem Sinne, man möge geheim abstimmen. Man trat in die Beratung ein. Skamander wurde in der ersten Verhandlung[34] von allen Stimmen außer einer – der seinen, erklärte Staienus – für schuldig befunden. Hat damals irgendwer bezweifelt, daß durch die Verurteilung Skamanders über Oppianicus ent-

schieden worden sei? Was hat man anderes in diesem Urteil festgestellt, als daß Gift beschafft wurde, das für Habitus bestimmt war? Ferner: welcher noch so geringe Verdacht fiel auf Skamander oder hätte auf ihn fallen können, daß man glaubte, er habe von sich aus den Habitus töten wollen?

So war damals dieses Urteil ergangen, und Oppianicus war 56
bereits der Sache und allgemeinen Ansicht nach, nur noch nicht im Sinne des Gesetzes und eines förmlichen Rechtsspruchs für schuldig befunden worden; trotzdem versetzte Habitus den Oppianicus nicht unverzüglich in den Anklagestand. Er wollte erfahren, ob die Richter nur gegen die streng seien, die sich nach zuverlässiger Ermittlung selbst im Besitz von Gift befanden, oder ob sie bei derartigen Verbrechen auch die Anstiftung und Mitwisserschaft für strafwürdig hielten. Deshalb erhob er sofort Anklage gegen C. Fabricius, von dem er wegen der Freundschaft mit Oppianicus annahm, er habe von der Tat gewußt, und er setzte wegen des engen Sachzusammenhanges durch, daß man ihm die erste Stelle bewilligte[35]. Damals brachte Fabricius meine Nachbarn und Freunde von Aletrium nicht mehr zu mir; er konnte seither nicht einmal selbst Verteidiger und Leumundszeugen bei ihnen finden.
Denn die noch unerledigte, wenngleich verdächtige Sache ei- 57
nes nicht ganz Fernstehenden zu verteidigen, glaubten wir, sei menschlich, doch der Versuch, was entschieden sei, ins Wanken zu bringen, eine Unverschämtheit. So sah er sich in seiner Not und ausweglosen Lage gezwungen, sich für einen derartigen Prozeß den Gebrüdern Caepasius anzuvertrauen, rührigen Leuten, die so eingestellt waren, daß sie jede Gelegenheit zum Reden, die man ihnen bot, für eine Ehre und Vergünstigung hielten. Gerade dies ist eigentlich sehr unbillig eingerichtet: bei Erkrankungen des Körpers sucht man, je schwieriger ein Leiden ist, desto berühmtere und bessere Ärzte auf; in lebensbedrohenden Prozessen aber zieht man, je miß-

licher ein Fall ist, desto schlechtere und unbekanntere Anwälte hinzu. Indes, vielleicht ist dies dadurch bedingt, daß die Ärzte nur ihre Kunst, die Rechtsbeistände auch ihr Ansehen einsetzen müssen.

58 Der Angeklagte wird aufgerufen; die Verhandlung beginnt; mit wenigen Worten klagt Cannutius, wie bei einer schon entschiedenen Sache; der ältere Caepasius hebt an, mit einer langen und weithergeholten Einleitung zu antworten. Zuerst hört man seiner Rede aufmerksam zu. Oppianicus, schon verzagt und niedergeschlagen, schöpfte wieder Mut; Fabricius selbst war glücklich – er merkte nicht, daß nicht die Gewandtheit des Redners, sondern die Unverschämtheit der Verteidigung auf die Richter Eindruck machte. Hernach, als Caepasius von seinem Gegenstand zu handeln begann, fügte er zu den wunden Stellen, die schon mit der Sache gegeben waren, selbst einige weitere hinzu; obwohl er es in redlicher Absicht tat, mochte man mitunter glauben, er vertrete nicht den Angeklagten, sondern spiele der Anklage in die Hände. Als er nun ganz besonders gewitzigt zu reden glaubte und als er aus den Tiefen seiner Kunst die wuchtigen Worte hervorholte: «Blickt zurück auf die Geschicke der Menschen, ihr Richter, blickt auf die ungewissen und wechselnden Zufälle, blickt auf das hohe Alter des C. Fabricius» – als er dieses «Blickt zurück» um des Redeschmuckes willen oft wiederholt hatte, da blickte er selbst zurück. Doch C. Fabricius hatte mit gesenktem Kopf
59 die Bänke verlassen. Da lachten die Richter, doch der Anwalt ärgerte sich und nahm es übel, daß man ihn seines Plädoyers beraubte und er den Rest der Stelle «Blickt zurück, ihr Richter» nicht mehr vortragen konnte; es fehlte wenig, und er hätte den Angeklagten verfolgt, an der Gurgel gepackt und zu den Bänken zurückgeschleppt, um den Rest seiner Rede hersagen zu können. So wurde Fabricius damals zunächst durch sein eigenes Urteil, das am schwersten wiegt, dann

kraft des Gesetzes und durch die Stimmen der Richter für schuldig befunden.

Was soll's, daß ich noch weiteres über die Person und den Prozeß des Oppianicus mitteile? Er wurde vor denselben Richtern angeklagt, nachdem er bereits durch diese beiden Vorentscheidungen verurteilt war; dieselben Richter aber, die durch die Verurteilung der Fabrizier[36] über Oppianicus befunden hatten, rückten seine Sache an die erste Stelle. Er wurde mit den schwersten Beschuldigungen angeklagt, sowohl mit denen, die ich kurz genannt habe, als auch mit vielen anderen, die ich jetzt sämtlich übergehe; er wurde vor denen angeklagt, die Skamander, den Gehilfen des Oppianicus, und C. Fa-
bricius, den Mitwisser des Verbrechens, verurteilt hatten. Bei 60
den unsterblichen Göttern! Worüber soll man sich mehr wundern: daß er verurteilt wurde, oder daß er es überhaupt gewagt hat, sich zu stellen? Denn was hätten die Richter tun können? Wenn sie die Fabrizier unschuldig verurteilt hätten, dann hätten sie sich trotzdem bei Oppianicus gleichbleiben und den früheren Urteilen zustimmen müssen. Oder hätten sie aus sich selbst ihre eigenen Entscheidungen aufheben sollen, während Richter sonst beim Urteilen darauf zu achten pflegen, daß sie nicht von den Entscheidungen anderer abweichen? Und sie, die den Freigelassenen des Fabricius, weil er Gehilfe der Tat, sowie den Herrn selbst verurteilt hatten, weil er ihr Mitwisser gewesen war, sie hätten den Urheber und Erfinder des Verbrechens freisprechen sollen? Und sie, die, ohne durch eine Vorentscheidung gebunden zu sein, gleichwohl die anderen allein auf Grund des Sachverhaltes verurteilt hatten, sie hätten den Mann laufen lassen sollen, den sie bekamen, als er schon zweimal verurteilt war?

Dann hätte man die Senatorengerichte wahrhaftig nicht mit 61
falschen Anwürfen, sondern mit berechtigter und beispielloser Schmach gebrandmarkt und derart mit Schimpf und Schande

bedeckt, daß nichts mehr zu ihrer Rechtfertigung übriggeblieben wäre[37]. Denn was hätten die Richter eigentlich antworten sollen, wenn man sie fragte: «Ihr habt Skamander verurteilt – wegen welcher Schuld?» «Doch wohl, weil er Habitus durch den Sklaven des Arztes mit Gift hat ermorden wollen.» «Was bezweckte Skamander mit dem Tode des Habitus?» «Nichts, doch war er der Gehilfe des Oppianicus.» «Und ihr habt auch C. Fabricius verurteilt – weshalb denn?» «Weil er selbst auf das engste mit Oppianicus befreundet, sein Freigelassener aber bei der Missetat ertappt war und nicht bewiesen werden konnte, daß er nichts von dem Anschlag gewußt habe.» Wenn sie also den Oppianicus selbst, den zweifach durch ihre eigenen Entscheidungen Verurteilten, freigesprochen hätten, wer hätte solch eine Schmach der Gerichte, wer eine solche Widersprüchlichkeit der Rechtsprechung, wer eine solche Willkür der Richter zu ertragen vermocht?

62 Ihr seht also ein, was meine ganze Rede bisher dargetan hat: daß der Angeklagte in diesem Prozeß verurteilt werden mußte, zumal von denselben Richtern, die zwei Vorentscheidungen gefällt hatten. Dann seid ihr zugleich genötigt einzusehen, daß der Ankläger keinen Grund hatte, weshalb er das Gericht hätte bestechen sollen. Ich frage dich nämlich, T. Attius, wobei ich jetzt alle übrigen Beweise auf sich beruhen lasse: glaubst du etwa, daß auch die Fabrizier unschuldig verurteilt wurden; behauptest du etwa, man habe auch jene Prozesse mit Geld beeinflußt, in denen der eine Angeklagte allein von Staienus freigesprochen wurde, der andere sich sogar selbst für schuldig erklärt hat? Doch wenn sie schuldig waren: welcher Missetat? Hat man ihnen irgend etwas außer der Beschaffung des Giftes vorgeworfen, mit dem Habitus ermordet werden sollte? Ging es in diesen Prozessen um etwas anderes als um den Anschlag, den Oppianicus mit Hilfe der Fabrizier gegen Habitus

verübt hatte? Nichts, nichts anderes, sage ich, ihr Richter, werdet ihr finden. Es sind Akten vorhanden, es gibt amtliche Protokolle; widerlege mich, wenn ich lüge; verlies die Aussagen der Zeugen; zeige, daß man in den Prozessen gegen diese Leute außer dem Gift des Oppianicus irgendeinen Vorwurf erhoben hat, nicht nur zur Anschuldigung, sondern auch nur um der Beschimpfung willen.

Man kann noch viele Gründe anführen, weshalb die Ent- 63
scheidung so ausfallen mußte, doch ich will eurer Erwartung entgegeneilen, ihr Richter. Denn ihr hört mir zwar so gut zu, daß man, wie ich glauben möchte, niemandem je mit mehr Wohlwollen und Aufmerksamkeit zugehört hat; gleichwohl ruft mich eure stillschweigende Erwartung schon lange in eine andere Richtung, und sie scheint mir entgegenzuhalten: «Wie denn? Willst du leugnen, daß jenes Gericht bestochen war?» Ich leugne es nicht, behaupte aber, daß es nicht von Cluentius bestochen wurde. «Von wem ist es also bestochen worden?» Ich meine, erstens, wenn der Ausgang des Prozesses ungewiß gewesen wäre, so hätte trotzdem mit großer Wahrscheinlichkeit eher Bestechung geübt, wer die eigene Verurteilung fürchtete, als der, dem vor dem Freispruch des Gegners bangte; ferner, da feststand, wie die Entscheidung ausfallen mußte, hat es gewiß eher getan, wer seiner Sache in irgendeiner Hinsicht mißtraute, als der, der in jeder Hinsicht zuversichtlich war, und schließlich gewiß eher, wer bei den Richtern zweimal gestrauchelt war, als der, dessen Sache zweimal ihren Beifall
fand. Niemand wird dem Cluentius so übel wollen, daß er mir 64
nicht wenigstens in einem Punkte zustimmt: wenn feststeht, daß jenes Gericht bestochen war, dann ist es entweder von Habitus oder von Oppianicus bestochen worden; wenn ich beweise: nicht von Habitus, dann habe ich zugleich dargetan: von Oppianicus, wenn ich zeige: von Oppianicus, dann entlaste ich zugleich den Habitus.

Ich habe zwar hinlänglich bewiesen, daß Habitus keinen Grund hatte, das Gericht zu bestechen, woraus sich ergibt, daß es von Oppianicus bestochen wurde. Vernehmt trotzdem einen gesonderten Beweis, der Oppianicus selbst betrifft. Und hierbei will ich nicht anführen, was schon belastend genug ist: daß derjenige Bestechung geübt hat, der sich in Gefahr befand, der Furcht hatte, dem sich in anderer Weise keine Aussicht auf Rettung bot, den stets beispiellose Skrupellosigkeit auszeichnete. Es gibt vieles von dieser Art; da indes meine Sache nicht ungewiß, sondern offenkundig und handgreiflich ist,
65 bedarf es keiner Aufzählung einzelner Gesichtspunkte. Ich behaupte: Statius Albius hat dem Richter C. Aelius Staienus eine große Summe Geldes für die Bestechung des Gerichts ausgehändigt. Will jemand leugnen? Ich rufe dich auf, Oppianicus, und dich, T. Attius; der eine von euch beklagt ja jene Verurteilung mit beredten Worten, der andere mit schweigender Kindesliebe: wagt zu leugnen, daß Oppianicus dem Richter Staienus Geld gegeben hat, leugnet, leugnet, sage ich, hier an meinem Platz[38]! Was schweigt ihr? Oder könnt ihr nicht leugnen, was ihr zurückgefordert, was ihr eingestanden, was ihr wieder weggenommen habt? Mit welcher Stirne beruft denn *ihr* euch auf die Richterbestechung, gebt ihr doch zu, daß eure Seite vor dem Prozeß einem Richter Geld gegeben und nach
66 dem Prozeß wieder abgejagt hat[39]! Wie hat sich das denn zugetragen? Ich werde etwas weiter ausholen, ihr Richter, und alles, was lange im Dunkeln verborgen war, so deutlich hervortreten lassen, daß ihr es mit eigenen Augen wahrzunehmen glaubt. Ich bitte euch, wie ihr mir bisher aufmerksam zugehört habt, so hört euch auch das übrige an; ich werde wirklich nichts sagen, was dieser schweigenden Versammlung, was eurer Achtsamkeit und eures Gehörs offenbar unwürdig ist.

Sobald nämlich Oppianicus aus der Anklage gegen Skamander zu ersehen begann, was ihm selber bevorstand, schloß er

sofort enge Freundschaft mit einem skrupellosen armen Schlucker, der in der Richterbestechung erfahren, damals aber selbst Richter war, mit Staienus. Und zuerst, als Skamander Angeklagter war, hatte er durch Gaben und Geschenke so viel erreicht, daß er in ihm einen eifrigeren Fürsprecher hatte, als die Pflicht eines Richters erlaubte. Doch später, als Skamander 67
allein von der Stimme des Staienus für unschuldig befunden, Skamanders Herr aber nicht einmal von seiner eigenen Stimme freigesprochen worden war, glaubte er seinem Heil mit schärferen Mitteln aufhelfen zu sollen. So begann er, den Staienus um Hilfe für sein Leben und sein Vermögen anzugehen – wie einen Mann, der sich durch Scharfsinn im Planen, durch Skrupellosigkeit im Wagen, durch Brutalität im Durchführen auszeichnet; denn diese Eigenschaften hat Staienus zum geringeren Teile wirklich besessen und zum größeren Teile zu besitzen vorgegeben. Außerdem ist euch nicht unbekannt, ihr Richter, daß auch wilde Tiere meist, wenn Hunger sie treibt, irgendwann einmal an die Stelle zurückkehren, wo sie Nahrung gefunden haben.

Dieser Staienus hatte zwei Jahre zuvor in Atella[40] den Pro- 68
zeß um das Vermögen des Safinius übernommen und versichert, er werde für 600000 Sesterzen das Gericht bestechen. Als er die Summe von dem Mündel empfangen hatte, unterschlug er sie und gab sie nach Beendigung des Prozesses weder dem Safinius noch den Aufkäufern des Vermögens zurück. Nachdem er dieses Geld verschwendet und nichts für seine Notdurft, geschweige denn für seine hohen Ansprüche erübrigt hatte, beschloß er, sich wieder denselben Beutezügen und gerichtlichen Unterschlagungen zuzuwenden. Als er daher sah, wie Oppianicus schon verloren und durch zwei Vorentscheidungen ans Messer geliefert war, rüttelte er den Entmutigten durch seine Versprechungen auf und hinderte ihn so, an seiner Rettung zu verzweifeln. Oppianicus aber begann

den Menschen zu bitten, er solle ihm einen Weg zur Beste-
69 chung der Richter zeigen. Er aber erklärte, wie man später von Oppianicus selbst erfahren hat, dies vermöge in unserer Bürgerschaft außer ihm niemand zu bewerkstelligen. Doch zuerst verlegte er sich aufs Umständemachen, indem er behauptete, er bewerbe sich neben hochadligen Männern um das Amt des Ädilen und fürchte sich vor dem Mißfallen und Skandal. Später gab er den Bitten nach. Er forderte zunächst eine sehr hohe Summe, bequemte sich aber dann zu einem Angebot, das sich erfüllen ließ; er verlangte, man solle 640000 Sesterzen zu ihm ins Haus bringen.

Sobald diese Summe bei ihm abgeliefert war, begann sich dieser durch und durch unsaubere Geselle sofort Gedanken und Erwägungen der Art hinzugeben, nichts sei für seine Zwecke nützlicher, als daß Oppianicus verurteilt würde; im Falle eines Freispruchs müsse er das Geld entweder an die Richter verteilen oder an ihn selbst zurückzahlen; nach seiner
70 Verurteilung werde es niemand zurückfordern. Er denkt sich daher einen einzigartigen Plan aus. Was wir hier wahrheitsgemäß schildern, dem werdet ihr williger Glauben schenken, ihr Richter, wenn ihr bereit seid, euch nach langer Zeit an den Lebenswandel und Charakter des C. Staienus zu erinnern; denn wie man über die Wesensart eines jeden denkt, so vermag man sich vorzustellen, was er getan oder nicht getan hat. Da er arm, verschwenderisch, skrupellos, durchtrieben und unredlich war und da er, tiefstem Elend verfallen, bei sich zu Hause in gähnender Leere eine solche Summe aufgestapelt sah, begann er, seine Überlegungen auf jede Art von Bosheit und Betrug zu richten. «Ich soll das Geld den Richtern geben? Was habe denn ich selbst davon außer der Gefahr und Schande? Soll ich mir nichts ausdenken, was die Verurteilung des Oppianicus unvermeidlich macht? Wie eigentlich (denn nichts ist unmöglich), wenn ihn irgendein Zufall aus der Gefahr befreit,

heißt es dann nicht: zurückzahlen? Also wollen wir dem Stür-
zenden einen Stoß versetzen», sprach er, «und ihn, der schon
geliefert ist, gänzlich zu Boden strecken.»

Er faßte den Entschluß, einigen ganz haltlosen Richtern 71
Geld zu versprechen und es ihnen dann später vorzuenthalten;
da er annahm, daß die Pflichttreuen schon von sich aus streng
urteilen würden, wollte er die Leichtfertigeren durch die Ent-
täuschung gegen Oppianicus aufbringen. Er machte daher,
wie er stets alles zur Unzeit und verkehrt anfing, mit Bulbus
den Anfang[41] und klopfte bei ihm, der verdrießlich und stumpf
war, da er schon lange nichts mehr verdient hatte, leise an.
«Was meinst du, Bulbus», sagte er, «willst du mir helfen, daß
wir dem Staat nicht umsonst dienen?» Doch er, sobald er ge-
hört hatte «nicht umsonst», versicherte: «Ich folge dir, wo-
hin du willst; doch was bringst du?» Da verspricht er ihm
40000, falls Oppianicus freigesprochen würde, und bittet ihn,
sich auch an die anderen zu wenden, mit denen er zu sprechen
pflege; außerdem fügt er selbst, der Urheber des ganzen Han-
dels, zu diesem Bulbus noch den Gutta hinzu[42]. Daher hielten 72
sie ihn für durchaus nicht unerfreulich; hatten doch seine Re-
den sie etwas Hoffnung schmecken lassen. Ein oder zwei Tage
waren vergangen, und die Sache schien zu unbestimmt; man
verlangte einen Bürgen und Gewährsmann für das Geld. Da
wendet sich Bulbus mit heiterer Miene an den Burschen, so
freundlich er kann: «Wie geht's, Paetus», sprach er (diesen
Beinamen hatte sich Staienus nämlich von dem Zweig der
Älier zugelegt, damit man, wenn er sich Ligur nenne, nicht
glaube, er trage nicht so sehr den Beinamen seines Hauses wie
den seiner Stammesherkunft[43]), «wovon du mit mir gespro-
chen hast: man fragt mich, wo das Geld sei.» Jetzt zieht der
gewissenlose Halunke, den das richterliche Gewerbe nährte,
der schon mit all seinem Sinnen und Trachten nach dem von
ihm verwahrten Geld gierte – jetzt zieht er die Stirne kraus

(erinnert euch an sein Gesicht und an die verstellten und erheuchelten Mienen), und da er ganz aus Lug und Trug bestand und er den Fehlern, die seinem Charakter anhafteten, noch künstlich eingeübte Bosheit zusetzte, beteuert er unübertrefflich, Oppianicus habe ihn im Stich gelassen, und fügt als Beweis hinzu, er werde ihn, wenn sie alle öffentlich abstimmten, mit seiner Stimme für schuldig erklären.

73 Im Kollegium hatte sich das Gerücht verbreitet, bei den Richtern sei irgendwie von Geld die Rede gewesen. Die Sache war weder so verborgen, wie man sie hätte verbergen, noch so offenbar, wie man sie um des Staatswohles willen hätte offenbaren müssen. Cannutius, ein erfahrener Mann, hatte mit einer gewissen Witterung für Verdacht gespürt, daß Staienus bestochen sei, ohne jedoch die Sache für schon abgeschlossen zu halten; er entschied sich, in dem allgemeinen Zwielicht und Zweifel plötzlich zu verkünden: «Die Verhandlung ist beendet[44].» Da hatte Oppianicus noch keine große Angst; er
74 glaubte, Staienus habe die Sache zustande gebracht. 32 Richter sollten in die Beratung eintreten. Mit 16 Stimmen hätte sich ein Freispruch bewirken lassen. Die 640000 Sesterzen, zu je 40000 den einzelnen Richtern zugeteilt, mußten diese Stimmenzahl bewirken; dann wäre, mit der Aussicht auf größeren Lohn, noch zum Überfluß die Stimme des Staienus selbst als siebzehnte hinzugekommen. Und weil man jenen Beschluß plötzlich gefaßt hatte, war Staienus damals durch Zufall nicht anwesend; er vertrat irgendeine Sache vor dem Einzelrichter[45]. Habitus nahm dies gelassen hin, gelassen auch Cannutius, nicht jedoch Oppianicus noch sein Anwalt L. Quinctius; der war damals Volkstribun und beschimpfte den Vorsitzenden des Gerichtshofs, C. Iunius, mit den heftigsten Worten, man solle nicht ohne Staienus in die Beratung eintreten, und als er meinte, die Boten säumten absichtlich, begab er selbst sich vom öffentlichen Prozeß zum privaten des Staienus und ord-

nete kraft seiner Amtsgewalt an, den Privatprozeß zu vertagen; er brachte persönlich den Staienus zur Richterbank.

Man erhebt sich zur Beratung, nachdem Oppianicus erklärt 75
hatte (diese Möglichkeit bestand damals[46]), er wünsche, daß öffentlich abgestimmt würde; Staienus sollte ja erfahren können, was er einem jeden schuldig sei. Es gab verschiedene Arten von Richtern; wenige waren bestechlich, doch alle erzürnt. Wie diejenigen, die sich auf dem Marsfeld bezahlen zu lassen pflegen, gewöhnlich gegen die Kandidaten am meisten aufgebracht sind, deren Geld man ihrer Ansicht nach unterschlagen hat[47], so waren die Richter dieser Sorte damals voll Haß gegen den Angeklagten erschienen; die anderen glaubten, er sei in höchstem Maße schuldig, warteten aber auf die Stimmen derer, die sie für bestochen hielten, um hiernach zu entscheiden, von wem das Gericht offenbar bestochen worden sei. Sieh da, die Verlosung fiel so aus, daß Bulbus und Staienus und Gutta unter den ersten urteilen mußten! Gespannte Erwartung aller, wie diese haltlosen und feilen Richter wohl stimmen würden. Und sie fällen sämtlich ohne jedes Zögern
ein Schuldurteil. Da erhoben sich bei den Leuten Bedenken 76
und gewisse Zweifel, was denn eigentlich geschehen sei. Einsichtsvolle Männer, die noch durch die alte Schule der Gerichte gegangen waren, vermochten weder diesen ganz und gar schuldigen Menschen freizusprechen, noch wollten sie ihn, bei dem man vermutete, daß Geld gegen ihn eingesetzt worden sei, ohne weiteres verurteilen, solange diese Sache noch nicht untersucht war; sie erklärten also, der Fall sei ihnen nicht klar[48]. Einige strenge Herren aber meinten, es komme allein auf die Gesinnung an, die ein jeder bei seinen Handlungen habe; sie müßten sich, glaubten sie, auch wenn andere wegen eines Geldgeschenkes richtig urteilten, nichtsdestoweniger an ihre früheren Entscheidungen halten; sie stimmten daher für ein Schuldurteil. Fünf waren es im ganzen, die

euren unschuldigen Oppianicus aus Unverstand oder Mitleid oder wegen eines Verdachts oder aus Liebedienerei freisprachen[49].

77 Oppianicus war verurteilt, und sofort glaubte L. Quinctius, ein auf die Volksgunst versessener Mann, der sich jeden Wind der Stadtgespräche und Versammlungen zunutze zu machen pflegte, jetzt biete sich ihm die Gelegenheit, durch die Mißstimmung gegen die Senatoren groß zu werden; er nahm nämlich an, die mit diesem Stande besetzten Gerichte seien beim Volke schon ziemlich unbeliebt[50]. Die eine oder andere Kundgebung fand statt, heftig und bedrohlich; die Richter hätten Geld angenommen, einen unschuldigen Angeklagten zu verurteilen, schrie der Volkstribun; jedermanns Schicksal stehe auf dem Spiele, versicherte er; es gebe keine Gerichte mehr; niemand könne noch sicher sein, der einen reichen Mann zum Feinde habe. Die Leute wußten nichts von der ganzen Sache; sie hatten Oppianicus niemals gesehen und glaubten, ein durch und durch redlicher Mann und überaus bescheidener Mensch sei durch Geld zu Fall gebracht worden; von Argwohn erregt, begannen sie, die Sache an die Öffentlichkeit zu ziehen und den ganzen Fall für sich zu beanspruchen.

78 Und um dieselbe Zeit erschien Staienus bei Nacht im Hause des T. Annius, eines hochangesehenen Mannes, meines Bekannten und Freundes; Oppianicus hatte ihn gerufen. Das übrige ist bereits allgemein bekannt: wie Oppianicus mit ihm wegen des Geldes verhandelte, wie er die Rückzahlung versprach, wie das ganze Gespräch von zuverlässigen Männern belauscht wurde, die sich damals mit Absicht in einem nahen Versteck aufgestellt hatten, wie man die Sache bekanntgab und auf das Forum brachte und dem Staienus das ganze Geld abgenommen und entrissen wurde[51]. Die Person dieses Staienus, dem Volke bereits bekannt und vertraut, ließ jeden schimpflichen Verdacht zu; daß er das von ihm unterschla-

gene Geld für den Angeklagten versprochen hatte, begriffen die Teilnehmer der Versammlung nicht; denn hierüber wurden sie nicht unterrichtet. Sie merkten, daß beim Prozeß von Geld die Rede gewesen war; sie hörten, daß der Angeklagte unschuldig verurteilt worden sei; sie sahen, daß die Stimme des Staienus ihn verurteilt hatte; weil sie den Menschen kannten, schlossen sie, daß er das nicht unentgeltlich getan habe. Ein ähnlicher Verdacht haftete an Bulbus, an Gutta, an einigen anderen.

Ich gebe daher zu (denn schon kann man es zumal an dieser 79
Stätte ungestraft zugeben): weil nicht nur der Lebenswandel, sondern sogar der Name des Oppianicus dem Volke bis zu dieser Zeit unbekannt gewesen war, weil es ferner äußerste Empörung erregte, daß man anscheinend einen Unschuldigen mit Geld zu Fall gebracht hatte, weil außerdem die Gewissenlosigkeit des Staienus und die Schändlichkeit einiger Richter von seinesgleichen diesen Verdacht bestärkte, weil zudem L. Quinctius die Sache betrieb, ein Mann, der allgewaltig und überdies imstande war, die Leidenschaften der Masse zu entfachen – deshalb braute sich gegen diesen Prozeß der ärgste Unwille und Schimpf zusammen. Und wie ich mich erinnere, geriet damals C. Iunius, der die Untersuchung geleitet hatte, in diese frische Flamme, und er, der Ädil gewesen war und den die allgemeine Erwartung bereits zum Prätor gemacht hatte, wurde nicht durch Verhandlungen, in denen das Wort gebot, sondern durch das Geschrei der Leute vom Forum und sogar aus der Bürgerschaft entfernt[52].

Und ich bedauere nicht, daß ich die Sache des A. Cluentius 80
lieber jetzt als damals verteidige. Denn die Sache bleibt sich gleich und kann sich durchaus nicht ändern; doch die Ungunst der Zeit und die Mißstimmung ist gewichen, so daß nicht mehr schadet, was die Zeit an Nachteiligem mit sich gebracht hatte, und nützen kann, was die Sache an Gutem enthält. Und

so merke ich auch, wie man mich jetzt anhört, nicht nur, wer zu urteilen befugt ist, sondern auch, wer lediglich eine Meinung hat[53]. Und wenn ich damals gesprochen hätte, so wäre ich gar nicht angehört worden, nicht weil die Sache anders war (sie ist ja dieselbe), sondern die Zeit. Dies könnt ihr auch daraus ersehen: wer hätte damals zu behaupten gewagt, Oppianicus sei wegen seiner Missetaten verurteilt worden? Wer wagt es jetzt zu bestreiten? Wer hätte damals vorbringen können, daß Oppianicus den Gerichtshof mit Geld bearbeitet habe? Wer kann es jetzt leugnen? Wer hätte damals dartun dürfen, Oppianicus sei erst angeklagt worden, nachdem ihn zwei unmittelbar vorausgehende Vorentscheidungen für schuldig befunden hatten? Wer versucht das jetzt zu entkräf-
81 ten? Die Mißstimmung ist also beseitigt, da die Zeit sie gemildert, mein flehendes Wort sie abgewendet, eure Pflichttreue und Rechtlichkeit sie von der Prüfung der Wahrheit verbannt hat – was ist's, was außerdem noch in der Sache steckt?

Daß in dem Prozeß Geld eine Rolle gespielt hat, ist unbestritten; es fragt sich, woher es kam, vom Ankläger oder vom Angeklagten. Der Ankläger sagt: «Erstens stützte ich meine Anklage auf die schwersten Vorwürfe, so daß es durchaus keines Geldes bedurfte; ferner brachte ich einen schon Verurteilten vor Gericht, so daß man ihn mit Geld nicht einmal hätte retten können; schließlich wäre, auch wenn man ihn freigesprochen hätte, trotzdem meine gesamte Existenz unangetastet geblieben.» Was sagt dagegen der Angeklagte? «Erstens bereitete mir die Zahl und die Furchtbarkeit der Vorwürfe schwere Sorgen; ferner sah ich ein, daß ich selbst bereits verurteilt war, nachdem man die Fabrizier wegen ihrer Mitwisserschaft an meinem Verbrechen verurteilt hatte; schließlich war ich in die Lage geraten, daß meine gesamte Existenz von dem Ausgang des einen Prozesses abhing.»

Gut denn, da Oppianicus viele und gewichtige Gründe hatte, die Richter zu bestechen, Cluentius keinen, wollen wir nach der Herkunft des Geldes selbst forschen. Cluentius hat mit größter Sorgfalt Buch geführt. Diese Gepflogenheit aber bringt es jedenfalls mit sich, daß nichts verborgen bleiben kann, was dem Vermögen zugewendet oder entnommen wird. Acht Jahre sind's, daß man sich mit dieser Sache befaßt, daß ihr alles, was mit ihr zusammenhängt, nach den Büchern von ihm und anderen behandelt, erörtert, untersucht und daß ihr bis jetzt keine Spur von Cluentius-Mitteln festgestellt habt. Wie? Müssen wir denn Geld, das von Oppianicus stammt, aus Spuren erwittern oder können wir, indem ihr selbst uns leitet, bis an seinen Schlupfwinkel gelangen? Man entdeckt an einer Stelle 640000 Sesterzen, man entdeckt sie bei einem ganz skrupellosen Menschen, man entdeckt sie bei einem Richter: was wollt ihr mehr? Ach ja, Staienus war nicht von Oppiani- 83
cus, sondern von Cluentius angestiftet, das Gericht zu bestechen. Warum ließen sich, als man zur Beratung schritt, Cluentius und Cannutius seine Abwesenheit gefallen? Warum fragten sie nicht nach dem Richter Staienus (sie hatten ihm doch Geld gegeben), als sie die Beratung veranlaßten? Oppianicus beschwerte sich, Quinctius bestand auf seinem Recht; daß man ohne Staienus nicht in die Beratung eintrat, hat die Amtsgewalt des Tribunen durchgesetzt. Doch er fällte ja ein Schuldurteil. Diese Verurteilung hatte er nämlich an Bulbus und die übrigen verpfändet: es sollte scheinen, daß Oppianicus ihn im Stich gelassen habe. Wenn sich daher dort das Motiv für die Richterbestechung, dort das Geld, dort ein Staienus, dort endlich jede Art von Trug und Unverschämtheit findet, hier dagegen Bescheidenheit, ein ehrenhaftes Leben, kein Anhaltspunkt für Geld, kein Motiv für Richterbestechung, wenn die Wahrheit an den Tag gebracht und jeder Irrtum beseitigt ist: laßt zu, daß sich der Schimpf dieser Schandtat dort anheftet,

wo die übrigen Verbrechen auftreten, daß endlich die üble Nachrede von dem weicht, zu dem, wie ihr seht, die Schuld niemals Zugang hatte.

84 Doch freilich, Oppianicus gab dem Staienus das Geld nicht, um die Richter zu bestechen, sondern um Verzeihung zu erwirken. Daß du das sagst, Attius, ein Mann so klug wie du, der auch Erfahrung und Übung hat! Man sagt, am weisesten sei, wem selbst einfällt, was er braucht, die zweite Stelle nehme ein, wer die guten Gedanken eines anderen befolge. Mit der Torheit verhält es sich umgekehrt. Denn wem nichts einfällt, der ist weniger töricht als der, der die törichten Einfälle eines anderen gutheißt. So hat Staienus damals, als die Sache gerade ruchbar war und ihm das Messer an der Kehle stand, diese Geschichte von der Aussöhnung und Verzeihung aufgebracht, mag er selbst sie erfunden oder, wie die Leute zu jener Zeit behaupteten, P. Cethegus ihn darauf aufmerksam gemacht ha-
85 ben. Denn wie ihr euch erinnern könnt, ging damals unter den Leuten die Rede, Cethegus habe dem Mann einen nicht sehr ehrlichen Rat gegeben, weil er ihn haßte und weil er nicht wünschte, daß er sich in seiner Gewissenlosigkeit mit Angelegenheiten des Staates befasse, und weil er sah, daß man ihn nicht retten könne – hatte jener doch gestanden, daß er als Richter heimlich und wider die Ordnung vom Angeklagten Geld empfangen habe. Wenn Cethegus hierbei böse Absichten hatte, so wollte er, scheint mir, einen Gegner beseitigen; wenn es jedoch so stand, daß Staienus den Empfang des Geldes nicht leugnen konnte, nichts aber gefährlicher und schimpflicher war als zuzugeben, wofür er es empfangen hatte, dann kann man den Rat des Cethegus nicht tadeln.

86 Doch anders war damals die Lage des Staienus, anders ist jetzt, Attius, die deine. Ihn bedrängten die Umstände, und da konnte er, was er auch sagte, mit größerem Anstand sagen als zugeben, was geschehen war; daß du indes dasselbe, was

damals ausgezischt und verworfen wurde, jetzt wieder hervorholst, wundert mich sehr. Denn wie hätte sich damals Cluentius mit Oppianicus, wie mit seiner Mutter wieder aussöhnen können? Untilgbar standen Angeklagter und Ankläger in den amtlichen Protokollen; die Fabrizier waren verurteilt; weder konnte Oppianicus, wenn ein anderer ihn anklagen würde, entrinnen noch Cluentius ohne den Makel schikanösen Prozessierens die Anklage fallenlassen[54]. Oder hätte er etwa nur 87
zum Scheine anklagen sollen? Denn auch das heißt: das Gericht auf unlautere Weise beeinflussen. Doch was bedurfte es zu diesem Versuch der Vermittlung eines Richters? Und überhaupt, weshalb sollte man die ganze Sache durch Staienus bewerkstelligen, einen Menschen, der beiden Parteien völlig fremd war, einen ganz unsauberen Gesellen, einen Schandbuben, statt durch irgendeinen ehrlichen Mann und gemeinsamen Freund und Bekannten? Doch was rede ich noch länger hiervon, als ob die Sache unklar wäre, zeigt doch schon das Geld, das dem Staienus ausgehändigt wurde, durch Zahl und Summe nicht nur, welchen Betrag es ausmachte, sondern auch, wozu es bestimmt war! Ich sage: sechzehn Richter mußte man bestechen, um den Freispruch des Oppianicus herbeizuführen; 640000 Sesterzen gelangten an Staienus. Wenn, wie du behauptest, um Verzeihung zu erwirken: was bedeutet dieser Überschuß von 40000? Wenn, wie wir behaupten, damit an sechzehn Richter je 40000 Sesterzen gezahlt würden, dann hätte auch Archimedes keine bessere Verteilung gefunden.

88 Doch freilich, es sind zahlreiche Urteile ergangen, daß Cluentius das Gericht bestochen habe. Nein – vielmehr ist diese Sache bis zum jetzigen Zeitpunkt überhaupt niemals um ihrer selbst willen vor Gericht behandelt worden. Man hat sie zwar viel erörtert, hat sie lange hin und her gewendet, doch so, daß am heutigen Tage zum ersten Male der Standpunkt des Cluentius verteidigt wird, am heutigen Tage zum ersten

Male die Wahrheit im Vertrauen auf diese Richter hier ihre Stimme gegen die üble Nachrede erhebt. Indes, was hat es mit den vielen Urteilen auf sich? Ich habe mich nämlich für alles gerüstet und mich so vorbereitet, daß ich zeigen kann: die Urteile, die hernach über jenen Prozeß ergangen sein sollen, glichen zum Teil eher einer Katastrophe oder einem Ungewitter als einem Urteil und einer Verhandlung, teils beweisen sie nichts gegen Habitus, teils sprechen sie sogar für ihn, teils waren sie so beschaffen, daß man sie niemals als Urteile
89 bezeichnet oder angesehen hat. Jetzt bitte ich euch mehr, um meine Gewohnheit einzuhalten, als weil ihr es nicht schon von euch aus tätet: hört mir aufmerksam zu, ihr Richter, während ich die einzelnen Punkte behandele.

Verurteilt wurde C. Iunius, der Vorsitzende jener Untersuchung; doch man füge, wenn's beliebt, noch hinzu: er wurde zu der Zeit verurteilt, als er Vorsitzender der Untersuchung war. Nicht der Sache, ja nicht einmal dem Gesetz ließ der Volkstribun einige Rücksicht zuteil werden[55]. Als man Iunius von der Untersuchung zu keinem anderen Staatsamt abberufen durfte, da wurde er selbst zu einer Untersuchung fortgeschleppt. Doch zu was für einer? Eure Mienen fordern mich nämlich auf, ihr Richter, ich möge sofort freimütig äußern,
90 was ich verschweigen zu sollen glaubte. Wie? War diese Untersuchung denn eine Verhandlung oder ein Prozeß? Ich will glauben, daß sie's war. Mag heute erklären wer will aus der erregten Volksmenge, der man damals erbötig war, wofür sich Iunius verantworten mußte; wen wir auch fragen, er wird antworten: dafür, daß er Geld angenommen, daß er einen Unschuldigen zu Fall gebracht hatte. So ist die Meinung. Indes, wenn dem so wäre, dann hätte man ihn nach demselben Gesetz anklagen müssen, nach dem jetzt Habitus angeklagt wird. Aber er leitete ja selbst die Untersuchungen nach diesem Gesetz[56]. Und Quinctius hätte nur wenige Tage zu warten brauchen[57].

Doch der wollte weder als Privatperson Anklage erheben noch nachdem sich die Erregung bereits gelegt hatte. Ihr seht also: der Ankläger setzte seine ganze Hoffnung nicht auf die Sache, sondern auf die Umstände und auf seine Amtsgewalt. Er bean- 91
tragte eine Geldstrafe. Nach welcher Bestimmung? Weil er das Gesetz nicht beschworen habe (was noch nie jemandem zum Fallstrick wurde) und weil der Stadtprätor C. Verres, ein unsträflicher und gewissenhafter Mann, seine Nachwahl nicht in dem Verzeichnis stehen hatte, das damals, mit Ausstreichungen versehen, vorgelegt wurde[58]. Aus diesen Gründen hat man C. Iunius verurteilt, ihr Richter, aus ganz geringfügigen und schwachen, die man gar nicht zur Verhandlung hätte bringen sollen. Er wurde demnach nicht durch Tatsachen, sondern durch die Zeitumstände überwältigt.

Von diesem Urteil meint ihr, es müsse Cluentius belasten? 92
Weshalb? Wenn Iunius nicht vorschriftsmäßig nachgewählt oder wenn er irgendwann einmal ein Gesetz nicht beschworen hatte, wurde dann durch seine Verurteilung etwas über Cluentius entschieden? «Nein», sagt der Gegner, «doch wurde Iunius deshalb im Namen jener Gesetze verurteilt, weil er sich gegen ein anderes Gesetz vergangen hatte.» Kann, wer das zugibt, behaupten, diese Maßnahme sei ein Urteil gewesen? «Demnach», erklärt der Gegner, «war damals das römische Volk deshalb gegen C. Iunius verstimmt, weil man glaubte, durch ihn sei jener Gerichtshof bestochen worden.» Hat sich denn etwa jetzt die Sache geändert? Liegt etwa jetzt ein anderer Hergang, ein anderer Verlauf jenes Prozesses, eine andere Beschaffenheit des ganzen Falles vor als damals? Nichts hat sich, meine ich, von dem, was geschehen ist, ändern können. Wie kommt es also, daß man jetzt unserer Verteidigung 93
in solcher Stille zuhört, während man damals dem Iunius die Möglichkeit sich zu verteidigen genommen hat? Weil damals nichts eine Rolle gespielt hat als Gehässigkeit, Irrtum,

Argwohn und tägliche Versammlungen, die aufrührerisch und demagogisch bearbeitet worden waren. Derselbe Volkstribun erhob Anklage in den Versammlungen, derselbe vor den Richterbänken; er kam nicht nur von der Versammlung ins Gericht, sondern sogar mitsamt der Versammlung. Es schien, als seien die aurelischen Stufen, die damals neu waren, wie eine Art Theater für diesen Prozeß errichtet[59]; nachdem der Ankläger sie mit fanatisierten Leuten besetzt hatte, konnte der Angeklagte nichts mehr vorbringen, ja sich nicht einmal erheben.

94 Neulich haben die Richter bei meinem Kollegen C. Orchivius keinen Termin wegen rückständiger Gelder gegen Faustus Sulla anberaumt[60], nicht weil sie geglaubt hätten, Sulla stehe außerhalb der Gesetze oder ein Prozeß wegen öffentlicher Mittel sei geringfügig und unbedeutend; vielmehr meinten sie, wenn ein Volkstribun anklage, dann könne man nicht auf gleichem Fuße miteinander verhandeln. Was soll ich hier vergleichen? Sulla mit Iunius, oder diesen Volkstribun mit Quinctius, oder vollends die jetzigen Umstände mit den einstigen? Sulla besitzt ein riesiges Vermögen und zahlreiche Verwandte, Verschwägerte, Freunde, Gefolgsleute; alles dies aber war bei Iunius gering und unerheblich und durch eigene Mühe erworben und zusammengebracht; dieser Volkstribun ist bescheiden und anständig, nicht nur kein Aufrührer, sondern sogar ein Gegner der Aufrührer, Quinctius hingegen gebärdete sich gehässig und verleumderisch, als unruhestiftender Volksführer; wir haben jetzt eine ruhige und friedliche Zeit, doch damals war sie von allerlei Stürmen des Hasses aufgewühlt. Obwohl es sich so verhält, stellten die Richter im Falle des Faustus fest, der Angeklagte müsse sich in ungleicher Lage verantworten, wenn seinem Gegner außer dem Recht der Anklage noch die Vollgewalt seines Amtes zugute komme.

Diesen Gesichtspunkt müßt ihr sorgsam bedenken und 95
gründlich betrachten, wie es eurer Weisheit und Menschlichkeit entspricht, ihr Richter: welch Unheil, welche Bedrängnis die tribunizische Gewalt jedem Einzelnen von uns bereiten kann, insbesondere wenn Haß geschürt und Versammlungen zügellos aufgewiegelt werden. Beim Herkules, in den besten Zeiten, damals, als sich die Menschen nicht durch den Beifall des Haufens, sondern durch ihr Ansehen und unsträfliches Verhalten schützten, vermochten gleichwohl weder P. Popilius noch Q. Metellus, erlauchte und hochmögende Männer, der tribunizischen Gewalt standzuhalten[61]; da können wir schon gar nicht in diesen Zeiten, bei diesen Gepflogenheiten, unter diesen Amtsinhabern ohne eure Einsicht und die Hilfe
der Gerichte heil davonkommen. Dieser Prozeß glich also ei- 96
nem Prozesse nicht, ihr Richter, durchaus nicht – worin man nicht Maß zu halten wußte, nicht Brauch noch Herkommen beachtete, den Beschuldigten nicht seine Sache vertreten ließ; das war ein Gewaltakt und, wie ich schon öfters sagte, eher eine Katastrophe und ein Ungewitter und sonst etwas als ein Urteil oder eine Verhandlung oder Untersuchung. Doch wenn jemand glaubt, das sei ein Prozeß gewesen, und meint, man sei verpflichtet, an diesen Entscheidungen festzuhalten, dann muß er gleichwohl die Sache des Cluentius von der des Iunius trennen. Denn gegen Iunius wurde, so sagt man, eine Geldstrafe verhängt, weil er das Gesetz nicht beschworen oder die Nachwahl eines Richters nicht vorschriftsmäßig durchgeführt hatte; der Fall des Cluentius aber kann mit den Gesetzen, nach denen man Iunius mit einer Geldstrafe belegt hat, nicht im geringsten zusammenhängen.

Doch freilich, auch Bulbus wurde verurteilt. Man füge hin- 97
zu: «wegen eines Staatsverbrechens»; dann ist begreiflich, daß unser Prozeß mit jenem nichts zu tun hat. «Aber man hat ihm doch dieses Vergehen vorgeworfen.» Das gebe ich zu; in-

des, ein Brief des C. Cosconius[62] und zahlreiche Zeugnisse haben auch dargetan, daß er in Illyrien eine Legion aufgewiegelt hatte; dies Vergehen gehörte vor jenen Gerichtshof, und dieser Sachverhalt fiel unter das Gesetz für Staatsverbrechen. «Doch diese Angelegenheit hat ihn am stärksten belastet.» Das ist schon eine Vermutung; wenn man sich auf so etwas verlassen darf, dann ist meine Annahme gewiß viel wahrscheinlicher. Ich meine nämlich folgendes: mit Bulbus wurde ein Nichtsnutz, ein Schurke und Bösewicht, der sich durch zahlreiche Schandtaten entehrt hatte, vor Gericht gestellt, und darum hat man ihn desto unbedenklicher verurteilt. Du aber suchst mir das aus der ganzen Sache des Bulbus aus, was dir paßt, und behauptest, davon hätten sich die Richter leiten lassen.

98 Daher kann das Verfahren gegen Bulbus unserer Sache ebensowenig schaden wie die vom Ankläger erwähnten beiden Prozesse gegen P. Popilius und Ti. Gutta. Die mußten sich wegen Amtserschleichung verantworten, und sie wurden von Leuten angeklagt, die selbst wegen Amtserschleichung verurteilt waren. Man hat diese Ankläger, meine ich, nicht deshalb wieder in den vorigen Stand eingesetzt, weil sie zeigen konnten, Popilius und Gutta hätten für eine gerichtliche Entscheidung Geld angenommen, sondern weil sie den Richtern glaubhaft machten, ihnen müsse die Belohnung des Gesetzes zugute kommen, weil sie bei dem gleichen Verhalten, das ihnen selbst Mißbilligung einbrachte, andere gefaßt hätten[63]. Daher wird, glaube ich, niemand daran zweifeln, daß jenes Strafurteil wegen Amtserschleichung nicht im geringsten mit dem Fall des Cluentius und eurem Prozeß zusammenhängen kann.

99 Was bedeutet die Verurteilung des Staienus? Ich sage jetzt nicht, ihr Richter, was man vielleicht sagen müßte, er sei wegen eines Staatsverbrechens verurteilt worden; ich verlese die Zeugnisse nicht, die man gegen Staienus vorgebracht hat – sie stammen von hochangesehenen Leuten, die bei dem er-

lauchten Mamercus Aemilius[64] Legaten und Präfekten und
Militärtribunen waren, und machen deutlich, daß vor allem
durch sein Betreiben (er war damals Quästor) im Heer eine
Meuterei ausgebrochen ist; ich verlese nicht einmal die Zeugnisse, die sich mit den 600000 Sesterzen befassen – Staienus,
der sie wegen des safinianischen Prozesses erhalten hatte (so
wie später im Prozeß gegen Oppianicus), verschwieg und
unterschlug sie[65]. Ich übergehe dies und vieles andere, was 100
man in jenem Prozeß gegen Staienus vorgebracht hat; ich erkläre nur: P. und L. Cominius, römische Ritter, angesehene
und redegewandte Männer, hatten damals mit Staienus, den
sie anklagten, denselben Streit wie jetzt ich mit Attius. Die
Cominier behaupteten dasselbe wie ich: Staienus habe das
Geld von Oppianicus erhalten, weil er die Richter bestechen
sollte; Staienus erklärte, er habe es um der Aussöhnung willen
bekommen. Man lachte über seine Wiederaussöhnung und 101
die Maske eines Biedermannes, die er sich aufgesetzt hatte –
wie er auch die vergoldeten Standbilder, die er am Iuturna-Tempel aufstellte, mit der Inschrift versah, durch ihn seien
die Könige wieder ausgesöhnt worden[66]. Man nahm alle seine
Gaunerstücke und Ränke durch, man entrollte sein ganzes
Leben, das in derartigen Dingen aufging, man zog die Armut
im Hause, den Gewinn auf dem Forum ans Licht – und man
verwarf den feilen Unterhändler für Frieden und Einvernehmen. Deshalb hat man Staienus, der dasselbe vorbrachte wie
Attius, damals verurteilt; die Cominier, die das vertraten, 102
was auch wir in der ganzen Verhandlung vertreten haben,
drangen durch. Mit der Verurteilung des Staienus wurde somit entschieden, Oppianicus habe das Gericht bestechen wollen, Oppianicus habe einem Richter für den Stimmenkauf Geld
gegeben, und während sich die Sache so verhält, daß jener
Vorwurf entweder Cluentius oder Oppianicus trifft, zeigt sich
keine Spur von einem Heller, den Cluentius einem Richter

gegeben hätte, und wurde, nachdem das Urteil ergangen war, einem Richter das Geld des Oppianicus abgenommen: kann dann zweifelhaft sein, daß die Verurteilung des Staienus durchaus nicht gegen Cluentius spricht, vielmehr unsere Sache und Behauptung in höchstem Maße bekräftigt?

103 Ich vermag also bislang nur festzustellen: der Prozeß gegen Iunius spielte sich so ab, daß man ihn, meine ich, eher den Überfall eines Aufstandes, die Gewalttat einer Menge, den Angriff eines Tribunen nennen kann als einen Prozeß. Doch wenn jemand hier von einem Prozeß redet, dann muß er trotzdem zugeben, daß sich die Geldstrafe, die man dem Iunius auferlegte, auf keine Weise mit dem Fall des Cluentius verbinden läßt. Das Urteil gegen Iunius kam also unter Druck zustande, das gegen Balbus und Popilius und Gutta besagt nichts wider Cluentius, das gegen Staienus spricht sogar für ihn. Wir wollen sehen, ob wir noch ein anderes Urteil vorweisen können, das für Cluentius spricht.

Mußte sich nicht endlich C. Fidiculanius Falcula, der Oppianicus schuldig gesprochen hatte, verantworten[67]? Zumal er ja (was in jenem Prozeß den größten Unwillen erregte) nur wenige Tage auf Grund einer Nachwahl an den Sitzungen teilgenommen hatte. Ja, er mußte sich verantworten, und zwar zweimal. L. Quinctius hatte nämlich in täglichen Versammlungen voll Aufruhr und Empörung die übelste Mißstimmung gegen ihn erregt. In dem einen Prozeß hat man – wie bei Iunius – eine Geldstrafe gegen ihn gefordert, weil er sich nicht im Dienste seiner Dekurie[68] und nicht vorschriftsmäßig an den Sitzungen beteiligt habe. Er wurde in einer etwas ruhigeren Zeit angeklagt als Iunius, aber so ziemlich wegen desselben Gesetzes und Vergehens. Weil sich keinerlei Aufruhr noch Gewalttat noch Tumult in den Prozeß einmischte, hat man ihn in der ersten Verhandlung[69] ohne die geringsten Bedenken freigesprochen. Ich zähle diesen Frei-

spruch nicht; es ist ja nichtsdestoweniger möglich, daß er jene Geldstrafe nicht verwirkt hat, sich aber gleichwohl um der Entscheidung willen bestechen ließ, wie sich ja auch Staienus auf Grund dieses Gesetzes nirgends verantworten mußte[70], obwohl er um der Entscheidung willen Geld angenommen hatte. Für dieses Vergehen war der Gerichtshof gar nicht zuständig. Was sollte Fidiculanius noch getan haben? Er habe 104
sich von Cluentius 400000 Sesterzen geben lassen. Welchem Stande gehörte er an? Dem senatorischen. Man pflegt von einem Senator bei derartigen Dingen nach dem Erpressungsgesetz Rechenschaft zu fordern[71]; hiernach wurde er angeklagt und auf die ehrenhafteste Weise freigesprochen. Die Verhandlung fand nämlich nach dem Brauch der Vorfahren statt: ohne Gewalt, ohne Bedrohung, ohne Lebensgefahr; man hat alles gesagt und dargelegt und bewiesen. Die Richter kamen zu der Überzeugung, er habe mit Anstand den Angeklagten verurteilen können, obwohl er nicht bei allen Sitzungen zugegen war, ja wenn dieser Richter nur von den Vorentscheidungen wußte, die, wie feststand, gegen den Angeklagten ergangen waren, so habe er weiter nichts zu hören brauchen.

Da wünschten auch jene fünf, die, nach dem nichtigen Ge- 105
rede Unerfahrener haschend, zuvor den Oppianicus freigesprochen hatten[72], nicht mehr, daß man ihre Milde sehr lobe; wenn man von ihnen wissen wollte, ob sie über C. Fabricius zu Gericht gesessen hätten, so würden sie erklären: ja; wenn man sie fragte, ob der noch wegen eines anderen Verbrechens unter Anklage gestanden habe, abgesehen von dem Gift, das, wie es hieß, gegen Habitus beschafft worden war, so würden sie antworten: nein; wenn man sich dann bei ihnen erkundigte, wie ihre Entscheidung ausgefallen sei, dann würden sie sagen, sie hätten ein Schuldurteil verhängt; denn niemand hat für Freispruch gestimmt. Wenn man auf dieselbe Weise wegen Skamanders gefragt hätte, so hätten sie gewiß ebenso geant-

wortet; er wurde zwar von einer Stimme freigesprochen, doch damals hätte niemand von ihnen diese Stimme noch gern für sich beansprucht.

106 Wer könnte also sein Urteil leichter rechtfertigen: wer sagt, er sei sich selbst und den Vorentscheidungen treu geblieben, oder wer geantwortet hat, gegen den Urheber des Verbrechens sei er milde gesinnt, doch gegen seine Gehilfen und Mitwisser äußerst hart? Es steht mir nicht zu, wegen ihrer Stimme zu rechten; ich zweifle nämlich nicht daran, daß sich diese trefflichen Männer durch einen plötzlichen Verdacht beirren ließen und so von ihrem Standpunkt abwichen. Ich tadle daher die Milde derer nicht, die für Freispruch stimmten; ich billige die Beständigkeit derer, die sich beim Urteilen aus eigenem Entschluß, ohne von Staienus getäuscht zu sein, nach den früheren Entscheidungen richteten; doch ich lobe die Weisheit derer, die erklärten, der Fall sei ihnen noch nicht klar: sie konnten den Mann, den sie als uneingeschränkt schuldig erfunden und den sie selbst zuvor schon zweimal verurteilt hatten, auf keine Weise freisprechen; da indes eine so schändliche Kunde von dem Gerichtshof und der Verdacht eines so scheußlichen Vorfalls aufgekommen war, wollten sie lieber erst etwas später, nach Aufklärung der Sache, ihr Schuldurteil aussprechen.

107 Und ihr sollt nicht nur von ihrem Verhalten auf ihre Einsicht schließen, sondern auch an den Leuten selbst ermessen, daß sehr richtig und sehr vernünftig an dem getan wurde, was sie taten: wen könnte man nennen, der klüger durch seine Geistesgaben, erfahrener durch seine Rechtskenntnisse, behutsamer und lauterer durch seine Zuverlässigkeit, Gewissenhaftigkeit und Pflichttreue wäre als P. Octavius Balbus? Er hat keinen Freispruch getan. Wer wäre unwandelbarer als Q. Considius, wer kennte sich besser mit Prozessen und dem würdigen Gang der Dinge aus, den öffentliche Prozesse erfor-

dern, wer überträfe ihn an Tüchtigkeit, Klugheit und Ansehen? Auch er tat keinen Freispruch. Es würde zu weit führen, in dieser Weise über die Fähigkeiten jedes Einzelnen zu reden, und was bereits alle wissen, bedarf keiner preisenden Worte. Was für ein Mann war M. Iuventius Pedo, der noch aus der alten Schule der Gerichte stammte, was für Männer L. Caulius Mergus, M. Basilus, C. Caudinus! Sie alle zeichneten sich schon damals in den staatlichen Gerichtshöfen aus, als es unserem Staate noch ausgezeichnet erging. Zu dieser Zahl gehörten auch L. Cassius und Cn. Heius, Männer von gleicher Lauterkeit und Klugheit; von ihnen hat niemandes Stimme Oppianicus freigesprochen. Und unter ihnen allen war der Jüngste an Jahren, der sich an Geistesgaben, Umsicht und Gewissenhaftigkeit mit den zuvor Genannten messen konnte,
war P. Saturius derselben Meinung. Welch beispiellose Un- 108
schuld des Oppianicus! Bei diesem Angeklagten gilt, wer ihn freisprach, für parteiisch, wer Aufschub verlangte, für vorsichtig, wer ihn verurteilte, für beständig.

Diese Dinge wurden damals wegen der Hetze des Quinctius weder in der Volksversammlung noch vor Gericht dargetan; er selbst ließ niemanden reden, noch konnte jemand in der erregten Menge ungestört das Wort führen. Und so gab Quinctius, nachdem er den Iunius erledigt hatte, die ganze Sache auf; wenige Tage später war er nämlich selbst wieder ohne Amt, und zudem bemerkte er, daß sich die Leidenschaften der Leute ausgetobt hatten. Wenn er in den Tagen, da er Iunius anklagte, auch gegen Fidiculanius hätte Anklage erheben wollen, so hätte Fidiculanius keine Möglichkeit gehabt, sich zu rechtfertigen. Und anfangs suchte er alle die Richter einzuschüchtern, die Oppianicus verurteilt hatten.

Ihr kanntet ja schon die Unverschämtheit des Burschen, 109
ihr kanntet seinen tribunizischen Übermut und Trotz. Was war das für eine Gehässigkeit, ihr unsterblichen Götter! Wel-

che Überheblichkeit, welche Unkenntnis seiner selbst, welch schlimme und unerträgliche Anmaßung! Er nahm allein schon dies übel auf, woraus alles weitere hervorgegangen ist: daß man Oppianicus nicht ihm und seiner Verteidigung zugestanden hatte – gerade als ob es kein deutliches Zeichen hätte sein müssen, daß Oppianicus von allen aufgegeben war, wenn er sich an diesen Anwalt wandte. Es gab nämlich in Rom eine stattliche Zahl von Anwälten, von sehr redegewandten und hochangesehenen Leuten; von denen hätte gewiß jemand einen römischen Ritter verteidigt, der in seiner Heimatstadt einen Namen hatte, wäre er nur der Meinung gewesen, man könne sich mit Anstand eines derartigen Falles annehmen.
110 Denn Quinctius, welche Sache hatte der jemals zuvor vertreten, obwohl er schon fast fünfzig Jahre alt war? Wer hatte ihn je in der Rolle eines Anwalts oder auch nur eines Leumundszeugen oder Beistandes erblickt[73]?

Weil er sich der schon seit langem leeren Rednerbühne und jener Stätte bemächtigt hatte, die nach dem Einmarsch L. Sullas der Stimme des Tribunen beraubt war[74], und weil er die der Versammlungen schon entwöhnte Menge wieder zu einem Abklatsch des einstigen Brauches herbeigerufen hatte, deshalb war er bei einer bestimmten Sorte von Leuten eine Zeitlang ziemlich beliebt. Und derselbe Mann, wie verhaßt war er später sogar bei denen, die ihm den Aufstieg zu seiner gehobenen Stellung ermöglicht hatten! Und nicht zu Un-
111 recht. Denn versucht einmal, euch nicht nur an seinen Charakter und seine Überheblichkeit zu erinnern, sondern auch an seine Miene und an den Umhang und auch an das Purpurgewand, das bis zu den Knöcheln reichte[75]. Dieser Mann hat die Sache, als ob es ganz unerträglich wäre, daß er als Unterlegener aus dem Prozeß hervorging, von den Richterbänken auf die Rednerbühne gebracht. Und da klagen wir noch, daß Neulingen in unserem Staate oft kein hinlänglich großer Lohn

beschieden sei? Ich bestreite, daß ihnen je ein größerer beschieden war; wenn jetzt jemand, der aus niederem Hause stammt, so lebt, daß er durch seine Tüchtigkeit die Adelswürde wahren zu können scheint, dann kommt er so weit voran, wie ihn sein Streben, gepaart mit Rechtschaffenheit, geleitet. Doch wenn sich jemand nur darauf stützt, daß er von 112
niederer Abkunft ist, dann dringt er oft weiter vor, als wenn derselbe Mann mitsamt denselben Fehlern von höchstem Adel wäre. Wie Quinctius (von anderen will ich nämlich gar nicht reden) – wäre er adligen Standes gewesen, wer hätte ihn in seinem Hochmut und seiner Unausstehlichkeit ertragen können? Doch weil ihm diese Herkunft anhaftete, ließ man ihn gelten: wenn ihm die Natur etwas Gutes verliehen habe, so müsse ihm das, meinte man, zugute kommen; sein Hochmut aber und seine Anmaßung seien, wie man glaubte, wegen der Niedrigkeit des Gesellen eher lächerlich als furchtbar.

Um jedoch auf die Sache zurückzukommen: als man Fidiculanius freisprach, was, meinst du, der du von erledigten Prozessen redest, habe man damals entschieden? Sicherlich, daß er ohne Entgelt sein Richteramt ausgeübt hat. Aber er 113
hatte ein Schuldurteil gefällt, hatte nicht der ganzen Verhandlung zugehört, hatte sich in allen Kundgebungen heftige und häufige Angriffe des Volkstribunen L. Quinctius gefallen lassen müssen. Demnach entschieden die Richter, all das, was Quinctius unternommen hatte, sei ungerecht, grundlos, Verwirrung stiftend, demagogisch, aufrührerisch. «Zugegeben, Falcula kann unschuldig gewesen sein.» Also hat gewiß jemand ohne Bezahlung den Oppianicus verurteilt, hat gewiß Iunius nicht die nachgewählt, die gegen Empfang eines Geldbetrages verurteilen sollten, ist es gewiß möglich, daß jemand nicht von Anfang an den Sitzungen beiwohnte und trotzdem ohne Bezahlung Oppianicus verurteilte. Indes, wenn Falcula unschuldig war, wer war dann, frage ich, schuldig? Wenn er

ohne Entgelt verurteilt hat, wer hat ein Entgelt empfangen? Ich bestreite, daß man irgendeinem der Betroffenen etwas vorgeworfen hat, was nicht auch dem Fidiculanius vorgeworfen wurde, daß in der Verhandlung gegen Fidiculanius irgend etwas vorgekommen ist, was nicht ebenso bei den übrigen
114 vorkam. Du, dessen Anklage sich auf frühere Entscheidungen stützte, mußt entweder diese Entscheidung rügen oder, wenn du zugibst, sie sei begründet, eingestehen, daß Oppianicus ohne Entgelt verurteilt worden sei.

Indes, es muß als ausreichender Beweis gelten, daß von so zahlreichen Richtern nach dem Freispruch des Falcula niemand mehr angeklagt wurde. Denn was stellt ihr mir Leute zusammen, die man wegen Amtserschleichung verurteilt hat, nach einem anderen Gesetz, auf Grund bestimmter Anschuldigungen und sehr vieler Zeugenaussagen? Zumal man ja erstens diese Leute eher wegen Erpressung hätte anklagen sollen als wegen Amtserschleichung. Wenn sie nämlich dieser Verdacht in den Prozessen über Amtserschleichung belastet hat, wo sie sich nach einem anderen Gesetz verantworten mußten, dann hätte er sie gewiß noch viel mehr belastet, sobald man sie nach dem für dieses Vergehen einschlägigen Ge-
115 setz vorgeladen hätte[76]. Außerdem, wenn dieser Vorwurf so durchschlagend war, daß jeder Richter, gegen den man nach irgendeinem Gesetz Anklage erhob, gleichwohl gerade diesem Streich erlag, warum wurden trotz einer solchen Menge von Anklägern, trotz so hoher Belohnungen die übrigen nicht angeklagt?

Hier beruft man sich auf etwas, was man gar nicht als Urteil bezeichnen darf: gegen P. Septimius Scaevola sei um dieser Sache willen eine Strafsumme festgesetzt worden[77]. Wie man hierbei zu verfahren pflegt, brauche ich nicht ausführlicher darzulegen, da ich vor grunderfahrenen Leuten rede. Denn niemals läßt man, ist der Angeklagte erst für schuldig befun-

den, noch dieselbe Sorgfalt walten, wie sie bei sonstigen Verfahren üblich ist. Bei der Festsetzung von Strafsummen finden 116
sich die Richter im allgemeinen nicht ungern zur Zulassung bereit, wenn gegen jemanden eine kapitale Strafe beantragt ist (sie halten nämlich den einmal von ihnen Verurteilten ohnehin für ihren Feind), oder sie achten auf das übrige weniger sorgfältig, weil sie mit der Verurteilung des Angeklagten bereits ihre Aufgabe erfüllt zu haben glauben. Daher hat man schon viele eines Staatsverbrechens Beschuldigte freigesprochen, bei denen man, wären sie wegen Erpressung verurteilt worden, die Strafsumme eines Staatsverbrechens festgesetzt hätte; auch sehen wir alle Tage, daß nach einem Schuldurteil wegen Erpressung dieselben Richter diejenigen freisprechen, in deren Besitz, wie die Festsetzung der Strafsumme entschieden hat, die Geldmittel gelangt sind. Wenn dies geschieht, dann wird kein Urteil aufgehoben, sondern bekräftigt, daß die Festsetzung einer Strafsumme kein Urteil ist. Man hat Scaevola wegen anderer Verbrechen verurteilt; er wurde durch eine große Zahl von Zeugen aus Apulien überführt. Man hat mit äußerster Anstrengung darum gekämpft, daß eine kapitale Strafsumme festgesetzt würde. Wenn dieser Umstand das Gewicht eines Urteils gehabt hätte, so wäre der Mann später von denselben oder von anderen Feinden nach eben diesem Gesetz angeklagt worden.

Es folgt, was die Gegner als Urteil bezeichnen, unsere Vor- 117
fahren jedoch niemals ein Urteil genannt noch ebenso wie ein Urteil für verbindlich erachtet haben: die Rüge und der Ausspruch der Zensoren. Bevor ich hierüber zu reden beginne, muß ich mich ganz kurz über meine Pflicht äußern: ich möchte verdeutlichen, daß ich sowohl auf die Bedrängnis des Angeklagten als auch auf meine übrigen Verbindlichkeiten und freundschaftlichen Beziehungen Rücksicht nehme. Ich bin nämlich mit den beiden tüchtigen Männern, die zuletzt Zen-

soren waren[78], befreundet; mit dem einen hat sich sogar, wie die meisten von euch wissen, ein Vertrauensverhältnis und durch wechselseitige Dienste eine sehr enge Bindung einge-
118 stellt. Was ich daher über deren Eintragungen[79] sagen muß, das sage ich in der Absicht, daß ich alle meine Darlegungen nicht auf ihr Verhalten, sondern auf die zensorischen Grundsätze bezogen wissen möchte. Bei meinem Freunde Lentulus aber – ich nenne ihn in Anbetracht seiner hervorragenden Tüchtigkeit und der bedeutenden Gunsterweise, die ihm vom römischen Volke zuteil wurden, lediglich, um ihn zu ehren –, bei ihm werde ich ohne Mühe dies erreichen, ihr Richter: soviel er selbst bei den Bedrängnissen seiner Freunde von seiner Pflichttreue und Sorgfalt, vor allem aber von seiner Entschiedenheit und freimütigen Rede Gebrauch zu machen pflegt, in dem Maße möge er mir zubilligen, daß ich mir so viel herausnehme, wie ich, ohne den Angeklagten zu gefährden, nicht vermeiden kann. Doch ich werde, wie billig, alles behutsam und Schritt für Schritt vorbringen; ich will zeigen, daß ich weder das Pflichtgebot dieser Verteidigung vernachlässigen noch jemandes Würde angreifen oder eine freundschaftliche Beziehung verletzen möchte.

119 Ich sehe also, ihr Richter, daß die Zensoren einige Geschworene, die dem Gerichtshof des Iunius angehörten, mit einer Rüge bedachten; sie haben ja eben diese Tatsache als Grund vermerkt. Hier möchte ich mich zunächst auf etwas allgemein Anerkanntes berufen: unser Staat hat sich mit zensorischen Rügen nie in demselben Maße zufriedengegeben wie mit Urteilen. Und ich will für eine geläufige Tatsache keine Zeit verschwenden; beispielsweise nenne ich den einen Fall: nachdem C. Geta von den Zensoren L. Metellus und Cn. Domitius aus dem Senat entfernt worden war, hat man ihn später selbst zum Zensor gemacht[80]; der Mann, dessen sittliches Verhalten von den Zensoren gerügt wurde, befand also hernach über das Ver-

halten des römischen Volkes und auch derer, die ihn gemaßregelt hatten. Wenn man die Rüge für ein Urteil ansehen wollte, dann dürften Leute, die mit diesem Makel behaftet sind, weder ein Amt erhalten noch in die Kurie zurückgelangen, wie auch sonst den in einem entehrenden Prozeß Verurteilten alle Ämter und Würden auf immer entzogen sind. Wenn 120
jetzt ein Freigelassener des Cn. Lentulus oder L. Gellius jemanden wegen Diebstahls verurteilt, dann verliert dieser Mann alle seine Ehrenrechte und wird niemals auch nur einen Teil seines Ansehens zurückerhalten[81]; diejenigen jedoch, die L. Gellius und Cn. Lentulus selbst, die beiden Zensoren, erlauchte Herren und Männer von größter Einsicht, wegen Diebstahls und Unterschlagung gemaßregelt hatten, die kehrten nicht nur in den Senat zurück, sondern wurden auch in Prozessen freigesprochen, die sich eigens mit diesen Dingen befaßten. Unsere Vorfahren wünschten, daß nur Richter sein dürfe, auf wen sich die Parteien geeinigt hätten, und zwar nicht nur, wenn es sich um Ruf und Ehre von jemandem handelt, sondern auch bei der geringsten Geldangelegenheit[82]. Daher ist in allen Gesetzen, die vorschreiben, aus welchen Gründen man kein Amt bekleiden oder nicht zum Richter gewählt werden oder niemanden anklagen darf, diese Art von Bescholtenheit übergangen. Man wollte nämlich, daß mit der zensorischen Gewalt eine abschreckende Wirkung, nicht aber eine Strafe für das Leben verbunden sei.

Ich will daher nicht nur darlegen, was ihr bereits einseht: 121
daß sich die Wahlen des römischen Volkes sehr oft über die Eintragungen der Zensoren hinweggesetzt haben; auch die Urteile derer taten dies, die, durch ihren Eid verpflichtet, mit desto größerer Gewissenhaftigkeit und Sorgfalt entscheiden mußten. Erstens sind Geschworene, römische Senatoren und Ritter, schon bei mehreren Angeklagten, bei denen der Vermerk lautete, sie hätten in gesetzwidriger Weise Geld ange-

nommen, lieber ihrer eigenen Gewissenhaftigkeit als der Meinung der Zensoren gefolgt. Ferner haben die Stadtprätoren, die ihrem Eid gemäß möglichst tüchtige Leute in die Geschworenenlisten aufnehmen sollen, niemals geglaubt, sie müßten hierbei einen zensorischen Makel als Hindernis ansehen.
122 Schließlich haben auch die Zensoren selbst in vielen Fällen nicht an den Urteilen der früheren Zensoren (wenn ihr hier von Urteilen reden wollt) festgehalten. Und die Zensoren bewerten auch untereinander ihre Urteile so, daß die Meinung des einen die des anderen nicht nur beanstandet, sondern aufhebt: der eine wünscht jemanden aus dem Senat zu entfernen, der andere möchte ihn belassen und hält ihn des höchsten Standes für würdig; der eine fordert, daß jemand unter die Ärarier versetzt oder aus seinem Stimmbezirk verwiesen werde[83], der andere widerspricht. Wie kommt euch daher der Gedanke, das als Urteil zu bezeichnen, was, wie ihr seht, das römische Volk aufhebt, die Geschworenen verwerfen, die Behörden nicht beachten, diejenigen, die dasselbe Amt innehaben, abändern und als Kollegen unterschiedlich handhaben?

123 Nichtsdestoweniger wollen wir uns ansehen, wie denn die Zensoren jene Richterbestechung beurteilt haben sollen. Und zuerst wollen wir feststellen, ob sich etwas so verhält, weil die Zensoren es vermerkt haben, oder ob sie es vermerkt haben, weil es sich so verhält. Wenn ihr Vermerk unwiderlegbar ist, dann macht euch klar, was ihr tut: daß ihr nicht künftig den Zensoren eine königliche Gewalt über einen jeden von uns zugesteht, daß nicht der zensorische Vermerk den Bürgern ebensoviel Unheil bringen kann wie die scheußlichen Ächtungen[84], daß wir nicht den Griffel der Zensoren, dessen Spitze unsere Vorfahren durch vielerlei Maßnahmen stumpf gemacht haben, von nun an ebenso fürchten wie das Schwert des Diktators.

124 Wenn aber ein Vermerk nur deshalb von Gewicht sein darf, weil er den Tatsachen entspricht, dann wollen wir untersu-

chen, ob er richtig ist oder falsch; man lasse die Aussprüche
der Zensoren beiseite; man entferne von der Sache, was nicht
zur Sache gehört; bring bei, was für Geld Cluentius bezahlt,
wovon er es bezahlt, wie er es bezahlt hat; zeige endlich
irgendeine Spur des Geldes, das von Cluentius herrühren soll!
Führe sodann überzeugend aus, daß Oppianicus ein redlicher
Mann war, eine lautere Persönlichkeit, daß man nie etwas an-
deres von ihm geglaubt, zudem nie eine Vorentscheidung
über ihn gefällt hat! Dann erst magst du dich an die Ausprü-
che der Zensoren halten, dann behaupten, ihr Urteil bestätige
die Tatsachen. Doch solange feststeht, daß Oppianicus mit 125
eigener Hand die Amtsbücher seiner Heimatstadt gefälscht
hat (dies besagt ein Urteil), daß er ein Testament durch Strei-
chungen verändert, daß er mit Hilfe einer untergeschobenen
Person die Beglaubigung eines falschen Testaments zuwege
gebracht, daß er den, auf dessen Namen das Testament be-
glaubigt war, beseitigt, daß er den Onkel seines Sohnes in der
Sklaverei und Gefangenschaft ermordet hat, daß er seine Mit-
bürger ächten und töten ließ, daß er mit der Frau dessen, den
er umgebracht hatte, die Ehe einging, daß er Entgelt für eine
Abtreibung bezahlt, daß er seine Schwiegermutter, seine Gat-
tinnen, daß er zu gleicher Zeit die Frau seines Bruders und die
erwarteten Kinder und den Bruder selbst, daß er endlich auch
die eigenen Söhne ermordet hat, daß er handgreiflich über-
führt wurde, als er seinem Stiefsohn Gift geben wollte, daß er,
nach der Verurteilung seiner Gehilfen und Mitwisser selbst
vor Gericht gestellt, einem Richter Geld gab, um die Stimmen
der Richter zu beeinflussen – solange dies, sage ich, von Op-
pianicus feststeht und sich der Vorwurf, Cluentius habe Geld
gegeben, durch keinerlei Beweis stützen läßt, wie sollte man
da glauben, dieses zensorische Gutdünken – man mag es auch
eine Vermutung nennen – könne dir helfen und diesem un-
schuldigen Manne hier den Untergang bereiten?

126 Wonach haben sich denn die Zensoren gerichtet? Auch sie werden sich, um es in aller Schärfe auszusprechen, nur auf das Gerede und die allgemeine Meinung berufen. Sie werden sagen, daß sie nichts durch Zeugen, nichts durch Urkunden, nichts durch irgendeinen erheblichen Beweis in Erfahrung gebracht, endlich nichts nach gehöriger Untersuchung des Falles beschlossen haben. Doch gesetzt, sie wären so vorgegangen, dann dürfte ihre Entscheidung gleichwohl nicht unerschütterlich feststehen. Ich will nicht mit einer Vielzahl von Beispielen aufwarten, die unerschöpflich ist, will keinen weit zurückliegenden Fall, keinen mächtigen und einflußreichen Herrn nennen. Ich habe kürzlich einen einfachen Mann, einen Schreiber der Ädilen, D. Matrinius, bei den Prätoren M. Iunius und Q. Publicius und bei den Ädilen M. Plaetorius und C. Flaminius verteidigt; ich bestimmte sie dazu, ihrer Eidespflicht gemäß den als Schreiber einzustellen, den die schon genannten Zensoren[85] unter die Ärarier versetzt hatten. Da sich nämlich bei dem Manne keine Schuld feststellen ließ, glaubten sie fragen zu müssen, was er verdient, nicht, was man gegen ihn entschieden habe.

127 Denn auch was die Zensoren über die Richterbestechung vermerkt haben – wer glaubt, sie hätten das hinlänglich untersucht und sorgsam erwogen? Wie ich sehe, hat man einen Vermerk gegen M'. Aquilius und Ti. Gutta eingetragen. Was bedeutet das? Sie sind der Meinung, daß nur zwei durch Geld beeinflußt wurden; die übrigen haben also ohne Bezahlung verurteilt. Man hat demnach Oppianicus nicht überwältigt, nicht durch Geld zu Fall gebracht, noch dürfen, wie es in der Versammlung des Quinctius geschah, alle, die Oppianicus verurteilten, einem Schuldverdacht ausgesetzt werden. Ich sehe, daß der Ausspruch der Zensoren nur zwei mit dieser Schandtat in Zusammenhang bringt. Oder die Gegenpartei möge dartun, sie hätten, was sie von diesen beiden ermittelten, auch von den übrigen erfahren.

Denn diese Annahme kann man am wenigsten gelten lassen, 128 sie hätten einen Kriegsbrauch, das warnende Beispiel, auf die zensorischen Vermerke und Aussprüche übertragen. Unsere Vorfahren haben es nämlich so gehalten, daß nur einige nach dem Los bestraft wurden, wenn viele sich gegen die soldatische Zucht vergangen hatten; die Furcht sollte nämlich alle, die Sühne aber wenige treffen[86]. Daß nun die Zensoren bei der Festsetzung des Ranges und bei ihrem Urteil über die Bürger und bei der Ahndung von Fehlern ebenso vorgehen sollen, wie kann man das gelten lassen? Denn ein Soldat, der seine Stellung nicht hielt, der sich vor dem Angriff und der Gewalt der Feinde gefürchtet hat, der kann später ein besserer Soldat und ein rechtschaffener Mann und ein brauchbarer Bürger sein. Daher haben die Vorfahren für jeden, damit er es im Felde nicht aus Furcht vor dem Feinde fehlen lasse, eine noch schlimmere Furcht, die vor Tod und Hinrichtung, geschaffen; damit jedoch nicht allzu viele die Todesstrafe erleiden müßten, deshalb hat man die Auswahl durch das Los vorgesehen.

Dasselbe willst du als Zensor tun, wenn du die Senatsaus- 129 lese vornimmst? Wenn sich mehrere für die Verurteilung eines Unschuldigen haben bezahlen lassen, dann willst du nicht gegen alle vorgehen, sondern nach Belieben wählen und aus vielen wenige für den Entzug der Ehre auslosen? Mit deinem Wissen und deiner Kenntnis wird also die Kurie jemanden ohne Ehrverlust zum Senator, das römische Volk zum Richter, der Staat zum Bürger haben, der, um einen Unschuldigen zu verderben, seine Pflicht und sein Gewissen für Geld verkauft hat; und wer, für Lohn gedungen, einem unschuldigen Bürger Vaterland, Vermögen und Kinder nahm, der soll nicht von der unnachsichtigen Rüge des Zensors gebrandmarkt werden? Du willst der Aufseher der Sitten, du der Lehrmeister althergebrachter Zucht und Strenge sein, wenn du wissentlich jemanden im Senat beläßt, der sich mit solch einem Verbrechen besudelt hat, oder verfügst, wer dasselbe verschuldet habe, der solle nicht dieselbe Strafe erleiden? Oder willst du die Art der Vollstreckung, die unsere Vorfahren in Kriegszeiten für die Feigheit des Soldaten vorgesehen wissen wollten, ebenso im Frieden für die Gewissenlosigkeit des Senators festsetzen? Wenn man das warnende Beispiel vom soldatischen Bereich auf die zensorische Ahndung übertragen dürfte, dann müßte man diese Ahndung ebenfalls nach dem Los vornehmen. Wenn es sich aber für einen Zensor keineswegs gebührt, die Bestrafung zu verlosen und menschliches Fehlverhalten dem Befinden des Zufalls anheimzugeben, dann darf man jedenfalls bei einem Vergehen vieler nicht nur wenige zu Schimpf und Schande heraussuchen.

130 Doch wir sehen ja alle ein, daß man sich mit diesen Vermerken nach einem bestimmten vom Volke her wehenden Winde gerichtet hat. Ein aufrührerischer Tribun hatte die Sache in der Versammlung behandelt; die Menge hielt sie ohne Prüfung des Falles für erwiesen; niemand durfte Widerspruch erheben, und überhaupt, niemand machte Anstalten, für die andere Seite einzutreten. Zudem waren jene Gerichtshöfe in einen sehr üblen Ruf gekommen. Denn wenige Monate später hatten gekennzeichnete Stimmtäfelchen dort einen weiteren großen Skandal verursacht[87]. So schien es, daß die Zensoren den Makel der Gerichte nicht übergehen und außer acht lassen konnten. Sie wollten Menschen, die, wie sie sahen, durch sonstige Laster und jede Art von Schande berüchtigt waren, auch noch mit diesem Vermerk kennzeichnen, und dies um so mehr, als zu eben jener Zeit, da sie Zensoren waren, der Ritterstand Anteil an der Gerichtsbarkeit erhielt[88]; sie schienen also, indem sie die geeigneten Personen brandmarkten, mit
131 dem Gewicht ihres Ansehens die Tat zu verwerfen. Wenn es mir oder jemand anderem zugestanden hätte, die Sache

vor eben diesen Zensoren zu vertreten, dann hätte ich Männer, die so viel Einsicht besitzen, gewiß überzeugt; die Umstände beweisen nämlich, daß sie selbst nichts untersucht, nichts in Erfahrung gebracht hatten, daß man sich mit dem ganzen Vermerk von einem Gerücht und vom Beifall des Volkes leiten ließ. Denn L. Gellius vermerkte gegen P. Popilius, der Oppianicus verurteilt hatte, er habe für die Verurteilung eines Unschuldigen Bezahlung angenommen. Welcher Sehergabe bedarf es allein schon dafür, zu wissen, daß ein Angeklagter, den er vielleicht niemals gesehen hatte, unschuldig gewesen sei, während hochweise Männer, die Geschworenen, um von denen, die ein Schuldurteil fällten, gar nicht zu reden, nach Untersuchung des Falles versicherten, die Sache sei ihnen unklar!

Doch meinetwegen: Gellius verurteilt Popilius; er befindet, 132
jener habe sich von Cluentius bezahlen lassen. Lentulus verneint dies; denn er nimmt Popilius nur deshalb nicht in die Senatsliste auf, weil er der Sohn eines Freigelassenen war; den senatorischen Sitzplatz bei den Spielen und die übrigen Ehrenrechte[89] beläßt er ihm und befreit ihn von jedem Makel. Indem er das tut, befindet er, daß Oppianicus von der Stimme des Popilius ohne Entgelt verurteilt wurde. Und denselben Popilius lobt Lentulus hernach in einem Prozeß wegen Amtserschleichung um seiner Zeugenaussage willen auf das Angelegentlichste. Wenn sich daher weder Lentulus an das Urteil des L. Gellius hielt noch Gellius sich mit der Auffassung des Lentulus zufriedengab und wenn beide Zensoren glaubten, zur Meinung des Zensors nicht stehen zu müssen, weshalb soll dann jemand von uns meinen, alle zensorischen Vermerke seien unwandelbar und gültig auf immer?

Indes, sie haben auch Habitus eine Rüge erteilt. Aber nicht 133
wegen einer schimpflichen Tat, nicht wegen einer Verirrung oder gar einer Untugend, die seinem ganzen Leben anhaftet.

Denn niemand kann lauterer und rechtschaffener und gewissenhafter bei der Beachtung aller seiner Pflichten sein als unser Mann. Auch die Zensoren behaupten nichts anderes, sie haben sich vielmehr durch dasselbe Gerede von der Richterbestechung bestimmen lassen; noch schätzen sie das Ehrgefühl, die Lauterkeit und Rechtschaffenheit des Cluentius anders ein, als wir sie eingeschätzt wissen wollen; sie glaubten jedoch, den Ankläger nicht übergehen zu können, nachdem die Richter eine Rüge erhalten hatten. Ich will daher nur ein Ereignis aus der gesamten Vorzeit nennen; dann brauche ich über die
134 ganze Sache nicht weiter zu reden. Denn das Beispiel des großen und erlauchten P. Africanus[90] darf ich, scheint mir, nicht übergehen: als er Zensor war und bei der Ritterschatzung C. Licinius Sacerdos vortrat, da erklärte er mit deutlicher Stimme, so daß die ganze Versammlung es hören konnte, er wisse, daß Licinius in aller Form einen Meineid geschworen habe; wenn jemand ihn anklagen wolle, so könne er von seinem Zeugnis Gebrauch machen. Als daraufhin niemand gegen ihn auftrat, ließ Scipio ihn sein Pferd vorbeiführen[91]. So war der Mann, mit dessen Gutdünken sich sowohl das römische Volk als auch die auswärtigen Staaten zufrieden zu geben pflegten, selbst mit seinem eigenen Wissen nicht zufrieden, wenn es galt, einem anderen Schimpf zuzufügen. Wenn Habitus dies hätte tun dürfen[92], so hätte er sich ohne weiteres vor denselben Richtern gegen den falschen Verdacht und die üble Nachrede behaupten können, die man in demagogischer Absicht aufgebracht hatte.

135 Da ist noch ein Punkt, der mich in größte Verlegenheit versetzt, worauf ich, wie es scheint, kaum eine Antwort weiß: du hast die Klausel aus dem Testament des Cn. Egnatius senior verlesen (eines hochangesehenen und grundgescheiten Menschen, versteht sich), er habe deshalb seinen Sohn enterbt, weil er für die Verurteilung des Oppianicus Bezahlung

angenommen habe. Über die leichtfertige und unbeständige Art dieses Menschen will ich mich nicht weiter äußern; das Testament selbst, das du verlesen hast, läuft darauf hinaus, daß er den Sohn, den er haßte, enterbt, dem Sohn aber, den er liebte, ganz fremde Personen als Miterben beigegeben hat. Doch du, Attius, solltest dir, meine ich, genau überlegen, ob du dem Urteil der Zensoren Gewicht beimessen willst oder dem des Egnatius. Wenn dem des Egnatius, so wiegt gering, was die Zensoren von den anderen vermerkt haben; sie entfernten nämlich auch den Egnatius, dem du Bedeutung zuerkennen willst, aus dem Senat; wenn aber dem zensorischen Urteil: den Egnatius, den der Vater mit einem zensorischen Vermerk enterbte, haben die Zensoren im Senat belassen, während sie den Vater daraus entfernten.

Doch freilich, der gesamte Senat hat befunden, das Gericht 136
sei bestochen worden. Wie tat er das? Er nahm sich des Falles an. Hätte er denn eine derartige Sache, wenn sie ihm angetragen wurde, zurückweisen können? Da der Tribun, der Volksverhetzer, fast Gewalttaten hervorgerufen hatte, da es hieß, ein vortrefflicher Mann und ganz unschuldiger Mensch sei durch Geld zu Fall gebracht worden, da die senatorische Klasse mit flammendem Haß bedacht wurde: konnte man da von einem Beschluß absehen, konnte man sich ohne die größte Gefahr für den Staat über die Erregung der Menge hinwegsetzen? Doch was hat man beschlossen? Wie richtig, wie klug, wie umsichtig: «Wenn sich zeigt, daß jemand es unternommen hat, einen öffentlichen Prozeß zu beeinflussen.» Was folgt daraus: meint der Senat, das sei geschehen, oder erklärt er seinen Unwillen und seine Entrüstung für den Fall, daß es geschehen sei? Wenn man A. Cluentius selbst um seine Meinung über die Prozesse befragen wollte, er würde sich nicht anders äußern als die, deren Meinungsäußerungen, wie ihr behauptet, Cluentius für schuldig befunden haben.

137 Doch ich frage euch: hat denn der Konsul L. Lucullus, ein höchst einsichtsvoller Mann, den Senatsbeschluß befolgt und das Gesetz beantragt, haben es im Jahre darauf M. Lucullus und C. Cassius getan[93], für die als die künftigen Konsuln der Senat damals denselben Beschluß gefaßt hatte? Sie haben es nicht beantragt, und was, wie du behauptest, das Geld des Habitus bewirkt hat, ohne daß du den geringsten Verdachtsgrund dafür beibringst, das hat zuerst die Rechtlichkeit und Einsicht der Konsuln bewirkt: sie meinten, was der Senat beschlossen hatte, um das augenblickliche Auflodern des Hasses zu ersticken, das brauchten sie hernach nicht vor das Volk zu bringen. Weiterhin hat sich das römische Volk, das vorher, von den erlogenen Beschwerden des Tribunen L. Quinctius aufgehetzt, jene Maßnahmen und den Gesetzesvorschlag gefordert hatte, von den Tränen des Sohnes C. Iunius, eines kleinen Kindes, rühren lassen und mit großer Beteiligung und lauten Rufen die ganze Untersuchung sowie das Gesetz abge-
138 lehnt. Hier fand sich bestätigt, was man schon oft behauptet hat: wie das Meer, das seiner Natur nach ruhig ist, durch die Gewalt der Stürme erregt und aufgewühlt wird, so verhält sich auch das römische Volk von Hause aus friedlich, wird jedoch von den Reden aufrührerischer Menschen wie von heftigen Unwettern in Wallung versetzt.

Es ist noch eine gewichtige Stimme übrig, die ich – o Schande! – beinahe übergangen hätte; denn es handelt sich, heißt es, um meine eigene. Attius las aus irgendeiner Rede vor, die, wie er sagte, von mir stamme; die Richter erhalten dort eine Mahnung, gewissenhaft zu urteilen, und dann werden teils andere Prozesse genannt, die Mißfallen erregt hatten, teils gerade der iunianische Prozeß. Als hätte ich nicht seit Beginn meines Plädoyers erklärt, jener Prozeß sei übel aufgenommen worden, oder als hätte ich damals, als ich über den schlechten Ruf der Gerichte redete, dieses Beispiel übergehen

können, das so allgemein bekannt war! Wenn ich aber so 139
etwas gesagt habe, dann habe ich weder das Ergebnis einer Untersuchung mitgeteilt noch als Zeuge gesprochen, und jene Rede spiegelt eher meine Lage wider als mein Urteil und meine Überzeugung. Da ich nämlich Anklage erhob[94] und mir zu Beginn vorgenommen hatte, das römische Volk und die Richter in Harnisch zu bringen, und da ich alle skandalösen Prozesse nicht meiner Auffassung gemäß, sondern wie die Leute darüber redeten, anführte, konnte ich diese Sache, die beim Volk so heftig verhandelt worden war, nicht übergehen. Doch der irrt sich gewaltig, der da meint, er besitze in unseren Reden, wie wir sie vor Gericht gehalten haben, unsere verbrieften Überzeugungen. Alle diese Reden sind nämlich durch die Sachverhalte und Umstände bedingt, nicht durch die Menschen selbst und durch die Anwälte. Denn wenn die Sachverhalte für sich selbst sprechen könnten, würde niemand einen Redner zuziehen. Nun zieht man uns zu, damit wir das sagen – nicht was sich auf unsere Überzeugung gründet, sondern was sich aus dem Gegenstand selbst und aus dem Sachverhalt ableiten läßt.

Ein geistreicher Mann, M. Antonius, pflegte, wie man sagt, 140
zu erklären, er habe deshalb nie eine Rede aufgezeichnet, damit er, falls einmal eine Äußerung, die er getan, mißlich sein sollte, behaupten könne, sie nicht getan zu haben: als ob die Menschen unsere Worte und Taten nur dann in der Erinnerung zu bewahren vermöchten, wenn wir sie schriftlich festhalten. Ich aber schließe mich in dieser Frage lieber der Meinung an, die viele teilen, insbesondere L. Crassus, ein Mann von größter Beredsamkeit und Einsicht[95]. Der hatte einmal den Cn. Plancus zu verteidigen, während M. Brutus, im Reden ebenso leidenschaftlich wie gewitzt, als Ankläger auftrat. Brutus stellte zwei Vorleser auf und ließ abwechselnd aus zwei Reden des Crassus Abschnitte vorlesen, die einander wider-

sprachen: wie er dem Gesetzesvorschlag widerrät, den man gegen die Kolonie Narbo einbringen wollte, da zieht er, soviel er kann, das Ansehen des Senates herab; in seiner Empfehlung des Servilischen Gesetzes hingegen bedenkt er den Senat mit höchstem Lob; außerdem las Brutus aus derselben Rede zahlreiche ziemlich schroffe Bemerkungen über die römischen Ritter vor, um die damaligen Richter gegen Crassus aufzubringen[96].

141 Crassus war, heißt es, hiervon einigermaßen betroffen. In seiner Antwort erläuterte er daher zunächst die jeweiligen Zeitumstände; man sollte sehen, daß die Reden der Lage und dem Sachverhalt gemäß abgefaßt waren. Dann aber gab er Brutus zu verstehen, was für einen Menschen, und daß er nicht nur einen redebegabten, sondern auch einen Mann voll Witz und Laune angegriffen habe: er rief ebenfalls drei Vorleser auf, mit je einem der Bücher über das Privatrecht, die M. Brutus[97], der Vater des Anklägers, hinterlassen hatte. Als deren Einleitungen verlesen wurden (sie sind euch gewiß bekannt): «Wir waren gerade auf dem Lande, auf dem Gute zu Privernum[98], ich und mein Sohn Brutus» – da erkundigte sich Crassus nach dem privernatischen Grundstück; «Wir hielten uns im Albanum[99] auf, ich und mein Sohn Brutus» – da verlangte er vom Albanum zu wissen; «Wir weilten von ungefähr im Tiburtischen, ich und mein Sohn Brutus» – da fragte er nach dem Besitz von Tibur; er bemerkte dazu, Brutus, ein weiser Mann, habe dartun wollen, welche Güter er dem Sohne hinterlasse, da er dessen Liederlichkeit erkannt habe. Wenn Brutus aber mit Anstand hätte schreiben können, er sei mit einem Sohne dieses Alters im Bade gewesen, so hätte er das Bad nicht ausgelassen; er, Crassus, erkundige sich trotzdem bei ihm nach dem Bade, wobei er sich nicht auf die Schriften des Vaters, sondern auf die Geschäftsbücher und die Steuerlisten berufe. Crassus hat es damals dem Brutus so heimge-

zahlt, daß der seine Vorleserei bereute; denn vielleicht war es Crassus peinlich gewesen, daß man ihn mit den Reden angriff, die er über die politische Lage gehalten hatte; dort verlangt man ja wohl eher eine gleichbleibende Denkweise.

Mir aber ist nicht peinlich, daß man jene Äußerungen ver- 142
lesen hat. Denn sie waren sowohl den Verhältnissen, die damals herrschten, als auch der Sache, die damals verhandelt wurde, angemessen; ich habe mir auch, indem ich so sprach, keine Last aufgebürdet, die mich hindert, diesen Fall mit Anstand und freimütig zu vertreten. Wenn ich zugeben wollte, daß ich mich erst jetzt in der Sache des A. Cluentius richtig auskenne, vorher aber in der verbreiteten Meinung befangen war – wer könnte mir denn daraus einen Vorwurf machen? Zumal man gerade auch von euch, ihr Richter, mit vollem Recht beanspruchen kann, worum ich zu Anfang gebeten habe und auch jetzt bitte: falls ihr eine ungünstigere Meinung von jenem Prozeß hierher mitgebracht habt, daß ihr davon ablaßt, sobald ihr die Sache durchschaut und die ganze Wahrheit erfahren habt.

Ich habe jetzt auf alles geantwortet, T. Attius, was du über 143
die Verurteilung des Oppianicus gesagt hast: du mußt zugeben, daß du dich sehr in deiner Erwartung getäuscht hast, indem du glaubtest, ich werde die Sache des Cluentius nicht mit seinem eigenen Verhalten, sondern mit Hilfe des Gesetzes rechtfertigen[100]. Denn das hast du ja immer wieder gesagt: dir werde berichtet, daß ich die Absicht hätte, die Sache im Schutze des Gesetzes zu verfechten. Steht es so? Offenbar werden wir nichtsahnend von unseren Freunden verraten, und irgend jemand von denen, die wir für unsere Freunde halten, trägt unsere Absichten den Gegnern zu. Wer hat dir denn davon berichtet, wer war so gewissenlos? Doch wem habe ich es erzählt? Niemand ist hier, glaube ich, schuldig: offenbar hat das Gesetz selbst dir das berichtet. Indes, hast du etwa

den Eindruck gewonnen, meine Verteidigung habe bei der ganzen Sache das Gesetz überhaupt nur erwähnt, ich hätte den Fall nicht so vertreten, als sei Habitus von dem Gesetz betroffen? Ich habe doch gewiß – soweit ein Mensch das behaupten darf – keinen Gesichtspunkt ausgelassen, diesen abscheulichen Vorwurf zu entkräften.

144 Was hat es damit auf sich? Man wird vielleicht fragen, ob es mir mißfalle, mit Hilfe der Gesetze eine Bedrohung der Existenz abzuwehren. Nein, ihr Richter: mir mißfällt das nicht, sondern ich folge meiner Gewohnheit. Im Prozeß gegen einen ehrenhaften und verständigen Menschen pflege ich mich nicht nur auf meine Einsicht zu verlassen, sondern füge mich auch in erheblichem Maße dem Rat und Willen dessen, den ich verteidige. Wie man mir nämlich diesen Fall antrug (ich muß ja die Gesetze kennen, für die man uns zuzieht und mit denen wir ständig umgehen), da sagte ich sofort zu Habitus, gemäß den Worten «Wer Absprachen getroffen hat, damit jemand verurteilt wird» sei er nicht strafbar; hiervon werde vielmehr nur unsere Klasse[101] berührt. Da begann er, mich nachdrücklich zu bitten, ich möge ihn nicht mit Hilfe des Gesetzes verteidigen. Ich sagte, was ich für richtig hielt, doch er brachte mich zu seiner Meinung; er versicherte nämlich unter Tränen, ihm liege ebensosehr daran, seinen ehrlichen
145 Namen zu behalten wie sein Bürgerrecht. Ich habe mich dem Manne gefügt und habe es trotzdem nur deshalb getan (wir dürfen das nämlich nicht immer tun), weil ich sah, daß sich der Sachverhalt aus sich selbst ohne das Gesetz in reichem Maße rechtfertigen lasse. Ich sah, daß die Art der Verteidigung, die ich jetzt befolgt habe, mehr Ehre, diejenige, die Cluentius nicht befolgt wissen wollte, weniger Mühe mit sich bringen würde. Wenn es sich nur darum gehandelt hätte, daß wir uns in diesem Prozeß behaupten, dann hätte ich nach der Verlesung des Gesetzes das Schlußwort gesprochen.

Mich beeindruckt auch die Rede nicht, daß Attius erklärt, das sei ein unwürdiger Zustand: wenn ein Senator jemanden durch einen Prozeß hintergehe, dann falle er unter die Gesetze, ein römischer Ritter hingegen, der dasselbe getan habe, nicht. Ich will dir zugestehen, das sei unwürdig (doch ich 146
werde sogleich prüfen, was es damit auf sich hat): dann mußt du mir zugestehen, daß es noch viel unwürdiger ist, wenn man in einem Staat, der sich auf Gesetze stützt, von den Gesetzen abweicht. Denn sie sind der Anker der Stellung, die wir im öffentlichen Leben einnehmen, sie die Grundlage der Freiheit, sie der Quell der Gerechtigkeit; Geist und Sinn und Zweck und Gedanke des Staates beruhen auf den Gesetzen. Wie wir ohne das Hirn unseren Körper nicht gebrauchen können, so vermag auch ein Staat ohne Gesetz seine Bestandteile – wie Sehnen und Blut und Gliedmaßen – nicht zu beherrschen. Der Gesetze Diener sind die Beamten, der Gesetze Dolmetscher die Richter, der Gesetze Untertanen sind schließlich wir alle, damit wir frei sein können.

Wie kommt es, Q. Naso, daß du auf diesem Platze sitzt? 147
Woher stammt die Gewalt, die es dir erlaubt, diese Richter, die eine so hohe Stellung genießen, zu beaufsichtigen? Ihr aber, ihr Richter, weshalb dürft ihr, so wenige aus einer so großen Zahl von Bürgern, über das Schicksal von Menschen befinden? Mit welchem Recht hat Attius gesagt, was ihm beliebte? Warum räumt man mir die Befugnis ein, so lange zu reden? Was aber bedeuten die Schreiber dort, was die Büttel, was die übrigen Personen, die ich für diese Untersuchung zu Gebote stehen sehe? Ich meine, dies alles vollzieht sich nach dem Gesetz, und das ganze Verfahren wird, wie ich schon sagte, vom Gesetz wie von einem Hirn gelenkt und durchgeführt. Wie denn – wird nur dieser Gerichtshof so gesteuert? Wie steht es mit des M. Plaetorius und C. Flaminius Gerichtshof für Meuchelmord, wie mit dem des C. Orchivius für Un-

terschleif, wie mit dem meinigen für Erpressung, wie mit dem des C. Aquilius, vor dem gerade wegen Amtserschleichung verhandelt wird, wie mit den übrigen Gerichtshöfen? Blickt um euch auf alle Bereiche des Staates; ihr werdet sehen, daß alles nach Weisung und Vorschrift der Gesetze geschieht.

148 Wenn jemand bei mir Anklage gegen dich erheben wollte, T. Attius, dann würdest du beteuern, daß du gar nicht unter das Erpressungsgesetz fällst[102]; dieser Einwand von dir wäre auch kein Geständnis, daß du Geld angenommen hast, sondern die Abweisung einer ungesetzlichen Mühsal und Gefahr. Nun sieh zu, was auf dem Spiele steht und was für eine Art von Recht du schaffen möchtest. Das Gesetz, das diesen Gerichtshof begründet hat, schreibt vor, der Vorsitzende des Gerichts – das ist Q. Voconius – solle gemeinsam mit den Richtern, die man ihm zugeteilt hat – hiermit seid ihr gemeint, Richter – Giftmorde untersuchen. Gegen wen? Da gibt es keine Einschränkung: «Wer Gift hergestellt, verkauft, gekauft, im Besitz gehabt, gegeben hat.» Was fügt dasselbe Gesetz sofort hinzu? Lies vor! «Und man soll gegen den einen Kapitalprozeß anstrengen ...» Gegen wen: wer Absprachen getroffen, wer sich zusammengetan hat? Nein. Wie also? Sprich! «Wer als Kriegstribun der ersten vier Legionen[103] oder als Quästor, als Volkstribun» – der Gesetzgeber zählt sodann sämtliche Beamten auf – «oder wer im Senat stimmberechtigt war oder sein wird[104].» Was dann? «Wer von denen Absprachen getroffen hat oder treffen wird, sich zusammengetan hat oder zusammentun wird, damit jemand in einem öffentlichen Prozeß verurteilt wird.» «Wer von denen» – von was für Leuten? Doch wohl von den oben Genannten. Was es ausmacht, wie der Wortlaut abgefaßt ist, das zeigt uns, obwohl es sich von selbst versteht, das gleiche Gesetz. Wo es sich nämlich auf jedermann bezieht, da drückt es sich so aus:

«Wer ein gefährliches Gift hergestellt hat oder herstellen wird.» Hiernach können alle Männer, Frauen, Freie, Sklaven vor Gericht gestellt werden. Wenn das Gesetz die Absprache ebenso hätte behandeln wollen, dann hätte es einfach hinzugefügt: «oder wer eine Absprache treffen wird». Nun heißt es aber so: «Und man soll gegen den einen Kapitalprozeß anstrengen, der ein Amt bekleiden oder im Senat stimmberechtigt sein wird, wer von denen Absprachen getroffen hat oder treffen wird.»

Ist etwa Cluentius so jemand? Gewiß nicht. Was für ein 149
Mann ist denn Cluentius? Jemand, der es trotzdem abgelehnt hat, seine Sache mit Hilfe des Gesetzes zu verteidigen. Ich verzichte daher auf das Gesetz, ich füge mich dem Cluentius. Dir möchte ich trotzdem noch etwas erwidern, Attius, was nicht mit der Sache des Cluentius zusammenhängt. Denn dieser Fall enthält einiges, was nach des Cluentius Meinung ihn, einiges, was nach meiner Meinung mich angeht. Er glaubt, daß es für ihn von Belang sei, sich mit den Ereignissen selbst und dem Hergang der Sache, nicht mit dem Gesetz zu rechtfertigen; ich aber glaube, daß es für mich von Belang ist, wenn ich mich bei keinem Streitpunkte gegenüber Attius als der Unterlegene erzeigt habe. Ich habe nämlich nicht allein diesen Fall zu vertreten; meine Bemühungen stehen allen zu Gebote, die sich mit meiner Fähigkeit im Verteidigen zufriedengeben können. Ich wünsche nicht, daß jemand von den Anwesenden meint, ich hätte, was Attius über das Gesetz geäußert hat, durch mein Schweigen gutgeheißen. Daher gehorche ich dir, was dich betrifft, Cluentius; ich verlese weder das Gesetz noch spreche ich jetzt für dich; doch will ich auch das, was man, glaube ich, von mir erwartet, nicht einfach übergehen.

Du hältst es für ungerecht, Attius, daß nicht alle denselben 150
Gesetzen unterworfen sind. Erstens, auch wenn ich zugeben

wollte, daß es höchst ungerecht sei: daraus ergibt sich nur, daß die betreffenden Gesetze geändert werden müssen, nicht, daß wir dem geltenden Recht den Gehorsam verweigern. Ferner: welcher Senator hat es je von sich gewiesen, daß er meinte, er müsse sich desto härteren gesetzlichen Bedingungen unterwerfen, wenn er durch die Gunst des römischen Volkes eine höhere Rangstufe erreicht habe? Wie zahlreich sind die Vorteile, auf die wir verzichten müssen, wie zahlreich die Mühen und Beschwerlichkeiten, die wir auf uns nehmen! Und dies alles wird gleichwohl durch den Vorteil der Ehre und des Ansehens wettgemacht. Übertrage jetzt dieselben Anforderungen an die Lebensführung auf den Ritterstand und die übrigen Stände: sie werden es nicht hinnehmen. Sie sind nämlich der Meinung, daß diejenigen, die den höchsten Rang in der Bürgerschaft entweder nicht zu erreichen vermochten oder nicht erstrebt haben, weniger zahlreichen Schlingen von Gesetzen und Anforderungen und Prozessen ausgesetzt sein müßten.

151 Und um alle anderen Gesetze gar nicht zu erwähnen, denen wir unterworfen sind, die übrigen Stände hingegen nicht: eben das Gesetz «Damit niemand durch einen Prozeß hintergangen wird» hat C. Gracchus eingebracht, und er hat dies Gesetz für das Volk, nicht gegen das Volk eingebracht[105]. Hernach hat L. Sulla den Gerichtshof für diesen Tatbestand durch eben das Gesetz begründet, nach dem ihr gegenwärtig Recht sprecht; er war sehr weit davon entfernt, die Sache des Volkes zu vertreten, und hat es gleichwohl nicht gewagt, das römische Volk, das vor seiner Zeit keiner solchen Schranke unterworfen war, einer neuen Art von Strafverfahren auszusetzen. Er haßte den Ritterstand; da hätte er, wenn es ihm möglich erschienen wäre, nichts lieber getan, als die ganze Härte seiner Ächtungen, wie er sie gegen die ehemaligen Richter walten ließ, auf dieses eine Verfahren zu häufen.

Auch jetzt betreibt man nichts anderes (glaubt mir, ihr 152
Richter, und verschließt eure Augen nicht vor etwas, wogegen man sich wappnen muß), als daß man die römischen Ritter in die Drohung dieses Gesetzes einzubeziehen versucht, und dies wird nicht von allen betrieben, sondern von einigen. Denn die Senatoren, die sich unschwer durch ihre Lauterkeit und Unsträflichkeit zu schützen wissen (um aufrichtig zu reden: solche Männer seid ihr und die anderen, deren Leben von eigennützigen Zielen frei ist) – die wünschen, daß die Ritter der Senatorenklasse im Rang sehr nahe und durch gutes Einvernehmen engstens befreundet seien. Doch einige wollen allmächtig sein und außerdem weder einem Menschen noch einem Stande irgend etwas zugestehen; die glauben, sie könnten sich die römischen Ritter nur durch diese Drohung botmäßig machen: es müsse vorgeschrieben sein, daß man gegen diejenigen, die Recht gesprochen haben, in dieser Weise prozessieren könne. Sie sehen nämlich, wie sich das Ansehen dieses Standes festigt; sie sehen, wie man seine Gerichtsbarkeit gutheißt; sie sind aber überzeugt, daß sie, wenn sie diese Drohung bereitstellen, den Stachel eurer Strenge ausreißen können. Denn wer würde es wohl wagen, jemanden, der über 153
etwas größere Machtmittel verfügt, ohne Falsch und unerschrocken abzuurteilen, wenn er sieht, daß er sich verantworten muß, weil er Absprachen getroffen oder sich verschworen habe?

Was waren das doch für mutige Männer, die römischen Ritter, die sich dem hochberühmten und übermächtigen Volkstribun M. Drusus widersetzten, als der sich mit dem ganzen damaligen Adel dafür ereiferte, daß diejenigen, die Recht gesprochen hätten, zu derartigen Untersuchungen vor Gericht gestellt würden[106]! C. Flavius Pusio, Cn. Titinius, C. Maecenas, diese Säulen des römischen Volkes, und die anderen Männer desselben Standes haben sich damals nicht ebenso verhal-

ten wie jetzt Cluentius; sie glaubten also nicht, sich durch Ablehnung einem Schuldverdacht auszusetzen. Sie leisteten vielmehr ganz unverhohlen Widerstand, indem sie erwogen und öffentlich mit größter Entschiedenheit und in ehrenhaftester Weise erklärten, sie hätten nach der Meinung des römischen Volkes die höchste Standesstufe erreichen können, wenn sie beabsichtigt hätten, ihre Anstrengungen auf die Ämterlaufbahn zu richten. Sie sähen, welcher Glanz mit dieser Lebensstellung verbunden sei, welche Ehrenrechte, welches Ansehen; sie hätten diese Dinge nicht verachtet, sondern seien mit ihrem und ihrer Väter Stande zufrieden gewesen und hätten jenes ruhige und friedliche Leben vorgezogen, das den Stürmen der Anfeindungen und derartiger Prozesse entrückt sei.
154 Man müsse ihnen entweder für die Ämterbewerbung ihre Jahre unverkürzt zurückgeben oder, da dies nicht möglich sei, die Lebensweise belassen, um derentwillen sie auf die Bewerbung verzichtet hätten. Es sei unbillig, daß man denen, die wegen der Vielfalt der Gefahren den Ehren der Ämter entsagt hätten, die Gunsterweise des Volkes vorenthalte, sie aber nicht vor den Drangsalen neuartiger Prozesse bewahre. Ein Senator könne sich hierüber nicht beklagen, und zwar deswegen, weil er mit dieser Bedingung vor Augen seine Laufbahn angetreten habe und weil die Vorrechte sehr zahlreich seien, die ihm über diesen Verdruß hinwegzuhelfen vermöchten: der Rang, das Ansehen, der Glanz in der Heimat, der Name und Einfluß bei den auswärtigen Völkern, die purpurbesäumte Toga, der Amtssessel, die Ehrenzeichen, die Rutenbündel, die Truppen, Befehlshaberstellen und Provinzen; unsere Vorfahren wünschten, daß in diesem Bereich für richtiges Verhalten die höchsten Belohnungen, für Vergehen aber desto größere Gefahren bereitstünden.

Jene Ritter verwahrten sich nicht dagegen, daß man sie nach dem Gesetz unter Anklage stellte, nach dem jetzt Habi-

tus angeklagt wird (es war damals ein Sempronisches, jetzt ist es ein Cornelisches Gesetz[107]); sie erkannten ja, daß der Ritterstand gar nicht unter dieses Gesetz fiel; sie bekämpften vielmehr den Versuch, sie durch ein neues Gesetz zu binden. Habitus hat sich niemals auch nur dagegen gewehrt, seine Le- 155
bensführung vor einem Gesetz zu rechtfertigen, das ihn gar nicht betrifft. Wenn euch dieser Zustand gefällt, dann wollen wir uns insgesamt darum bemühen, daß dieses Strafverfahren so bald wie möglich auf alle Stände erstreckt wird.

Bis dahin aber, bei den unsterblichen Göttern, wollen wir uns hüten, von den Gesetzen abzuweichen, da wir ja alle unsere Güter und Rechte, die Freiheit und selbst das Leben den Gesetzen verdanken; zugleich wollen wir auch bedenken, wie unbillig das ist: das römische Volk beschäftigt sich jetzt mit anderem; es hat euch die Staatsverwaltung und seine Wohlfahrt anvertraut; es ist ohne Sorge und fürchtet nicht, daß es von ein paar Richtern einem Gesetz, das es nie gutgeheißen, und einem Strafverfahren, von dem es sich frei und unbedroht glaubt, unterworfen wird.

Denn so betreibt ja T. Attius, ein trefflicher und redege- 156
wandter junger Mann, die Sache: alle Bürger seien allen Gesetzen unterworfen; ihr hört euch das aufmerksam und schweigend an, wie es eure Pflicht ist. A. Cluentius, ein römischer Ritter, rechtfertigt sich vor dem Gesetz, dem allein die Senatoren und diejenigen, die ein Amt bekleidet haben, unterworfen sind; er hat mir untersagt, mich darauf nicht einzulassen und die Schutzwehr meiner Verteidigung in das Bollwerk des Gesetzes zu verlegen. Wenn Cluentius seine Sache durchsetzt, wovon wir im Vertrauen auf eure Rechtlichkeit überzeugt sind, dann wird jedermann glauben, wie es ja auch der Fall ist, er habe sich wegen seiner Unschuld durchgesetzt, da man ihn so verteidigt hat; das Gesetz aber, auf das er sich nicht habe einlassen wollen, habe ihm keinerlei Schutz geboten.

157 Hier ist nun ein Punkt, der mich angeht, den ich schon erwähnt habe, wofür ich dem römischen Volke einstehen muß; denn meine Lebensstellung besteht darin, daß ich alle meine Sorge und Mühe auf die Verteidigung bedrohter Menschen wende. Ich sehe, welche bedeutende und welch gefährliche und welch unabsehbare Frage die Ankläger berühren, wenn sie das Gesetz, das für unseren Stand abgefaßt ist, auf das römische Volk zu erstrecken versuchen. In diesem Gesetz heißt es: «Wer Absprachen trifft» – ihr seht ein, wie weit das geht. «Wer sich zusammentut» – das ist ebenso unbestimmt und grenzenlos. «Wer sich verschwört» – dies ist vollends nicht nur grenzenlos, sondern sogar dunkel und undurchsichtig. «Oder ein falsches Zeugnis ablegt» – seht ihr nicht: welcher Römer hätte je Zeugnis abgelegt, dem nicht, ginge es nach T. Attius, dieser Fallstrick bereitet wäre? Denn, behaupte ich, in Zukunft wird gewiß niemand mehr eine Aussage tun, wenn dem römischen Volke dieses Verfahren vor
158 Augen steht. Doch das gelobe ich allen: sollte man etwa jemandem mit diesem Gesetz Schwierigkeiten machen, der nicht unter das Gesetz fällt, dann werde ich seine Sache, wenn er mich als Verteidiger nehmen will, mit Hilfe des Gesetzes vertreten und entweder diese Richter oder Leute, die ihnen gleichen, ohne jede Schwierigkeit überzeugen, und ich werde mich jeder Handhabe des Gesetzes bedienen, deren ich mich jetzt nicht bedienen darf, weil es mir der nicht gestattet, dessen Willen ich mich fügen muß.

Ich habe nämlich keinen Anlaß zu zweifeln, ihr Richter: wenn euch eine derartige Sache vorliegt, von einem, der nicht unter das Gesetz fällt, er mag offenbar vielen verhaßt oder widerwärtig sein, ihr mögt ihn verabscheuen, ihr mögt ihn gegen euren Willen freisprechen, ihr werdet ihn trotzdem freisprechen und lieber eurem Gewissen als eurem Abscheu
159 folgen. Es ist nämlich die Aufgabe des einsichtigen Richters

zu bedenken, daß ihm das römische Volk genau soviel erlaubt, wie es ihm zugestanden und überlassen hat, und sich daran zu erinnern, daß man ihm nicht nur Macht gewährt, sondern auch Vertrauen geschenkt hat; er muß imstande sein, den freizusprechen, den er verabscheut, und den zu verurteilen, den er nicht verabscheut, und jederzeit nicht, was er selbst wünscht, zu befinden, sondern was das Gesetz und sein Gewissen verlangen; er muß beachten, nach welchem Gesetz der Angeklagte vorgeladen ist, über welchen Angeklagten er befindet, welcher Sachverhalt zur Untersuchung steht. Man muß sowohl hierauf bedacht sein, vor allem aber gehört dies zum Wesen eines bedeutenden und einsichtsvollen Mannes, ihr Richter: wenn er das Täfelchen nimmt, um sein Urteil abzugeben, dann glaubt er nicht, daß er allein sei und ihm freistehe, wonach ihn gelüstet, sondern daß das Gesetz, die Gewissenhaftigkeit, die Gerechtigkeit und die Pflichttreue seine Ratgeber seien; doch die Willkür, den Haß, den Unwillen, die Furcht und alle Begierden weist er von sich, und das Teuerste ist ihm das Bewußtsein von seiner Gesinnung, das uns die unsterblichen Götter verliehen haben, das man uns nicht nehmen kann – wenn uns dies in unserem ganzen Dasein die besten Absichten und Handlungen bezeugt, dann leben wir frei von jeder Furcht und in höchstem Ansehen.

Wenn T. Attius dies erkannt und bedacht hätte, wahrhaf- 160
tig, er hätte nicht einmal versucht zu behaupten, was er mit vielen Worten dargetan hat: ein Richter solle befinden, was er für richtig halte, und dürfe nicht an die Gesetze gebunden sein. Über diese Dinge glaube ich jetzt für die Absicht des Cluentius zuviel, für das Gewicht der Sache zuwenig, für euer Verständnis genug gesagt zu haben.

Es bleibt nur sehr wenig; weil das zum Gegenstand eurer Untersuchung gehört, deshalb meinten sie, es erfinden und vorbringen zu müssen, damit man sie nicht als die allerärgsten

Schandbuben entlarvt, wenn sie außer der üblen Nachrede nichts in die Verhandlung mitgebracht hätten. Und damit ihr einseht, daß ich die Dinge, über die ich bisher sprach, gezwungenermaßen ausführlicher behandelt habe, achtet auf das übrige; wahrhaftig, ihr werdet feststellen: was sich mit Wenigem dartun läßt, das wird in der bündigsten Weise vorgebracht.

161 Dem Samniten Cn. Decidius, dem Geächteten[108], sei, heißt es, in seiner Not vom Gesinde des Cluentius Unrecht getan worden. Niemand hat ihn großzügiger behandelt als Cluentius. Seine Mittel haben ihm in der beschwerlichsten Lage geholfen, und dies haben er selbst sowie alle seine Freunde und Verwandten anerkannt.

Den Hirten des Ancharius und Pacenus sollen die Gutsleute des Cluentius handgreifliche Gewalt angetan haben. In den Triften entbrannte, wie es vorkommt, unter den Hirten ein Streit; da haben die Leute des Habitus das Eigentum ihres Herrn und ihren privaten Besitz verteidigt. Als Beschwerde ergangen war, trennte man sich, nachdem sie den Sachverhalt dargelegt hatten, ohne Prozeß und Meinungsverschiedenheit.

162 P. Aelius hatte in seinem Testament einen Verwandten enterbt; er setzte Cluentius, der ihm weniger nahe stand, zum Erben ein. P. Aelius tat es wegen der Verdienste des Habitus, und Habitus war bei der Errichtung des Testaments nicht zugegen, und das Testament wurde von seinem Feinde Oppianicus besiegelt.

Dem Florus sei ein Vermächtnis aus dem Testament verweigert worden. Nein. Sondern weil an Stelle von 40000 Sesterzen 30000 eingetragen waren und ihm die Sache nicht sicher genug zu sein schien, wünschte er, daß Florus einiges auch seiner Großzügigkeit zu verdanken habe. Zunächst bestritt er die Verpflichtung; hernach hat er ohne Widerrede gezahlt.

Man habe nach dem Kriege von Cluentius die Frau eines Samniten namens Ceius zurückgefordert. Er hatte die Frau von den Vermögensaufkäufern erworben[109]; sobald er hörte, daß sie frei sei, gab er sie ohne Prozeß dem Ceius zurück.

Da sei ein gewisser Ennius, dessen Eigentum Habitus be- 163
sitze. Dieser Ennius ist ein mittelloser Ränkeschmied, ein Mietling des Oppianicus, der sich viele Jahre ruhig verhielt; dann verklagte er eines Tages die Sklaven des Habitus wegen Diebstahls; kürzlich begann er, gegen Habitus selbst Ansprüche geltend zu machen. Glaubt mir: der Mann wird in dem Privatprozeß, in dem ihr vielleicht ebenfalls die Anwälte seid, seiner Strafe wegen trügerischen Prozessierens[110] nicht entgehen.

Und weiterhin haltet ihr, wie man uns berichtet, einen sehr gastfreundlichen Menschen in Bereitschaft, einen gewissen A. Bivius, der Schankwirt an der latinischen Straße ist; der soll erklären, er sei in seiner Schenke von Cluentius und dessen Sklaven angegriffen worden. Über diesen Menschen brauche ich jetzt noch nichts zu sagen: wenn er uns auffordert, wie es seine Gewohnheit ist, dann werden wir ihn so empfangen, daß es ihm leid tut, von seiner Straße abgegangen zu sein.

Da habt ihr, Richter, was die Ankläger nach acht Jahren 164
Nachdenkens für den ganzen Prozeß über den Lebenswandel des A. Cluentius zusammengebracht haben (und sie wollen, der Angeklagte sei verrufen!): wie geringfügig der Art nach, wie haltlos der Sache nach, wie kurz zu beantworten! Nehmt jetzt zur Kenntnis, was euren Eid angeht, was vor euren Richterstuhl gehört, was euch das Gesetz gegen Giftverbrechen, das euch hier zusammenkommen ließ, als Aufgabe zugewiesen hat: jedermann möge begreifen, wie kurz sich diese Sache hätte vortragen lassen, und wie vieles ich gesagt habe, was sehr eng mit der Absicht des Cluentius, aber nur sehr lose mit eurer Entscheidung zusammenhängt.

165 Man hat Cluentius beschuldigt, er habe C. Vibius Capax durch Gift beseitigt. Es trifft sich günstig, daß der Senator L. Plaetorius anwesend ist, ein Mann, den größte Zuverlässigkeit und alle guten Eigenschaften auszeichnen; er war der Gastfreund und Bekannte des Vibius. Bei ihm hat Vibius in Rom gewohnt; bei ihm lag er krank darnieder; in seinem Hause ist er gestorben. Doch Cluentius ist sein Erbe. Ich erkläre: Vibius starb ohne Testament, und in sein Vermögen wurde durch Verfügung des Prätors der Sohn seiner Schwester eingewiesen, ein grundanständiger und sehr ehrenwerter junger Mann, der römische Ritter N. Cluentius, den ihr hier vor euch seht[111].

166 Der andere Vorwurf eines Giftverbrechens: dem jungen Oppianicus hier sei auf Anstiften des Habitus Gift bereitet worden, während auf seiner Hochzeit nach dem Brauch der Larinaten zahlreiche Leute zu Tische saßen; man habe ihm das Gift in einem Mischtrank[112] gereicht; da sei ihm ein gewisser Balbutius, sein Freund, dazwischengekommen; er habe es getrunken und sei sofort gestorben. Wenn ich diese Sache behandeln wollte, als hätte ich einen Schuldvorwurf zu entkräften, dann würde ich ausführlicher davon sprechen; jetzt eilt meine
167 Rede rasch darüber hinweg. Was hat sich Habitus je zuschulden kommen lassen, daß man ihm diese furchtbare Tat zutrauen dürfte? Und weshalb hatte er den jungen Oppianicus groß zu fürchten: der vermochte ja in diesem Prozeß kein einziges Wort vorzubringen; andererseits konnte es bei Lebzeiten der Mutter nicht an Leuten fehlen, die Cluentius anklagen würden. Das werdet ihr sofort einsehen. Oder sollte sich seine Lage, ohne an Gefährlichkeit zu verlieren, durch einen neuen Schuldvorwurf verschlechtern? Doch was war das für eine Gelegenheit, an jenem Tage das Gift zu verabreichen, vor so vielen Leuten? Ferner: durch wen wurde es verabreicht? Woher stammte es? Was bedeutet sodann die Wegnahme des Be-

chers? Und warum wurde das Gift nicht noch einmal verabreicht? Man kann noch vieles dazu sagen; doch ich will nicht den Anschein erwecken, ich hätte, indem ich nicht davon sprach, davon sprechen wollen; denn die Sache spricht für sich selbst. Ihr habt behauptet, der junge Mann sei sofort, nach- 168
dem er den Becher ausgetrunken hatte, gestorben; ich bestreite, daß er überhaupt am selben Tage gestorben ist. Ein schlimmer Vorwurf und nichts als eine unverschämte Lüge! Seht euch das folgende an. Ich erkläre: der Mann war mit verdorbenem Magen zu dem Mahle gekommen und hatte sich, wie man in diesem Alter zu tun pflegt, trotzdem nicht geschont; er war einige Tage krank und ist dann gestorben. Wer bezeugt das? Derselbe, der auch seine Trauer bezeugt, der Vater – der Vater des jungen Mannes, sage ich; ihn hätte bei seinem Schmerz schon der geringste Verdacht von seinem Platze dort zum Zeugnis gegen A. Cluentius bestimmen können; er aber entlastet ihn durch seine Aussage – lies sie vor[113]. Doch du, wenn es dir nicht unangenehm ist, erhebe dich einen Augenblick; ertrage den Schmerz einer unvermeidlichen Erinnerung. Ich will hierbei nicht länger verweilen; denn du hast getan, was die Pflicht eines anständigen Mannes war: deine Trauer sollte nicht einem Schuldlosen das Unheil einer falschen Bezichtigung einbringen.

Jetzt bleibt mir noch eine derartige Anschuldigung, ihr 169
Richter; aus ihr könnt ihr ersehen, was ich zu Beginn meiner Rede gesagt habe: was A. Cluentius in diesen Jahren an Üblem erlebt hat, was seine gegenwärtige Lage an Besorgnissen und Schwierigkeiten mit sich bringt, das hat ihm samt und sonders die Mutter zusammengebraut. Ihr behauptet, Oppianicus sei durch Gift umgekommen, das man ihm mit Hilfe eines gewissen M. Asellius, eines Bekannten von ihm, in einem Brot verabreicht habe, und dies sei auf Anstiften des Habitus geschehen.

Hierzu möchte ich zunächst fragen: welchen Anlaß hatte Habitus, weshalb er Oppianicus hätte töten wollen? Denn ich gebe zu: es bestand Feindschaft zwischen ihnen. Doch die Menschen wollen ihre Feinde nur dann beseitigen, wenn sie
170 sich vor ihnen fürchten oder sie hassen. Doch welche Furcht hätte Habitus denn zu dem Versuch bestimmen sollen, eine solche Tat auf sich zu nehmen? Oppianicus war bereits für seine Verbrechen bestraft und aus dem Staate entfernt worden; was sollte man sich noch vor ihm fürchten? Was befürchtete Cluentius? Daß ein Ohnmächtiger ihn bedränge oder ein Verurteilter ihn anklage oder das Zeugnis eines Verbannten ihm schade?

Wenn jedoch Habitus seinem Feinde deshalb das Leben nehmen wollte, weil er ihn haßte: war er töricht genug zu glauben, das sei noch ein Leben, wie Oppianicus es damals führte, verurteilt, verbannt, von allen verlassen, den wegen seiner Unausstehlichkeit niemand in seinem Hause aufnehmen, niemand besuchen, niemand begrüßen, niemand anschauen mochte? Ihm hätte Habitus also das Leben miß-
171 gönnt? Wenn er ihn bitter und von Grund auf haßte, mußte er dann nicht wünschen, daß er möglichst lange lebe? Ihm hätte der Feind einen baldigen Tod bereitet, die einzige Zuflucht vor dem Unglück, die ihm in seinem Elend geblieben war? Wenn er nur etwas Mut und Beherztheit besessen hätte, dann wäre er, wie es zahlreiche tapfere Männer in einer derart bitteren Lage taten, freiwillig aus dem Leben geschieden – weshalb hätte ihm der Feind antun wollen, was er selbst sich wünschen mußte? Denn jetzt, welches Übel hat ihm der Tod eigentlich bereitet? Wir wollen uns doch wohl nicht von albernen Märchen etwas vormachen lassen und annehmen, Oppianicus erdulde in der Unterwelt die Strafen der Gottlosen und habe dort mehr Feinde angetroffen, als er hier zurückließ, er sei von den Fluchgeistern der Schwiegermutter,

der Gattinnen, des Bruders, der Kinder kopfüber in den Aufenthalt und Bezirk der Verbrecher gestürzt worden. Wenn das Lügen sind (wie jedermann einsieht), was konnte ihm dann der Tod rauben – außer der Empfindung von Schmerz?

Doch weiter: durch wen wurde das Gift verabreicht? Durch 172
M. Asellius. Was hatte der mit Habitus zu schaffen? Nichts, und weil er mit Oppianicus engstens befreundet war, bestand sogar eher ein gespanntes Verhältnis. Habitus wußte, daß er ihm selbst gegenüber ziemlich feindselig eingestellt, mit Oppianicus aber eng befreundet sei; gerade dem hätte er sein Verbrechen und den Anschlag auf Oppianicus anvertrauen sollen? Kindesliebe hat dich zur Anklage getrieben – warum läßt du dann diesen Asellius so lange unbestraft? Warum bist du nicht dem Beispiel des Habitus gefolgt[114], so daß durch den, der das Gift verabreicht hat, eine Vorentscheidung gegen den Anstifter zustande gekommen wäre?

Nun erst dieser Punkt, ihr Richter, wie unwahrscheinlich, 173
wie seltsam, wie neuartig: das Gift sei in einem Brot verabreicht worden! Ging das leichter als in einem Becher, ging das heimlicher, wenn es irgendwo im Brote versteckt als wenn es ganz und gar in einem Getränk verflüssigt war; konnte es schneller gegessen als getrunken in die Adern und alle Teile des Körpers dringen, konnte es, wenn man aufgepaßt hätte, leichter in einem Brot täuschen als in einem Becher, worin es ununterscheidbar vermischt gewesen wäre? Doch er starb ja
eines plötzlichen Todes. Wenn das zuträfe, dann gäbe die 174
Sache, weil so etwas vielen begegnet, trotzdem keineswegs einen zureichenden Verdacht für Gift her; wenn sie ihn hergäbe, dann fiele er trotzdem eher auf andere als auf Habitus. Doch schon in diesem Punkte lügen die Leute auf das schamloseste. Damit ihr das einseht, erfahrt vom Tode des Oppianicus sowie von der Art, wie die Mutter nach seinem Tode ein Verbrechen des Habitus zu erweisen versuchte.

175 Als Oppianicus unstet und vogelfrei umherirrte und sich, überall ausgeschlossen, in das falernische Gebiet[115] zu C. Quinctilius geflüchtet hatte, da warf ihn dort zunächst eine Krankheit nieder, und er war ziemlich schwer und lange leidend. Sassia weilte bei ihm und ließ sich mit einem Pächter namens Sex. Albius, einem kräftigen Burschen, der sie zu begleiten pflegte, auf einen vertraulicheren Umgang ein, als auch der liederlichste Ehemann in uneingeschränkten Verhältnissen hätte dulden können, da sie meinte, das heilige und gesetzliche Band der Ehe sei durch die Verurteilung des Mannes aufgehoben. Da pflegte denn, heißt es, ein gewisser Nikostratos, ein getreuer Sklave des Oppianicus, der sehr neugierig und keineswegs ein Lügner war, seinem Herrn allerlei zu berichten. Inzwischen kam Oppianicus bereits wieder zu Kräften, und da er den Aufenthalt im Falernischen wegen der Frechheit des Pächters nicht länger ertragen konnte, machte er sich hierher, in Richtung Rom, auf den Weg; er pflegte nämlich vor den Toren ein Stück Pachtland zu besitzen. Dabei sei er, heißt es, vom Pferde gestürzt und habe sich, noch schwach von Kräften, an der Seite schwer verletzt; wenige Tage später, nachdem er mit Fieber vor der Stadt angelangt war, sei er gestorben. Die Art des Todes ist so beschaffen, ihr Richter, daß sie entweder gar keinen Verdacht aufkommen läßt oder, wenn überhaupt, auf ein Verbrechen innerhalb der vier Wände, im häuslichen Bereiche, hinweist.

176 Unmittelbar nach seinem Tode begann Sassia, das ruchlose Weib, dem Sohne nachzustellen; sie beschloß, den Tod des Mannes zu untersuchen. Sie kaufte von A. Rupilius, dem Arzt, der Oppianicus behandelt hatte, einen gewissen Straton, als ob sie ebenso vorginge, wie Habitus mit dem Kauf des Diogenes vorgegangen war[116]. Sie erklärte, sie werde diesen Straton und einen ihrer Sklaven namens Ascla peinlich befragen. Außerdem verlangte sie vom jungen Oppianicus, er solle ihr

für das Verhör den Sklaven Nikostratos überlassen, der, wie sie meinte, allzu mitteilsam und allzu treu gegen seinen Herrn gewesen war. Oppianicus stand damals noch im Knabenalter, und es hieß, die Untersuchung gelte dem Tode seines Vaters; er wagte daher nicht, nein zu sagen, obwohl er annahm, daß der Sklave ihm und dem Vater stets ergeben war. Man ruft Bekannte und Gastfreunde des Oppianicus sowie der Frau selbst in großer Zahl herbei; es waren ehrenhafte und in jeder Hinsicht angesehene Leute. Bei der Untersuchung werden sämtliche scharfen Foltern angewandt. Obwohl Hoffnung und Furcht die Sklaven verführten, im Verhör etwas anzuzeigen, blieben sie trotzdem, wie ich annehmen möchte, vom Zureden der Zeugen bestimmt, bei der Wahrheit und erklärten, nicht das mindeste zu wissen.

Die Untersuchung wurde an diesem Tage auf den Wunsch 177
der Freunde hin eingestellt. Nach ziemlich langer Zeit ruft man sie abermals herbei. Die Befragung findet aufs neue statt; man läßt kein Zwangsmittel schärfster Foltern aus; die Zeugen wenden sich entsetzt ab und vermögen kaum noch auszuharren; das grausame und entsetzliche Weib rast, weil ihr der Anschlag durchaus nicht gelingen wollte, wie sie erwartet hatte. Schon waren der Folterknecht und selbst die Marterwerkzeuge ermattet, und doch wollte sie nicht aufhören; da erklärte einer der Zeugen, ein Mann, den das Volk mit Ämtern betraut hatte und der sich durch größte Rechtschaffenheit hervortat: er bemerke, daß es nicht darum gehe, die Wahrheit zu ermitteln; vielmehr wolle man die Sklaven zwingen, eine falsche Aussage zu tun. Als die übrigen das bestätigt hatten, kam man mit allgemeiner Zustimmung überein, daß der Fall offenbar hinlänglich untersucht sei.

Oppianicus erhält den Nikostratos zurück; sie selbst reist 178
mit ihren Leuten nach Larinum, bekümmert, weil sie es für gewiß hielt, daß ihr Sohn jetzt ungekränkt bleiben werde;

traf ihn doch weder ein wirklicher Schuldvorwurf noch auch nur ein vorgetäuschter Verdacht, und hatten ihm weder die offenen Angriffe der Feinde noch auch nur die geheimen Nachstellungen der Mutter etwas anhaben können. In Larinum angekommen, übergab sie dem Straton alsbald einen Laden, der für eine Arztpraxis eingerichtet und ausgestattet war – sie, die zuvor die Überzeugung geheuchelt hatte, Straton habe ihrem Manne Gift verabreicht.

Ein, zwei, drei Jahre verhielt sich Sassia ruhig; es schien, als wünsche und erwarte sie eher ein Unheil ihres Sohnes, als
179 daß sie es anstiften und ins Werk setzen wolle. Dann aber, während des Konsulats von Q. Hortensius und Q. Metellus[117], suchte sie den jungen Oppianicus, der sich mit anderen Dingen befaßte und an nichts derartiges dachte, zu dieser Anklage zu bestimmen; sie verlobte ihn wider seinen Willen mit ihrer Tochter – mit jener, die sie von ihrem Schwiegersohn empfangen hatte –, um ihn in ihrer Gewalt zu haben, indem sie ihn durch die Ehe band und zugleich durch die Hoffnung auf ihr Testament knebelte.

Etwa um dieselbe Zeit beging der Arzt Straton in ihrem Hause einen Diebstahl und Mord, und zwar auf folgende Weise. In der Wohnung stand ein Schrank, in dem sich, wie er wußte, ein Geldbetrag und einiges Gold befand. Er tötete des Nachts zwei schlafende Mitsklaven und warf sie in einen Fischteich; dann sägte er mit eigener Hand den Boden des Schrankes heraus und nahm ... Sesterzen[118] und fünf Pfund Gold weg; ein Sklave, ein junger Bursche, war sein Gehilfe.
180 Der Diebstahl wurde am folgenden Tage entdeckt, und aller Verdacht richtete sich auf die fehlenden Sklaven. Als man im Schrank den ausgesägten Boden bemerkte, fragten sich die Leute, wie das hatte geschehen können. Einer von Sassias Freunden erinnerte sich, kürzlich bei einer Versteigerung gesehen zu haben, wie unter Kleinigkeiten eine hakenförmige,

überall mit Zähnen versehene und gekrümmte Säge verkauft wurde; mit der konnte man offenbar runde Löcher ausschneiden. Um es kurz zu machen: man erkundigt sich bei den Verkäufern; es zeigt sich, daß die Säge an Straton gelangt war. Als sich so der Verdacht zu regen begann und Straton offen beschuldigt wurde, da packte den Jungen, der von der Sache wußte, die Angst; er zeigte der Herrin alles an. Man fand die Leichen im Fischteich; Straton wurde gefangengesetzt, und überdies fand sich in seinem Laden das Geld, wenn auch keineswegs mehr alles.

Eine Untersuchung wegen des Diebstahls wird anberaumt. 181
Denn was könnte man sonst vermuten? Oder wollt ihr behaupten, nachdem der Schrank ausgeraubt, das Geld weggenommen und nicht vollständig wiedergefunden sowie die Sklaven getötet worden waren, habe man ein Verhör über den Tod des Oppianicus festgesetzt? Wem wollt ihr das beweisen? Hättet ihr etwas Unwahrscheinlicheres vorbringen können? Ferner, um von dem übrigen abzusehen: drei Jahre nach dem Tode des Oppianicus wurde wegen seines Todes eine Untersuchung angestellt? Und damals forderte sie gar, vom alten Haß entflammt, denselben Nikostratos ohne Grund für die Untersuchung ein. Oppianicus weigerte sich zunächst. Als sie dann drohte, sie werde ihre Tochter zurückholen und das Testament ändern, da übergab er dem erzgrausamen Weibe seinen treuesten Sklaven nicht für ein Verhör – er lieferte ihn vielmehr rundweg zur Marterung aus.

Nach drei Jahren also fand die aufs neue ins Werk gesetzte 182
Untersuchung über den Tod des Mannes statt. Doch gegen welche Sklaven? Ein neuer Vorwurf, möcht' ich meinen, wurde erhoben, neue Leute wurden verdächtigt. Nein: gegen Straton und Nikostratos. Wie? Hatte man diese Leute nicht in Rom verhört? So steht es also, Weib, das du schon nicht mehr aus Krankheit, sondern aus Frevelsinn rasest: nachdem du in

Rom die Untersuchung angestellt hattest, nachdem man gemäß der Meinung des T. Annius, des L. Rutilius, des P. Saturius und der anderen hochangesehenen Männer übereingekommen war, der Fall sei offenbar hinlänglich geprüft, da hast du es drei Jahre später unternommen, über denselben Gegenstand mit denselben Leuten ein Verhör gegen das Leben deines Sohnes anzustellen, ohne die Zeugenschaft – ich will nicht sagen: eines Mannes, damit ihr nicht etwa behauptet, der Pächter sei zugegen gewesen –, sondern eines Ehren-
183 mannes? Oder wollt ihr behaupten – ich mache mir nämlich Gedanken, was man behaupten könnte, wenngleich ihr euch bitte erinnern wollt, daß man es bislang nicht behauptet hat –, als die Untersuchung wegen des Diebstahls stattfand, da habe Straton etwas von dem Gift gestanden?

Nur auf diese Weise, ihr Richter, erhebt sich oft die von mancher Ruchlosigkeit unterdrückte Wahrheit und atmet die bedrängte Verteidigung der Unschuld auf: entweder wagen die in Ränken Beschlagenen nicht soviel, wie sie ersinnen, oder die, deren Dreistigkeit hervorragt und besonders weit geht, werden von den Anschlägen ihrer Bosheit hinters Licht geführt. Wenn die Schlauheit zuversichtlich oder die Dreistigkeit verschmitzt wäre, dann wüßte man sich kaum noch irgendwie zu wehren. Wurde kein Diebstahl begangen? Doch: nichts ist zuverlässiger bekannt in Larinum. Oder fiel auf Straton kein Verdacht? Doch: er wurde wegen der Säge bezichtigt und von dem jungen Gehilfen angezeigt. Oder hat sich das Verhör gar nicht darauf bezogen? Welchen Grund hatte man sonst für das Verhör? Oder gilt, was ihr sagen müßtet und was Sassia damals zu sagen pflegte: als man wegen des Diebstahls ermittelte, da habe sich Straton während
184 desselben peinlichen Verhörs über das Gift geäußert? Ach ja, hier haben wir, was ich soeben sagte: das Weib schäumt über vor Dreistigkeit, doch es fehlt ihr an Einsicht und Überle-

gung. Denn man bringt mehrere Untersuchungsprotokolle bei, die man vorgelesen und euch bekanntgegeben hat, eben die, von denen sie erklärte, sie seien damals beglaubigt worden; in diesen Protokollen findet sich keine Silbe über den Diebstahl. Kam man nicht darauf, zunächst Stratons Geständnis wegen des Diebstahls aufzuschreiben und dann einige Worte über das Gift hinzuzufügen, die den Eindruck erwecken könnten, als seien sie nicht durch Nachforschungen erfragt, sondern vom Schmerz herausgepreßt worden? Man untersucht wegen des Diebstahls; der Giftverdacht ist bereits durch die frühere Untersuchung beseitigt – was die Frau auch selbst anerkannt hat: nachdem sie in Rom, dem Urteil der Freunde folgend, festgestellt hatte, der Fall sei hinlänglich untersucht, hat sie hernach drei Jahre lang den Straton von ihren sämtlichen Sklaven am meisten geschätzt, ausgezeichnet, mit allen Bequemlichkeiten versehen. Als man nun den Diebstahl un- 185
tersuchte, und zwar den Diebstahl, den unstreitig er begangen hatte, da hätte er kein Wort über den Gegenstand der Untersuchung vorgebracht? Über das Gift äußerte er sich sofort, über den Diebstahl aber hätte er, wenn nicht an gehöriger Stelle, dann nicht wenigstens am Ende oder in der Mitte oder überhaupt in irgendeinem Teil der Untersuchung auch nur ein Wörtchen gesagt? Jetzt seht ihr, wie dieses ruchlose Weib mit derselben Hand, ihr Richter, mit der sie, wenn sie könnte, ihren Sohn zu töten wünschte, das gefälschte Untersuchungsprotokoll aufgesetzt hat.

Und was eben dieses Protokoll angeht: nennt mir nur einen beim Namen, der es beglaubigt hätte! Ihr werdet niemanden finden, es sei denn einen Menschen, den ich meinerseits lieber erwähnt weiß, als daß man überhaupt keinen Namen nennt[119].
186 Ist's möglich, T. Attius: du bringst eine kapitale Anklage, bringst die Anzeige eines Verbrechens, bringst ein Schriftstück, von dem das Wohl und Wehe eines Mitmenschen ab-

hängt, vor Gericht und nennst niemanden, der dieses Schriftstück verbürgt oder bestätigt oder bezeugt? Und das Verderben, das du gegen den unschuldigsten aller Söhne aus der Tasche der Mutter hervorgeholt hast, das sollen diese Männer hier gutheißen?

Also denn, das Protokoll hat keinerlei Gewähr: Wie? die Untersuchung selbst, warum hat man sie nicht für die Richter, warum nicht für die Bekannten und Gastfreunde des Oppianicus, die sie einst hinzugezogen hatte, warum endlich nicht gerade für diesen Zeitpunkt aufgespart? Was ist mit den
187 Sklaven geschehen, mit Straton und Nikostratos? Ich frage dich, Oppianicus: was, willst du behaupten, ist mit deinem Sklaven Nikostratos geschehen? Du mußtest ihn doch, da du bald darauf Cluentius anklagen wolltest, nach Rom bringen, ihm Gelegenheit zur Aussage geben, kurz, ihn unversehrt für ein Verhör, unversehrt für diese Richter, unversehrt für diesen Termin erhalten. Denn den Straton hat man, vernehmt's, ihr Richter, mit ausgeschnittener Zunge gekreuzigt; das ist keinem Larinaten unbekannt. Das wahnwitzige Weib scheute nicht ihr Gewissen, nicht den Haß der Mitbürger, nicht das allgemeine Gerede, sondern – als ob nicht jedermann als Zeuge dieses Verbrechens auftreten würde – sie fürchtete, die letzten Worte des sterbenden Sklaven möchten ihr das Urteil sprechen.

188 Welch Scheusal, ihr unsterblichen Götter! Was sollen wir sagen: wo gibt es ein solches Ungeheuer, wo eine Verbrecherin, so fürchterlich und grausam, oder wo könnte so etwas zur Welt gekommen sein? Denn wahrhaftig, jetzt seht ihr ein, ihr Richter, daß ich nicht ohne zwingende und sehr gewichtige Gründe zu Beginn meiner Rede von der Mutter gesprochen habe. Es gibt nämlich kein Übel, kein Verbrechen, das sie nicht von Anfang an zum Schaden des Sohnes gewünscht, verlangt, ersonnen und ausgeführt hätte. Ich übergehe das erste

Unrecht ihrer Gelüste, übergehe die verruchte Hochzeit mit dem Schwiegersohn, übergehe, daß die Begierde der Mutter die Tochter aus der Ehe verstieß – das brachte Cluentius noch nicht in tödliche Gefahr, sondern nur die gesamte Familie in Unehre. Ich beschwere mich nicht über die abermalige Hochzeit mit Oppianicus – erst nachdem sie von ihm die toten Söhne als Unterpfand erhalten hatte, heiratete sie mitten in die Trauer der Familie und das Begräbnis der Stiefsöhne hinein. Ich lasse auf sich beruhen, daß A. Aurius, dessen Schwiegermutter sie einst, dessen Gattin sie kurz zuvor gewesen war, auf Betreiben des Oppianicus geächtet und getötet wurde und daß sie hiervon erfuhr, daß sie sich also das Haus und den Wohnsitz erwählte, worin sie täglich die Zeichen des Mordes an dem vorigen Manne und die Beute aus seinem Vermögen vor Augen hatte.

Meine erste Beschwerde gilt dem Verbrechen, das jetzt 189
endlich ans Licht gekommen ist, dem Gift des Fabricius: die Sache schien schon damals unmittelbar nach der Tat allen anderen verdächtig, dem Cluentius aber unglaublich; doch nunmehr liegt sie für jedermann offen und handgreiflich zutage. Wahrhaftig, man hat der Mutter den Giftanschlag nicht verheimlicht; Oppianicus hat nichts ohne den Rat seiner Frau geplant; sonst hätte sie ihn gewiß hernach, als die Sache aufgedeckt war, nicht nur wie einen schlechten Ehemann verlassen, sondern wäre vor ihm wie vor dem grausamsten Feinde geflohen und hätte sich aus dem Hause, das auf ewig mit Verbrechen aller Art beladen war, entfernt.

Sie hat das nicht getan, vielmehr ließ sie seither keine Ge- 190
legenheit verstreichen, daß sie nicht irgendwelche Anschläge vorbereitete und daß sie, die Mutter, nicht alle Tage und Nächte mit ganzer Seele über das Verderben des Sohnes nachsann. Sie suchte sich zunächst den jungen Oppianicus als Ankläger gegen ihren Sohn zu sichern; daher band sie ihn an sich

durch Gaben und Geschenke, die Verheiratung der Tochter, die Hoffnung auf das Erbe. Während wir daher sonst, wenn unter Verwandten neuer Zwist ausbricht, oft Ehescheidungen und Zerwürfnisse von Familienangehörigen beobachten, glaubte diese Frau, nur der sei sicher genug als Ankläger ihres Sohnes, der zuvor dessen Schwester geheiratet habe. Andere beendigen oft aus Anlaß neuer Verwandtschaften alte Zwietracht; sie aber glaubte, das Band der Verwandtschaft werde ihr als Unterpfand für die Befestigung der Zwietracht dienen.
191 Und ihre Sorgfalt richtete sich nicht allein darauf, für einen Ankläger ihres Sohnes zu sorgen, sondern sie dachte auch an die Waffen, mit denen sie ihn versehen könne. Darum nämlich die Versuche, die Sklaven durch Drohungen und Versprechen aufzuwiegeln, darum die endlosen und fürchterlich grausamen Verhöre über den Tod des Oppianicus, denen schließlich nicht die Mäßigung der Frau, sondern das Urteil der Freunde ein Ende bereitete. Derselben verbrecherischen Absicht entsprangen die Untersuchungen, die drei Jahre später in Larinum stattfanden, demselben Wahnwitz die gefälschten Untersuchungsprotokolle, derselben Raserei auch das scheußliche Abschneiden der Zunge; kurz, diese Frau hat die Vorbereitung der ganzen Anklage ersonnen und eingefädelt.

192 Und als sie den Ankläger ihres Sohnes mit diesen Dingen ausgerüstet und nach Rom entsandt hatte, blieb sie selbst noch eine Zeitlang in Larinum, um Zeugen aufzutreiben und anzuheuern; dann aber, als man ihr berichtete, daß der Prozeß gegen Cluentius heranrücke, eilte sie rasch hierher, damit es nicht den Anklägern an Wachsamkeit oder den Zeugen an Geld fehle, oder damit nicht etwa die Mutter das heiß ersehnte Schauspiel versäume, Cluentius in Sack und Asche und in solcher Trauer zu sehen. Doch jetzt erst, wie, glaubt ihr, verlief die Reise dieser Frau nach Rom? Ich habe wegen meiner Nachbarschaft mit den Aquinaten und Fabraternern[120] von vielen

darüber vernommen und Kunde erhalten – was für Ansammlungen gab es in den Städten, wie viele empörte Klagen der Männer und Frauen? Da eile ein Weib aus Larinum herbei; sie reise mit großem Gefolge und viel Geld von der oberen Küste[121] nach Rom, um desto bequemer ihren Sohn mit einem Kapitalprozeß bedrängen und vernichten zu können?
Fast möchte ich sagen: die Leute waren ohne Ausnahme der 193
Meinung, man müsse jeden Ort entsühnen, den sie auf ihrer Reise berührt habe, glaubten ohne Ausnahme, die Erde, die gemeinsame Mutter aller, werde durch die Spuren dieser frevelhaften Mutter geschändet. So erhielt sie in keiner Stadt die Erlaubnis für einen Aufenthalt, fand sich unter so vielen Gastfreunden niemand, der sich nicht der Befleckung ihres Anblicks entzogen hätte; sie vertraute sich lieber der Nacht und der Einsamkeit an als irgendeiner Stadt oder einem Gastfreund.

Doch was sie jetzt tut, was sie unternimmt, überhaupt, was 194
sie Tag für Tag im Sinne hat, wer von uns, glaubt sie, wüßte das nicht? An wen sie sich gewandt, wem sie Geld versprochen hat, wessen Pflichttreue sie durch Bezahlung ins Wanken zu bringen versuchte, das steht für uns fest. Ja selbst ihre nächtlichen Opfer (sie mag sie für ziemlich geheim halten), ihre frevelhaften Gebete und verruchten Wünsche kennen wir – sie macht hiermit sogar die unsterblichen Götter zu Zeugen ihres Verbrechens und begreift nicht, daß sich der Wille der Götter nur durch frommen Sinn und scheue Verehrung und gerechte Bitten, nicht aber durch schändlichen Aberglauben noch durch Opfertiere gnädig stimmen läßt, die für die Ausführung eines Verbrechens geschlachtet werden. Ich bin überzeugt, daß die unsterblichen Götter das grausame Wüten dieser Frau von ihren Altären und Tempeln mit Abscheu zurückgewiesen haben.

Euch aber, ihr Richter, hat das Schicksal als zweite Götter 195
über A. Cluentius, über die ganze Zeit seines Lebens, einge-

setzt: vertreibt die Brutalität dieser Mutter vom Haupte des Sohnes. Viele haben schon manches Mal in ihrem Urteil die Vergehen der Kinder dem Mitgefühl mit den Eltern geschenkt; euch bitten wir, daß ihr nicht das makellose Leben des Angeklagten der Grausamkeit der Mutter überantwortet, zumal ihr auf der Gegenseite die ganze Heimatstadt erblicken könnt. Denn wißt, ihr Richter, daß alle – es klingt unglaublich, doch ich sage die volle Wahrheit –, daß alle Larinaten, die hierzu imstande waren, nach Rom gekommen sind, um dem Cluentius durch ihre Teilnahme und große Zahl, soviel an ihnen liegt, in dieser schlimmen Gefahr beizustehen. Wißt, daß die Stadt derzeit den Knaben und Frauen anvertraut ist, daß sie gegenwärtig nur den Schutz des allgemeinen Friedens in Italien, nicht den der einheimischen Mannschaften genießt; und auch die Zurückgebliebenen beunruhigt ebenso wie die, die ihr vor euch seht, Tag und Nacht das Warten auf das Ur-
196 teil. Sie glauben, daß ihr nicht nur über das Schicksal eines Mitbürgers, sondern über den Bestand, das Ansehen und das gesamte Wohl der ganzen Stadt abstimmen werdet. Denn sehr groß, ihr Richter, ist des Cluentius Gewissenhaftigkeit in den Gemeindeangelegenheiten der Heimatstadt, seine Hilfsbereitschaft gegenüber den einzelnen Mitbürgern, seine Gerechtigkeit und Pflichttreue gegenüber allen. Zudem weiß er seinen Adel bei den Einheimischen und den von den Vorfahren ererbten Rang so zu behaupten, daß er den Vorfahren an Ernst und Beständigkeit, Zuvorkommenheit und Güte gleichkommt. Deshalb würdigen ihn die Mitbürger öffentlich mit Worten, die nicht nur ihr Zeugnis und Urteil, sondern auch Sorge und Schmerz ausdrücken. Ihr, die Überbringer, erhebt euch bitte, während man die Würdigung verliest.

197 Aus den Tränen der Anwesenden könnt ihr schließen, ihr Richter: dies haben sämtliche Ratsherren unter Tränen gutgeheißen. Und erst die Nachbarn: wie groß ist ihr Eifer, wie

unglaublich ihre Bereitwilligkeit, wie stark ihre Besorgnis! Sie haben keine schriftlich aufgesetzte, gemeinsam beschlossene Würdigung geschickt; sie verlangten vielmehr, daß sich die angesehensten, uns allen bekannten Männer in großer Zahl hier einfänden und Cluentius persönlich ihre Anerkennung bekundeten. Da sind die Frentaner, sehr ehrenwerte Leute, ebenso die Marruciner, von gleichem Rang; aus dem apulischen Teanum und Luceria seht ihr römische Ritter, hochangesehene Leute, als Anerkennungszeugen; aus Bovianum und dem ganzen samnischen Gebiet hat man teils sehr ehrenvolle Würdigungen geschickt, teils fanden sich die achtbarsten und vornehmsten Leute ein[122]. Ferner, wer in der Mark von Lari- 198
num Güter, wer dort Erwerbsquellen, wer dort Viehherden hat, ehrbare und in größtem Ansehen stehende Männer: man kann kaum schildern, wie besorgt sie sind, wie sehr sie leiden. Mir scheint, nicht viele werden von einem Einzigen so geliebt wie Cluentius von diesen allen hier.

Wie bedaure ich, daß bei der Verhandlung gegen ihn L. Volusenus nicht zugegen ist, ein Mann, den höchstes Ansehen und Verdienst auszeichnen! Ich wünschte, ich könnte P. Helvidius Rufus, unter den römischen Rittern hochgeehrt wie keiner, als anwesenden nennen. Den hat, während er Tag und Nacht für die Sache des Cluentius tätig war und er mich über diesen Fall unterrichtete, eine schwere und gefährliche Krankheit heimgesucht; hierbei sorgt er sich jedoch nicht weniger um das Heil des Angeklagten als um sein eigenes Leben. Bei dem Senator Cn. Tudicius, einem vortrefflichen und hochangesehenen Manne, werdet ihr die gleiche Geneigtheit aus einem lobenden Zeugnis ersehen. Dich, P. Volumnius, erwähnen wir in derselben Erwartung, doch mit größerem Zögern: du bist ja Richter über A. Cluentius. Und um es kurz zu machen, wir beteuern, daß alle Nachbarn mit dem größten Wohlwollen zu ihm stehen.

199 Gegen die Geneigtheit, Sorge, Aufmerksamkeit aller dieser Leute und ebenso gegen meine Mühewaltung (ich habe ja nach altem Brauch das ganze Plädoyer allein vorgetragen)[123] und zugleich gegen eure Gerechtigkeit und Milde, ihr Richter, kämpft einzig die Mutter an. Doch was für eine Mutter! Die sich, wie ihr seht, blindlings von Grausamkeit und Verruchtheit hinreißen läßt, deren Begierde kein Schimpf je zurückhielt, die in ihrer Schändlichkeit alle menschlichen Satzungen auf das schlimmste verkehrt hat, die so unvernünftig ist, daß niemand sie einen Menschen, so gewalttätig, daß niemand sie eine Frau, so grausam, daß niemand sie eine Mutter zu nennen vermöchte. Und sie hat auch die Namen der verwandtschaftlichen Beziehungen, nicht allein den Namen und die Bande der Natur verändert: sie wurde die Frau des Schwiegersohnes, die Stiefmutter des Sohnes, die Nebenbuhlerin der Tochter; es ist vollends so weit mit ihr gekommen, daß sie abgesehen vom Äußeren nichts Menschenähnliches behalten
200 hat. Verwehrt daher der Mutter, wenn ihr die Freveltat verabscheut, ihr Richter, den Zugang zum Blute des Sohnes, fügt der Mutter diesen beispiellosen Schmerz zu, der ihr aus dem Heil, dem Siege der Kinder erwächst, laßt lieber die Mutter durch eure Gerechtigkeit überwunden von dannen ziehen, damit sie sich nicht am Verlust ihres Sohnes weiden kann.

Doch wenn ihr, wie es eure Denkungsart erheischt, Anstand, Redlichkeit und Sittenstrenge schätzt, so nehmt endlich die Bürde von diesem Manne, eurem Schutzbefohlenen, ihr Richter, der so viele Jahre unbegründeten Anfeindungen und Gefahren ausgesetzt war, der jetzt zum ersten Male, seit die Taten und Begierden anderer jenen Brand entfacht haben, in der Hoffnung auf euren Gerechtigkeitssinn Mut zu schöpfen und ein wenig von seiner Furcht aufzuatmen beginnt, für den alles von euch abhängt, dessen Rettung sehr viele wünschen,
201 den ihr allein zu retten vermögt. Habitus bittet und be-

schwört euch unter Tränen, ihr Richter: liefert ihn nicht der Verleumdung aus, die vor Gericht keine Macht haben darf, nicht der Mutter, deren Wünschen und Trachten ihr von euch weisen müßt, nicht dem Oppianicus, einem abscheulichen Menschen, der bereits verurteilt und verstorben ist. Falls aber in diesem Prozeß irgendein Urteil den Schuldlosen heimsucht: wahrhaftig, wenn der Beklagenswerte am Leben bleibt (und das ist schwerlich der Fall), dann wird er sich oft und reichlich darüber beklagen, daß man einst das fabrizische Gift entdeckt hat. Denn wenn man es damals nicht angezeigt hätte, dann wäre es für den von schwerer Mühsal Heimgesuchten nicht Gift gewesen, sondern ein Heilmittel vieler Kümmernisse; am Ende hätte vielleicht sogar die Mutter Trauer über den Tod des Sohnes geheuchelt, während sie seinem Leichenbegängnis folgte. Doch jetzt, was hätte man erreicht, als daß man glauben müßte, sein Leben sei mitten aus tödlichem Hinterhalt nur zu Leid bewahrt geblieben, sein Tod der väterlichen Gruft beraubt worden! Lange genug hat 202
er in Bedrängnis gelebt, ihr Richter, genug Jahre unter der Verleumdung gelitten. Außer der Mutter war niemand ihm so feindlich gesinnt, daß wir seinen Groll nicht bereits für befriedigt halten dürften. Ihr, die ihr allen gleiches Recht gewährt, die ihr einen jeden, je grausamer er verfolgt wird, mit desto größerer Milde unterstützt: rettet A. Cluentius, gebt ihn unversehrt seiner Heimatstadt zurück, vergönnt ihn den Genossen, Nachbarn, Gastfreunden, deren Anteilnahme ihr hier erblickt, verpflichtet ihn für allezeit euch und euren Kindern. Das ist euer Teil, ihr Richter, eures Ansehens, eurer Milde; mit Recht verlangt man von euch, daß ihr einen vortrefflichen und völlig unschuldigen Mann, der sehr vielen Menschen wert und teuer ist, endlich aus diesen Bedrängnissen befreit: jedermann soll einsehen, daß in Volksversammlungen für üble Nachrede, vor den Gerichten nur für die Wahrheit Raum ist.

DIE REDEN ÜBER DAS SIEDLERGESETZ

Einleitung

Die Reden über das Siedlergesetz des Rullus sind politische Ansprachen, die Cicero zu Beginn seines Konsulatsjahres (63 v. Chr.) gehalten hat. Die erste wurde am 1. Januar im Senat vorgetragen. Sie ist unvollständig überliefert; der Anfang, etwa ein Drittel des Ganzen, ging verloren. Mit der zweiten und dritten Rede, die ohne Texteinbußen erhalten sind, wandte sich Cicero an das römische Volk. Wie sich aus einem Brief an Atticus ergibt, hat der Redner insgesamt viermal wegen des Siedlergesetzes das Wort ergriffen (2, 1, 3); von der vierten Ansprache ist nichts bewahrt geblieben.

Im Dezember des Jahres 62 v. Chr. hatte der Volkstribun P. Servilius Rullus eine *lex agraria*, ein aus mindestens 40 Kapiteln bestehendes Siedlergesetz, veröffentlicht. Der Vorschlag gab sich als großangelegter Versuch, besitzlose römische Bürger in Italien mit auskömmlichen Bauernstellen zu versorgen. Die bisherigen Grundbesitzer sollten entschädigt, die hierfür erforderlichen Mittel durch den Verkauf staatlichen Provinzialbodens beschafft werden. Cicero riet der römischen Bürgerschaft, das Gesetz abzulehnen.

Rom pflegte seit jeher besiegten Feinden einen Teil ihrer Gemarkungen abzunehmen und zu Staatsland (*ager publicus*) zu erklären. Diese Gebiete dienten der Gründung von Kolonien; den Siedlern wurden Landlose von bestimmter Größe zu freiem Eigentum überwiesen (*adsignatio*). Staatsland, das nicht an Siedler gelangte, durfte von jedermann in Nutzung genommen werden (*ager occupatorius*); der Benutzer entrichtete eine Gebühr (*vectigal*) an die Staatskasse. Dieses Verfahren bewährte sich bis etwa zum ersten Drittel des 2. Jahrhunderts v. Chr. Damals hörten die Koloniegründungen auf. Neues Staatsland stand seit dem 2. punischen Kriege in Italien nicht mehr zu Gebote. Andererseits verschärfte das Okkupationsrecht die Gegensätze; es war im allgemeinen nur denen förderlich, die sich im Besitz flüssiger Mittel befanden. Das Okkupationsrecht sowie die aus dem hellenistischen Osten einströmenden Kapitalien und Sklavenmassen ließen einen Großgrundbesitz entstehen, der nach dem Prinzip des größtmöglichen Ertrages arbeitete; zahlreiche mittlere und kleine Bauern verloren ihre Existenz. Dieser Lage suchte die Bodenreform der Gracchen zu steuern. Ein Gesetz des Tiberius Gracchus schrieb vor, daß niemand mehr als 500 bis 1000 Morgen Staatsland nutzen dürfe (133 v. Chr.); der durch diese Maßnahme zurückgewonnene Grund wurde für Bauernstellen verwendet. Gaius Gracchus plante Kolonien in Capua und Tarent; vor allem suchte er das große Sozialwerk auf außeritalischem Boden, in Karthago, fortzusetzen (122 v. Chr.).

Mit der Gesetzgebung der Gracchen begann das ein volles Jahrhundert währende Zeitalter der römischen Revolution. Die Auseinandersetzungen zerklüfteten die römische Bürgerschaft, die italischen Bundesgenossen und schließlich, seit caesarischer Zeit, die gesamte Reichsbevölkerung. In Rom entstand eine dieser Sachlage entsprechende politische Terminologie. Die konservativen Kräfte, das heißt das Gros des die überkommene Vorrangstellung verteidigenden senatorischen Adels, nannten sich nach gut aristokratischem Brauch die «Besten» (*optimates*). Der Gegenbegriff lautete «volkstümlich» (*popularis*). Dieser oft mißverstandene Ausdruck bezeichnete weder eine in sich geschlossene Gruppe, eine «Klasse», die en bloc den Führungsanspruch des Senats bekämpft hätte, noch ein umfassendes, zum Beispiel auf «demokratische» Regierungsformen zielendes Programm; für beides fehlten im spätrepublikanischen Rom nahezu sämtliche Voraussetzungen. Als «popular» galten vielmehr einzelne, meist dem Adel entstammende Politiker, die mit einzelnen Projekten, zum Beispiel mit Siedlergesetzen, gegen die bestehenden Verhältnisse angingen; als «popular» galten weiterhin diese Projekte selbst.

Die Gracchen hatten sich, um ihre Pläne zu verwirklichen, des Volkstribunats bedient; sie brachten dieses Amt nach einer langen Zeit der Zusammenarbeit wieder in schärfsten Gegensatz zum Senat. Hiermit war den popularen Politikern der folgenden Jahrzehnte der Weg vorgezeichnet; andererseits erschien das Amt in konservativer Sicht als die wichtigste Plattform aller revolutionären Umtriebe. Die sullanische Verfassung schränkte daher die Befugnisse der Tribunen erheblich ein; insbesondere nahm sie ihnen das Recht der selbständigen Gesetzesinitiative. Auch dieser Zustand währte nicht lange. Die Reformen des Jahres 70 v. Chr. gaben den Tribunen ihre alten Kompetenzen zurück. Inzwischen hatten sich freilich die Verhältnisse gewandelt. Seit dem marianisch-sullanischen Bürgerkrieg (88–81 v. Chr.) waren nicht mehr die Volkstribunen und ihr Anhang, die stadtrömische Plebs, sondern die Truppenführer mit ihren Heeren die Größe, die das revolutionäre Geschehen letztlich bestimmte. Tribunen wie L. Appuleius Saturninus (103 und 100 v. Chr.), M. Livius Drusus (91 v. Chr.) und P. Sulpicius Rufus (88 v. Chr.) hatten aus eigener Initiative gehandelt; die nachsullanische Zeit hingegen kannte nur noch den Typ des tribunizischen Gehilfen, der im Dienste eines Mächtigeren die stadtrömische Gesetzgebungsmaschine betätigte. So betrachteten es die Tribunen A. Gabinius und C. Manilius (67 und 66 v. Chr.) als ihre wichtigste Aufgabe, die außerordentlichen Befehlshaberstellen zu erwirken, die Pompeius mit dem Krieg gegen die Seeräuber und gegen Mithridates betrauten. Auch der Tribun Rullus handelte wahrscheinlich nicht aus eigener Machtvollkommenheit, sondern auf Weisung von Caesar und Crassus.

Die Bodenreform machte in nachgracchischer Zeit bei weitem nicht den einzigen Konfliktstoff aus. So hatte in den neunziger und achtziger Jahren die sogenannte Bundesgenossenfrage im Mittelpunkt der Ereignisse gestanden; die Senatsaristokratie sträubte sich mit größter Hartnäckigkeit gegen die längst fällige Verleihung des Bürgerrechts an sämtliche Italiker. Außerdem begannen die revolutionären Kräfte sich zu verselbständigen; Parteienhaß und Machtstreben, durch Phrasen und Schlagworte notdürftig verbrämt, wurden zu bestimmenden Antrieben des Geschehens. Aber auch die Landanweisungen selbst rückten durch das Fortschreiten der Revolution in einen neuen Zusammenhang. Marius gliederte das hauptstädtische Proletariat, dem die Gracchen zu einer bäuerlichen Existenz hatten verhelfen wollen, in seine Armeen ein; seither gehörte es zu den Aufgaben eines jeden Heerführers, seinen ausgedienten Soldaten eine Siedlerstelle zu verschaffen. In der Gesetzgebung des Appuleius Saturninus fand das Problem der Veteranenversorgung zum ersten Male greifbaren Ausdruck. Trotz der veränderten Prämissen gehörten Siedlergesetze noch im Zeitalter Ciceros zum Grundbestand popularer Politik, ja sie waren neben der Versorgung mit billigem Getreide das populare Thema schlechthin. Allerdings ging es bei diesen Projekten weniger um reale Ziele als um propagandistische Wirkungen; zumal die Vorlage des Rullus scheint von derartigen Absichten diktiert zu sein.

Das Dezennium zwischen dem 1. Konsulat des Pompeius und der Gründung des Dreibundes Caesar–Pompeius–Crassus (70–60 v. Chr.) verlief im ganzen einigermaßen ruhig. Die Regierung zeigte zwar meist die übliche Unsicherheit und Planlosigkeit; andererseits beschränkten sich die senatsfeindlichen Kräfte auf einen Kleinkrieg, der sich an den verschiedensten Tagesfragen entzündete. So beherrschte, während Pompeius, der mächtigste Mann im Staate, auf dem östlichen Kriegsschauplatz weilte, ein diffuses Einzelgeschehen die hauptstädtische Bühne. Im Hintergrund standen Caesar und Crassus, die sich eine der pompejanischen ähnliche Position zu verschaffen suchten. In welchem Maße sie an den jeweils gegen das Senatsregiment vorgetragenen Attacken beteiligt waren, vermochten schon die Zeitgenossen nicht immer deutlich zu erkennen. Zu diesen Einzelaktionen gehört auch das Siedlergesetz des Rullus.

Die ciceronischen Reden geben über den Inhalt des Vorschlages hinlänglich Auskunft. Zunächst wollte Rullus einen Zehnerausschuß eingesetzt wissen, dem die Durchführung des Gesetzes obliegen sollte und dem hierfür eine Amtszeit von fünf Jahren zugebilligt wurde. Das Wahlverfahren war genau vorgeschrieben; insbesondere sollten nicht sämtliche 35, sondern nur 17 Bezirke (*tribus*) ihre Stimme abgeben, so daß bereits 9 Bezirke die Mehrheit ausmachten. Die damaligen Gepflogenheiten lassen nur die Erklärung zu, daß man auf diese Weise die Bestechung der Wähler erheblich zu verbilligen hoffte. Sodann erklärte sich das Gesetz über die Aufgaben des Zehnerausschusses. Sie waren von zweifacher Art. Einmal sollten beträchtliche Geldmittel beschafft werden. Zu diesem Zweck erhielt der Ausschuß Vollmacht, bestimmte staatliche Liegenschaften in Italien sowie sämtliche Besitzungen in den Provinzen zu veräußern, die der Staat seit dem Jahre 88 v. Chr. erworben hatte. Der Ausschuß durfte weiterhin den Pachtzins für das nicht verkaufte Staatsland neu festsetzen und von früheren Befehlshabern rückständige Beutegelder eintreiben. Zum anderen wurde der Ausschuß beauftragt, in ganz Italien Grundstücke für Bauernstellen zu beschaffen und zu verteilen. Hierfür waren teils staatliche Besitzungen, insbesondere die wertvolle Mark von Capua (*ager Campanus*), vorgesehen. Vor allem sollte der Ausschuß die von ihm bereitgestellten Geldmittel verwenden, Land aus privater Hand zu kaufen; hierbei durfte keinerlei Zwang ausgeübt werden. Für alle diese Aufträge erhielten die Zehnmänner umfassende Vollmachten; sie waren insbesondere befugt, im Streitfalle zu entscheiden, ob ein Grundstück staatliches oder privates Eigentum sei. Das Gesetz schrieb jedoch vor, daß die Position derer nicht angetastet werden dürfe, denen die sullanischen Proskriptionen zu Landbesitz verholfen hatten.

Die beiden ersten Reden Ciceros machen ein Paar aus. Sie behandeln dieselben Gegenstände in übereinstimmender Anordnung; Cicero geht offensichtlich die wichtigsten Bestimmungen des Rullischen Gesetzes der Reihe nach durch. Hierbei kommt es ihm darauf an, die Schwächen des Vorschlages aufzudecken; er sucht die gefährlichen oder absurden Konsequenzen darzulegen, die sich aus seiner Verwirklichung ergäben. Ciceros Angriffe gruppieren sich um vier Materien: ein erster Abschnitt erörtert jeweils den Zehnerausschuß selbst, seine Wahl und seine Befugnisse (in der 1. Rede verloren. 2,16–35); ein zweiter Teil befaßt sich mit der Geldbeschaffung (1,1–13. 2,35–62); an dritter Stelle nimmt Cicero den geplanten Ankauf von Grundstücken durch (1,14–15. 2,62–72), und schließlich widmet er sich den Grundsätzen, nach denen die Siedlerkolonien eingerichtet werden sollen (1,16–22. 2,73–97). Seine Argumentation zielt einerseits auf die politische Bedenklichkeit des Projektes und zumal des außerordentlichen Amtes, das seiner Durchführung dienen soll; andererseits hebt sie hervor, welche ruinösen Folgen für die Staatsfinanzen die Annahme des Rullischen Gesetzes mit sich brächte. Diese Kritik bekräftigt die sofort zu Beginn verkündete Hauptthese, daß der soziale Zweck des Unternehmens lediglich vorgeschützt sei; in Wahrheit beabsichtige

Rullus, die Zehnmänner zu unumschränkten Herren des gesamten Staatswesens zu machen (2,15). Cicero begnügt sich nicht mit der Erörterung des Gesetzes selbst; die Einleitungen und Schlußworte versuchen überdies, den Plan des Gegners und den eigenen Standpunkt in das Koordinatensystem der damals gängigen politischen Schlagworte einzutragen (1,22–27. 2,1–10. 2,98–103). Nicht Rullus, so lautet das paradoxe Ergebnis, sondern Cicero sei der wahrhaft «populare» Politiker, nicht der Volkstribun, der ein Siedlergesetz einzubringen suche, sondern der Konsul, der für Frieden, Eintracht und Ruhe, das heißt für die Erhaltung des Bestehenden, für die Grundsätze der Optimaten eintrete. Diese Dialektik, die den Zielen des Gegners einen bestimmten Sinn unterlegt und sie dann für die eigene Sache beansprucht, gehört zu den typischen Erscheinungen des Revolutionszeitalters; man darf allerdings annehmen, daß sich wenige so gut darauf verstanden wie Cicero.

Die Unterschiede der beiden ersten Reden sind vor allem durch den Wechsel des Adressaten bedingt. Im Senat sprach Cicero zu seinesgleichen; er konnte davon ausgehen, daß die überwiegende Mehrheit die Ablehnung des Rullischen Vorschlages wünschte. Hier genügten kurze Hinweise auf den Inhalt und seine Bedeutung; außerdem mußte Cicero den Senatoren mitteilen, wie er selbst über die Angelegenheit urteilte und was er zu tun gedachte. Erst mit der zweiten Rede betrat er den eigentlichen Kampfplatz; es ging darum, das Gesetz des Rullus möglichst überzeugend vor der öffentlichen Meinung zu diskreditieren. Die zweite Rede macht daher den Kern des Ganzen aus; sie erörtert ihren Gegenstand mit der gebotenen Ausführlichkeit und verwendet hierbei alle Mittel einer ebenso drastischen wie temperamentvollen Überredungskunst. Die kurze dritte, in einer späteren Volksversammlung vorgetragene Rede ist lediglich ein Anhang; Cicero weist dort die Verdächtigung des Rullus zurück, sein Widerstand gegen das Gesetz suche lediglich die Nutznießer der sullanischen Proskriptionen zu decken.

Das Gesetz des Rullus suchte ein Grundübel der späten Republik zu beseitigen, gegen das man seit gracchischer Zeit stets nur mit unzulänglichen Maßnahmen vorgegangen war. Es enthielt neben manchem Konventionellen auch kühne Neuerungen; hierzu gehört insbesondere die Vorschrift, daß die für die Bauernstellen erforderlichen Landgebiete durch Kauf beschafft werden sollten. Andererseits setzte sich der Vorschlag ohne Not über wichtige Grundsätze der römischen Verfassung hinweg, und der Zuschnitt des Ganzen grenzte ans Phantastische. Ciceros Polemik wiederum schießt erheblich über das Ziel hinaus. Allerdings war dem propagandistischen Stil der ganzen Epoche nichts so fremd wie eine gemäßigte Sprache; Cicero, der das Gesetz um seiner verfassungsgefährdenden Tendenzen willen ablehnte, scheint also durchaus die richtigen Mittel eingesetzt zu haben. Besonders wirksam waren gewiß seine Darlegungen über das Wahlverfahren (2,16–22); außerdem mußten die kaum verhüllten Hinweise auf Caesar und Crassus als die eigentlichen Urheber Eindruck machen, denen nur darum zu tun sei, die Machtstellung des Pompeius zu untergraben (2,23–25. 2,49–50. 2,54. 2,98–99. 3,16).

Ciceros Demagogie erreichte vollauf ihren Zweck. Rullus scheint den Vorschlag zurückgezogen zu haben, ehe es zur Abstimmung kam. Der Sieg der optimatischen Sache blieb freilich Episode. Zwei Siedlergesetze, die der Konsul Caesar einbrachte (59 v. Chr.), verwirklichten in vernünftigen Maßen die sozialpolitischen Ziele der Rullischen Vorlage.

Literatur

Kommentierte Ausgabe:

A. W. Zumpt, M. Tulli Ciceronis orationes tres de lege agraria, Berlin 1861.

Abhandlungen:

O. Haenicke, Zu Ciceros Reden De lege agraria, Programm des König-Wilhelm-Gymnasiums, Stettin 1883.

E. T. Sage, Cicero and the Agrarian Proposals of Rullus in 63 B.C., Classical Journal 16, 1921, 230–236.

E. G. Hardy, Some Problems in Roman History, Oxford 1924, 68ff.

A. Afzelius, Das Ackerverteilungsgesetz des P. Servilius Rullus, Classica et Mediaevalia 3, 1940, 214–235.

G. I. Luzzatto, Ancora sulla proposta di legge agraria di P. Servilio Rullo, Bollettino dell'Istituto di Diritto romano 69, 1966, 85–108.

E. Gabba, Nota sulla Rogatio agraria di P. Servilio Rullo, Mélanges A. Piganiol, Paris 1966, 769–775.

Chr. Helm, Zur Redaktion der ciceronischen Konsulatsreden, Diss. Göttingen 1979.

ERSTE REDE ÜBER DAS SIEDLERGESETZ

(gegen den Volkstribunen P. Servilius Rullus, gehalten im Senat)

I In milchbärtiger Jugend.

II Sie werden Capua mit den Siedlern, die sie dort ansässig machen, besetzen, Atella durch eine Wachmannschaft sichern, Nuceria und Cumae mit ihren zahlreichen Leuten beherrschen, die übrigen Städte durch Schutztruppen knebeln[1].

III Der Ausrufer wird also die ganze Propontis und den Hellespont feilbieten, die gesamte lykische und kilikische Küste wird neue Eigentümer erhalten, Mysien und Phrygien werden sich derselben Bedingung und Vorschrift beugen.

IV Die Zehnmänner werden die Beute, den Ertrag des Krieges, die Versteigerungsmasse, schließlich das Lager des Cn. Pompeius verkaufen, während der Feldherr zusieht[2].

1 ... was man (zuvor) in aller Offenheit anstrebte, das wird jetzt insgeheim und unterirdisch erkämpft. Die Zehnmänner werden nämlich sagen, was viele sagen und schon oft gesagt worden ist, durch das Testament des Königs Alexander sei das Königreich nach der Amtszeit der genannten Konsuln in den Besitz des römischen Volkes übergegangen. Wollt ihr also Alexandria auf geheime Machenschaften hin denen ausliefern, denen ihr euch widersetzt habt, als sie in größter Offenheit darum kämpften[3]? Bei den unsterblichen Göttern, wie kommt euch das vor: Sind's Entschlüsse Nüchterner oder Träume von Betrunkenen, sind's Pläne Vernünftiger oder Wünsche von Wahnsinnigen?

2 Seht jetzt, wie der schändliche Prasser im folgenden Kapitel die öffentlichen Angelegenheiten durcheinanderbringt, wie er die Besitzungen, die unsere Vorfahren uns hinterlassen haben, vertut und verschleudert, wie er sich beim Vermögen

des römischen Volkes nicht weniger verschwenderisch zeigt als bei seinem eigenen. Er zählt in seinem Gesetz die steuerpflichtigen Gebiete auf, welche die Zehnmänner verkaufen sollen, das heißt, er kündigt eine Versteigerung des Staatseigentums an. Er wünscht Land zu kaufen, das man verteilen kann; er benötigt Geld. Also denkt er sich etwas aus und schlägt es vor. Denn die vorigen Kapitel schädigten das Ansehen des römischen Volkes, brachten den Namen des Reiches auf dem ganzen Erdkreis in Verruf, händigten den Zehnmännern friedliche Städte, das Land der Bundesgenossen und die vertragliche Stellung der Könige aus; jetzt geht es um
bares, sicheres, flüssiges Geld. Ich bin gespannt, was sich der 3
aufgeweckte und scharfsinnige Volkstribun einfallen läßt. «Man verkaufe», erklärt er, «den scantischen Forst[4].» Wo hast du denn diesen Forst gefunden, unter den aufgegebenen Besitzungen oder beim Weideland der Zensoren[5]? Wenn du etwas aufspürst, entdeckst, aus dem Dunkel hervorziehst, es mag ein Unrecht sein, trotzdem, verbrauche nur, was dir beliebt, du hast es ja beigebracht; du aber willst vor mir, dem Konsul, und vor diesem Senat den scantischen Forst verkaufen? Du wagst es, an irgendeine Staatseinnahme zu rühren, du willst dem römischen Volk die Hilfsmittel des Krieges, du ihm das Rüstzeug des Friedens entreißen? Dann werde ich wirklich glauben, daß ich ein unfähigerer Konsul sei als die tüchtigen Männer, die zur Zeit unserer Vorfahren Konsuln waren, und zwar um so mehr, als man erklären wird, die Einnahmequellen, die das römische Volk unter ihrem Konsulat erworben habe, hätten sich unter meinem Konsulat nicht ein-
mal erhalten lassen. Er bietet der Reihe nach sämtliche ita- 4
lischen Besitzungen feil. Hierbei geht er wirklich sorgfältig vor; er hat nämlich keine einzige vergessen. Er durchforscht nach den Listen der Zensoren ganz Sizilien; kein Gebäude, kein Stück Land läßt er aus. Ihr habt vernommen, daß ein Volks-

tribun die Versteigerung des römischen Staatseigentums ankündigte, daß er sie auf den Monat Januar festsetzte, und ihr bezweifelt nicht, möchte ich meinen, daß diejenigen, die diesen Besitz durch ihre Waffentaten und ihre Tapferkeit erwarben, ihn nur deshalb nicht zugunsten der Staatskasse verkauft haben, damit wir etwas verkaufen könnten, um Geschenke zu machen.

5 Seht nunmehr, wie sie sich ihren Weg noch offener bahnen als zuvor. Denn wie sie im vorigen Abschnitt des Gesetzes gegen Pompeius kämpfen, das habe ich verraten; doch jetzt verraten sie sich schon selbst. Sie fordern, man solle die Besitzungen von Attaleia und Olympos verkaufen, die der Sieg des P. Servilius, eines ungemein tüchtigen Mannes, dem römischen Volke gewonnen hat[6], ferner die einstigen Krongüter in Makedonien, die teils durch die Tapferkeit des T. Flamininus, teils durch die des Perseus-Siegers L. Paullus erworben wurden[7], außerdem den ausgezeichneten und sehr fruchtbaren Landbesitz der Korinther, den der erfolgreiche Oberbefehl des L. Mummius[8] zu den Einnahmen des römischen Volkes hinzugefügt hat, sodann aber das bei Neukarthago gelegene Land in Spanien, das durch die hervorragende Tüchtigkeit der beiden Scipionen in unseren Besitz gelangte; schließlich wollen sie gar Alt-Karthago verkaufen, ein Gebiet, das P. Africanus von Häusern und Mauern entblößt und zum ewigen Andenken der Menschheit den Göttern geweiht hat, wohl um den Untergang der Karthager sichtbar zu machen oder um unseren Sieg zu bekunden oder weil fromme Scheu sich seiner
6 bemächtigte[9]. Wenn diese Schmuckstücke und Wahrzeichen des Reiches verkauft seien, mit denen unsere Vorfahren den Staat, den sie uns hinterließen, geziert hatten, dann solle man, fordern sie, das Land feilbieten, das König Mithridates in Paphlagonien, Pontos und Kappadokien besessen habe. Kann da unbemerkt bleiben, wie sie das Heer des Cn. Pompeius mit

dem Stab des Ausrufers geradezu verfolgen[10]? Fordern sie doch den Verkauf gerade der Landgebiete, in denen er sich noch jetzt aufhält und Krieg führt!

Wie aber soll man es verstehen, daß sie für die von ihnen festgesetzte Versteigerung keinen Ort vorschreiben? Denn das Gesetz erteilt den Zehnmännern Vollmacht, den Ort des Verkaufs nach eigenem Ermessen zu bestimmen. Die Zensoren dürfen die Steuern nur vor den Augen des römischen Volkes verpachten, und diesen Leuten soll der Verkauf in den entferntesten Ländern erlaubt sein? Lassen doch selbst die ärgsten Taugenichtse, wenn sie ihr Vermögen vergeudet haben, ihre Sachen lieber in den Versteigerungshallen als auf den Straßen oder Plätzen ausbieten; dieser Mann aber erlaubt in seinem Gesetz den Zehnmännern, das Vermögen des römischen Volkes in jedem passenden Schlupfwinkel, in beliebiger Einsamkeit zu verkaufen. 7

Ferner das Umherreisen der Zehnmänner in allen Provinzen, Königreichen, Freistaaten: bemerkt ihr nicht, wie hart, wie furchtbar, wie ausbeuterisch das sein wird? Ihr habt Leuten den Gesandtentitel verliehen, die nur eine Erbschaft antreten wollten; sie reisten als Privatleute und in privater Angelegenheit, ohne großen Pomp und großes Ansehen, und doch, ihr hört ja, wie drückend ihr Erscheinen für unsere Bundesgenossen zu sein pflegt[11]. 8

Was meint ihr daher, wie viel Schrekken und Unheil dieses Gesetz für alle Völker heraufbeschwört, wenn man die Zehnmänner mit höchster Befehlsgewalt, mit der schlimmsten Habgier und einer unersättlichen Begehrlichkeit nach Dingen aller Art auf den Erdkreis losläßt? Ihr Erscheinen wird bedrückend, ihr Machtgepränge furchterregend, ihre Urteils- und Befehlsgewalt vollends unerträglich sein; es steht ihnen ja frei, nach Gutdünken etwas für Staatseigentum zu erklären und, was sie dafür erklärt haben, zu verkaufen. Auch das, was gewissenhafte Leute nicht tun, für Geld 9

vom Verkauf abzustehen, selbst das wird ihnen das Gesetz gestatten. Was meint ihr, was für Erpressungen, was für Übereinkünfte, schließlich, was für ein Feilschen um Recht und
10 Vermögen hieraus überall erwachsen wird? Denn was der vorige Abschnitt des Gesetzes bestimmt hatte – «unter dem Konsulat des Sulla und Pompeius[12]» – dies haben sie wieder schrankenlos und unbestimmt gemacht. Das Gesetz erteilt nämlich den Zehnmännern die Befugnis, alles Staatsland mit hohen Abgaben zu belasten; demnach dürfen dieselben Leute nach Gutdünken Grundbesitz von Steuern befreien und nach Belieben für steuerpflichtig erklären. Bei diesen Entscheidungen läßt sich nicht voraussehen, was schlimmer sein wird: ob bedrückende Strenge oder gewinnbringende Milde.

Indes, das Gesetz enthält im ganzen zwei Ausnahmen, die weniger unbillig als verdächtig sind. Es nimmt nämlich, was die Belastung mit Abgaben angeht, die recentorische Mark auf Sizilien aus, beim Landverkauf jedoch die Besitzungen, die durch einen Bündnisvertrag zugesichert sind. Die liegen in
11 Afrika; sie befinden sich im Besitz von Hiempsal[13]. Hier frage ich, weshalb Ausnahmen erforderlich waren, wenn Hiempsal durch den Vertrag genügend Sicherheit erhalten hat oder die recentorische Mark Privateigentum ist; wenn aber der Vertrag Zweifel zuläßt und die recentorische Mark bisweilen für Staatsland gilt, wer, meint unser Mann, soll da glauben, er habe auf der ganzen Welt zwei Fälle entdeckt, denen er unentgeltlich Schonung gewähre? Gibt es noch irgendwo einen Heller, der so gut versteckt wäre, daß ihn die Baumeister dieses Gesetzes nicht gewittert hätten? Die Provinzen, die Freistaaten, die Bundesgenossen, die Freunde und schließlich auch die Könige beuten sie aus; ihre Hände gieren nach den Einkünften des römischen Volkes.

12 Hiermit nicht genug. Gebt acht, gebt acht, ihr, die ihr nach vollgültigem Beschluß des Volkes und Senats Heere befehligt

und Kriege geführt habt: was ein jeder an Beute, an Kriegserträgnissen, an Ehrengold erlangt hat[14], das soll er, verordnet das Gesetz, bei den Zehnmännern abliefern, wenn er es nicht für ein öffentliches Bauwerk verwendet oder an die Staatskasse abgeführt hat! Von diesem Kapitel versprechen sie sich viel; sie bereiten gegen alle Befehlshaber und deren Erben Untersuchungen vor, in denen sie selbst entscheiden, doch das meiste Geld glauben sie dem Faustus[15] entreißen zu können. Vereidigte Richter weigerten sich, diese Sache anzunehmen, doch die Zehnmänner nahmen sie an; sie glaubten wohl, die Richter hätten sie deshalb nicht verfolgt, weil sie ihnen
vorbehalten sei. Das Gesetz sieht ferner mit größter Genauig- 13
keit auch für die Zukunft vor, jeder Befehlshaber solle alles Geld, das er erlange, sofort an die Zehnmänner abführen. Hier aber nimmt es Pompeius aus, genauso, scheint mir, wie in dem Gesetz, das die Fremden aus Rom verweist[16], Glaukippos ausgenommen wird. Denn diese Ausnahme erweist nicht einem Einzigen eine Wohltat, sondern bewahrt einen Einzigen vor Unrecht. Doch wenn das Gesetz ihm die Kriegserträgnisse beläßt, so vergreift es sich an seinen Steuereinkünften. Es ordnet nämlich an, das Geld, das nach unserem Konsulat durch neue Steuern aufgebracht werde, stehe den Zehnmännern zur Verfügung. Als ob wir nicht merkten, daß sie die Abgaben zu verkaufen beabsichtigen, die Pompeius erschlossen hat.

Ihr seht schon, versammelte Väter, wie man da auf jede Art 14
und Weise Zehnmännergeld zusammengetragen und aufgehäuft hat. Doch man wird das Anstößige dieser Mittel zu verringern wissen; man will es ja für den Erwerb von Land ausgeben. Vortrefflich. Wer wird also dieses Land kaufen? Dieselben Zehnmänner; du, Rullus (denn von den anderen sehe ich ab), wirst kaufen, was du willst, wirst verkaufen, was du willst, beides zu dem Preis, den du bestimmst. Der Treffliche

schreibt nämlich vor, daß Zwangskäufe verboten seien. Als ob wir nicht sähen, daß ein Zwangskauf widerrechtlich, ein freiwilliger Kauf einträglich ist. Wieviel Land wird dir, anderer nicht zu gedenken, dein Schwiegervater[17] verkaufen, und zwar durchaus freiwillig, wenn ich seine gefällige Art gehörig kenne? Auch die übrigen werden gern bereit sein, ihren mißliebigen Besitz[18] gegen Geld einzutauschen, zu empfangen, was sie wünschen, und zu geben, was sie kaum behalten können.

15 Bemerkt jetzt die unendliche und unerträgliche Schrankenlosigkeit, die in alledem herrscht! Man hat Geld für den Erwerb von Grundstücken beschafft; doch diese sollen nicht im Zwangswege gekauft werden. Wenn die Besitzer übereinkommen, nicht zu verkaufen, was soll dann geschehen? Wird man das Geld zurückzahlen? Das ist nicht erlaubt. Wird man Zwang ausüben? Das Gesetz untersagt's. Doch sei's; nichts, was man nicht kaufen könnte, wenn man zahlt, was der Verkäufer fordert. Plündern wir also den Erdkreis aus, verkaufen wir die steuerpflichtigen Gebiete, vergeuden wir die staatlichen Mittel, um jedenfalls Land zu erwerben, selbst wenn wir die Besitzer mißliebiger oder ungesunder Plätze zu reichen Leuten machen.

16 Was dann? Wie wird die Ansiedlung auf diesen Gebieten aussehen, wie wird man die ganze Sache ordnen und einrichten? «Es sollen Kolonien angelegt werden», heißt es. Wie viele? Mit was für Leuten? An welchen Orten? Denn wer sieht nicht, daß man bei Kolonien alle diese Punkte berücksichtigen muß? Hast du geglaubt, Rullus, wir würden dir und den Leuten, die dich zu allen diesen Dingen angestiftet haben, ganz Italien wehrlos ausliefern, damit ihr es durch Wachmannschaften sichert, durch Kolonien in Besitz nehmt, durch Fesseln aller Art gebunden und geknebelt haltet? Denn wo ist vorgesorgt, daß ihr nicht auf dem Ianiculum[19] eine Kolonie

einrichtet, daß ihr nicht unsere Stadt durch eine andere Stadt bedrohen und bedrängen könnt? «Das werden wir nicht tun», erklärt Rullus. Erstens weiß ich das nicht, zweitens habe ich Bedenken, schließlich will ich es nicht darauf ankommen lassen, daß wir unsere Sicherheit mehr eurer Freundlichkeit als unserer Vorsicht zu verdanken haben. Da ihr jedoch eure Ko- 17
lonien über ganz Italien ausbreiten wollt: habt ihr geglaubt, niemand von uns werde bemerken, was es hiermit auf sich hat? Es heißt nämlich: «Die Zehnmänner sollen von ihnen bestimmte Siedler in Landstädten und Kolonien, die sie bestimmt haben, ansässig machen und ihnen an Plätzen, die sie bestimmen, Grundstücke anweisen.» Uns soll also, wenn sie ganz Italien mit ihren Soldaten besetzt haben, nicht nur keine Hoffnung bleiben, daß wir unsere Standesrechte behalten; wir sollen nicht einmal unsere Bürgerfreiheit wiedererlangen dürfen. Und dies leite ich wohl nur aus Mutmaßungen und Schlüssen ab.

Doch schon schwindet bei jedermann jedwede Unsicher- 18
heit, schon geben sie offen zu erkennen, daß ihnen der Name dieses Staates, der Mittelpunkt der Stadt und des Reiches, kurz, der Tempel des Jupiter Optimus Maximus und diese Schutzburg aller Völker[20] mißfällt. In Capua wollen sie Siedler unterbringen; sie beabsichtigen, diese Stadt wieder zur Gegenspielerin unserer Stadt zu machen[21], dorthin ihre Macht zu verlegen und den Namen des Reiches zu übertragen. Es heißt von dieser Stätte, sie habe durch die Fruchtbarkeit des Landes und den Überfluß an allen Dingen Hochmut und Grausamkeit erzeugt; dort werden die Zehnmänner unsere Siedler einquartieren, für jeden Handel ausgesuchte Leute, und wahrhaftig, wo die Menschen in ererbter Würde und Vermögenslage den Überfluß nicht maßvoll zu ertragen vermochten, in dieser Stadt werden eure Trabanten ihren Übermut durch Bescheidenheit zu zügeln wissen. Unsere Vorfahren haben aus 19

Capua die Beamten, den Senat, die gemeinsame Beratung[22],
kurz, jedes Zeichen staatlicher Tätigkeit entfernt, und sie
ließen in der Stadt nichts übrig als den bedeutungslosen Na-
men Capua, nicht aus Grausamkeit (denn wer war milder als
sie, die selbst besiegten auswärtigen Feinden sehr oft ihr Ei-
gen zurückgaben?), sondern aus Einsicht: sie erkannten, wenn
diese Mauern auch nur eine Spur von Staatlichkeit umfingen,
dann könne die Stadt selbst einmal zum Sitz des Reiches wer-
den. Doch ihr, möcht' ich meinen, würdet gar nicht bemer-
ken, wie verderblich das ist – es sei denn, ihr wolltet unseren
Staat umstürzen und euch eine neue Gewaltherrschaft ver-
20 schaffen. Denn welche Gesichtspunkte muß man bei der Ein-
richtung von Kolonien beachten? Die Vergnügungssucht?
Capua hat selbst einen Hannibal verdorben[23]. Die Überheblich-
keit? Sie ist dort zu Hause, wie der Dünkel der Kampaner zeigt.
Den Sicherungszweck? Diese Kolonie wird nicht vor unserer
Stadt, sondern gegen unsere Stadt errichtet. Doch, ihr un-
sterblichen Götter, wie wird sie gewappnet! Denn was Capua
im punischen Kriege vermochte, das vermochte es aus sich
selbst; jetzt aber werden die Zehnmänner alle Städte, die
Capua umgeben, mit Siedlern besetzen; denn aus diesem
Grunde gestattet das Gesetz, die Zehnmänner sollten von
ihnen bestimmte Siedler in allen Städten, die sie bestimmten,
ansässig machen.

Zudem ordnet es an, diesen Siedlern solle die kampanische
21 Mark und der stellatische Bezirk[24] zugeteilt werden. Ich be-
daure nicht die Verringerung der Staatseinkünfte, nicht die
Schande dieses Schadens und Verlustes; ich übergehe, wor-
über sich ein jeder mit größtem Nachdruck und mit vollem
Recht beklagen könnte: daß wir den Hauptposten des Staats-
vermögens, den schönsten Besitz des römischen Volkes, die
Stütze unserer Getreidewirtschaft, die Vorratskammer für
Kriegszeiten, eine unter Siegel und Verschluß des Staates

stehende Einnahme nicht zu erhalten vermochten, daß wir dem P. Rullus sogar das Gebiet überlassen haben, das um seiner selbst willen sowohl der sullanischen Gewaltherrschaft als auch der Freigebigkeit der Gracchen widerstanden hatte; ich rede nicht davon, daß allein diese Einnahmequelle des Staates bleibt, wenn die anderen verlorengehen, daß sie nicht aufhört zu fließen, wenn die übrigen verstopft sind, daß sie im Frieden glänzt und im Kriege nicht an Wert verliert, daß sie die Truppen erhält und den Feind nicht zu fürchten braucht; ich übergehe dieses ganze Thema und behalte es der Volksversammlung vor; ich rede nur von der Gefährdung unserer Sicherheit und Freiheit. Denn was, glaubt ihr, wird 22
bei den Staatsgeschäften oder bei der Behauptung eurer Freiheit und Vorrangstellung noch in eurer Gewalt stehen, wenn Rullus und die Leute, die ihr viel mehr fürchtet als Rullus, mit dem ganzen Haufen skrupelloser Habenichtse, mit allen ihren Truppen, mit all ihrem Silber und Gold Capua und die umliegenden Städte in Besitz genommen haben?

Diesen Anschlägen will ich mich entschlossen und hartnäckig widersetzen, versammelte Väter, und ich will nicht zulassen, daß die Leute unter meinem Konsulat mit Dingen hervortreten, die sie schon lange gegen den Staat im Schilde führen. Ihr habt euch gewaltig verrechnet, Rullus, du und einige 23
deiner Kollegen, wenn ihr hofftet, ihr könntet bei eurem Putsch im Kampfe gegen einen wahrhaft, nicht dem Scheine nach volkstümlichen Konsul für volkstümlich gelten. Ich fordere euch heraus, ich lade euch vor die Versammlung, ich will das römische Volk als Schiedsrichter anrufen. Denn wenn wir alles mustern, was dem Volke teuer und angenehm ist, dann finden wir nichts Volkstümlicheres als den Frieden, die Eintracht, die Ruhe.

Ihr habt mir eine Bürgerschaft übergeben, die von Argwohn erregt, von Ängsten beunruhigt, durch eure Gesetze und Ver-

sammlungen und aufrührerischen Pläne verstört ist; ihr habt
bei den Gewissenlosen Hoffnungen erweckt, bei den Recht-
schaffenen Furcht hervorgerufen, dem Forum den Kredit[25],
24 der Staatsführung das Ansehen entzogen. In dieser Erregung
und Verwirrung der Gedanken und der Dinge leuchtet dem
römischen Volke unversehens aus so dichter Finsternis die
Stimme und der gewichtige Rat des Konsuls auf und zeigt,
daß kein Grund zur Besorgnis besteht, daß es kein Heer, keine
Truppenmacht, keine Kolonien, keinen Verkauf von Staats-
einkünften, keine neue Befehlsgewalt, keine Zehnmänner-
Herrschaft, kein zweites Rom und keinen anderen Sitz des
Reiches geben wird[26], solange wir Konsul sind, wohl aber
tiefste Stille des Friedens und der Ruhe – da muß ich mich,
glaube ich, sorgen, daß euer herrliches Siedlergesetz für volks-
25 tümlicher gelten könnte. Andererseits decke ich eure verbre-
cherischen Pläne und den Trug des Gesetzes und den Hinter-
halt auf, den diese volkstümlichen Tribunen ausgerechnet
dem römischen Volke zu stellen suchen – da werde ich, glaube
ich, befürchten, es sei mir nicht erlaubt, im Kampfe gegen
euch vor einer Volksversammlung zu erscheinen!

Überdies ist für mich beschlossen und entschieden, das Kon-
sulat in der Weise zu handhaben, in der man es allein tatkräf-
tig und unbehindert handhaben kann, das heißt weder eine
Provinz noch eine Ehrung noch irgendeine Auszeichnung oder
einen Vorteil noch überhaupt irgend etwas zu begehren, was
26 ein Volkstribun bekämpfen kann. Der Konsul erklärt am 1. Ja-
nuar vor zahlreich versammeltem Senat, wenn die gegenwär-
tige politische Lage Bestand hat und wenn sich keine Aufgabe
zeigt, der er sich mit Ehren nicht entziehen kann, dann wird
er sich nicht in eine Provinz begeben[27]. Ich werde mich in die-
sem Amte so verhalten, versammelte Väter, daß ich in der
Lage bin, einen Volkstribunen, der gegen den Staat wütet, zu
zügeln, der gegen mich wütet, zu verachten.

Deshalb, bei den unsterblichen Göttern, nehmt euch zusammen, ihr Volkstribunen, verlaßt die, von denen ihr, wenn ihr euch nicht vorseht, bald verlassen werdet, wirkt auf unserer Seite, haltet zu den Rechtschaffenen, verteidigt den gemeinsamen Staat mit gemeinsamer Hingabe und Liebe. Zahlreich sind die geheimen Wunden unseres Staates, zahlreich die verderblichen Anschläge ruchloser Bürger; uns droht keine äußere Gefahr; wir haben keinen König, keinen Stamm, kein Volk zu fürchten; das Übel hat sich hier eingenistet, es sitzt im Inneren und im eigenen Hause. Dem muß ein jeder von uns abzuhelfen und dies müssen wir alle zu heilen bereit sein. Ihr 27
irrt, wenn ihr meint, nur der Senat billige meine Worte, doch das Volk sei anderer Meinung. Alle, die sich vor Schaden bewahren wollen, werden dem Gebot eines Konsuls folgen, der unbehindert ist von Eigennutz und frei von Vergehen, behutsam in Gefahren und nicht ängstlich im Streite. Doch falls jemanden von euch die Hoffnung leitet, er könne durch Unruhestiften Wind in die Segel seiner Ämterlaufbahn bekommen: einmal entschlage er sich dieser Hoffnung, solange ich Konsul bin; außerdem kann er sich meine Person zum Muster nehmen. Er sieht ja, daß ich, der ich aus ritterlichem Geschlecht stamme, Konsul bin; diese Lebensbahn führt tüchtige Männer gar leicht zu Ehre und Ansehen. Wenn ihr mich eurer Bereitschaft versichert, versammelte Väter, für unsere gemeinsame Würde einzutreten, dann werde ich gewiß erreichen, was das Staatswohl am dringendsten erheischt: daß unser Gemeinwesen die Geltung dieses Standes, wie sie bei unseren Vorfahren geherrscht hat, jetzt nach langer Unterbrechung zurückgewonnen zu haben scheint.

ZWEITE REDE ÜBER DAS SIEDLERGESETZ

(gegen den Volkstribunen P. Servilius Rullus, gehalten vor dem Volke)

1 Sitte und Herkommen der Vorfahren wollen es so, Quiriten: wer durch eure Gunst das Recht erlangt hat, die Bilder seiner Ahnen aufzustellen[28], der verbinde in der ersten Ansprache, die er an euch richtet, den Dank für eure Gewogenheit mit dem Preis seiner Väter. In dieser Rede zeigt sich mitunter, daß einige der Stellung ihrer Vorfahren würdig sind. Die meisten aber rufen nur den Eindruck hervor, man verdanke ihren Vorfahren so viel, daß man auch für ihre Nachkommen noch tief in ihrer Schuld stehe. Ich, Quiriten, habe keinen Anlaß, vor euch über meine Vorfahren zu reden; sie waren gewiß ebenso, wie ihr mich hier seht, der ich von ihrem Blute abstamme und in ihrer Zucht aufgewachsen bin; doch ihnen wurde nie eine Auszeichnung des Volkes und der Glanz eines von euch
2 verliehenen Amtes zuteil. Von mir selbst aber bei euch zu reden, bezeugt, fürchte ich, Dünkel, zu schweigen, Undankbarkeit. Denn daß ich selbst darlege, welche Bemühungen mir dieses Amt verschafft haben, ist ganz unerträglich; andererseits kann ich unter keinen Umständen die stattlichen Beweise eurer Gunst unerwähnt lassen. Ich will daher in meiner Rede ein bestimmtes Verhältnis und Maß anstreben: ich werde aufführen, was ich von euch empfangen habe; doch weshalb ich eures höchsten Amtes und auszeichnenden Urteils würdig bin, das möchte ich selbst nur andeuten, falls es nötig sein sollte, und meinen, ihr werdet ebenso darüber urteilen wie bei der Wahl.

3 Nach einer sehr langen Unterbrechung, die fast die ganze Zeit unserer Erinnerung ausfüllt, habt ihr mich als ersten Neuling zum Konsul gemacht[29]; ihr habt unter meiner Leitung den Platz freigelegt, den der Adel durch Schanzen gesichert

und auf jede Weise versperrt hatte, und so bekundet, daß er auch in Zukunft der Tüchtigkeit offenstehen solle. Und ihr habt mich nicht schlechtweg zum Konsul gemacht, was schon an sich eine hohe Ehre ist, sondern so, wie nur wenige Adlige in diesem Staate Konsuln geworden sind und vor mir kein einziger Neuling. Denn wahrhaftig, wenn ihr einmal die Neulinge durchgehen wollt, so werdet ihr feststellen: wer ohne vorherige Abweisung Konsul wurde, der wurde es erst nach langwierigen Bemühungen und durch irgendwelche besonderen Umstände, nachdem er sich viele Jahre nach seiner Prätur und erheblich später beworben hatte, als die gesetzlich vorgeschriebenen Altersgrenzen zuließen[30]; wer sich dagegen zum frühesten Zeitpunkt bewarb, der wurde nicht ohne vorherige Abweisung Konsul; ich bin also der einzige unter allen Neulingen, von denen wir wissen, der sich um das Konsulat bewarb, als es ihm zum ersten Male gestattet war, und der Konsul wurde, als er sich zum ersten Male beworben hatte; hieraus ergibt sich, daß ich mich um euer Amt zu meiner Zeit und Frist beworben, daß ich es nicht anläßlich einer fremden Bewerbung ergattert habe, daß es nicht durch langwährende Bitten abgepreßt, sondern durch Würdigkeit erworben wurde.

Schon dies ist eine hohe Ehre, was ich gerade erwähnt habe, 4
Quiriten: daß ihr mich nach vielen Jahren als ersten Neuling mit diesem Amt betraut habt, daß es bei der ersten Bewerbung, daß es zum frühesten Zeitpunkt geschah. Und trotzdem kann nichts großartiger und auszeichnender sein als dies, daß ihr bei meiner Wahl nicht nur die Stimmtafeln als geheime Bürgen eurer Freiheit abgegeben habt, sondern in laute Rufe als Zeichen eurer Geneigtheit und eures Vertrauens zu mir ausgebrochen seid. So hat mich nicht erst der Schluß der Stimmenauszählung, sondern bereits euer erstes Zusammenströmen, nicht das Rufen der einzelnen Herolde[31], sondern ein einziger Ruf des gesamten römischen Volkes zum Konsul erklärt.

5 Ein so ausgezeichneter, so einzigartiger Gunstbeweis von
eurer Seite, Quiriten, scheint mir ein gewichtiger Anlaß, von
tiefer Befriedigung und Freude, aber noch mehr, von Sorge
und Bangigkeit erfüllt zu sein. Denn mich beschäftigen viele
bedrückende Gedanken, Quiriten, die mir weder bei Tage
noch bei Nacht irgendwelche Ruhe gönnen. Hierbei geht es
hauptsächlich um die Wahrung des Konsulats. Das ist schon
für alle eine schwierige und große Aufgabe, doch für mich
noch mehr als für andere: wenn ich einen Fehler begehe,
wartet keinerlei Nachsicht auf mich, wenn ich's recht mache,
nur geringes und von Widerwilligen erpreßtes Lob; von ad-
liger Seite zeigt sich dem Zweifelnden kein zuverlässiger Rat,
6 dem Bedrängten keine sichere Hilfe. Wenn man nur mich
einer Probe unterwerfen wollte, Quiriten, so würde mich das
weniger anfechten; allein, wenn bestimmte Leute meinen, ich
hätte mich bei einer Sache nicht einmal vorsätzlich, sondern
nur zufällig geirrt, dann werden sie, denke ich, euch allen Vor-
würfe machen, die ihr mich den adligen Herren vorgezogen
habt. Ich aber glaube, lieber alles auf mich nehmen zu sollen,
Quiriten, als mein Konsulat nicht so zu führen, daß man bei
allen meinen Taten und Beschlüssen lobt, was ihr für mich
getan und beschlossen habt.

Für mich kommt noch eine sehr große Mühe und ein
äußerst schwieriger Grundsatz der Konsulatsführung hinzu:
ich habe mir vorgenommen, nicht dieselbe Regel und Richt-
schnur zu befolgen wie die früheren Konsuln, die den Zugang
zu dieser Stätte[32] und euren Anblick teils peinlich gemieden,
teils nicht sonderlich gesucht haben. Ich aber spreche es nicht
nur hier aus, wo es sich am leichtesten aussprechen läßt, son-
dern habe selbst vor dem Senat, der für diese Verlautbarung
gar nicht geeignet schien, in meiner Antrittsrede am 1. Januar
7 erklärt, ich wolle ein volkstümlicher Konsul sein[33]. Denn ich
sehe ja, daß mich nicht das Bestreben Mächtiger, nicht die

überragende Gunst weniger, sondern das Urteil des gesamten römischen Volkes zum Konsul gemacht hat, wobei man mich Männern von höchstem Adel weit vorzog – da ist es mir ganz unmöglich, mich in diesem Amte und während meines ganzen Lebens nicht als volkstümlich zu erweisen.

Doch für den Sinn und die Erklärung dieses Ausdrucks bedarf ich dringend eurer Einsicht. Denn einige Leute haben durch ihre trügerischen Vorspiegelungen einen großen Irrtum verbreitet; sie bekämpfen und behindern nicht nur einzelne Vergünstigungen des Volkes, sondern seine Wohlfahrt schlechthin, und suchen durch ihre Reden gleichwohl zu erreichen, daß sie für volkstümlich gelten. Ich sehe, was für ein 8
Gemeinwesen ich am 1. Januar übernommen habe, Quiriten: erfüllt von Besorgnis, erfüllt von Angst; dort gab es nichts Übles, nichts Widriges, das die Rechtschaffenen nicht befürchtet, die Gewissenlosen nicht erwartet hätten; allerlei aufrührerische Anschläge gegen unsere Verfassung und gegen eure Ruhe würden, so hieß es, vorbereitet oder seien schon vorbereitet worden, nachdem man uns zum Konsul erklärt hatte; vom Forum war der Kredit verschwunden, nicht unter dem Ansturm eines frischen Unglücks, sondern wegen der Unsicherheit und Verwirrung der Gerichte, wegen der drohenden Entkräftung von Urteilen[34]; die Leute glaubten, man trachte nach neuen Gewalten, nicht nach außerordentlichen Befugnissen, sondern nach unbeschränkter Herrschaft.

Als ich diese Dinge nicht bloß vermutete, sondern deutlich 9
wahrnahm (man betrieb sie ja nicht im geheimen), da erklärte ich im Senat, ich wolle mein Amt als volkstümlicher Konsul führen. Denn was ist so volkstümlich wie der Friede? Ich glaube, über ihn freuen sich nicht nur die Wesen, denen die Natur Empfindungen verlieh, sondern auch Häuser und Fluren. Was ist so volkstümlich wie die Freiheit? Sie wird, wie ihr seht, nicht nur von den Menschen, sondern auch von den

Tieren begehrt und allen anderen Dingen vorgezogen. Was ist so volkstümlich wie die Ruhe? Sie ist so süß, daß ihr und eure Vorfahren und alle Tüchtigen glauben, sie müßten die schwersten Mühen auf sich nehmen, um einmal in Ruhe leben zu können, zumal wenn sie sich in Amt und Würden befinden. Gerade deshalb schulden wir auch unseren Vorfahren besonderen Preis und Dank; denn ihre Mühe hat bewirkt, daß wir ungestraft in Ruhe leben dürfen. Wie könnte ich daher nicht volkstümlich sein, Quiriten; ich sehe doch, daß all dies, der äußere Friede, die mit eurem Stamme und Namen verbundene Freiheit, die Ruhe im Inneren, kurz alles, was euch wert und wichtig ist, der Verläßlichkeit und gewissermaßen
10 der Schutzmacht meines Konsulats anvertraut ist! Denn jenes andere darf euch nicht als angenehm oder volkstümlich erscheinen, Quiriten, die Ankündigung irgendeines Geschenkes, das man euch in Worten vor Augen stellen, in Wirklichkeit aber nur um den Preis einer erschöpften Staatskasse gewähren kann. Doch auch diese Dinge darf man nicht für volkstümlich halten: daß die Rechtsprechung gestört, Entscheidungen aufgehoben, Verurteilte begnadigt werden[35]; so etwas pflegt in zerrütteten Staaten, wenn schon alles verloren ist, der äußerste Ausgang des Untergangs zu sein. Und auch wenn Leute dem römischen Volk Land versprechen, wenn sie dabei ein bestimmtes Ziel insgeheim verfolgen, ein anderes in Aussicht stellen, indem sie unter einem erheuchelten Vorwande Hoffnungen erwecken, auch dann darf man nicht meinen, diese Leute seien volkstümlich.

Denn um die Wahrheit zu sagen, Quiriten: grundsätzlich kann ich die Siedlergesetze nicht tadeln. Ich denke nämlich daran, daß zwei ebenso berühmte wie geniale Männer, die dem römischen Volk mit Leidenschaft zugetan waren, Ti. und C. Gracchus, dem Volk Staatsland verschafften, das sich vorher im Besitz von Privatpersonen befunden hatte. Ich aber bin

nicht der Konsul, der es, wie die meisten, für ein Verbrechen
hält, die Gracchen zu preisen; ich sehe doch, daß sich man-
ches Stück unserer Verfassung auf ihre klugen Maßnahmen
und Gesetze gründet. Sobald man daher mir, dem künftigen 11
Konsul, berichtete, die künftigen Volkstribunen verfaßten
ein Siedlergesetz, da wünschte ich zu erfahren, was sie für Ab-
sichten hätten; ich glaubte nämlich, da unsere Amtszeit in
das gleiche Jahr falle, müsse irgendeine Übereinkunft über
eine sinnvolle Verwaltung des Staates zwischen uns bestehen.
Als ich mich zu einem freundschaftlichen Gespräch mit ihnen 12
geneigt und bereit zeigte, wahrte man mir gegenüber Still-
schweigen und schloß mich aus; ich gab zu erkennen, ich
würde mitwirken und helfen, wenn das Gesetz mir Nutzen
für das römische Volk verspreche, doch sie wiesen mein groß-
zügiges Angebot zurück; sie erklärten, ich werde mich nie-
mals bestimmen lassen, eine Vergünstigung gutzuheißen. Ich
hörte auf, mich anzubieten; meine Beflissenheit sollte nicht
berechnend oder aufdringlich wirken. Sie fuhren unterdessen
fort, sich in der Stille zu treffen, bestimmte Privatpersonen
ins Vertrauen zu ziehen und ihren geheimen Zusammen-
künften die Nacht und die Einsamkeit beizugeben. In welche
Besorgnis uns diese Vorgänge versetzten, das könnt ihr leicht
aus der Unruhe schließen, in der ihr selbst euch damals be-
funden habt.

Endlich treten die Volkstribunen ihr Amt an[36]; man wartet 13
auf die Kundgebung des P. Rullus, weil er der Urheber des
Siedlergesetzes war und hitziger auftrat als die anderen. Schon
unmittelbar nach seiner Wahl übte er sich eine andere Miene,
einen anderen Klang der Stimme, eine andere Art zu gehen
ein; er trug schäbigere Kleider, zeigte ein ungepflegtes und
struppiges Äußeres, hatte längere Haare und einen größeren
Bart als zuvor; so sah es aus, als wolle er durch Blicke und
Erscheinung jedermann die tribunizische Gewalt verkünden

und der Verfassung den Kampf ansagen. Ich wartete auf das Gesetz und die Kundgebung dieses Mannes; das Gesetz erscheint zunächst überhaupt nicht, die Kundgebung läßt er zum 12. Dezember einberufen. In höchster Erwartung strömt man zusammen. Er breitet eine ziemlich lange Rede aus und mit sehr schönen Worten. Eines kam mir verfehlt vor: daß sich in der zahlreichen Versammlung niemand fand, der den Sinn seiner Ansprache zu begreifen vermochte. Ob er das tat, um eine Falle zu stellen, oder ob ihm diese Art von Beredsamkeit Vergnügen macht, weiß ich nicht. Indes, die scharfsinnigeren Teilnehmer der Kundgebung vermuteten, er habe irgend etwas über das Siedlergesetz sagen wollen.

Endlich (ich hatte mein Amt noch nicht angetreten) wird das Gesetz öffentlich angeschlagen. Auf meinen Befehl eilen gleichzeitig mehrere Schreiber herbei; sie bringen mir eine
14 Abschrift des Gesetzes. Dies kann ich euch in jeder Weise versichern, Quiriten: als ich mich anschickte, das Gesetz zu lesen und durchzuarbeiten, hatte ich durchaus die Absicht, daran mitzuwirken und es zu unterstützen, wenn ich sähe, daß es für euch geeignet und nützlich sei. Denn das Konsulat ist nicht von Natur aus noch durch tiefeingewurzelten Zwiespalt oder Haß bestimmt, wer weiß was für einen Krieg gegen das Tribunat zu führen, auch wenn sich sehr oft rechtschaffene und tüchtige Konsuln gewissenlosen Unruhestiftern von Volkstribunen widersetzten und wenn die tribunizische Amtsgewalt mitunter konsularischer Willkür in den Weg trat. Nicht andersartige Befugnisse, sondern unterschiedliche Gesinnun-
15 gen rufen Zwietracht hervor. Ich nahm daher das Gesetz mit der Einstellung in die Hand, daß ich wünschte, es sei auf euren Vorteil zugeschnitten und so abgefaßt, daß ein wahrhaft, nicht den Worten nach volkstümlicher Konsul in Ehren und mit Freuden dafür eintreten könne.

Und ich finde, Quiriten, daß man vom ersten bis zum letzten Kapitel des Gesetzes nichts anderes erdacht, nichts anderes bezweckt, nichts anderes unternommen hat, als unter dem Vorwand und Titel eines Siedlergesetzes zehn Könige zu Herren über die Staatskasse, die Steuern und alle Provinzen zu machen, über den gesamten Staat, die Fürstentümer, die unabhängigen Völker, kurz, über die ganze Welt. Das versichere ich euch, Quiriten: dieses schöne und volkstümliche Siedlergesetz bringt euch nichts ein und überantwortet bestimmten Leuten alles, gaukelt dem römischen Volk Landbesitz vor und nimmt ihm die Freiheit, mehrt die Mittel der privaten und erschöpft die Mittel der öffentlichen Hand, und schließlich, was das Ärgste ist, das Werk eines Tribunen, den die Vorfahren zum Hüter und Wächter der Freiheit bestimmten, stellt
Könige an die Spitze unseres Staates. Hierüber werde ich 16
mich jetzt erklären, Quiriten; wenn ihr das für falsch haltet, dann will ich mich eurem Willen fügen, will meine Meinung ändern. Doch wenn ihr zu der Einsicht kommt, daß man mit dem Köder eines Geschenkes eurer Freiheit nachstellt, dann zögert nicht, für die Freiheit einzutreten, die eure Vorfahren mit sehr viel Schweiß und Blut errungen haben, ehe sie euch anvertraut wurde; der Konsul wird euch helfen, ohne eure Mühe zu beanspruchen.

Das erste Kapitel des Siedlergesetzes soll euch nach der Absicht jener Leute ein wenig auf die Probe stellen, mit welchen Gefühlen ihr eine Verkürzung eurer Freiheit zu ertragen vermögt. Es erteilt nämlich dem Volkstribunen, der das Gesetz vorgeschlagen habe, den Auftrag, er solle durch siebzehn Stimmbezirke einen Ausschuß von zehn Männern wählen lassen; demnach gehört dem Ausschuß an, wer von neun Be-
zirken gewählt ist. Hier frage ich, weshalb Rullus seine Unter- 17
nehmungen und Gesetze damit beginnen läßt, daß er dem römischen Volk das Stimmrecht entzieht. Wer weiß wie oft

haben Siedlergesetze Dreimänner, Fünfmänner, Zehnmänner mit der Durchführung betraut; ich frage den volkstümlichen Volkstribunen, ob sie je anders als durch 35 Bezirke gewählt worden sind. Denn es gehört sich, daß alle Ämter, Befehlsgewalten und Aufsichtsbefugnisse vom gesamten römischen Volke ausgehen, und das gilt wahrhaftig in besonderem Maße für diejenigen, die eingerichtet werden, dem Volke einen Vorteil und Gewinn zu verschaffen. Hierbei soll die Gesamtheit den wählen, von dem sie glaubt, daß er am besten für die Belange des römischen Volkes sorgen werde, und jeder einzelne soll imstande sein, sich durch seine Beteiligung und Stimme den Weg zum Erwerb der Wohltat zu bahnen. Da kommt es ausgerechnet einem Volkstribunen in den Sinn, dem römischen Volk in seiner Gesamtheit das Stimmrecht zu entziehen und ein paar Bezirke nicht nach einem bestimmten Rechtsgrundsatz, sondern aufs Geratewohl durch das Los zur Ausübung der Entscheidungsmacht zu berufen.

18 «Ebenso und auf dieselbe Weise», heißt es im zweiten Kapitel, «wie bei den Wahlen des Oberpriesters.» Nicht einmal dies hat Rullus bemerkt: unsere Vorfahren waren so volkstümlich, daß sie das Volk wegen der Bedeutung des Priesteramtes sogar bei einem Manne zu befragen wünschten, bei dem die Kultordnung die Volkswahl nicht zuließ. Und dasselbe setzte der Volkstribun Cn. Domitius, ein ausgezeichneter Mann, für die übrigen Priesterämter durch: weil das Volk die Priesterämter aus kultischen Gründen nicht besetzen durfte, sollte hierzu eine Minderheit des Volkes berufen werden, und wen diese Minderheit benannt habe, den solle die Prie-
19 sterschaft zum Beitritt auffordern[37]. Seht den Unterschied zwischen dem Volkstribunen Cn. Domitius, einem Manne von höchstem Adel, und P. Rullus, der, meine ich, eure Gutmütigkeit strapaziert hat, als er sich für adlig erklärte! Domitius erreichte durch seine Findigkeit, daß er das, was der Kult-

brauch dem Volke entzog, soweit es möglich, soweit es schicklich, soweit es erlaubt war, Teilen des Volkes überantwortete; Rullus dagegen suchte euch gänzlich zu entreißen und aus den Händen zu winden, was stets ein Vorrecht des Volkes war, was niemand geschmälert, niemand geändert hat: daß diejenigen, die dem Volk Land zuweisen sollten, vom Volke eine Wohltat empfingen, ehe sie eine zu gewähren vermöchten. Domitius hat, was dem Volke auf keine Weise verliehen werden durfte, ihm trotzdem auf gewisse Weise verliehen; Rullus schickt sich an, was ihm unter keinen Umständen abgenommen werden darf, ihm trotzdem auf bestimmtem Wege zu entziehen.

Man wird fragen: was bezweckte er mit einem Rechtsbruch 20
und einer Unverschämtheit von diesem Ausmaß? Es fehlte
nicht an einem Plan; an Treue zum römischen Volk, Quiriten,
an Achtung vor euch und eurer Freiheit fehlte es gar sehr. Er
schreibt nämlich vor, die Wahl der Zehnmänner solle leiten,
wer das Gesetz beantragt habe. Ich will mich deutlicher ausdrücken:
Rullus, ein Mann, der nicht Eigennutz noch Selbstsucht
kennt, schreibt vor, daß Rullus die Wahl leiten solle.
Ich spreche noch keinen Tadel aus; ich sehe: das taten auch
andere. Doch was noch niemand tat, daß eine Minderheit des
Volkes wählen solle, seht, wohin das führt. Er wird die Wahl
leiten; er wird die zu bestätigen wünschen, denen dieses Gesetz
eine königliche Machtvollkommenheit verschaffen soll;
dem gesamten Volk vertraut er weder selbst, noch glauben die
Urheber dieser Anschläge, daß man ihm ohne Gefahr vertrauen
könne. Derselbe Rullus wird durch das Los die Bezirke 21
bestimmen. Sein Glück wird ihn die Bezirke ziehen lassen, die
er sich wünscht. Die Zehnmänner aber, die neun der von
Rullus gezogenen Bezirke wählen, die werden wir, wie ich
sofort zeigen will, zu unumschränkten Herren haben. Und sie
möchten dankbar und für die Auszeichnung erkenntlich

scheinen; sie werden zugeben, daß sie den angesehenen Leuten aus den neun Bezirken verpflichtet seien, doch den übrigen 26 Bezirken werden sie, wie sie glauben, schlechtweg alles mit vollem Recht verweigern können.

Wen wünscht er sich denn eigentlich als Mitglied des Zehnerausschusses? Sich selbst zuerst. Wie ist das zulässig? Es gibt nämlich althergebrachte Gesetze, und zwar nicht konsularische (wenn ihr meint, daß es darauf ankomme), sondern von Tribunen eingebrachte, euch und euren Vorfahren sehr willkommen und angenehm: es gibt ein Lizinisches Gesetz und außerdem ein Äbutisches[38]; die nehmen nicht nur den Antragsteller von jeglicher Aufsichtsbefugnis und hoheitlichen Gewalt aus, sondern auch seine Amtsgenossen, seine Verwandten und Verschwägerten, daß man ihnen keine Macht-
22 stellung oder Oberaufsicht anvertraue. Denn wenn du dem Volke dienen willst, dann meide den Verdacht eines eigenen Vorteils; erwirb das Vertrauen, daß du nichts als das Wohl und den Nutzen des Volkes suchst; laß zu, daß anderen die Macht, dir aber der Dank für deine Wohltat zuteil wird. Denn dies hier schickt sich schwerlich für ein freies Volk, schwerlich für eure Einstellung und stolze Denkungsart.

Wer hat das Gesetz beantragt? Rullus. Wer schloß die Mehrheit des Volkes von der Abstimmung aus? Rullus. Wer leitete die Wahlen, wer berief die Bezirke, die er wollte, nachdem er sie unbeaufsichtigt durch das Los bestimmt hatte, wer ließ, wen er wollte, in den Zehnerausschuß wählen? Derselbe Rullus. Wen hat er als ersten bestätigt? Den Rullus. Beim Herkules, damit wird er, meine ich, kaum seine Sklaven zufriedenstellen, geschweige denn euch, die Gebieter aller Völker. Ausgezeichnete Gesetze also sollen durch dieses Gesetz ohne jeden Vorbehalt aufgehoben werden; der Antragsteller selbst wird sich nach seinem eigenen Gesetz um das Aufsichtsamt bewerben; derselbe Mann wird, nachdem er die Mehrheit des Volkes um das Stimmrecht gebracht hat, die Wahlen leiten und dort, wen er will, und darunter sich selbst bestätigen, und gewiß wird er seine Amtsgenossen, die mit ihm das Siedlergesetz vorschlagen, nicht zurückweisen: sie haben ihm ja im Titel und in der Einleitung des Gesetzes die erste Stelle eingeräumt[39]; die übrigen Vorteile aller Art, die sich, wie man hofft, auf dieses Gesetz gründen, erhält man nach gemeinsamer Vereinbarung und zu gleichen Teilen.

Doch seht die Vorsicht unseres Mannes – wenn ihr glauben 23
wollt, daß ein Rullus das erdacht hat oder daß es einem Rullus hat einfallen können. Die Leute, die dies ins Werk setzten, haben bemerkt: wenn man euch die Möglichkeit gäbe, aus dem ganzen Volk zu wählen, dann würdet ihr ohne Zweifel jede Aufgabe, die Pflichttreue, Unbestechlichkeit, Tüchtigkeit und Ansehen erfordert, zuerst dem Cn. Pompeius übertragen. Denn ihr habt ihn, den einen Mann, unter allen ausersehen, in allen Kriegen gegen alle Völker unsere Land- und Seestreitkräfte zu führen; daraus schlossen sie, man könne ihm, ob man nun bei der Wahl der Zehnmänner auf die Zuverlässigkeit oder auf die Ehre achten wolle, mit gutem Grunde vertrauen und mit vollem Recht die Auszeichnung zuerkennen. Daher wird von diesem Gesetz nicht jugendliches 24
Alter ausgeschlossen, nicht irgendein gesetzlicher Hinderungsgrund, nicht eine obrigkeitliche Befugnis noch überhaupt ein Amt, bei dem doch andere Aufgaben und gesetzliche Bestimmungen im Wege stehen; ferner wird nicht einmal ausgeschlossen, daß ein Angeklagter dem Zehnerausschuß angehören dürfe; Cn. Pompeius aber wird ausgenommen, daß er nicht mit P. Rullus zusammen (von den übrigen zu schweigen) dem Zehnmännerausschuß angehören kann. Rullus schreibt nämlich vor, man müsse bei der Bewerbung anwesend sein, was es in keinem anderen Gesetz je gegeben hat, nicht einmal bei den Ämtern, deren Ordnung genau festgelegt ist[40]; ihr

sollt ihm nicht, wenn das Gesetz beschlossen ist, den Mann zum Amtsgenossen geben, der seine Gelüste bewachen und bestrafen würde.

Da ich sehe, wie euch das Ansehen des Pompeius und das entwürdigende Gesetz beeindrucken, will ich hier wiederholen, was ich zu Anfang sagte: dieses Gesetz führt die königliche Gewalt ein, es beseitigt von Grund aus eure Freiheit.
25 Oder urteilt ihr anders? Ein paar Leute haben ihre gierigen Augen auf alle eure Errungenschaften geworfen: müssen sie nicht hauptsächlich bestrebt sein, Cn. Pompeius von jeglicher Hut über eure Freiheit, von jeder Amtsgewalt, Aufsichtsbefugnis und Wahrnehmung eurer Vorteile zu entfernen? Sie haben vorausgesehen und sehen voraus: wenn das Gesetz unbekannt bleibt und euer Leichtsinn und meine Nachlässigkeit zu seiner Annahme führen, dann werdet ihr hernach, sobald ihr den Hinterhalt durchschaut, darauf bedacht sein, bei der Wahl der Zehnmänner alle Mängel und Tücken des Gesetzes durch die schützende Hand des Cn. Pompeius auszugleichen. Und dies soll für euch ein geringer Beweis sein, daß bestimmte Leute nach Herrschaft und unbeschränkter Gewalt streben? Ihr bemerkt doch: dem Manne bleibt die Ehre vorenthalten, der, wie sie sehen, der Hort eurer Freiheit sein würde.

26 Beachtet jetzt, was für eine Machtbefugnis die Zehnmänner erhalten sollen und wie groß sie ist. Zunächst stattet Rullus die Zehnmänner mit einem Kuriengesetz aus[41]. Schon dies ist unerhört und gänzlich neu: ein Kuriengesetz verleiht ein Amt, ohne daß es zuvor durch eine allgemeine Wahl verliehen worden wäre. Dieses Gesetz, schreibt Rullus vor, solle der an erster Stelle gewählte Prätor[42] des römischen Volkes beantragen. Doch mit welcher Maßgabe? Daß die dem Zehnerausschuß angehören sollten, die das Volk bestimmt habe. Da hat er vergessen, daß keines seiner Mitglieder vom Volke bestimmt wird. Und der will durch neue Gesetze den Erd-

kreis knechten, der im dritten Kapitel nicht mehr weiß, was er im zweiten geschrieben hat? Hier aber ist deutlich, welches Recht ihr von den Vorfahren empfangen habt und welches Recht dieser Volkstribun euch übrigläßt. Die Vorfahren wünschten, daß ihr über jedes einzelne Amt zweimal abstimmt. Denn als man ein Zenturiengesetz für die Zensoren[43], als man ein Kuriengesetz für die übrigen patrizischen Ämter einzubringen pflegte, da wurde abermals über dieselben Personen ein Urteil abgegeben, damit die Möglichkeit des Widerrufs bestünde, falls das Volk seinen Gunsterweis bereuen sollte. Jetzt, Quiriten, habt ihr noch die ersten Wahlen, nach 27
Zenturien und Bezirken; die Wahlen nach Kurien sind nur wegen der Vogelschau geblieben. Dieser Volkstribun aber sah, daß niemand ohne Ermächtigung des Gesamtvolkes oder der Plebs eine Amtsgewalt innehaben könne; daher gründete er sie auf eine Wahl nach Kurien, die ihr nicht mehr vornehmt, und beseitigte die Wahl nach Bezirken, die euer Recht war. Während also die Vorfahren wünschten, daß ihr euch in zweifacher Wahl wegen jedes Amtes entscheidet, hat dieser volkstümliche Mann dem Volke nicht einmal die Möglichkeit einer einzigen Wahl übriggelassen.

Doch beachtet die Gewissenhaftigkeit und Sorgfalt dieses 28
Mannes. Er bemerkte und durchschaute, daß die Zehnmänner ohne Kuriengesetz keine Amtsgewalt innehaben können, da sie ja nur durch neun Bezirke ermächtigt seien; er schreibt vor, daß man ihretwegen ein Kuriengesetz beantrage; er erteilt dem Prätor den Auftrag. Wie sinnlos auch das ist, soll mich nicht kümmern. Er schreibt nämlich vor, wer an erster Stelle zum Prätor gewählt worden sei, solle das Kuriengesetz beantragen; wenn der es aber nicht beantragen könne, dann der an letzter Stelle gewählte; es scheint also, daß er mit so wichtigen Dingen sein Spiel getrieben oder ich weiß wirklich nicht was bezweckt hat. Doch dies ist entweder so albern, daß

man lachen muß, oder so hinterhältig, daß man im dunkeln tappt; wir wollen es auf sich beruhen lassen und uns wieder mit der Gewissenhaftigkeit unseres Mannes befassen.

Er bemerkt, daß man ohne Kuriengesetz nichts mit den
29 Zehnmännern ausrichten kann. Was weiter, wenn das Gesetz nicht eingebracht wird? Beachtet seinen Einfall: «Dann sollen die Zehnmänner dieselbe Rechtsstellung haben», erklärt er, «als wären sie durch ein unanfechtbares Gesetz ermächtigt.» Das soll also möglich sein, daß jemand in diesem Staate, der die übrigen Staaten durch seine Freiheitsrechte bei weitem übertrifft, ohne Wahlen eine Befehls- oder Amtsgewalt erlangen kann! Wozu denn im dritten Kapitel die Einbringung eines Kuriengesetzes vorschreiben, wenn das vierte zuläßt, daß die Beamten ohne Kuriengesetz dieselbe Rechtsstellung haben, die sie hätten, wenn sie durch ein unanfechtbares Gesetz vom Volke ermächtigt worden wären? Hier werden Könige eingesetzt, nicht Zehnmänner, Quiriten, und ihre Stellung beruht deshalb auf dieser Bedingung und Grundlage, damit nicht erst, wenn sie ihr Amt auszuüben beginnen, sondern schon, wenn man sie einsetzt, alle eure Rechte, eure Macht und Freiheit zuschanden werden.

30 Doch seht, wie sorgsam er am Recht der tribunizischen Gewalt festhält. Volkstribunen haben oft gegen Konsuln, die ein Kuriengesetz beantragen wollten, Einspruch erhoben. Und doch beschweren wir uns nicht, daß die Volkstribunen hierzu befugt sind; wir halten es nur für unverantwortlich, wenn jemand diese Befugnis mißbraucht. Dieser Volkstribun aber schließt bei einem Kuriengesetz, das ein Prätor beantragen soll, das Einspruchsrecht aus. Und dies muß man einerseits rügen, weil ein Volkstribun die tribunizische Gewalt einschränkt. Andererseits sollte man darüber lachen: ein Konsul, der kein Kuriengesetz hat, darf sich mit keiner Kriegsmaßnahme befassen; Rullus aber verbietet den Einspruch und

bestimmt gleichwohl, daß dem Betroffenen trotz eines Einspruchs dieselbe Amtsgewalt zukommen solle, als wenn das Gesetz in Kraft getreten wäre. Mir ist daher unverständlich, weshalb Rullus den Einspruch verbietet oder warum er glaubt, daß jemand Einspruch erheben könne, da der Einspruch nur die Torheit dessen bekunden würde, der ihn erhebt, ohne doch die Sache zu verhindern.

Es gebe also die Zehnmänner, und sie seien weder durch 31
wirkliche Wahlen, das heißt durch eine Abstimmung des Volkes, eingesetzt noch durch jene schattenhaften, die man wegen der Vogelschau zum Scheine und um einen alten Brauch fortzusetzen mit dreißig Liktoren durchführt. Seht jetzt, mit wie viel mehr Gepränge Rullus die ausstattet, die von euch keinerlei Befugnis empfangen haben, als uns allen zu Gebote steht, denen ihr die weitesten Befugnisse verliehen habt. Er ordnet an, daß den Zehnmännern zum Zwecke der Koloniegründung Vogelschau und Hühnerwärter[44] zustehen sollten, «nach dem gleichen Recht», erklärt er, «wie es das Sempronische Gesetz[45] den Dreimännern verliehen hatte.» Du wagst es gar, Rullus, das Sempronische Gesetz zu erwähnen, und doch erinnert dich dies Gesetz nicht von selbst daran, daß die Dreimänner durch eine Abstimmung der 35 Bezirke gewählt wurden? Und da du von dem Gerechtigkeitssinn und dem Ehrgefühl eines Ti. Gracchus sehr weit entfernt bist, forderst du, daß nach gleichem Recht bestehen solle, was auf ganz ungleichartige Weise zustande gekommen ist? Er 32
verleiht außerdem eine Amtsgewalt, die dem Wortlaut nach prätorisch, in Wahrheit aber königlich ist; er stellt sie als fünfjährig dar und begründet sie auf immer; denn er sichert sie durch solche Machtmittel und Truppen, daß sie den Inhabern auf keine Weise gegen deren Willen entzogen werden kann. Dann stattet er sie mit Hilfsbeamten aus, mit Schreibern, Buchhaltern, Ausrufern, Baumeistern[46], überdies mit

Maultieren, Zelten, Pferdedecken, Gerätschaften; die Kosten schöpft er aus der Staatskasse, erlegt er den Bundesgenossen auf; er sieht zweihundert Feldmesser aus dem Ritterstande vor, das heißt zwanzig Leibwächter für einen jeden der Zehnmänner, zugleich als Diener und als Spießgesellen der Macht.

Bis jetzt habt ihr nur das Gepräge und Bild von Tyrannen, Quiriten; ihr seht die Abzeichen der Macht, noch nicht die Macht selbst. Denn vielleicht wendet jemand ein: «Was tut mir das, ein Schreiber, Büttel, Ausrufer, Hühnerwärter?» Doch alles dies bedeutet so viel, Quiriten, daß jemand, der ohne eure Stimmen darüber verfügt, entweder ein unerträglicher Despot oder eine außer Rand und Band geratene Privat-
33 person sein muß. Seht zu, welche Macht man hier gewähren läßt; ihr werdet sagen: das ist nicht die Verrücktheit von Privatpersonen, sondern die Maßlosigkeit von Despoten. Erstens verleiht man ihnen unbeschränkte Vollmacht, beliebige Geldsummen beizubringen, wofür sie eure Steuerquellen nicht benutzen, sondern veräußern dürfen. Zweitens überantwortet man ihnen den Erdkreis und sämtliche Völkerschaften: sie dürfen richten ohne Beirat, strafen ohne die Möglichkeit der
34 Berufung, ahnden ohne den Rechtsschutz einer Hilfe[47]. Sie können während der fünf Jahre Konsuln oder gar Volkstribunen verurteilen; über sie wird unterdessen niemand zu Gericht sitzen; sie dürfen sich um Ämter bewerben, doch brauchen sie sich nicht zu verantworten; sie können Land kaufen, von wem sie wollen, welches sie wollen und zu welchem Preise sie wollen; man gibt ihnen die Erlaubnis, neue Kolonien anzulegen, alte wiederherzustellen, ganz Italien mit ihren Siedlungen zu bedecken; man erteilt ihnen die schrankenlose Befugnis, alle Provinzen aufzusuchen, freien Völkern Land abzusprechen, Fürstentümer zu verkaufen; man räumt ihnen die Vergünstigung ein, sich, wenn sie wollen, in Rom aufzuhalten, und wenn es ihnen paßt, wo sie wollen mit höchster

Befehls- und Gerichtsgewalt in allen Angelegenheiten umher-
zureisen; unterdessen dürfen sie die Entscheidungen in Staats-
prozessen aufheben, von den Geschworenenbänken entfernen,
wen sie wollen, einzeln die wichtigsten Dinge aburteilen, sie
dem Quästor überlassen, einen Vermessungsbeamten beauf-
tragen, für gültig erklären, was der Vermessungsbeamte dem
einen Auftraggeber angezeigt hat. Mir fehlt die richtige Be- 35
zeichnung, Quiriten, wenn ich diese Macht königlich nenne;
sie ist ja wirklich von umfassenderer Art. Denn niemals gab
es eine Königsgewalt, der nicht, wenn auch keinerlei Recht,
so doch ein bestimmtes Gebiet Schranken gesetzt hätte. Aber
diese hier ist unbegrenzt: sie erstreckt sich laut gesetzlicher
Vollmacht auf alle Fürstentümer und auf euer Reich in seiner
riesigen Ausdehnung, ferner auf Gegenden, die euch teils
nicht botmäßig, teils sogar unbekannt sind.

Man erteilt ihnen also zunächst die Befugnis, all das zu ver-
kaufen, über dessen Verkauf während des Konsulats von M.
Tullius und Cn. Cornelius oder hernach Senatsbeschlüsse er-
gangen sind[48]. Warum lautet dies so dunkel und undurch- 36
sichtig? Wie? Konnte das Gesetz nicht all das, worüber der
Senat beschlossen hat, einzeln aufzählen? Diese Dunkelheit
ist durch zweierlei verursacht, Quiriten: einerseits durch
Scham, wenn es bei einer so beispiellosen Unverschämtheit
noch Scham geben kann, andererseits durch Frevelsinn. Denn
er wagt nicht, das einzeln zu erwähnen, was der Senat zu ver-
kaufen beschlossen hat; es sind nämlich staatliche Grund-
stücke im Stadtgebiet, es sind Heiligtümer, die nach der Wie-
derherstellung der tribunizischen Gewalt[49] niemand mehr an-
gerührt hat, die nach dem Willen der Vorfahren in unserer
Stadt teils als Schmuck, teils als Zuflucht vor Gefahren dienen
sollen. Dies werden die Zehnmänner auf Grund eines tribu-
nizischen Gesetzes verkaufen. Dazu kommt noch der Gaurus-
berg, kommen noch die Weidenpflanzungen bei Minturnae;

man wird beim Verkauf auch die herkulanische Straße hinzutun, die sehr reizvoll ist und viel Geld einbringt[50], und noch anderes in Fülle, was der Senat wegen der Bedrängnis unserer Staatsfinanzen zu verkaufen beschloß, die Konsuln aber wegen
37 der Mißliebigkeit nicht verkauft haben. Doch vielleicht wird dies in dem Gesetz aus Scham verschwiegen. Doch etwas anderes muß man eher annehmen und befürchten: daß die Skrupellosigkeit der Zehnmänner erheblichen Spielraum erhält, öffentliche Urkunden zu fälschen und Senatsbeschlüsse zu erfinden, die nie ergangen sind; von den Konsuln dieser Jahre[51] sind ja viele verstorben. Allerdings ist es wohl unangemessen, über die Skrupellosigkeit derer Vermutungen anzustellen, deren Habgier der Erdkreis zu eng vorkommt.

38 Da habt ihr eine Gruppe verkäuflicher Gegenstände; wie ich feststelle, haltet ihr sie für beträchtlich. Doch achtet auf das folgende; ihr werdet bemerken, daß sie gleichsam nur als Eingangsstufe für das übrige vorgesehen ist. «Welche Ländereien, welche Grundstücke und Gebäude.» Was gibt es noch? Es sind große Werte an Sklaven vorhanden, an Vieh, Gold, Silber, Elfenbein, Kleidung, Gerätschaften und sonstigen Dingen. Was soll ich sagen: Rullus habe geglaubt, man werde ihn anfeinden, wenn er alles aufzähle? Er scheute sich nicht vor Anfeindungen. Was dann? Er hielt es für umständlich und fürchtete, etwas auszulassen; er fügte hinzu «oder was sonst noch» – diese bündigen Worte nehmen, wie ihr seht, keinen Gegenstand aus. Er beauftragt somit die Zehnmänner, den gesamten Staatsbesitz außerhalb Italiens zu verkaufen, den das römische Volk während des Konsulats von L. Sulla und Q. Pompeius oder hernach[52] erworben hat.

39 Ich behaupte, Quiriten, daß dieses Kapitel alle Völker, Stämme, Provinzen und Fürstentümer der Gewalt, Gerichtsbarkeit und Machtvollkommenheit der Zehnmänner überläßt und preisgibt. Zuerst möchte ich dies fragen: gibt es denn

irgendwo ein Stück Gelände, von dem die Zehnmänner nicht
behaupten könnten, es sei Staatsbesitz des römischen Volkes
geworden? Denn wenn, wer den Anspruch erhebt, auch Rich-
ter sein kann, was darf er dann nicht beanspruchen, da er doch
zugleich auch richten darf? Es wird leicht sein, zu behaupten,
daß Pergamon, Smyrna, Tralles, Ephesos, Milet, Kyzikos,
kurz, ganz Asien, soweit es nach dem Konsulat des L. Sulla
und Q. Pompeius zurückgewonnen wurde[53], in das Eigentum
des römischen Volkes gelangt sei; wird es etwa an Worten für 40
eine Behauptung dieser Art fehlen oder sich kein Falschurteil
herbeiführen lassen, da doch derselbe Mann den Anspruch
erhebt und darüber entscheidet? Oder wird er nicht, wenn er
Asien nicht verurteilen will, den Preis für den Schrecken und
die Drohung der Verurteilung so hoch ansetzen, wie es ihm
beliebt? Wie? Das läßt sich doch auf keine Weise mehr be-
streiten, das ist bereits von uns beschlossen und entschieden,
da wir die Erbschaft schon angetreten haben: das Königreich
Bithynien ist zweifellos Staatsbesitz des römischen Volkes
geworden[54]. Was könnte also die Zehnmänner hindern, alle
Landgebiete, Städte, Seen, Häfen, kurz, ganz Bithynien zu
veräußern? Wie? Mytilene ist unbestreitbar, Quiriten, nach
dem Gesetz des Krieges und dem Recht des Sieges euer Eigen
geworden[55], eine Stadt, die sich wegen ihrer natürlichen Lage
und der schönen Anordnung der Gebäude besonderer Be-
rühmtheit erfreut und von anmutigen, fruchtbaren Fluren
umgeben ist: auch sie wird also von demselben Kapitel erfaßt
und einbezogen.

Wie? Daß insgeheim Alexandrien und ganz Ägypten darin 41
steckt, sich dahinter verbirgt, in seiner Gesamtheit unver-
sehens den Zehnmännern ausgeliefert wird? Denn wer von
euch wüßte nicht, daß dieses Reich durch das Testament des
Königs Alexander in den Besitz des römischen Volkes über-
gegangen sein soll[56]? Hier will ich, der Konsul des römischen

Volkes, nicht nur kein Urteil aussprechen, sondern nicht einmal vorbringen, was ich davon halte. Denn die Sache kommt mir zu wichtig vor, darüber zu befinden oder auch nur eine Meinung zu äußern. Ich sehe, wer versichert, daß das Testament zustande gekommen sei; ich weiß, daß ein Senatsgutachten über den Antritt der Erbschaft besteht – aus der Zeit, da wir nach dem Tode Alexanders drei Gesandte nach Tyros schickten, das Geld in Empfang zu nehmen, das Alexander dort
42 hinterlegt hatte. Ich erinnere mich, daß L. Philippus[57] dies oft im Senat bestätigt hat; ich bemerke die fast einhellige Meinung, daß dem jetzigen Herrn dieses Reiches sowohl die Herkunft als auch die Eigenschaften eines Königs abgehen[58]. Auf der anderen Seite verlautet, es gebe gar kein Testament, es dürfe nicht scheinen, daß sich das römische Volk aller Königreiche bemächtigen wolle, unsere Leute würden wegen der Güte des Landes und des allgemeinen Überflusses in diese Gebiete auswandern.

43 Eine so bedeutende Angelegenheit wird P. Rullus mit den übrigen Zehnmännern, seinen Amtsgenossen, entscheiden? Und wie wird er sie entscheiden? Denn beide Möglichkeiten wiegen so schwer, daß man sie durchaus nicht gestatten noch hinnehmen kann. Er wird volkstümlich sein wollen; er wird das Land dem römischen Volke zuerkennen. Folglich wird er auch kraft seines eigenen Gesetzes Alexandrien, wird er Ägypten verkaufen, wird er sich als Richter, Schiedsmann, Gebieter der wohlhabendsten Stadt und der herrlichsten Fluren, kurz, als König des üppigsten Reiches erzeigen. Oder er wird so viel nicht für sich beanspruchen, nicht danach greifen; er wird befinden, daß Alexandrien dem König gehöre, er wird
44 es dem römischen Volke absprechen. Erstens: warum sollen Zehnmänner über eine Erbschaft des römischen Volkes urteilen, während es euer Wille ist, daß Hundertmänner über private Erbschaften zu Gericht sitzen[59]? Zweitens: wer wird

für das römische Volk eintreten? Wo soll diese Sache verhandelt werden? Wer sind die Zehnmänner, von denen wir erwarten können, daß sie dem Ptolemaios die Herrschaft über Alexandrien ohne Entgelt zusprechen? Wenn sie es aber auf Alexandrien abgesehen hatten, warum schlugen sie jetzt nicht denselben Weg ein wie unter dem Konsulat des L. Cotta und L. Torquatus[60]? Warum haben sie dieses Gebiet nicht offen wie zuvor, warum nicht ebenso wie damals beansprucht, ohne Umschweife und unverhohlen? Oder haben sie geglaubt, sie würden, da sie mit dem Wind im Rücken, da sie auf gerader Bahn das Land nicht zu erreichen vermochten, jetzt in undurchsichtigem Dunkel und Dunst nach Alexandrien gelangen?

Und überlegt euch auch folgendes, Quiriten. Unsere Ge- 45
sandten, die sich für private Angelegenheiten eine Gesandtenstelle ohne bestimmten Auftrag verschaffen[61], haben nur geringes Ansehen; trotzdem können sich die auswärtigen Völker nur schwer mit ihnen abfinden. Denn der Name unserer Herrschaft ist eine Last und wird auch bei einer unbedeutenden Person gefürchtet, weil man euren, nicht den eigenen Namen zu mißbrauchen pflegt, sobald man von hier abgereist ist. In welcher Stimmung, welcher Furcht, welcher Gefahr, meint ihr, werden sich die unglücklichen Völker befinden, wenn diese Zehnmänner mit Befehlsgewalt, mit Rutenbündeln, mit der ausgewählten Mannschaft von Feldmessern im
ganzen Erdkreis umherziehen? Die Befehlsgewalt verbreitet 46
Schrecken; sie werden es dulden. Ihr Erscheinen bedeutet Aufwand; sie werden es ertragen. Man verlangt irgendeine Leistung von ihnen; sie werden sich nicht weigern. Doch was für eine Ungeheuerlichkeit ist das, Quiriten: ein Mann des Zehnerausschusses kommt in irgendeine Stadt, erwartet wie ein Gast oder plötzlich wie ein Gebieter, und er erklärt, eben dieser Ort, den er aufgesucht, eben diese gastliche Stätte, zu

der man ihn geleitet hat, sei Staatsbesitz des römischen Volkes! Welch Unglück aber für die Bewohner, wenn er das erklärt, welche Einnahme für ihn selbst, wenn nicht! Und dieselben, die hiernach streben, pflegen sich nicht selten darüber zu beschweren, daß man Cn. Pompeius alle Länder und alle Meere überantwortet habe[62]. Freilich ist es ja wohl vergleichbar, ob man vieles anvertraut oder alles preisgibt, ob jemand für einen mühevollen Auftrag oder für gewinnreiche Beute ausersehen ist, ob er entsandt wird, die Bundesgenossen zu befreien oder zu unterdrücken! Schließlich, wenn es um eine Ehrenstelle besonderer Art geht, macht es dann nichts aus, ob das römische Volk sie dem Manne seiner Wahl überträgt oder ob sie dem römischen Volk durch ein trügerisches Gesetz schamlos abgelistet wird?

47 Ihr habt erkannt, was und wieviel die Zehnmänner auf Grund der Vollmacht des Gesetzes verkaufen dürfen. Das ist noch nicht genug. Wenn sie sich mit dem Blut der Bundesgenossen, der auswärtigen Völker, der Könige gemästet haben, dann sollen sie die Sehnen des römischen Volkes zerschneiden, Hand an eure Steuereinnahmen legen, über die Staatskasse herfallen. Denn es folgt ein Kapitel, worin Rullus nicht etwa eine Erlaubnis erteilt, falls es etwa noch an Geld fehlen sollte (mit den zuvor genannten Posten läßt sich ein so hoher Betrag erzielen, daß es daran nicht fehlen darf) – vielmehr gebietet er rundheraus und mit zwingender Kraft, so als ob euer Heil davon abhinge, daß die Zehnmänner eure Steuereinkünfte Stück für Stück verkaufen sollen, Quiriten.
48 Lies mir aus dem Gesetzestext der Reihe nach diese Versteigerung des römischen Staates vor; beim Herkules, ich möchte meinen, daß diese Bekanntmachung auch unseren Ausrufer hier mit Trauer und Bitterkeit erfüllt. – (DIE VERSTEIGERUNG.) – Wie bei seinem eigenen Besitz, so ist er auch bei dem des Staates ein üppiger Verschwender: er verkauft eher die

Wälder als die Weinberge! Du hast Italien durchmustert; wende dich Sizilien zu. Es gibt nichts in dieser Provinz, was unsere Vorfahren uns in den Städten oder auf dem Lande zu eigen hinterlassen haben und was er nicht zu verkaufen befiehlt. Was die Vorfahren euch als frische Frucht des Sieges in 49
den Städten und Gebieten der Bundesgenossen vermachten, ein Band des Friedens und zugleich ein Andenken an den Krieg, das, was ihr von ihnen empfangen habt, das werdet ihr auf das Geheiß des Rullus verkaufen?

Hier bereite ich euch, denke ich, einige Unruhe, Quiriten, während ich euch eröffne, welch tief versteckte Falle diese Leute der Ehrenstellung des Cn. Pompeius gestellt zu haben glauben. Und verzeiht mir bitte, wenn ich einen solchen Mann des öfteren erwähne. Ihr habt mir vor drei Jahren, als ich Prätor war, Quiriten, hier an derselben Stelle die Rolle zugewiesen, ich solle nichts unversucht lassen, während seiner Abwesenheit gemeinsam mit euch seine Würde zu schützen[63]. Ich habe bisher getan, was ich konnte, ohne daß mich hierbei die Freundschaft mit ihm oder die Hoffnung auf das Amt und die höchste Rangstufe bestimmt hätte – die habe ich ja durch euch erlangt, und wenn auch mit seiner Zustimmung, so doch während seiner Abwesenheit. Deshalb will ich, da ich 50
bemerke, daß fast das ganze Gesetz einer Maschine gleich darauf abzweckt, seine Macht zu vernichten, den Anschlägen dieser Leute Widerstand leisten, und wahrhaftig, ich will erreichen, daß ihr alle das, was ich sehe, nicht nur sehen, sondern auch mit Händen greifen könnt.

Rullus befiehlt zu verkaufen, was den Attalensern, was den Phaseliten, was den Olympenern gehört habe, ferner die apensische und die oroandische und die gedusanische Mark. Diese Gebiete wurden durch den Oberbefehl und Sieg des P. Servilius, eines ausgezeichneten Mannes, euer Eigen[64]. Er fügt die königlichen Güter in Bithynien hinzu, deren Nutzung

jetzt Staatspächter innehaben, ferner die attalischen Güter auf der Chersones[65] und in Makedonien das, was den Königen Philipp oder Perseus gehört hat[66]; diese Ländereien sind ebenfalls von den Zensoren verpachtet und werfen eine sehr siche-
51 re Rente ab. Auf dieselbe Versteigerungsliste setzt er noch die üppigen und fruchtbaren Güter von Korinth sowie die kyrenensischen, die Apion gehört haben; ferner möchte er Land verkaufen, das in Spanien bei Neukarthago liegt, und in Afrika das alte Karthago selbst[67]; allerdings hat P. Africanus es ja nicht wegen der Heiligkeit der alten Stätte nach dem Gutachten seiner Berater den Göttern geweiht, noch sollte gerade der Wohnsitz derer, die mit unserer Stadt um die Weltherrschaft kämpften, die Spuren des Untergangs vor Augen führen; vielmehr war Africanus nicht so umsichtig wie Rullus, oder vielleicht konnte er für dieses Gebiet keinen Käufer finden.

Doch unter diese Ländereien, die in vergangenen Kriegen durch die Tüchtigkeit unserer größten Feldherren gewonnen wurden, mischt er noch die königlichen Güter des Mithridates, die in Paphlagonien, die in Pontos, die in Kappadokien
52 lagen: die Zehnmänner sollen sie verkaufen. Wirklich, steht es so? Noch sind keine Gesetze erlassen, noch hat man die Worte des Feldherrn nicht gehört, noch ist vollends der Krieg nicht beendet; zwar hat König Mithridates sein Heer verloren, und er ist aus seinem Reiche vertrieben, doch auch jetzt noch führt er in den entferntesten Gegenden etwas im Schilde, und er schützt sich vor dem unüberwindlichen Arm des Cn. Pompeius durch die Mäotis und die dortigen Sümpfe und die engen Pässe und die hohen Berge; der Oberbefehlshaber steht im Felde, und in den Gegenden dort hat der Kriegszustand auch jetzt noch nicht aufgehört: da werden die Zehnmänner die Ländereien verkaufen, die nach dem Brauch der Vorfahren noch stets völlig dem Ermessen und der Verfügungsgewalt des Cn. Pompeius unterstehen müssen[68]?

Und P. Rullus, möchte ich meinen (er führt sich ja gerade so auf, als glaubte er, bereits in den Zehnerausschuß gewählt zu sein), wird sich vor allem zu dieser Versteigerung einfinden! Gewiß wird er, bevor er nach Pontos kommt, dem Cn. Pompeius einen Brief senden; ich vermute, die Leute haben den Entwurf schon abgefaßt: «P. Servilius Rullus, Volkstribun und Mitglied des Zehnerausschusses, grüßt Cn. Pompeius, den Sohn des Gnaeus.» Ich glaube nicht, daß er «den Großen[69]» hinzufügen wird; denn es sieht nicht so aus, als wolle er in Worten zugestehen, was er durch sein Gesetz zu verkleinern trachtet. «Ich ersuche dich, Sorge zu tragen, daß du mir in Sinope[70] zur Hand bist und Hilfskräfte bereitstellst, während ich auf Grund meines Gesetzes die Ländereien verkaufe, die du durch deine Bemühungen erworben hast.» Oder wird er Pompeius nicht hinzuziehen? Wird er die Beute des Feldherrn in dessen eigener Provinz verkaufen? Stellt euch vor, wie Rullus in Pontos zwischen unserem und dem feindlichen Lager den Stab aufpflanzt und gemeinsam mit seinen schmucken Vermessungsgehilfen zum Bieten auffordert[71]! 53

Hierin liegt nicht nur eine Herabsetzung, und die ist schon ganz unerhört und neuartig: daß man überhaupt einen Kriegsertrag nicht verkauft, sondern auch nur öffentlich ausbietet, während noch keine Provinzgesetze erlassen sind und der Oberbefehlshaber noch die Kriegshandlungen leitet. Die Leute haben es gewiß auf mehr abgesehen als auf eine Herabsetzung; wenn es den Feinden des Cn. Pompeius erlaubt sei, mit Befehlsgewalt, mit der Gerichtsbarkeit über alle Angelegenheiten, mit unbegrenzten Befugnissen, mit einer unermeßlichen Summe Geldes jene Gebiete zu bereisen und sogar sein Heer aufzusuchen, dann, rechnen sie, werde man ihm eine Falle stellen, werde man sein Heer, seine Mittel, seinen Ruhm etwas beschneiden können. Sie glauben, wenn das Heer von Cn. Pompeius Ackerland oder andere Vorteile erwarte, so 54

werde es diese Hoffnung aufgeben, sobald es bemerke, daß
die Verfügungsgewalt über alle diese Dinge auf die Zehnmän-
55 ner übergegangen ist. Ich nehme es nicht übel, daß sie so
töricht sind, hierauf zu rechnen, so unverschämt, dies ins
Werk zu setzen; doch darüber beschwere ich mich: sie haben
mich so gering eingeschätzt, daß sie für diese Ungeheuerlich-
keiten gerade mein Konsulat ausersahen.

Und beim Verkauf aller dieser Grundstücke und Gebäude
ist es den Zehnmännern gestattet, «an beliebigen Orten» zu
verkaufen. Welche Verwirrung der Vernunft, welch hem-
mungslose Willkür, was für freche und verwerfliche Anschlä-
ge! Die Steuern dürfen nur in dieser Stadt, an dieser Stelle,
hier vor eurem Andrang verpachtet werden. Da soll es erlaubt
sein, daß man unser Eigentum in den Schlupfwinkeln Paphla-
goniens und in der Einsamkeit Kappadokiens verkauft und
56 auf immer unserer Verfügung entzieht? Als L. Sulla in seiner
unheilvollen Versteigerung das Hab und Gut nicht verurteil-
ter Bürger[72] verkaufte und erklärte, er verkaufe seine Beute,
da hat er gleichwohl an dieser Stelle verkauft und nicht ge-
wagt, sich dem Anblick eben derer zu entziehen, deren Augen
er beleidigte; doch die Zehnmänner werden eure Steuerein-
künfte verkaufen, ohne daß ihr, Quiriten, zusehen könnt oder
auch nur ein öffentlicher Ausrufer Zeuge ist?

Es folgen die Worte «alles Land außerhalb Italiens», ohne
zeitliche Beschränkung, nicht, wie vorher, vom Konsulat des
Sulla und Pompeius an. Die Zehnmänner entscheiden, ob ein
Grundstück privat oder staatlich sei, und dem staatlichen
57 Grund wird eine sehr hohe Steuer auferlegt. Wer sieht nicht,
was das für eine Entscheidung ist, wie unerträglich, wie tyran-
nisch: daß sie, wo sie wollen, ohne Verhandlung, ohne Beirat
privaten Grund verstaatlichen, staatlichen Grund für abga-
benfrei erklären können? Dieses Kapitel nimmt die recento-
rische Mark auf Sizilien aus; ich selbst freue mich über diese

Ausnahme sehr, Quiriten, wegen meiner guten Beziehungen zu den Einwohnern und um der Gerechtigkeit willen[73]. Doch was ist das für eine Unverschämtheit! Die Besitzer der recentorischen Mark stützen sich auf das Alter ihres Besitzes, nicht auf einen Rechtsanspruch, auf das Entgegenkommen des Senates, nicht auf die gesetzlichen Merkmale des Landes. Denn sie geben zu, daß dieses Land dem Staate gehört; sie bestreiten jedoch, daß man sie aus ihren Besitzungen, ihrer alteingestammten Heimat, und von Haus und Hof vertreiben dürfe. Und wenn die recentorische Mark Privateigentum ist, weshalb nimmt man sie dann aus? Wenn sie hingegen dem Staate gehört, was ist das für eine Gerechtigkeit! Bei den übrigen Landgebieten gestattet man, sie für staatlich zu erklären, auch wenn sie Privateigentum sind, dieses aber nimmt man namentlich aus, obwohl zugegeben wird, daß es staatlich sei! Man nimmt also deren Land aus, die aus irgendeinem Grunde auf Rullus Einfluß nehmen konnten, doch alle übrigen Gebiete, wo immer sie liegen, sollen ohne jeden Unterschied, ohne Kenntnis des römischen Volkes, ohne den Beschluß des Senates den Zehnmännern überantwortet werden?

Und das vorausgehende Kapitel, worin alles zum Verkauf 58
ausgeboten wird, enthält noch eine andere gewinnbringende Ausnahme; sie schützt die Besitzungen, die durch einen Bündnisvertrag zugesichert sind. Ihm kam zu Ohren, daß diese Angelegenheit zwar nicht von mir, aber von anderen oft im Senat, bisweilen an dieser Stelle erörtert worden ist: König Hiempsal besitze an der Seeküste Ländereien, die P. Africanus dem römischen Volk zugesprochen habe; gleichwohl habe später der Konsul C. Cotta dem König in einem Bündnisvertrage Zusicherungen gemacht. Weil ihr diesen Vertrag nicht bestätigt habt, fürchtet Hiempsal, daß er ihm keine hinlängliche Gewähr und Sicherheit biete[74]. Wie dem auch sei, man setzt sich über eure Entscheidung hinweg; der ganze Vertrag

wird gutgeheißen und gebilligt. Daß Rullus den Verkauf der Zehnmänner einschränkt, lobe ich; daß er für einen befreundeten König sorgt, tadle ich nicht; daß dies nicht unentgelt-
59 lich geschieht, gebe ich hiermit bekannt. Denn vor den Augen dieser Leute tummelt sich Iuba, des Königs Sohn, ein junger Mann, der nicht weniger gut mit Kleingeld versehen ist als mit Haaren.

Man möchte glauben, daß es kaum einen Platz mehr gibt, der solche Haufen Geldes zu fassen vermag; Rullus mehrt, steigert, vervielfacht. «Das Gold, das Silber, das ein jeder aus der Beute, aus den Kriegserträgnissen, aus der Ehrenabgabe erlangt hat und das nicht an die Staatskasse abgeführt noch für ein öffentliches Bauwerk verwendet worden ist», das soll man, verordnet Rullus, den Zehnmännern anzeigen und bei ihnen abliefern. Wie ihr seht, überträgt dieses Kapitel dem Zehnerausschuß die Prüfung der erlauchten Männer, die die Kriege des römischen Volkes geführt haben, und die Entscheidung über Erpressungen[75]. Der Ausschuß jedoch wird gewiß nicht entscheiden, wie hoch die einstigen Kriegseinnahmen eines jeden waren, was abgeliefert, was rückständig ist[76]. In Zukunft aber gilt für eure Oberbefehlshaber folgende Vorschrift: wer die Provinz verläßt, der solle demselben Zehnerausschuß anzeigen, wieviel er an Beute, Kriegserträgnissen und Ehrengold besitzt.

60 Doch hier nimmt der treffliche Mann den aus, den er hochschätzt: Cn. Pompeius. Woher diese Hochschätzung, so unvermutet und so unvermittelt? Man versagt ihm fast namentlich die Würde des Zehnmänneramtes, man hebt seine Gerichtsbarkeit und Gesetzgebungsbefugnis sowie die Entscheidung über die Gebiete auf, die seine Tüchtigkeit errungen hat; man entsendet nicht in seine Provinz, sondern unmittelbar in sein Heerlager die Zehnmänner, die mit Befehlsgewalt, unbegrenzten Geldmitteln, größten Befugnissen und der Gerichtsbar-

keit über alle Angelegenheiten versehen sind; man entreißt ihm allein das Recht der Befehlsgewalt, das man bei allen Oberbefehlshabern stets beachtet hat, und dann nimmt man ihn als einzigen aus und befreit ihn von der Pflicht, die Kriegserträgnisse abzuliefern? Wie stellt sich dieses Kapitel denn dar: soll es dem Manne Ehre erweisen oder Mißgunst verschaffen?

Doch Cn. Pompeius erläßt dem Rullus diese Gunst; er 61
macht von der Wohltat des Gesetzes, von der Großzügigkeit der Zehnmänner keinen Gebrauch. Denn wenn es recht ist, daß die Feldherren ihre Beute und ihre Kriegseinnahmen nicht für Gebäude der unsterblichen Götter noch zum Schmucke der Stadt verwenden, sondern bei den Zehnmännern wie bei ihren Gebietern abliefern, dann verlangt Pompeius keine Vergünstigung für sich, keine; er will dem allgemeinen Recht unterstehen und demselben, das auch für die anderen gilt. Doch wenn es unrecht, wenn es schändlich, wenn es unerträglich ist, Quiriten, daß die Zehnmänner als Einziehungsbehörde für alle Geldmittel aller niedergesetzt werden und sie nicht nur Könige und Angehörige auswärtiger Völker, sondern auch eure Feldherren prüfen sollen, dann, scheint mir, nimmt man Pompeius nicht ehrenhalber aus; man befürchtet vielmehr, daß er die Schande nicht ebenso, wie die anderen,
hinzunehmen vermöge. Pompeius aber ist einerseits so ge- 62
sonnen, daß er hinnehmen zu müssen glaubt, was ihr gutheißt; andererseits wird er gewiß durchsetzen, daß man euch nicht länger nötigt, wider euren Willen hinzunehmen, was ihr nicht hinnehmen könnt. Rullus indessen ordnet an, das Geld, das nach unserem Konsulat durch neue Steuern aufgebracht werde, solle den Zehnmännern zur Verfügung stehen. Er sieht nun aber, daß an neuen Steuern nur die in Betracht kommen, die Pompeius erschlossen hat. So erläßt er ihm zwar die Kriegseinnahmen, glaubt jedoch, sich die Steuern aneignen zu sollen, die Pompeius durch seine Tüchtigkeit beschafft hat.

Mögen die Zehnmänner so viel Geld beschlagnahmen, Quiriten, als es in der Welt gibt, mag nichts verschont bleiben, mögen alle Städte, Landgebiete, selbst Königreiche, schließlich auch eure Besteuerungsrechte zu Verkauf stehen und zum Überfluß noch die Kriegseinnahmen eurer Feldherren hinzukommen; ihr seht, wie große und was für ungeheure Reichtümer die Zehnmänner durch so umfangreiche Versteigerungen, so viele Entscheidungen, so unbegrenzte Befugnisse
63 in allen Angelegenheiten erlangen. Nehmt jetzt weitere unermeßliche und unerträgliche Erwerbsquellen zur Kenntnis; ihr könnt daraus ersehen, daß man sich die volkstümliche Bezeichnung «Siedlergesetz» nur für die rücksichtslose Habgier bestimmter Leute beigelegt hat.

Rullus schreibt vor, man solle mit diesem Geld Land kaufen, auf dem man euch ansiedeln kann. Ich pflege Leute nicht zu ihrem Nachteile namentlich anzuführen, Quiriten, es sei denn, man hätte mich herausgefordert. Ich wünschte, ich könnte, ohne beleidigend zu werden, die nennen, die auf die Mitgliedschaft im Zehnerausschuß hoffen; ihr würdet sofort sehen, was für Leuten ihr eine allgemeine Vollmacht, zu verkaufen
64 und zu kaufen, einräumt. Doch was ich, wie ich glaube, noch nicht sagen darf, das könnt ihr euch trotzdem selber denken; doch dies eine, möchte ich meinen, kann ich gewiß mit größtem Recht behaupten: einst standen unserem Staat Männer wie Luscinus, Calatinus, Acidinus zur Verfügung, die sich nicht nur durch Gunsterweise des Volkes und Leistungen, sondern auch durch die Zufriedenheit mit ihrer Armut auszeichneten, und einst gab es Männer wie Cato, Philus, Laelius, deren Klugheit und Mäßigung ihr bei staatlichen und privaten, bei auswärtigen und einheimischen Angelegenheiten erkannt hattet[77]; trotzdem hat man damals niemandem so etwas anvertraut: daß ein und derselbe Mann Richter sein und verkaufen dürfe, und dies für fünf Jahre im gesamten Erd-

kreis, und daß derselbe Mann die abgabepflichtigen Landgebiete des römischen Volkes veräußern und, sobald er sich selbst ohne Zeugen und nach eigenem Belieben eine so große Summe Geldes verschafft habe, dann erst kaufen solle, von wem er wolle und was ihm gut dünke. Vertraut jetzt alles 65
dies den Leuten an, Quiriten, von denen ihr vermutet, daß sie auf den Zehnerausschuß erpicht sind; ihr werdet feststellen, daß ihnen teils kein Besitz, teils kein Aufwand groß genug dünkt.

An dieser Stelle möchte ich jetzt nicht einmal das erörtern, was ganz und gar auf der Hand liegt, Quiriten; daß uns die Vorfahren nicht die Gewohnheit hinterlassen haben, von Privatleuten Land zu kaufen, um dort von Staats wegen Bürger anzusiedeln; daß allen Gesetzen zufolge Privatleute von Staatsland entfernt worden sind. Ich muß sagen, daß ich etwas Derartiges von unserem ungehobelten und trotzigen Volkstribun erwartet habe; doch diesen äußerst profitlichen und schändlichen Handel durch Kauf und Verkauf hielt ich stets für unverträglich mit der Tätigkeit eines Tribunen, für unverträglich mit der Würde des römischen Volkes.

Rullus befiehlt, Land zu kaufen. Ich frage zuerst: welches 66
Land und in welchen Gegenden? Ich wünsche nicht, daß das römische Volk schwankend und unsicher in trüber Hoffnung und dumpfer Erwartung schwebt. Es gibt die Mark von Alba, Setia, Privernum, Fundi, Vescia, die falernische, liternische, cumanische, nucerische. Das ließe sich hören. Von einem anderen Tor aus erreicht man die capenatische, faliskische, sabinische, reatinische Mark, wieder von einem anderen aus die venafranische, allifanische, trebulanische[78]. Du hast so viel Geld, daß du alle diese Landgebiete und weitere, ihnen ähnliche, nicht nur kaufen, sondern sogar aufhäufen könntest; warum bestimmst und nennst du sie nicht, damit das römische Volk wenigstens abwägen kann, was ihm die Sache ein-

bringt, wozu sie dient, wie viel es dir seiner Meinung nach beim Kauf und Verkauf anvertrauen soll? «Ich bestimme ja das Gebiet», erklärt Rullus, «Italien.» Die Gegend steht also hinlänglich fest. Denn was macht es schon aus, ob man euch am Fuße des Massicus oder im Silawalde[79] ansiedelt?

67 Gut, du bestimmst den Ort nicht. Wie – etwa die Beschaffenheit des Landes? «Ja», sagt Rullus, «Land, das man pflügen oder bebauen kann.» «Das man pflügen oder bebauen kann», sagt er, und nicht: das gepflügt oder bebaut worden ist. Ist dies ein Gesetz oder die Anzeige der veratianischen Versteigerung? Dort, heißt es, stand geschrieben: «200 Morgen, in denen man Ölbaumgärten einrichten, 300 Morgen, wo man Rebpflanzungen anlegen kann.» Das wirst du für diese Unsumme Geldes kaufen, was man pflügen oder bebauen kann? Welcher Boden ist so kümmerlich und mager, daß man ihn nicht mit dem Pfluge anritzen kann, oder welche Felsengegend so rauh, daß die Wartung der Bauern nicht Mühe darauf wendet? «Ich kann die Grundstücke deshalb nicht nennen», erklärt er, «weil ich keines gegen den Willen des Besitzers anrühren will.» Dies ist viel einträglicher, Quiriten, als wenn er es einem Widerstrebenden abnähme; man wird nämlich von eurem Gelde eine Gewinnrechnung aufmachen, und das Land wird man erst dann kaufen, wenn derselbe Handel dem Käufer und dem Verkäufer Vorteil bringt.

68 Doch beachtet auch die Folgen des Siedlergesetzes. Nicht einmal die Besitzer von Staatsland werden von ihrem Besitze weichen, wenn man sie nicht zu günstigen Bedingungen und für einen sehr hohen Preis zur Abgabe veranlaßt. Verkehrte Welt! Wenn früher ein Volkstribun von einem Siedlergesetze sprach, dann erschrak sofort, wer Staatsland oder wer mißfällige Besitzungen innehatte; dies Gesetz verschafft derlei Leuten Wohlstand und befreit sie von dem Mißfallen. Denn was glaubt ihr, Quiriten, wie viele ihre ausgedehnten Besit-

zungen nicht unterhalten, wie viele das Mißfallen, das die sullanischen Güter verursachen, nicht ertragen können, wie viele zu verkaufen wünschen, keinen Käufer finden, ja sich dieses Landes sogar auf jede beliebige Weise entledigen möchten? Vor kurzem noch zitterten sie Tag und Nacht vor dem Amt des Tribunen, fürchteten sie sich vor eurer Macht, erschraken sie, wenn von einem Siedlergesetz die Rede war, und die will man jetzt ohne Not sogar auffordern und bitten, sie möchten ihr Land, das teils staatlich, teils dem Mißfallen ausgesetzt und mit Risiken belastet ist, zu dem von ihnen gewünschten Preise den Zehnmännern übergeben.

Und dieses Lied singt unser Volkstribun nicht euch, sondern allein sich selber vor[80]. Er hat einen Schwiegervater[81]; 69
der ist ein grundanständiger Mann, der in jenen finsteren Zeiten unseres Staates so viel Land in Besitz genommen hat, wie er sich nur wünschte. Diesem Manne, der schon am Boden liegt und vom Gewicht der sullanischen Last erdrückt wird, will Rullus mit seinem Gesetz zu Hilfe kommen: ihm soll erlaubt sein, den Anfeindungen zu entgehen und Geld dafür einzustecken. Und da tragt ihr keine Bedenken, eure Steuereinnahmen zu verkaufen, die eure Vorfahren mit sehr viel Blut und Schweiß erworben haben – damit ihr die sullanischen Besitzer mit Reichtümern mästet und von der Bedrohung befreit?

Denn auf diesen Kauf durch die Zehnmänner warten zwei 70
Sorten von Landgütern, Quiriten. Die eine wird von den Besitzern wegen der Anfeindungen, die andere wegen des verödeten Zustandes verlassen. Das sullanische Land, von bestimmten Leuten zu riesigen Flächen ausgedehnt, hat solchen Haß hervorgerufen, daß es kein einziges Fauchen eines echten und entschlossenen Volkstribunen auszuhalten vermag. Dieses ganze Land mag noch so billig erworben sein; man wird es uns trotzdem für ungeheure Summen verschaffen. Die an-

dere Sorte von Landgütern ist wegen ihrer Unfruchtbarkeit verwildert, wegen der ungesunden Lage wüst und verlassen; man wird sie Leuten abkaufen, denen klar ist, daß sie sie aufgeben müssen, wenn kein Verkauf zustande kommt. Und gewiß, das hat dieser Volkstribun gemeint, als er im Senat erklärte, das Stadtvolk sei im Staate allzu mächtig; man müsse es abschöpfen. Diesen Ausdruck hat er nämlich gebraucht, als ob er von irgendwelchem Schiffswasser und nicht von einer Schicht ehrenwerter Bürger redete.

71 Doch ihr, Quiriten, wenn ihr auf mich hören wollt, haltet fest an dem, was ihr habt: an dem Einfluß, der Freiheit, dem Stimmrecht, der Geltung, an der Stadt, dem Forum, den Spielen, den Festtagen und all den übrigen Vorteilen, es sei denn, ihr wollt diese Dinge und den Glanz unseres Gemeinwesens preisgeben und euch unter der Führung des Rullus in der sipontinischen Dürre oder der verderblichen Stickluft des Salpinergebietes ansiedeln lassen[82]. Oder er soll sagen, welches Land er kaufen will; er soll zeigen, was er wem zu geben gedenkt. Doch daß er, wenn er alle Städte, Landgebiete, Steuern, Fürstentümer veräußert hat, dann irgendeine Sandwüste oder Sümpfe einkauft, könnt ihr das, frage ich, gestatten? Gleichwohl, etwas anderes ist hervorragend: nach diesem Gesetz wird alles veräußert, werden Geldsummen zusammengebracht und gehortet, ehe man auch nur eine Scholle einkauft. Dann,
72 heißt es, solle man kaufen, aber nicht mit Zwang. Ich frage: wenn sich niemand findet, der verkaufen möchte, was geschieht dann mit dem Geld? Das Gesetz verbietet die Ablieferung an die Staatskasse, es unterbindet die Rückzahlung. Also werden die Zehnmänner das ganze Geld behalten, und euch wird man kein Land kaufen; man veräußert die Steuern, sucht die Bundesgenossen heim, plündert die Könige und alle Völker aus, und sie werden das Geld, doch ihr kein Land haben. »Man wird die Besitzer durch die Höhe des Preises leicht

dazu bringen», wendet Rullus ein, «daß sie bereit sind zu verkaufen.» Also läuft das Gesetz darauf hinaus, daß wir unser Gut verkaufen, so teuer wir können, und fremdes Gut einkaufen, so teuer die Besitzer wollen.

Und in den Gebieten, die man nach diesem Gesetz erworben 73
hat, sollen die Zehnmänner Kolonien anlegen; so befiehlt Rullus. Wie? Hat jeder Ort die Eigenschaften, daß es für das Staatswohl gleichgültig ist, ob man dort eine Kolonie anlegt oder nicht, oder gibt es Orte, die eine Kolonie erfordern, und andere, die ihr gänzlich widerstreben? Es ist der Mühe wert, bei dieser Frage ebenso wie in den anderen Bereichen der Staatsverwaltung über die Umsicht unserer Vorfahren nachzudenken; sie haben die Kolonien an geeigneten Stellen gegen mutmaßliche Gefahren errichtet, so daß sie offenbar nicht einfach Städte Italiens, sondern Bollwerke des Reiches waren. Die Zehnmänner werden Kolonien in den Gebieten anlegen, die sie gekauft haben – auch wenn es für den Staat von Nachteil ist?

«Und dort, wo man es außerdem für richtig befindet.» Was 74
hindert sie also, auf dem Ianiculum eine Kolonie anzulegen und zu unseren Häupten und in unserem Nacken ihre Bastion zu errichten[83]? Du läßt offen, wie viele Kolonien, an welchen Orten, mit wie vielen Siedlern du anlegen willst, du besetzest die Stelle, die dir für deine Zwangsherrschaft geeignet scheint, füllst sie mit einer Mannschaft, sicherst sie mit einer beliebig großen Besatzung, hältst mit den Steuern und allen Machtmitteln des römischen Volkes das römische Volk selbst im Zaume, unterdrückst es, bringst es in die Botmäßigkeit und Gewalt der Zehnmänner?

Nehmt bitte zur Kenntnis, Quiriten, wie er sogar ganz Ita- 75
lien mit seinen Schutztruppen zu besetzen und einzunehmen beabsichtigt. Er gestattet den Zehnmännern, in allen Landstädten, in allen Kolonien ganz Italiens wen sie wollen als

Siedler ansässig zu machen, und befiehlt, diesen Siedlern Land zu geben. Ist nicht deutlich, daß man sich größere Machtmittel, als eure Freiheit vertragen kann, und größere Schutztruppen zu verschaffen sucht; ist nicht deutlich, daß man eine Tyrannei errichtet; ist nicht deutlich, daß man eure Freiheit beseitigt? Denn wenn dieselben Männer über alles Geld und eine sehr starke Mannschaft gebieten, dieselben ganz Italien mit ihrer Macht beherrschen, dieselben mit ihren Besatzungen und Kolonien eure Freiheit unter Schloß und Riegel halten, welche Hoffnung bleibt dann noch, welche Aussicht, daß ihr eure Freiheit wiedererlangt?

76 Allerdings, diesem Gesetz zufolge wird man die kampanische Mark aufteilen, die schönste auf Erden, und in Capua eine Kolonie anlegen, in der bedeutendsten und ansehnlichsten Stadt. Was können wir hierzu sagen? Ich will zuerst von eurem Vorteil reden, Quiriten, und mich sodann dem Gesichtspunkt des Glanzes und Ansehens zuwenden; wenn sich jemand über die Vorzüge des Landes oder der Stadt freut, so soll er nichts erwarten, wenn jemanden die Unwürdigkeit der Sache empört, so soll er sich dem Truggeschenk widersetzen. Und vor anderem will ich von der Stadt sprechen, falls etwa jemandem Capua besser gefällt als Rom. Rullus befiehlt, 5000 Siedler für Capua einzuschreiben; für diese Anzahl sucht sich
77 jedes Mitglied 500 Leute aus. Ich bitte euch, versucht nicht, euch selbst zu beschwichtigen; seht euch die Sache ernstlich und sorgfältig an. Glaubt ihr etwa, für euch und euresgleichen, für anständige, ruhige und friedliche Leute, werde sich in dieser Zahl ein Platz finden? Wenn sich einer findet, für euch alle oder für den größeren Teil von euch, dann mag das von euch verliehene Amt mir gebieten, Tag und Nacht zu wachen und mit scharfem Auge auf alle Bereiche des Staates achtzugeben; ich will trotzdem, wenn euer Vorteil es so verlangt, ein wenig Nachsicht üben. Doch wenn man 5000 Leute für Gewalt, Fre-

vel und Mord bereitstellt und für sie ein Gebiet und eine Stadt sucht, von wo aus sich ein Krieg führen und ausrüsten läßt, wollt ihr dann trotzdem zulassen, daß man in eurem Namen gegen euch Machtmittel sammelt, Schutztruppen bewaffnet, Städte, Landbezirke und Truppen beibringt? Denn die kam- 78
panische Mark, die sie euch verheißen, beanspruchen sie für sich selbst; sie werden ihre Leute hinbringen, durch die sie das Land selbst besitzen und nutzen können; außerdem werden sie aufkaufen, werden sie aus den Zehn-Morgen-Grundstücken einen zusammenhängenden Besitz machen. Denn sie mögen zwar erklären, das sei nach dem Gesetze nicht erlaubt; es ist nicht einmal nach dem Cornelischen Gesetz erlaubt; wir sehen indes (um Entfernteres nicht zu erwähnen), daß sich die pränestinische Mark im Besitz weniger befindet[84]. Und zu ihrem Gelde fehlt ihnen, wie ich bemerke, nur eines: Grundstücke, die geeignet sind, durch ihren Ertrag die Dienerscharen und den Aufwand der cumanischen und puteolanischen Landsitze zu unterhalten[85]. Wenn Rullus auf euren Vorteil bedacht ist, dann mag er kommen und gemeinsam mit mir die Verteilung der kampanischen Mark erörtern.

Ich habe ihn am 1. Januar gefragt, an was für Leute und auf 79
welche Weise er die Mark verteilen wolle. Er antwortete, er werde mit dem romilischen Bezirk beginnen. Erstens: was ist das für eine Anmaßung und Kränkung, einen Teil des Volkes auszuschließen, sich über die Reihenfolge der Bezirke hinwegzusetzen, eher den ländlichen Bezirken, die schon versehen sind, Grundbesitz zu gewähren, als den städtischen, denen man doch die erfreuliche Aussicht auf Land vor Augen stellt? Oder, wenn er leugnet, so etwas geäußert zu haben, und euch alle zufriedenstellen will, dann gebe er seinen Plan bekannt; er teile das Gebiet in Stücke von je zehn Morgen; er schlage eure Namen an, vom suburanischen bis zum arniensischen Bezirk[86]. Wenn ihr merkt, daß man euch keine zehn Morgen

geben, ja eine solche Zahl von Menschen in der kampanischen Mark nicht einmal gedrängt aufstellen kann, wollt ihr dann noch länger den Staat der Plünderung, die Hoheit des römischen Volkes der Verachtung, euch selber dem Spott des Volkstribunen aussetzen?

80 Wenn ihr dieses Land bekommen könntet, würdet ihr es nicht trotzdem lieber in eurem Vermögen behalten? Wollt ihr den schönsten Besitz des römischen Volkes, den Hauptposten eurer Einnahmen, die Zierde des Friedens, den Rückhalt des Krieges, die wichtigste Steuerquelle, die Vorratskammer der Legionen, die Zuflucht der Getreidewirtschaft zugrunde gehen lassen? Oder habt ihr vergessen, wie viele Truppen ihr im italischen Kriege[87] nach Verlust der übrigen Einkünfte mit den Erträgen der kampanischen Mark versorgt habt? Oder wißt ihr nicht, daß alle die anderen herrlichen Einkünfte des römischen Volkes oft, wenn die Zeiten sich ändern, von ganz geringen Einwirkungen des Zufalls abhängen? Was helfen uns die Häfen Asiens, was die Küste Syriens, was sämtliche überseeischen Steuern, wenn sich die leiseste Furcht vor
81 Räubern oder Feinden regt? Doch die Einkünfte aus der kampanischen Mark befinden sich in unserem Lande, Quiriten, und werden durch alle die Schutzwachen in den Städten gedeckt; sie pflegen daher weder in Kriegszeiten gefährdet noch wechselnd im Ertrag noch durch Witterung und Gegend großen Schäden ausgesetzt zu sein.

Unsere Vorfahren haben nicht nur ungeschmälert behalten, was sie den Kampanern abverlangt hatten, sondern sogar Land von Besitzern aufgekauft, denen etwas wegzunehmen kein Grund bestand. Deshalb haben weder die beiden Gracchen, die am meisten auf Vorteile für das römische Volk bedacht waren, noch L. Sulla, der skrupellos alles wem er wollte verschenkt hat, die kampanische Mark anzurühren gewagt; ein Rullus mußte auftreten, dem Staat den Besitz zu entzie-

hen, von dem ihn weder die Freigebigkeit der Gracchen noch die Gewaltherrschaft Sullas vertrieben hatte. Jetzt sagt ihr, wenn ihr an diesem Gebiet vorbeikommt, daß es euch gehöre, und Ausländer, die dort vorüberziehen, erfahren, es gehöre euch; doch wenn es verteilt ist, dann wird es euch nicht mehr gehören, noch wird man sagen, es gehöre euch. Doch was für
Menschen werden es besitzen? Zunächst einmal Hitzköpfe, 82
zu Gewalttaten bereit, zu Aufruhr geneigt, so daß sie, sobald die Zehnmänner ein Zeichen geben, in Waffen gegen Bürger und schlagfertig zum Blutvergießen antreten können; dann aber werdet ihr sehen, daß die gesamte kampanische Mark an einige wenige gelangt, die von Reichtum und Wohlstand strotzen. Euch aber, die ihr diese herrliche, mit den Waffen errungene Steuerquelle von den Ahnen empfangen habt, bleibt unterdessen keine Scholle von dem Besitz der Väter und Vorväter übrig.

Doch wie viel mehr Umsicht als ihr zeigen dann die gewöhnlichen Privatleute! Wie? Unsere Vorfahren entsandten P. Lentulus[88], der es bis zum ranghöchsten Senatsmitglied gebracht hat, in diese Gegend; er sollte private Grundstücke, die in das kampanische Staatsland hineinragten, mit öffentlichen Mitteln aufkaufen. Doch der berichtete, heißt es, er habe ein bestimmtes Grundstück um keinen Preis erwerben können, und der Mann, der nicht bereit war zu verkaufen, habe erklärt, er lasse sich deshalb nicht zum Verkauf bestimmen, weil er, Besitzer mehrerer Güter, allein von diesem Gut
niemals eine schlechte Nachricht empfangen habe. Steht es 83
so? Einen Privatmann hat dieser Gesichtspunkt zurückgehalten; das römische Volk aber wird er nicht zurückhalten, auf Antrag des Rullus die kampanische Mark unentgeltlich Privatleuten zu übergeben? Und doch kann das römische Volk dasselbe von dieser Steuereinnahme sagen, was jener Mann von seinem Landgut gesagt haben soll. Asien brachte

euch während des mithridatischen Krieges viele Jahre keinen Ertrag; die spanischen Steuern fielen in den Zeiten des Sertorius aus; den Gemeinden Siziliens mußte M'. Aquilius im Sklavenkriege sogar Getreide leihen[89]; doch über diese Steuereinnahme hat man nie eine schlechte Nachricht erhalten. Die übrigen Steuern werden durch die Nöte des Krieges beeinträchtigt; diese Steuer lindert sogar die Nöte des Krieges.

84 Ferner kann man bei dieser Landanweisung nicht einmal den sonst üblichen Grund anführen: das Ackerland solle nicht daliegen, ohne von Bürgern besiedelt und von freien Menschen bebaut zu sein. Denn ich behaupte: wenn man die kampanische Mark verteilt, dann wird der Bürgerstand vom Lande vertrieben und verjagt, nicht eingesetzt und angesiedelt. In der ganzen kampanischen Mark leben nämlich Bürgersleute als Bauern und Besitzer, und zwar vortreffliche und äußerst bescheidene Bürgersleute; dieser wohlgesittete Menschenschlag, der aus tüchtigen Pächtern und Soldaten besteht, wird von unserem volksfreundlichen Volkstribunen gänzlich entwurzelt. Und die Unglücklichen, die in der Gegend dort geboren und aufgewachsen und an die Bearbeitung der Scholle gewöhnt sind, werden gar nicht wissen, wohin sie sich auf einmal wenden sollen; man übergibt den Besitz an der gesamten kampanischen Mark den handfesten, vierschrötigen und verwegenen Trabanten der Zehnmänner. Und wie ihr jetzt von euren Vorfahren versichert: «Dieses Land haben uns unsere Vorfahren hinterlassen», so werden eure Nachkommen von euch versichern: «Dieses Land hatten unsere Väter von ihren Vätern empfangen; sie haben es vertan.»

85 Ich möchte jedenfalls meinen: wenn man das Marsfeld verteilen und jedem von euch zwei Fuß Gelände zuweisen wollte, wo er sich aufstellen kann, so würdet ihr es trotzdem vorziehen, gemeinschaftlich die ganze Fläche als privat einen kleinen Teil zu benutzen. Selbst wenn daher jeder Einzelne von euch

ein Stück von dieser Mark erhielte, die man euch vorgaukelt und für andere bestimmt, es würde sich trotzdem besser schicken, ihr besäßet sie alle gemeinsam als jeder einzelne für sich. Doch in Wirklichkeit soll euch gar nichts davon zukommen; man beschafft sie vielmehr für andere und raubt sie euch: müßt ihr euch nicht, euer Land zu schützen, diesem Gesetz ebenso wie einem bewaffneten Feinde mit äußerster Härte widersetzen?

Rullus fügt zur kampanischen Mark noch den stellatischen Bezirk[90] hinzu und weist dort einem jeden Siedler zwölf Morgen an. Als ob sich die stellatische Mark nur geringfügig von
der kampanischen unterschiede; man ist vielmehr auf eine 86
große Anzahl aus, Quiriten, mit der man alle die Städte dort vollstopfen kann. Denn wie ich schon sagte, das Gesetz gestattet den Zehnmännern, beliebige Landstädte, beliebige ältere Kolonien mit ihren Siedlern zu besetzen. Sie werden die Stadt Cales füllen, Teanum beherrschen, Atella, Cumae, Neapel, Pompeji, Nuceria mit ihren Schutztruppen knebeln, Puteoli vollends, das jetzt seine eigene Verwaltung hat, nach eigenem freiheitlichen Rechte lebt, gänzlich mit der neuen Bevölkerung und den Scharen der Einwanderer in Beschlag nehmen[91].

Dann werden die Zehnmänner die Standarte der kampanischen Kolonie, für unser Reich ein Zeichen schlimmer Ängste, nach Capua bringen; dann wird man diesem Rom, der gemeinsamen Heimat von uns allen, jenes zweite Rom entgegenstellen[92]. In diese Stadt suchen die Leute frevlerisch den 87
Sitz eures Staates zu verlegen, dorthin, wo unsere Vorfahren überhaupt keinen Staat geduldet haben, da sie glaubten, daß in der ganzen Welt nur drei Städte, Karthago, Korinth und Capua, den bedeutenden Rang einer Vormacht einzunehmen vermöchten. Karthago ist zerstört; diese Stadt, von Häfen umschlossen, von Mauern bewehrt, schien durch die Fülle der Bewohner, vor allem schon durch die natürliche Lage

über Afrika hinauszustreben und die beiden fruchtbarsten Inseln des römischen Volkes[93] zu bedrohen. Von Korinth ist kaum eine Spur übriggeblieben[94]. Denn es lag so günstig an einem engen Durchgang Griechenlands, daß es zu Lande den Schlüssel der Gegend innehatte und zwei Meere, deren Schiffahrt in völlig entgegengesetzte Richtungen führt, beinahe verband; sie sind nämlich nur durch einen sehr geringen Abstand voneinander getrennt. Diese Städte waren durch ihre Entfernung dem Gesichtskreis unserer Herrschaft entzogen; die Vorfahren haben sie daher nicht nur geschwächt, sondern, wie ich sagte, völlig vernichtet, damit sie niemals mehr in neuer Kraft sich aufschwingen und erheben könnten.

88 Über Capua ging man gründlich und lange zu Rat; die amtlichen Schreiben sind noch vorhanden, Quiriten; es bestehen mehrere Senatsbeschlüsse. Die einsichtsvollen Männer meinten, daß wir uns vor Capua nicht zu fürchten brauchten, wenn man den Kampanern ihr Land wegnähme, die Beamten, den Senat, die öffentliche Beratung aus der Stadt entfernte und nicht den Schatten eines Staates übrigließe[95]. Daher werdet ihr in alten Urkunden geschrieben finden: damit es eine Stadt gebe, die zu liefern vermöge, was man für die Bebauung der kampanischen Mark brauche, damit ein Platz vorhanden sei, die Ernten einzubringen und aufzubewahren, damit die von der Feldarbeit ermüdeten Pächter die Wohnhäuser der Stadt benutzen könnten, deshalb habe man die Gebäude nicht zerstört.

89 Seht, welch Abstand zwischen den Beschlüssen unserer Vorfahren und dem Wahnwitz dieser Leute klafft! Jene wollten, daß Capua der Zufluchtsort der Pächter, der Wochenmarkt der Landleute, die Vorratskammer und Scheuer der kampanischen Mark sei; sie aber verjagen die Pächter, vergeuden und verschleudern eure Einkünfte, erheben dasselbe Capua zum Sitz eines neuen Staates, schaffen ein Bollwerk gegen den alten

Staat. Wenn unsere Vorfahren vermutet hätten, trotz einer so
glanzvollen Machtstellung und so vorzüglicher Grundsätze des
römischen Volkes werde jemand einem M. Brutus[96] oder P.
Rullus gleichen (bislang haben wir ja diese beiden erlebt, die
den Plan verfolgten, unser gesamtes Staatswesen nach Capua
zu verlegen), wahrhaftig, sie hätten von dieser Stadt nicht ein-
mal den Namen übriggelassen. Doch sie glaubten, in Korinth 90
und Karthago helfe es nichts, wenn sie den Senat und die Be-
amten abschafften und den Bürgern ihr Land wegnähmen; es
werde trotzdem nicht an Leuten fehlen, die jene Dinge wie-
derherstellten und die schneller alles änderten, als wir davon
erfahren könnten; doch hier vor den Augen des Senates und
des römischen Volkes könne nichts aufkommen, was sich nicht
vertilgen und unterdrücken lasse, ehe es richtig eingetreten
und entstanden sei.

Und hierin haben sich jene Männer, die mit göttlicher
Klugheit und Einsicht begabt waren, nicht getäuscht. Denn
seit dem Konsulat des Q. Fulvius und Q. Fabius[97] (damals
wurde Capua besiegt und erobert) hat man in dieser Stadt
gegen unser Staatswesen nicht das geringste unternommen,
ja nicht einmal irgend etwas im Sinne gehabt. Hernach wur-
den zahlreiche Kriege gegen Könige geführt, gegen Philipp,
Antiochos, Perseus, Pseudophilippos, Aristonikos, Mithrida-
tes und die übrigen; es fanden noch viele andere schwere
Kriege statt, der dritte punische, der korinthische, der nu-
mantinische; es gab zahlreiche Aufstände im Inneren unseres
Staates, die ich übergehe, und Kriege mit Bundesgenossen,
den fregellanischen und marsischen[98]. Bei allen diesen inneren
und äußeren Kriegen war Capua nicht nur kein Hindernis;
es hat sich uns sogar als überaus brauchbar erzeigt, den Krieg
vorzubereiten, Truppen auszurüsten und sie in den Häusern
und Wohnungen einzuquartieren. Es gab keine Leute in der 91
Stadt, die durch schlimme Volksversammlungen, hitzige

Senatsbeschlüsse und ungerechte Machtsprüche das Gemeinwesen durcheinander brachten und einen Vorwand zum Umsturz suchten. Niemand hatte nämlich die Befugnis, in einer Versammlung aufzutreten oder einen amtlichen Beschluß herbeizuführen; sie ließen sich nicht durch Ruhmsucht hinreißen, denn wo es kein öffentliches Ehrenamt gibt, dort kann sich auch keine Ruhmsucht einstellen; nicht Wetteifer, nicht Ehrgeiz führte zu Zwietracht. Es gab ja nichts mehr, worüber sie streiten, nichts, wogegen sie aufbegehren, nichts, worin sie uneins sein konnten. So haben unsere Vorfahren durch ihren vernünftigen Entschluß die kampanische Anmaßung und den unerträglichen Übermut in die kraftloseste und untätigste Ruhe verwandelt. So entgingen sie dem Makel der Grausamkeit, weil sie die schönste Stadt Italiens vor der Vernichtung bewahrten, und sorgten nachhaltig für die Zukunft, weil sie alle Sehnen der Stadt wegschnitten, die Stadt selbst aber, schlaff und geschwächt wie sie war, verschonten.

92 Diese Maßnahmen der Vorfahren haben, wie ich schon sagte, bei M. Brutus und P. Rullus Anstoß erregt, und dich, P. Rullus, schrecken auch nicht die Vorboten und drohenden Zeichen des M. Brutus von ähnlichem Wahnwitz ab[99]. Denn der Koloniegründer selbst und wer, von ihm gewählt, ein Amt in Capua bekleidete und wer überhaupt irgendwie mit dieser Gründung, Obliegenheit und Aufgabe in Berührung kam, sie alle haben mit den furchtbarsten Strafen von Frevlern dafür gebüßt. Und da ich auf M. Brutus und jene Zeit gekommen bin, will ich berichten, was ich selbst gesehen habe, als ich mich in Capua aufhielt; die Kolonie war schon angelegt, und man schrieb das Jahr des L. Considius und Sex. Saltius, der «Prätoren», wie sie selber sich ausdrückten – damit ihr erkennt, welche Anmaßung schon der Ort verursacht; sie ließ sich bereits in den wenigen Tagen, da man die Kolonie dort einrichtete, deutlich wahrnehmen und bemerken.

Denn erstens, wie ich sagte, wünschten die Beamten dort 93
«Prätoren» genannt zu werden, während sie in den übrigen Kolonien «Zweimänner» heißen. Wenn ihnen das erste Jahr diese Gelüste brachte, glaubt ihr nicht, daß sie nach wenigen Jahren den Konsultitel verlangt hätten? Ferner gingen ihnen je zwei Büttel voraus, nicht mit Stäben, sondern mit Rutenbündeln, wie sie hier den Stadtprätoren vorausgehen. Auf dem Forum waren ausgewachsene Tiere[100] zum Opfer aufgestellt; sie wurden durch diese Prätoren von der Tribüne herab, wie durch uns, die Konsuln, gemäß dem Spruche der Berater gutgeheißen und im Beisein eines Herolds und eines Flötenspielers geschlachtet. Dann rief man die Mitglieder des Senats herbei. Jetzt war es kaum noch erträglich, die Mienen des Considius zu betrachten. Ich hatte diesen Menschen «ausgemergelt von furchtbarer Magerkeit»[101] in Rom gesehen, erbärmlich und verzagt; als ich ihn in Capua wiedersah, von kampanischem Dünkel und tyrannischer Selbstherrlichkeit durchdrungen, da glaubte ich, jemanden vom Schlage der
Blossier und Vibellier[102] wahrzunehmen. In welcher Furcht 94
lebte vollends das einfache Volk dort! Und in der Albana- und Seplasiastraße[103], welch Gewimmel und Erkunden, was der Prätor befohlen habe, wo er speise, wohin man von ihm entboten sei! Wir aber, die wir von hier aus Rom gekommen waren, wurden nicht mehr Gäste genannt, sondern Ausländer und Fremdlinge.

Die das vorausgesehen haben, ich meine unsere Vorfahren, 95
Quiriten, glaubt ihr nicht, daß wir sie wie die unsterblichen Götter verehren und heilighalten müssen? Denn was haben sie gesehen? Das, was jetzt auch ihr, ich bitte euch, erkennen und feststellen sollt. Der menschliche Charakter wird zwar auch durch die Abstammung, den Schlag und die Herkunft geprägt, doch stärker noch durch die Dinge, die uns die Natur zu unserer gewöhnlichen Lebensweise darbietet, die uns er-

nähren und unser Dasein bedingen. Die Karthager waren nicht ihrer Anlage nach, sondern wegen der Beschaffenheit ihres Wohnortes betrügerisch und lügenhaft; ihre Häfen veranlaßten nämlich viele und mannigfaltige Gespräche mit den Kaufleuten und Fremdlingen, und so rief bei ihnen Gewinnsucht den Hang zur Täuschung hervor. Die Ligurer sind harte Bauern; ihr Land hat sie hierzu erzogen, denn es trägt nichts, was man ihm nicht durch viel Pflege und mit großer Mühe abringen muß. Die Kampaner sind seit jeher dünkelhaft: wegen des guten Bodens und der großen Ernten, wegen der gesunden Lage, der Übersichtlichkeit und der Schönheit ihrer Stadt. Diese Fülle und dieser Überfluß an allen Dingen hat zunächst den Hochmut verursacht, mit dem sie von unseren Vorfahren verlangten, der eine Konsul müsse Kampaner sein[104], und sodann die Vergnügungssucht, die mit ihren Lockungen selbst einen Hannibal, den im Felde noch stets Unbezwinglichen, bezwungen hat[105].

96 Wenn dort die Zehnmänner nach dem Gesetz des Rullus 5000 Siedler ansässig gemacht, 100 Ratsherren, 10 Auguren und 6 Oberpriester ernannt haben, was glaubt ihr, welches Selbstvertrauen, welchen Tatendrang, welchen Übermut sie zeigen werden? Rom ist auf Hügeln und in engen Tälern erbaut, die Stockwerke streben und drängen dort in die Höhe, die Straßen sind nicht gut, die Gassen äußerst schmal; sie werden unsere Stadt verhöhnen und verachten, wenn sie auf ihr Capua blicken, das sich auf einer gänzlich ebenen Fläche ausbreitet und herrlich gelegen ist. Die vatikanische und pupinische Mark[106] vollends, werden sie gewiß meinen, dürfe man mit ihren fetten und fruchtbaren Äckern durchaus nicht vergleichen. Doch ihren Reichtum an Nachbarstädten werden sie lachend und im Spaß dem unsrigen gegenüberstellen: sie werden Veji, Fidenae, Collatia, beim Herkules, selbst Lanuvium, Aricia und Tusculum an Cales, Teanum, Neapel, Pu-

teoli, Cumae, Pompeji und Nuceria messen[107]. Hiervon überheblich und aufgebläht, werden sie vielleicht nicht sofort, aber sicherlich, wenn sie einige Dauer und Festigkeit erlangt haben, außer Rand und Band geraten; sie werden ausgreifen und alles mit sich reißen. Ein einzelner Privatmann, der in großem Reichtum und Überfluß lebt, vermag sich nur mit Mühe in den Schranken und Grenzen der Pflicht zu halten, wenn er nicht über viel Vernunft gebietet. Wie sollen da nicht die von Rullus und seinesgleichen angeworbenen und ausgesuchten Siedler, sobald man sie nach Capua, in den Wohnsitz der Anmaßung und die Stätte der Üppigkeit, bringt, sofort irgendeinem Frevel und Verbrechen nachgehen! Ja das gilt für sie noch mehr als für die angestammten, echten Kampaner. Denn die Kampaner sind zwar in altererbtem Wohlstand geboren und aufgewachsen, doch hat sie der allzu große Überfluß an allen Dingen verdorben; die Siedler aber gelangen aus bitterster Armut in denselben Überfluß, so daß sie nicht nur die Fülle, sondern auch die ungewohnte Lebensweise berauschen wird. 97

Du hast dich lieber nach den verbrecherischen Spuren des M. Brutus gerichtet, P. Rullus, als nach den Zeichen, die uns die Weisheit der Vorfahren hinterließ. Du hast dir gemeinsam mit deinen Gewährsleuten diese Dinge ausgedacht: ihr wolltet unsere altüberkommenen Steuern rauben und neue auskundschaften, unserer Stadt eine neue Stadt zum Streit um den Vorrang entgegenstellen; ihr wolltet eurem Recht, eurer Gerichtshoheit und Gewalt die Städte, Stämme und Provinzen, die freien Völker und Fürsten, kurz, den Erdkreis unterwerfen; ihr wolltet alles Geld aus der Staatskasse nehmen, aus den Steuern eintreiben, von allen Königen und Völkern, von unseren Feldherren beibringen, und doch sollte euch dann noch alle Welt auf euren Wink Geld entrichten; zugleich wolltet ihr teils den sullanischen Grundherren abscheuerregende Be- 98

sitzungen, teils euren Verwandten und euch selbst öde und verpestete Grundstücke abkaufen, um sie, so hoch euch beliebt, dem römischen Volke anzurechnen; ihr wolltet alle Landstädte und Kolonien Italiens mit neuen Siedlern besetzen; ihr wolltet, an welchen und wie vielen Orten es euch gefiele,
99 Kolonien anlegen; ihr wolltet den ganzen Staat mit euren Soldaten, euren Städten, euren Bollwerken umschließen und in Botmäßigkeit halten; ihr wolltet die Macht haben, selbst einem Cn. Pompeius, dessen Beistand den Staat sehr oft vor den ärgsten Feinden und vor den skrupellosesten Bürgern bewahrt hat, das siegreiche Heer und den Anblick der hier Versammelten zu entziehen; ihr wolltet als euren Machtbereich und Raub besitzen, was immer man mit Gold und Silber entweihen, mit Truppen und Sklavenscharen befehlen, mit Zwang und Gewalt durchbrechen kann; ihr wolltet unterdessen durch sämtliche Länder und Königreiche eilen, versehen mit höchster Befehlsgewalt, mit schrankenloser Gerichtsbarkeit, mit allen Geldern; ihr wolltet im Lager des Cn. Pompeius erscheinen und sogar das Lager verkaufen, wenn es euch genehm wäre; ihr solltet euch unterdessen um die übrigen Ämter bewerben können, von allen Gesetzen entbunden, ohne Furcht vor Prozessen und ohne Gefahr; niemand sollte euch vor das römische Volk bringen, niemand vorführen, niemand vor den Senat laden dürfen, kein Konsul euch zurechtweisen, kein Volkstribun zurückhalten können.

100 Daß ihr hiernach Verlangen trugt, wundert mich bei eurer Torheit und Maßlosigkeit nicht; daß ihr hofftet, eure Ziele während meines Konsulates erreichen zu können, wundert mich hingegen sehr. Denn alle Konsuln müssen ernstlich bemüht und besorgt sein, den Staat zu schützen, ganz besonders aber diejenigen, die nicht in der Wiege, sondern auf dem Marsfeld Konsuln geworden sind. Ich habe keine Vorfahren, die sich für mich vor dem römischen Volke verbürgten; man hat

mir vertraut; ihr müßt bei mir einfordern, was ich schulde, müßt die Mahnung an mich selber richten. Wie ich euch bei meiner Bewerbung von keinerlei Gewährsleuten meines Stammbaumes empfohlen wurde, ebenso habe ich, wenn ich versage, keine Ahnenbilder, die euch für mich um Vergebung bitten. Wenn nur mein Leben erhalten bleibt (ich will versuchen, es gegen den Frevelmut und die Heimtücke dieser Gesellen zu verteidigen), dann verspreche ich euch dies, Quiriten, auf Ehr und Gewissen: ihr habt den Staat einem wachsamen Manne, keinem ängstlichen, einem umsichtigen, keinem nachlässigen anvertraut. Ich soll der Konsul sein, der sich 101
vor einer Versammlung fürchtet, der vor einem Volkstribunen erzittert, der oft und ohne Grund Lärm schlägt, der bangt, er müsse im Kerker wohnen, wenn ein Volkstribun ihn abführen läßt[108]? Ich bin mit euren Waffen gerüstet, mit der Amtsgewalt, der Macht und den Abzeichen des höchsten Ranges versehen; ich scheue mich nicht, an dieser Stelle aufzutreten und mit eurem Beistand, Quiriten, der Skrupellosigkeit dieses Menschen die Stirne zu bieten, noch fürchte ich, der Staat, der durch solche Bollwerke gesichert ist, könne von diesen Leuten besiegt oder überwältigt werden. Wenn ich vorher Bedenken gehabt hätte, so würde ich doch angesichts dieser Versammlung, dieser Volksmenge gewiß nicht mehr bangen. Denn wer konnte je vor einer so geneigten Zuhörerschaft ein Siedlergesetz befürworten, wie ich sie hatte, um davon abzuraten? Wenn das noch abraten heißt und nicht vielmehr über den Haufen werfen und vernichten. Hieraus habe ich ersehen, 102
Quiriten, daß nichts so volkstümlich sein kann wie das, was ich, der volkstümliche Konsul, euch in diesem Jahre bringe: Frieden, Stille, Ruhe. Was ihr nach unserer Wahl befürchtet habt, kann sich nicht ereignen; dafür ist durch meine Maßnahmen und Vorkehrungen gesorgt. Nicht nur ihr werdet in Ruhe leben, die ihr das seit jeher gewollt habt; ich werde auch

die, denen die Ruhe verhaßt ist, zu den friedlichsten und ru-
higsten Menschen machen. Denn ihnen pflegen aus den Wir-
ren und Mißhelligkeiten der Bürger Ämter, Machtbefugnisse
und Reichtümer zu erwachsen; doch ihr, deren Einfluß auf
den Abstimmungen, deren Freiheit auf den Gesetzen, deren
Recht auf den Gerichten und der Rechtlichkeit der Beamten,
deren Wohlstand auf dem Frieden beruht, müßt in jeder Weise
103 an geordneten Verhältnissen festhalten. Denn schon wer nur
aus Trägheit in Ruhe lebt, findet trotzdem in seiner beschä-
menden Untätigkeit an dieser Ruhe Gefallen; wie glücklich
werdet ihr erst sein, wenn ihr in diesen Verhältnissen, die ihr
nicht durch eure Bequemlichkeit herbeigeführt, sondern durch
eure Tüchtigkeit geschaffen habt, an der Ruhe festhaltet, Qui-
riten! Ich habe mir zu einem guten Einvernehmen mit mei-
nem Amtsgenossen verholfen, ganz gegen die Absicht derer,
die da behaupteten, wir würden während unseres Konsulates
Feinde sein und bleiben[109]. Hierdurch habe ich für alle ge-
sorgt, mich des Kornpreises angenommen, den Kredit wieder-
hergestellt und die Volkstribunen davor gewarnt, während
meines Amtsjahres irgendwelche Unruhen zu stiften. Der
beste und sicherste Schutz für unsere gemeinsame Wohlfahrt
besteht darin, Quiriten, daß ihr euch in Zukunft ebenso dem
Staate erzeigt, wie ihr euch am heutigen Tage in dieser ge-
waltigen Kundgebung mir um eures Heiles willen erzeigt
habt. Ich versichere, ich verspreche, ich gelobe euch dies und
erkläre: endlich sollen auch die, die mir mein Amt nicht ge-
gönnt haben, zugeben, daß ihr alle bei der Wahl des Konsuls
größten Weitblick bewiesen habt – das werde ich gewiß er-
reichen.

DRITTE REDE ÜBER DAS SIEDLERGESETZ

(gegen den Volkstribunen P. Servilius Rullus, gehalten vor dem Volke)

Die Volkstribunen hätten besser daran getan, Quiriten, wenn 1
sie das, was sie euch über mich zu hinterbringen haben, lieber in meiner Gegenwart behauptet hätten; dann hätten sie nämlich an der Unparteilichkeit eurer Entscheidung und am Brauch ihrer Vorgänger und an einer Befugnis ihres Amtes festgehalten. Doch da sie sich bislang einem unmittelbaren Streit und Wortwechsel entzogen haben, mögen sie immerhin jetzt, wenn sie es für richtig halten, in meiner Versammlung auftreten und wenigstens, da ich sie zurückrufe, wiederkommen,
wohin sie, da ich sie herbeirief, nicht kommen wollten. Ich 2
stelle fest, Quiriten, daß einige durch ihre Unruhe wer weiß was zu erkennen geben und mir nicht dieselben Gesichter in diese Versammlung mitgebracht haben, die sie mir in meiner letzten gönnten. Daher bitte ich euch, die ihr den Reden über mich nicht geglaubt habt, an der mir gegenüber stets erzeigten Einstellung festzuhalten; von euch aber, die ihr, wie ich bemerke, ein wenig umgeschwenkt seid, verlange ich für kurze Zeit einen kleinen Vorschuß an guter Meinung über mich; ihr sollt sie, wenn ich euch meine Behauptungen glaubhaft machen kann, stets behalten, sonst aber hier an Ort und Stelle ablegen, preisgeben und von euch tun.

Man hat euch die Ohren und Köpfe damit vollgestopft, 3
Quiriten, ich widersetzte mich dem Siedlergesetz und euren Vorteilen, um Leuten wie Septimius, Turranius und anderen Besitzern des von Sulla angewiesenen Landes einen Dienst zu erweisen. Wer das geglaubt hat, der muß zunächst geglaubt haben, das jetzt vorgeschlagene Siedlergesetz enteigne die sullanischen Grundstücke und teile sie euch zu oder es ver-

kleinere überhaupt die privaten Besitzungen, damit ihr dort Hofstellen erhalten könnt. Wenn ich nun zeige: das Gesetz entzieht niemandem auch nur einen Fußbreit der sullanischen Grundstücke, ja ein bestimmtes Kapitel verbürgt und bestätigt diese Art von Grundstücken auf das schamloseste; wenn ich beweise: Rullus nimmt sich in seinem Gesetz der von Sulla zugeteilten Grundstücke so sorgfältig an, daß man mühelos erkennt, daß nicht der Anwalt eurer Interessen, sondern der Schwiegersohn des Valgius[110] dieses Gesetz entworfen hat – muß man dann nicht glauben, Quiriten, daß er mit seiner Bezichtigung, die er in meiner Abwesenheit gegen mich vorbrachte, nicht nur meine, sondern auch eure Aufmerksamkeit und Einsicht verächtlich gemacht hat?

4 Es handelt sich um das 40. Kapitel, das ich vorher mit Absicht euch gegenüber nicht zur Sprache gebracht habe, Quiriten: man sollte nicht glauben, ich wolle eine bereits verharschte Wunde unseres Gemeinwesens wieder aufreißen oder zu ungelegenster Zeit neue Mißhelligkeiten hervorrufen. Auch jetzt werde ich auf das Kapitel nicht etwa deshalb eingehen, weil ich den gegenwärtigen Zustand unseres Staates nicht für höchst schutzwürdig hielte; gerade ich habe ja dem römischen Volke zugesichert, ich wolle in diesem Jahre der Anwalt von Frieden und Eintracht sein. Ich möchte vielmehr dem Rullus eine Lehre erteilen; er soll künftig wenigstens von den Dingen schweigen, bei denen er wünscht, daß man über ihn und seine Unternehmungen Stillschweigen wahrt.

5 Unter allen Gesetzen war, meine ich, keines so ungerecht und einem Gesetze so unähnlich wie jenes, das der Zwischenkönig L. Flaccus über Sulla eingebracht hat: alles, was Sulla getan habe, solle gültig sein[111]. Denn während in den übrigen Staaten alle Gesetze entkräftet und aufgehoben sind, sobald Zwingherren gebieten, hat Flaccus den Zwingherrn unseres Staates durch ein Gesetz gutgeheißen. Es ist, wie gesagt, ein

verhaßtes Gesetz, doch es gibt trotzdem eine Entschuldigung dafür; denn offensichtlich hat nicht ein Mensch, sondern die Not der Zeit das Gesetz erzeugt.

Wie steht es nun, wenn das Gesetz des Rullus noch viel 6
rücksichtsloser ist? Denn das Valerische und die Cornelischen Gesetze[112] berauben Bürger und beschenken Bürger, sie verbinden schamlose Willfährigkeit mit bitterem Unrecht; doch trotzdem erregen diese Gesetze bei dem Beraubten ein wenig Hoffnung, bei dem Beschenkten einige Unsicherheit. Die Bestätigung des Rullus aber lautet so: «Was nach dem Konsulat des C. Marius und Cn. Papirius.» Wie weit ist er doch dem Verdacht entronnen, da er gerade die Konsuln genannt hat, die Sullas erbittertste Feinde waren! Wenn er den Diktator Sulla genannt hätte, dann, meinte er, würde seine Absicht offenbar werden und Mißfallen erregen. Doch wen von euch hielt er für so stumpfsinnig, dem nicht hätte auffallen können, daß Sulla nach diesen Konsuln Diktator war? Was also sagt 7
der marianische Volkstribun, der mich, den Sullaner, anzuschwärzen sucht? «Was nach dem Konsulat des Marius und Carbo an Grundstücken, Gebäuden, Seen, Teichen, Plätzen, Besitzungen» – den Himmel und das Meer ließ er aus, alles übrige hat er einbezogen – «von Amts wegen übergeben, zugewiesen, verkauft oder abgetreten worden ist» – von wem, Rullus? Nach dem Konsulat des Marius und Carbo, wer hat da zugewiesen, wer übergeben, wer abgetreten, wenn nicht Sulla? – «alles dies soll von Rechts wegen so behandelt werden» – von Rechts wegen wie? Er bringt doch gewiß irgend etwas ins Wanken; ein allzu hitziger, allzu stürmischer Volkstribun macht die sullanischen Maßnahmen zunichte – «wie das, was nach bestem Recht Privateigentum ist.» Selbst nach besserem Recht als väterliches und großväterliches Erbgut? Ja.

Doch das schreibt das Valerische Gesetz nicht vor, erkennen 8
die Cornelischen Gesetze nicht an, verlangt selbst Sulla nicht.

Wenn jene Grundstücke nur einen gewissen Rechtsschutz, einige Ähnlichkeit mit privatem Eigentum, ein wenig Aussicht auf Dauer erlangen, dann ist keiner dieser Leute so unverschämt, daß er nicht vorzüglich behandelt zu werden glaubt. Doch du, Rullus, worauf willst du hinaus? Daß sie behalten, was sie haben? Wer hindert sie daran? Daß es Privatland sei? So steht es schon geschrieben. Daß der hirpinische Hof deines Schwiegervaters oder die hirpinische Mark (er besitzt nämlich alles) nach besserem Recht Privatland sei als mein vom Vater und Großvater ererbtes Gut in Arpinum[113]?
9 Das ist nämlich der Sinn deiner Vorschrift. Denn wahrhaftig, das beste Recht haben die Grundstücke, die sich der günstigsten Bedingungen erfreuen. Die unbelasteten haben ein besseres Recht als die mit Dienstbarkeiten belasteten; nach diesem Kapitel werden alle dienenden Grundstücke nicht mehr dienen. Schuldenfreie befinden sich in günstigerer Lage als verschuldete; dasselbe Kapitel befreit alle urkundlich verpfändeten Grundstücke, vorausgesetzt, sie kommen von Sulla. Abgabenfreie weisen eine vorteilhaftere Beschaffenheit auf als zinspflichtige; ich soll den Tuskulanern für das Wasser der Crabra eine Abgabe entrichten, weil ich das Grundstück durch Rechtsgeschäft erworben habe; hätte ich es von Sulla erhalten, so brauchte ich sie nach dem Gesetz des Rullus nicht zu entrichten.

10 Ich sehe, Quiriten, daß euch, wie es die Sache selbst bedingt, die Dreistigkeit seines Gesetzes oder seiner Rede empört – seines Gesetzes, weil es den sullanischen Grundstücken eine bessere Rechtsstellung einräumt als den vom Vater ererbten, seiner Rede, weil sie unter diesen Umständen jemanden zu verdächtigen wagt, er trete allzu eifrig für die Maßnahmen Sullas ein. Indes, wollte er nur das bestätigen, was Sulla gewährt hat, dann würde ich schweigen, vorausgesetzt, er gäbe selbst zu, daß er ein Sullaner ist. Doch er schützt nicht

nur diese Dinge, sondern führt noch eine andere Art von Schenkung ein, und er, der mir vorwirft, ich begünstigte die sullanischen Besitzungen, er bestätigt sie nicht nur, sondern ordnet auch selbst neue Zuweisungen an und entpuppt sich uns plötzlich als neuer Sulla. Denn beachtet, welche Zugeständ- 11
nisse an Land mein Kritiker mit einem Worte zu bewilligen versucht: «Was übergeben, verschenkt, abgetreten, verkauft worden ist.» Das lasse ich gelten; ich bin einverstanden. Was folgt? «Was man in Besitz genommen hat.» Das wagt ein Volkstribun vorzuschlagen: was ein jeder nach dem Konsulat des Marius und Carbo in Besitz genommen hat, das soll er mit gleichem Recht behalten wie eine Sache, die nach bestem Recht Privateigentum ist? Auch wenn er jemanden gewaltsam vertrieben, auch wenn er den Besitz heimlich, wenn er ihn durch Leihe erlangt hat? Demnach hebt dieses Gesetz das bürgerliche Recht, die Besitztitel, die prätorischen Schutzverfügungen auf[114].

Keine unerhebliche Sache und kein geringer Diebstahl ver- 12
birgt sich in diesem Worte, Quiriten. Es gibt nämlich zahlreiche Güter, die das Cornelische Gesetz enteignet, aber niemandem zugewiesen noch verkauft hat; wenige Leute haben sie auf die schamloseste Weise in Besitz genommen. Für diese Güter sorgt er, diese schützt er, diese macht er zu privaten Grundstücken; die Güter, sage ich, die Sulla niemandem übertragen hat, die will Rullus nicht euch zuweisen, sondern denen schenken, die sie besitzen. Ich möchte den Grund erfahren, weshalb ihr den Verkauf dessen hinnehmen wollt, was die Vorfahren in Italien, Sizilien, Afrika, in beiden Spanien, in Makedonien und Asien für euch erworben haben; ihr seht doch, daß durch dasselbe Gesetz euer Eigen den Besitzern geschenkt werden soll. Jetzt werdet ihr begreifen: das ganze Gesetz ist 13
für die Herrschaft von wenigen gemacht; vor allem ist es vorzüglich darauf zugeschnitten, die sullanischen Anweisungen

zu bestätigen. Denn der Schwiegervater des Rullus ist ein vortrefflicher Mann; doch ich rede jetzt nicht von seiner Trefflichkeit, sondern von der Unverschämtheit des Schwiegersohnes. Denn der Schwiegervater möchte gern behalten, was er hat, und verhehlt nicht, daß er Sullaner ist; doch Rullus will Zweifelhaftes durch euch bestätigen lassen, um zu erhalten, was er gar nicht hat, und während er noch weitergehen will als Sulla selbst (wogegen ich mich zur Wehr setze), beschuldigt er mich, ich begünstigte den sullanischen Besitz.
14 «Mein Schwiegervater», erklärt er, «hat einige unbebaute und entlegene Grundstücke; er wird sie meinem Gesetz zufolge so teuer verkaufen, wie er will. Er hat Grundstücke, deren Rechtslage unbestimmt ist und die er unberechtigterweise in Besitz genommen hat; sie sollen ihm zu bestem Recht bestätigt werden. Er hat staatliches Land; ich will Privateigentum daraus machen. Schließlich hat er in der casinatischen Mark[115] die besten und fruchtbarsten Äcker zusammengebracht, indem er so lange seine Nachbarn in die Acht erklären ließ, bis er durch Abrundung der Ecken aus vielen Gütern ein einziges, in sich geschlossenes Landgebiet gemacht hatte; dieses Land, das er jetzt mit einiger Bangigkeit innehat, soll er frei von jeder Sorge besitzen.»

15 Und da ich gezeigt habe, warum und zu wessen Gunsten Rullus dies vorschlägt, mag er jetzt seinerseits beweisen, für wessen Besitz ich eintrete, wenn ich mich gegen das Siedlergesetz wende. Du verkaufst den scantischen Forst[116]; er gehört dem römischen Volk; ich nehme ihn in Schutz. Du verteilst die kampanische Mark; ihr seid die Besitzer; ich gebe sie nicht her. Außerdem sehe ich, daß dieses Gesetz Liegenschaften in Italien, auf Sizilien und in den übrigen Provinzen ausbietet und für verkäuflich erklärt; es sind eure Grundstücke, eure Besitzungen; ich werde mich zur Wehr setzen und dagegen ankämpfen und nicht zulassen, daß jemand wäh-

rend meines Konsulats das römische Volk von seinen Besitzungen vertreibt, vor allem, Quiriten, wenn ihr keinen Vorteil davon habt. Denn in diesem Irrtum dürft ihr nicht länger be- 16
fangen sein. Ist etwa jemand von euch zu Gewalt, zu Verbrechen, zu Mord geneigt? Niemand. Doch Leuten dieses Schlages, glaubt mir, will man die kampanische Mark und das herrliche Capua vorbehalten; man stellt ein Heer zusammen, gegen euch, gegen eure Freiheit, gegen Cn. Pompeius; gegen unsere Stadt bietet man Capua auf, gegen euch die Scharen der verwegensten Gesellen, gegen Cn. Pompeius die zehn Anführer. Sie mögen kommen und sich öffentlich erklären, da sie mich auf euren dringenden Wunsch in eure Versammlung entboten haben.

REDE FÜR C. RABIRIUS

Einleitung

Die Rede für C. Rabirius gilt einem politischen Strafprozeß; Cicero spricht als Verteidiger. Das Plädoyer entstammt der ersten Hälfte von Ciceros Konsulatsjahr (63 v. Chr.). Es ist unvollständig erhalten. Einer größeren Lücke fielen der Schluß der Beweisführung und der Anfang des Epilogs zum Opfer; der Epilog enthält einige verstümmelte Partien.

Der Jugurthinische Krieg (111–105 v. Chr.) und die Kämpfe gegen die Kimbern und Teutonen (113–101 v. Chr.) hatten dem Ansehen der Senatsherrschaft schwere Einbußen gebracht. Im Jahre 100 v. Chr. schlossen sich starke populare Kräfte* zu einem Angriff auf die bestehende Ordnung zusammen: C. Marius, der gefeierte Sieger über die Teutonen und Kimbern, der zum sechsten Male das Konsulat innehatte, der Volkstribun L. Appuleius Saturninus und der Prätor C. Servilius Glaucia. Der Angriff endete kläglich. Es gelang zwar, ein Siedlergesetz zu erzwingen, das vor allem die Soldaten des Marius versorgen sollte. Als jedoch die Konsulwahlen für das Jahr 99 v. Chr. zu einer schweren Schlägerei ausarteten, erklärte der Senat kurzerhand den Ausnahmezustand; Marius erhielt den Auftrag, mit Waffengewalt gegen seine politischen Freunde vorzugehen. Glaucia endete auf der Straße. Saturninus verschanzte sich auf dem Kapitol; er ergab sich, nachdem Marius ihm das Leben zugesichert hatte, und wurde in der Kurie gefangengehalten. Eine Bande junger Optimaten

* Über diesen Begriff siehe die Einleitung zu den Reden über das Siedlergesetz.

deckte das Dach ab und erschlug den Tribunen mit Steinwürfen.

Diese Tat wurde 37 Jahre später dem Senator C. Rabirius zum Vorwurf gemacht. Die Anklage lautete nicht auf Mord, sondern wegen der Unverletzlichkeit des Tribunen auf Hochverrat (*perduellio*). Ankläger war der Tribun T. Labienus, der, wie jedermann wußte, den Weisungen Caesars folgte. Außer Cicero trat auch Hortensius als Verteidiger auf; Cicero sprach an zweiter Stelle. Die Verhandlung wurde nicht, wie damals üblich, vor dem für Staatsverbrechen zuständigen Geschworenengericht (*quaestio maiestatis*), sondern vor der Volksversammlung geführt.

Der Prozeß war Teil der von Caesar betriebenen Zermürbungspolitik. Er sollte am Beispiel des Rabirius einschärfen, daß der Senat nicht befugt sei, den Ausnahmezustand zu verhängen. Diese Einrichtung war im Laufe des zweiten Jahrhunderts aufgekommen: bei schweren Störungen der öffentlichen Ordnung beauftragte der Senat die Konsuln, alle notwendigen Maßnahmen zu ergreifen; sie wurden insbesondere ermächtigt, römische Bürger ohne Urteil der Volksversammlung hinrichten zu lassen. Hiermit hob der Senat für die Dauer des Ausnahmezustandes ein Kernstück der römischen Verfassung auf: die sogenannten Provokationsgesetze, die dem Beamten das Recht über Leib und Leben des Bürgers entzogen. Seit gracchischer Zeit diente der Ausnahmezustand als Waffe im Kampf gegen die revolutionären Kräfte; er wurde «äußerster Senatsbeschluß» (*senatus consultum ultimum*) genannt. Im Jahre 132 v. Chr. verurteilten die Konsuln die Anhänger des Tiberius Gracchus, ohne die Volksversammlung anzurufen; im Jahre 122 v. Chr. erlagen Gaius Gracchus und seine Gefolgsleute dem Ausnahmerecht. Die populare Seite hat das *senatus consultum ultimum* nie anerkannt; insbesondere bestritt sie, daß es dem Beamten die Befugnis verleihe, ohne das Urteil eines ordentlichen Gerichts einen Bürger zu töten. Gaius Gracchus hatte vergeblich versucht, diesem vom Senat angemaßten Recht durch ein neuerliches Provokationsgesetz zu begegnen; während Ciceros Konsulat bemühten sich Caesar und Labienus, dem im Jahre 100 v. Chr. beschlossenen Ausnahmezustand durch ein Gerichtsurteil die rechtliche Grundlage zu entziehen.

Um die abschreckende Wirkung zu steigern, ersannen die Ankläger eine seltsame Prozedur. Ein Volksbeschluß setzte eigens gegen Rabirius eine besondere Behörde nieder, die «Zweimänner für den Hochverrat» (*duoviri perduellionis*). Die Zweimänner sollten den Beschuldigten verhaften und aburteilen; der Verurteilte wiederum durfte die Volksversammlung anrufen. Falls auch die Volksversammlung den Angeklagten für schuldig befand, erwartete ihn eine grausame, sonst nur über Sklaven verhängte Todesstrafe: das Gesetz schrieb vor, ihn sofort vor versammeltem Volke auszupeitschen und zu kreuzigen. Die Ankläger hatten dieses Verfahren, wie Cicero wohl zutreffend feststellt (15), aus alten Chroniken hervorgeholt; es verstieß gegen den seit langem gültigen Grundsatz, daß sich der wegen eines politischen Verbrechens Angeklagte dem Vollzug der Todesstrafe durch die Selbstverbannung (*exilium*) entziehen dürfe.

Der Prozeß nahm einen anderen Verlauf, als ihn das von den Anklägern erwirkte Gesetz bestimmt hatte. Ciceros Plädoyer läßt deutlich erkennen, daß der Angeklagte nicht mehr die verschärfte Todesstrafe zu gewärtigen brauchte; er kämpfte nur noch um Vermögen und Bürgerrecht, das heißt er durfte im Falle der Verurteilung außer Landes gehen (5. 36f.). Cicero hatte selbst zu dieser Wendung erheblich beigetragen (10. 17). Im übrigen ergeben die Berichte der Historiker und Ciceros Rede kein eindeutiges Bild. Man weiß, daß Gaius Caesar und Lucius Caesar (Konsul 64 v. Chr.) für die Zweimänner-Behörde ausersehen wurden; man weiß außerdem, daß ein Prätor die Volksversammlung auflöste, ehe sie das Urteil der Zweimänner bestätigen konnte. Labienus scheint sodann einen anderen Weg eingeschlagen zu haben; er verzichtete auf die verschärfte Prozedur und beantragte eines der herkömmlichen Verfahren, nach denen die Volksversammlung bis zur Einführung des Geschworenengerichts über politische Verbrechen befunden hatte. Hierbei standen ihm zwei Möglichkeiten offen: er konnte die Kapitalstrafe (der sich der Verurteilte durch das Exil entziehen durfte) oder eine Geldbuße (die vielleicht unter bestimmten Voraussetzungen ebenfalls zum Exil führte) zu erwirken versuchen. Welchen Weg er gewählt hat, ist unbestimmt.

Cicero steuert sogleich in der Einleitung (1–5) auf den Kern der Sache los: man habe es nicht auf die Person des Angeklagten, sondern auf das Ausnahmerecht des Senates abgesehen. Die Beweisführung (6–31) gliedert sich in drei Abschnitte. Zunächst fertigt der Redner rasch allerlei sonstige Vorwürfe ab, die der Ankläger gegen Rabirius vorgebracht hatte (6–9). Sodann verwendet er einen bereits in den Reden über das Siedlergesetz erprobten Kunstgriff: nicht Labienus, der Volkstribun, der sich für volksfreundlich (*popularis*) halte, sondern Cicero, der Konsul, sei der wahre Volksfreund; als Beweis dient das barbarische Verfahren, das Labienus geplant und Cicero bekämpft habe (9–17). Schließlich befaßt sich der Redner mit dem eigentlichen Schuldvorwurf. Der Angeklagte sei, wie Hortensius gezeigt habe, nicht der Urheber des Todes von Saturninus. Er habe jedoch, als der Ausnahmezustand verkündet wurde, wie jeder pflichtbewußte Bürger zu den Waffen gegriffen und sich den Konsuln zur Verfügung gestellt. Wenn man ihn bestrafen wolle, dann gelte das Urteil für alle, die damals das Vaterland verteidigt hätten (18–31). Das Schlußwort mahnt die Versammlung, für das Bollwerk des Staates, das man jetzt einreißen wolle, und zugleich für einen verdienten Mitbürger einzutreten (32–38).

Der rechtlichen Fragen, der Widerlegung des Schuldvorwurfs, hatte sich Hortensius angenommen (18); Cicero geht daher vornehmlich auf die politische Bedeutung des Prozesses ein. Hiermit sucht er indes zugleich die Schwächen zu überspielen, die seiner Position anhafteten: wenn Rabirius zu jener Gruppe junger Leute gehört hatte, die den gefangenen Saturninus durch Steinwürfe tötete, dann war sein Verhalten nicht mehr unbedingt durch das *senatus consultum ultimum* gedeckt. Überdies hatte der Konsul Marius dem aufrührerischen Tribunen das Leben zugesichert: Cicero eilt über diesen Punkt, auf den der Ankläger ausführlich eingegangen war, mit dürftigen Argumenten hinweg (28).

Rabirius wurde offenbar freigesprochen. Wortwahl, Satzbau und Haltung der Rede zielen von Anfang bis Ende auf Würde und Pathos; Cicero hat selbst bestätigt, daß sein Plädoyer für Rabirius ganz und gar den Mitteln der erhabenen Stilart verpflichtet ist (Orator 102).

Literatur

Kommentar:

W. B. Tyrrell, A Legal and Historical Commentary to Cicero's Oratio Pro C. Rabirio perduellionis reo, Amsterdam 1978.

Abhandlungen:

O. Schulthess, Der Prozeß des C. Rabirius vom Jahre 63 v. Chr., Beilage zum Programm der thurgauischen Kantonsschule 1890/91, Frauenfeld 1891.

W. Wegehaupt, Ciceros Rede pro C. Rabirio, perduellionis reo, Programm des Wilhelm-Gymnasiums zu Hamburg, Hamburg 1912.

E. G. Hardy, Some Problems in Roman History, Oxford 1924, 27ff., 99ff.

C. Loutsch, Cicéron et l'affaire Rabirius (63 av. J.-C.), Museum Helveticum 39, 1982, 305–315.

REDE FÜR C. RABIRIUS

(der wegen Hochverrats angeklagt ist, vor dem römischen Volke)

1 Es ist eigentlich nicht meine Gewohnheit, Quiriten, am Anfang einer Rede zu begründen, weshalb ich jemanden verteidige. Denn ich habe stets geglaubt, daß die freundschaftlichen Beziehungen, die mich mit allen Bürgern verbinden, mein Auftreten in deren Bedrängnissen hinlänglich rechtfertigen. Gleichwohl ist es angebracht, daß ich bei dieser Verteidigung, in der es um die Existenz, den Ruf und das gesamte Vermögen des C. Rabirius geht, die Gesichtspunkte vortrage, die mich zur Übernahme meines Amtes bestimmt haben. Denn *ein* Grund erschien mir als besonders triftig, diesen Mann zu verteidigen; er muß auch euch so erscheinen, ihn freizuspre-
2 chen. Gewiß haben mich teils alte Freundschaft, teils die angesehene Stellung der Person, teils mitmenschliche Regungen, teils mein stets ausgeübter Lebensberuf aufgefordert, für C. Rabirius einzutreten; doch daß ich dies mit größtem Nachdruck tue, dazu zwangen mich das Staatswohl, der Pflichtenkreis des Konsuls, überhaupt das Konsulat, das ihr mir zusammen mit dem Wohl des Staates anvertraut habt.

Denn nicht Verbrechensschuld, noch Erbitterung über die Lebensführung, Quiriten, noch schließlich alte, ebenso wohlbegründete wie schwere Feindschaft unter Mitbürgern hat C. Rabirius der Gefährdung seiner Existenz ausgesetzt. Man will vielmehr dem Staat jenen äußersten Schutz seiner Hoheit und Macht entziehen, den uns die Vorfahren hinterlassen haben; nichts soll hernach die Meinung des Senats, nichts die konsularische Gewalt, nichts der übereinstimmende Wille der Rechtschaffenen gegen Verderben und Untergang des Gemeinwesens ausrichten können: um dies alles zu vernichten, deshalb hat man sich an dem Alter, der Schutzlosigkeit und

Verlassenheit eines einzelnen Mannes vergriffen. Daher heißt 3
es für einen guten Konsul, wenn er sieht, wie alle Stützen des Staates ins Wanken gebracht und untergraben werden: dem Vaterland beistehen, dem Wohl und Gedeihen der Allgemeinheit zu Hilfe eilen, die Treue der Bürger anrufen, das eigene Wohl für geringer achten als das Gemeinwohl; daher heißt es auch für rechtschaffene und tatkräftige Bürger, als die ihr euch in allen Wechselfällen unseres Staates erzeigt habt: alle Wege des Aufruhrs sperren, die Bollwerke der Verfassung schützen, die oberste Gewalt den Konsuln, die maßgeblichen Entschlüsse dem Senat zurechnen und jeden, der diese Grundsätze befolgt, eher des Lobes und der Ehre als der Strafe und
Verdammung für würdig erachten. Deshalb fällt die Mühe, 4
diesen Mann zu verteidigen, in der Hauptsache mir zu, doch die Bereitschaft, ihn zu retten, muß meine und eure gemeinsame Aufgabe sein. Ihr müßt nämlich die Lage so beurteilen, Quiriten: seit Menschengedenken wurde keine wichtigere, gefährlichere, mehr der Vorsorge von euch allen bedürftige Angelegenheit von einem Volkstribunen angezettelt oder von einem Konsul vertreten oder dem römischen Volke unterbreitet. Denn in diesem Prozeß geht es um nichts anderes, Quiriten, als daß es hernach in unserem Gemeinwesen keine allgemeinverbindlichen Entschlüsse, kein Einverständnis der Rechtschaffenen gegen das verantwortungslose Wüten von Frevlern, keine Zuflucht und Schutzwehr des Heils in äußerster Notlage des Staates mehr geben soll.

Unter diesen Umständen geschehe zuerst, was in einem 5
solchen Kampf um die Existenz, den Ruf und das gesamte Vermögen unbedingt geschehen muß: ich bete zu Jupiter Optimus Maximus und zu den übrigen unsterblichen Göttern und Göttinnen, durch deren Macht und Beistand dieses Staatswesen weit mehr gelenkt wird als vom Plan und Rat der Menschen, sie möchten sich huldvoll und gnädig erzeigen,

und ich bitte sie zu gestatten, daß der heutige Tag angebrochen ist, diesen Mann zu retten und zu bewahren und die Verfassung des Staates zu festigen. Dann aber wende ich mich flehentlich an euch, Quiriten, denn eure Macht unterscheidet sich nur wenig vom Walten der unsterblichen Götter: da zugleich das Leben des C. Rabirius, eines ebenso beklagenswerten wie unsträflichen Mannes, und das Wohl des Staates eurer Hand und eurem Urteil anvertraut sind, laßt, wie es eure Gewohnheit ist, dem Schicksal der Einzelperson Mitleid, dem Wohl des Staates Einsicht zuteil werden.

6 T. Labienus, du hast meiner Sorgfalt durch enge Zeitschranken vorgebeugt und mich, statt meinem Plädoyer die vorgesehene und festgesetzte Dauer zu gewähren, in die kurze Frist einer halben Stunde gezwängt[1]. Ich muß mich jetzt fügen, und zwar zugleich der Bedingung des Anklägers und der Macht des Feindes; jenes ist krasses Unrecht, dies eine bittere Notlage. Indes, du hast mir bei der Beschränkung auf eine halbe Stunde die Rolle des Anwalts gelassen und nur die des Konsuls entzogen; denn für die Verteidigung dürfte mir diese Frist in etwa genügen, doch für mißbilligende Klagen ist sie zu knapp.

7 Oder glaubst du etwa, ich müsse dir ausführlich über die heiligen Stätten und Haine Bescheid geben, die, wie du sagtest, vom Angeklagten entweiht worden sind? Bei dieser Bezichtigung hast du einzig und allein erklärt, daß C. Macer sie gegen C. Rabirius vorgebracht habe. Da wundere ich mich, daß du dich erinnerst, was Macer seinem Feinde C. Rabirius vorgeworfen hat, und vergißt, welches Urteil gerechte Richter ihrem Eid getreu gefällt haben[2].

8 Oder soll ich wegen der Unterschlagung oder des Archivbrandes[3] zu einer langen Rede ausholen? Von dieser Anklage wurde ein Verwandter des C. Rabirius, C. Curtius, in einem aufsehenerregenden Prozeß auf die ehrenvollste Weise frei-

gesprochen, wie es seiner Rechtschaffenheit zukommt; doch Rabirius selbst war weder in den Prozeß verwickelt, der diese Vorwürfe behandelte, noch hat man je auch nur die geringste Andeutung eines Verdachtes gegen ihn vorgebracht.

Oder muß ich wegen des Sohnes der Schwester gründlich antworten? Du sagtest, Rabirius habe ihn getötet, als man sich, um einen Prozeßaufschub zu erwirken, die Entschuldigung eines Familienbegräbnisses verschaffen wollte. Denn was ist so wahrscheinlich, als daß dem Rabirius der Gatte der Schwester teurer war als der Schwester Sohn, und zwar derart, daß diesem auf die grausamste Weise das Leben genommen wurde, als es galt, jenem einen Prozeßaufschub von zwei Tagen zu verschaffen?

Oder soll ich hierüber ausführlich reden: über die fremden Sklaven, die C. Rabirius wider das Fabische Gesetz zurückbehalten, über die römischen Bürger, die er wider das Porzische Gesetz ausgepeitscht oder getötet habe[4]? Ehrt ihn doch die große Anteilnahme ganz Apuliens, die außergewöhnliche Zuneigung Kampaniens, und haben sich doch, seiner Bedrängnis zu wehren, nicht allein die Bewohner, sondern geradezu die Bezirke selbst eingefunden, die sogar in erheblich größerer Ausdehnung aufgescheucht wurden, als das Band und die Grenzen der Nachbarschaft erheischten!

Denn was soll ich mich deshalb zu einer langen Rede rüsten, weil in demselben Antrag auf Verhängung einer Buße[5] geschrieben steht, Rabirius habe weder die eigene noch die Schamhaftigkeit anderer geschont? Ich habe sogar den Verdacht, daß 9
Labienus mir deshalb eine halbe Stunde vorgeschrieben hat, damit ich nicht des längeren über Schamhaftigkeit rede. Du siehst also, für diese Vorwürfe, welche die Sorgfalt des Anwalts erfordern, war mir die halbe Stunde mehr als lang genug.

Du wolltest indes, daß der zweite Teil, der von der Ermordung des Saturninus, allzu gering und dürftig ausfalle; der

aber heischt und erfordert nicht die Fähigkeit des Redners,
10 sondern den Beistand des Konsuls. Denn was den Hochverratsprozeß[6] angeht, dessen Beseitigung du mir vorzuwerfen pflegst: dieser Vorwurf richtet sich gegen mich, nicht gegen Rabirius. Ach, hätte ich doch, Quiriten, den Prozeß als erster oder einziger aus unserem Staate entfernt! Wäre doch, was Labienus für einen Vorwurf ausgibt, ein mir allein zukommender Beweis meines Verdienstes! Denn was könnte ich mir lieber wünschen, als daß ich in meinem Konsulat den Henker vom Forum, das Kreuz vom Marsfelde beseitigt hätte? Doch dieses Verdienst gebührt an erster Stelle unseren Vorfahren, Quiriten, die nach der Vertreibung der Könige keine Spur königlicher Grausamkeit in einem freien Volke zurückließen, an zweiter Stelle den vielen tüchtigen Männern, die da wollten, daß eure Freiheit nicht durch harte Strafen furchtbar, sondern durch milde Gesetze gesichert sei.

11 Daher frage ich dich, Labienus: wer von uns ist eigentlich ein Freund des Volkes? Du? Du glaubst, man müsse römischen Bürgern vor versammeltem Volke den Henker, man müsse ihnen Fesseln verabfolgen; du befiehlst, man solle auf dem Marsfelde, auf geweihter Stätte, vor den Zenturiatkomitien[7] ein Kreuz für die Hinrichtung von Bürgern einpflanzen und aufrichten. Oder ich? Ich lehne es ab, daß die Volksversammlung durch die Berührung mit dem Henker besudelt wird; ich erkläre, daß man das Forum des römischen Volkes von den Spuren dieses ruchlosen Frevels reinigen solle; ich verfechte den Standpunkt, man müsse die Volksversammlung unbefleckt, das Marsfeld unentweiht, den Leib eines jeden römischen Bürgers unverletzt, das Recht der Freiheit unangetastet erhalten.

12 Wirklich, ein volksfreundlicher Volkstribun, ein Hüter und Verteidiger von Recht und Freiheit! Das Porzische Gesetz hat der Rute den Rücken aller römischen Bürger entzogen;

dieser barmherzige Mann führte die Peitsche wieder ein! Das Porzische Gesetz hat die Bürgerfreiheit dem Büttel entrissen; Labienus, der Freund des Volkes, lieferte sie dem Henker aus. C. Gracchus brachte das Gesetz ein, kein römischer Bürger dürfe ohne eure Zustimmung zum Tode verurteilt werden[8]; dieser Volksfreund setzte durch, daß die Zweimänner ohne eure Zustimmung über einen römischen Bürger nicht etwa Recht sprechen, sondern ihn ohne Verhör zum Tode verurteilen.

Du sprichst mir gar vom Porzischen Gesetz, du von C. 13
Gracchus, du von der Freiheit dieser Männer hier, du überhaupt von irgendeinem Freunde des Volkes? Hast du doch versucht, nicht nur durch nie gesehene Strafmaßnahmen, sondern auch durch Worte von unerhörter Grausamkeit der Freiheit dieses Volkes Gewalt anzutun, seine Milde zu kränken, seine Lebensordnung zu verändern! Denn deine Formel, die dir, einem milden und volksfreundlichen Menschen, Freude macht: «Geh, Büttel, binde ihm die Hände!» – sie widerstreitet unserer jetzigen Freiheit und Milde und sogar der Zeit des Romulus oder des Numa Pompilius; Tarquinius, der anmaßendste und grausamste König, hat diesen Martergesang erfunden, den du, ein sanfter und volksfreundlicher Mensch, mit größtem Vergnügen im Munde führst: «Verhülle ihm das Haupt, knüpfe ihn an den Baum des Unheils[9].» Diese Worte, Quiriten, sind in unserem Staate schon längst verblichen, nicht nur in der Finsternis uralter Zeit, sondern auch im Lichte der Freiheit.

Wenn diese Formel dem Volke förderlich und irgendwie 14
mit Recht und Billigkeit vereinbar wäre, hätte ihr C. Gracchus dann keine Beachtung geschenkt? Freilich, der Tod deines Onkels hat dich schwerer getroffen als C. Gracchus der Tod des Bruders, und für dich war der Tod eines Onkels, den du nie gesehen hast, bitterer als für C. Gracchus der Tod des

Bruders, mit dem er in innigster Eintracht gelebt hatte, und du ahndest mit etwa gleichem Recht den Tod deines Onkels, wie C. Gracchus den seines Bruders verfolgt hätte, wäre er willens gewesen, in dieser Weise vorzugehen, und dieser Labienus, euer Onkel, er sei was immer gewesen, hinterließ beim römischen Volke ein ebenso großes Verlangen wie Ti. Gracchus. Ist deine Anhänglichkeit größer als die des C. Gracchus, oder dein Mut, oder deine Klugheit, oder dein Einfluß, oder dein Ansehen, oder deine Beredsamkeit? Wären diese Dinge auch sehr gering bei ihm gewesen, man würde sie dennoch, gemessen an deinen Fähigkeiten, für überragend
15 halten. Doch da es C. Gracchus in alledem allen zuvortat, welcher Abstand, glaubst du eigentlich, liegt zwischen dir und ihm? C. Gracchus aber wäre eher tausendfach auf die bitterste Art umgekommen, als daß sich in einer von ihm geleiteten Volksversammlung ein Henker hätte aufstellen dürfen; die zensorischen Gesetze schreiben ja vor, daß dieser Person nicht nur das Forum, sondern auch der Himmel und die Luft hier und der Wohnsitz in der Stadt verwehrt sei[10].

Dieser Labienus wagt es, sich einen Volksfreund zu nennen und mich einen Feind eurer Interessen? Hat er doch alle Schrecknisse von Strafen und Rechtsformen nicht etwa aus eurer und eurer Väter Erinnerung, sondern aus den Geschichtswerken und Aufzeichnungen der Königszeit[11] zusammengesucht, während ich mit aller meiner Macht, mit allen Maßnahmen, allen Worten und Taten der Grausamkeit entgegenwirke und Widerstand leiste! Oder wollt ihr euch etwa mit der Rechtsstellung begnügen, die für Sklaven unerträglich wäre, wenn sie nicht die Aussicht auf Freilassung hätten?
16 Elend ist die Schande der öffentlichen Prozesse, elend die Vermögensstrafe, elend die Verbannung; aber dennoch bleibt bei allem Unheil eine Spur von Freiheit erhalten! Wenn vollends der Tod angedroht wird, so wollen wir in Freiheit ster-

ben, doch der Henker, die Verhüllung des Hauptes und die bloße Bezeichnung «Kreuz» sei nicht nur von Leib und Leben der römischen Bürger verbannt, sondern auch von ihren Gedanken, Augen und Ohren. Denn alle diese Dinge sind eines römischen Bürgers und freien Menschen unwürdig: nicht nur daß sie eintreten können und man sie erleiden muß, sondern auch daß sie zulässig sind, daß man mit ihnen rechnet, ja selbst, daß sie erwähnt werden. Unseren Sklaven nimmt die Milde der Herren durch eine einzige Berührung mit dem Freiheitsstabe alle Furcht vor diesen Martern[12]; sollen uns etwa weder Taten noch das Alter noch die von euch verliehenen Ehren vor Peitschenhieben, vor dem Haken des Henkers[13], kurz, vor dem Schrecken des Kreuzes bewahren?

Daher gebe ich zu, Labienus, und bekenne gar und erkläre 17
öffentlich, daß dich mein Entschluß, meine Tatkraft und mein Einfluß an dieser harten, grausamen, nicht tribunizischen, sondern tyrannischen Prozedur gehindert hat. Du aber hast dich mit dieser Prozedur über alle Beispiele der Vorfahren, alle Gesetze, alle Gutachten des Senats, alle religiösen Verpflichtungen und staatsrechtlichen Grundsätze der Vogelschau hinweggesetzt. Gleichwohl wirst du hierüber in der mir so knapp zugemessenen Frist nichts hören; für diese Auseinandersetzung steht uns später unbeschränkt Zeit zur Verfügung.

Ich will mich jetzt mit dem Verbrechen an Saturninus und 18
mit dem Tode deines hochverehrten Onkels befassen. Du beschuldigst C. Rabirius, er habe den L. Saturninus getötet. Doch C. Rabirius hat bereits durch zahlreiche Zeugnisse und das ungemein ausführliche Plädoyer des Q. Hortensius die Haltlosigkeit dieses Vorwurfs dargetan. Ich aber würde, wenn ich noch freie Hand hätte, das Verbrechen auf mich nehmen, anerkennen und eingestehen. Gäbe mir doch die Verhandlung Gelegenheit, dies behaupten zu können: L. Saturninus, der Feind des römischen Volkes, sei von der Hand des C. Rabi-

rius getötet worden! Die Zwischenrufe da regen mich nicht auf, sondern beruhigen mich: sie zeigen, daß es zwar ahnungslose Bürger gibt, ihre Zahl jedoch klein ist. Das römische Volk steht schweigend da, und glaubt mir, es hätte mich niemals zum Konsul gewählt, wenn es annähme, ich ließe mich durch euer Geschrei in Verwirrung bringen. Wie viel schwächer sind schon die Zurufe! Werdet ihr endlich euren Mund halten, der nur eure Torheit verrät und eure geringe Zahl bekundet!

19 Mit Freuden, sage ich, würde ich gestehen, daß L. Saturninus von der Hand des C. Rabirius den Tod empfing, wenn ich das der Wahrheit gemäß gestehen könnte und es mir noch freigestellt wäre, und ich würde meinen, dies sei eine herrliche Tat. Doch da ich's nicht tun kann, will ich etwas gestehen, was zwar das Verdienst verringert, nicht aber den Schuldvorwurf. Ich gestehe, daß C. Rabirius zu den Waffen griff, um Saturninus zu töten. Wie steht's, Labienus? Welch belastenderes Geständnis erwartest du von mir oder welchen schlimmeren Vorwurf gegen den Angeklagten? Denn du glaubst doch nicht etwa, daß es etwas ausmacht, ob jemand einen Menschen getötet hat oder ob er, um einen Menschen zu töten, Waffen trug? Wenn es ein Frevel war, Saturninus zu töten, so ist undenkbar, daß man gegen Saturninus zu den Waffen griff, ohne damit ein Verbrechen zu begehen; wenn du zugibst, man habe mit Recht zu den Waffen gegriffen, so mußt du auch zugeben, die Tötung sei mit Recht erfolgt.

20 Es ergeht der Senatsbeschluß, die Konsuln C. Marius und L. Valerius sollten nach ihrem Ermessen Volkstribunen und Prätoren heranziehen und nichts unversucht lassen, daß Herrschaftsgewalt und Hoheit des römischen Volkes erhalten blieben[14]. Sie ziehen alle Volkstribunen außer Saturninus zur Unterstützung heran und alle Prätoren außer Glaucia; sie befehlen, wer da wünsche, daß der Staat bestehen bleibe, der

solle sich bewaffnen und ihnen folgen. Der Gehorsam ist allgemein; das römische Volk empfängt Waffen aus dem Tempel des Sancus[15] und den staatlichen Zeughäusern; der Konsul C. Marius führt die Verteilung durch.

An dieser Stelle will ich jetzt, um nicht auf das Weitere einzugehen, von dir selbst Auskunft erhalten, Labienus: als sich Saturninus in Waffen auf dem Kapitol verschanzt hatte, als C. Glaucia, C. Saufeius, ferner dieser Fußfessel- und Arbeitshaus-Gracchus dabei waren[16], und ich will ihnen noch, da du es so willst, Q. Labienus, deinen Onkel, beigeben, als sich hingegen auf dem Forum die Konsuln C. Marius und L. Valerius Flaccus befanden, hinter ihnen der ganze Senat, und zwar der Senat, den auch ihr Verleumder der jetzt lebenden Väter zu preisen pflegt, um unseren Senat desto leichter in den Staub ziehen zu können, und der Ritterstand – doch von was für Rittern, bei den unsterblichen Göttern! von unseren Vätern und von der Zeit, da sie einen großen Teil der hoheitlichen Befugnisse sowie alle Würde und Gewalt der Gerichtsbarkeit innehatten[17]! – als alle Menschen aller Stände, die glaubten, ihr eigenes Heil beruhe auf dem Heil des Staates, zu den Waffen gegriffen hatten: was in aller Welt mußte C. Rabirius da tun? Von dir selbst, sage ich, möchte ich Auskunft erhalten, 21
Labienus.

Als die Konsuln dem Senatsbeschluß gemäß zu den Waffen gerufen hatten, als sich M. Aemilius, der Ranghöchste im Senat, bewaffnet auf dem Komitium aufgestellt hatte (er konnte kaum noch gehen; er hat gewiß geglaubt, daß ihn die Langsamkeit seiner Füße nicht an der Verfolgung, sondern nur an der Flucht hindern werde), als überdies Q. Scaevola, vom Alter erschöpft und von Krankheit zermürbt, gebrechlich und an allen Gliedmaßen gelähmt und geschwächt, auf eine Lanze gestützt ebenso seine geistige Kraft wie seine leibliche Hinfälligkeit zeigte, als L. Metellus, Ser. Galba, C. Serranus, P.

Rutilius, C. Fimbria, Q. Catulus sowie sämtliche ehemalige Konsuln, die damals lebten, für das gemeinsame Heil zu den Waffen gegriffen hatten, als alle Prätoren, der gesamte Adel und die wehrpflichtige Jugend herbeieilte, Cn. und L. Domitius, L. Crassus, Q. Mucius, C. Claudius und M. Drusus, als alle Oktavier, Meteller, Julier, Cassier, Catonen und Pompejer, als L. Philippus und L. Scipio, als M. Lepidus, als D. Brutus, als der P. Servilius in Person, unter dessen Kommando du, Labienus, gedient hast, als der Q. Catulus hier, damals noch ein ganz junger Mann, als hier der C. Curio[18], als schließlich sämtliche hochangesehenen Männer bei den Konsuln standen: was in aller Welt war C. Rabirius da zu tun verpflichtet? Sollte er sich eingesperrt und unauffindbar in einem Schlupfwinkel verborgen halten und seine Feigheit hinter der Schutzwehr finsterer Wände verstecken? Oder sollte er sich aufs Kapitol begeben und sich dort deinem Onkel und den anderen beigesellen, die wegen der Schändlichkeit ihres Lebens ihre Zuflucht zum Tode nahmen? Oder sollte er mit Marius, Scaurus, Catulus, Metellus, Scaevola, kurzum, mit allen Rechtschaffenen einen Bund nicht nur der Rettung, sondern auch der Gefahr eingehen?

22 Was hättest du eigentlich bei diesem Stand der Dinge getan, Labienus? Da die Denkart der Feigheit dich in die Flucht und ins Versteck trieb, der frevlerische Wahnsinn des L. Saturninus aufs Kapitol zog, die Konsuln zur Rettung des Vaterlandes und zur Freiheit herbeiriefen, welchem Gebot, welcher Stimme, welcher Partei hättest du am liebsten folgen, wessen Befehl am liebsten gehorchen wollen? «Mein Onkel», sagt Labienus, «stand auf der Seite des Saturninus.» Wie? Auf wessen Seite stand dein Vater? Wie? Eure Verwandten, die römische Ritter waren? Wie? Der ganze Kreis, der Bezirk, die Gegend in eurer Nachbarschaft? Wie? Die gesamte picenische Mark[19]: folgte sie der Raserei des Tribunen oder dem Befehl

der Konsuln? Ich versichere dir, was du jetzt von deinem 23
Onkel behauptest, das hat bislang noch niemand je von sich selber zugestanden; niemand, sage ich, hat sich als so charakterlos und verworfen erwiesen, als derart von allem Ehrgefühl, ja auch vom Schein des Ehrgefühls verlassen, daß er zugäbe, er habe sich mit Saturninus auf dem Kapitol befunden. Doch euer Onkel befand sich dort. Mag er, und mag er sich dort befunden haben, ohne durch eine Zwangslage, durch hoffnungslose Vermögensverhältnisse, durch häusliche Zerrüttung genötigt worden zu sein; mag ihn die enge Bindung an L. Saturninus verleitet haben, die Freundschaft dem Vaterlande vorzuziehen: war deshalb C. Rabirius verpflichtet, dem Staate untreu zu werden, sich nicht der bewaffneten Menge der Rechtschaffenen anzuschließen, dem Ruf und Befehl der Kon-
suln den Gehorsam zu verweigern? Vielmehr, wir sehen doch, 24
daß es drei Möglichkeiten gab: er konnte auf seiten des Saturninus oder auf seiten der Rechtschaffenen stehen oder sich versteckt halten. Sich versteckt zu halten kam dem schimpflichsten Tode gleich, auf seiten des Saturninus zu stehen verbrecherischem Wahnsinn; Mut und Anstand und Ehrgefühl zwangen ihn, den Konsuln zu folgen. Daraus also machst du ein Verbrechen, daß C. Rabirius auf seiten derer stand, die zu bekämpfen heller Wahnsinn, die im Stich zu lassen die schlimmste Schande gewesen wäre?

Hingegen wurde der häufig von dir erwähnte C. Decianus bestraft, weil er es gewagt hatte, in einer Volksversammlung den Tod des Saturninus zu bedauern (er klagte zur größten Genugtuung aller Rechtschaffenen den P. Furius an, einen Menschen, der mit allen Zeichen der Schande gebrandmarkt war); auch Sex. Titius wurde bestraft, weil er bei sich zu Hause ein Bildnis des L. Saturninus besaß[20]. Durch dieses Urteil bekräftigten römische Ritter, daß ein schlechter Bürger sei und nicht länger der Bürgerschaft anzugehören verdiene, wer

durch das Bildnis eines Aufrührers und Feindes dessen Tod
verherrliche oder bei Unwissenden Mitleid und Wunschvor-
stellungen erwecke oder seine Bereitschaft zeige, der Verwor-
25 fenheit nachzueifern. Ich muß mich daher wundern, wo du das
Bildnis aufgetrieben hast, Labienus, das du dein eigen nennst;
denn nach der Verurteilung des Sex. Titius fand sich niemand mehr, der es gewagt hätte, dergleichen zu besitzen. Wenn du davon gehört hättest oder dein Alter dir das zu wissen erlaubte, wahrhaftig, du hättest niemals dieses Bildnis, das, zu Hause aufgestellt, dem Sex. Titius Verderben und Landesverweisung eintrug, auf die Rednerbühne und in die Versammlung gebracht, noch hättest du je dein Boot auf die Klippen zugesteuert, an denen, wie du hättest sehen können, das Schiff des Sex. Titius zerschellte und in deren Mitte das Glück des C. Decianus Schiffbruch erlitt. Doch in allen diesen Dingen strauchelst du aus Unwissenheit. Du hast dich nämlich einer Sache angenommen, die älter ist als deine Erinnerung, die gestorben war, ehe du geboren wurdest, und du bringst eine Sache vor Gericht, an der du dich sicherlich beteiligt hättest, wäre es dir nicht aus zeitlichen Gründen unmöglich gewesen.

26 Oder bemerkst du nicht, was du einerseits den Verstorbenen antust, welche Leute und was für Männer du des schlimmsten Verbrechens bezichtigst, und andererseits, wie viele der Lebenden du mit demselben Schuldvorwurf in größte Not und tödliche Gefahr bringst? Denn wenn C. Rabirius einen todeswürdigen Frevel beging, indem er gegen L. Saturninus in den Kampf zog, so wird ihm jedenfalls die Berufung auf sein damaliges Alter einigen Schutz vor der Gefahr gewähren. Doch wie sollen wir die Verstorbenen rechtfertigen: Q. Catulus, den Vater des Anwesenden dort[21], dem größte Klugheit, hervorragende Tatkraft und außergewöhnliche Menschenfreundlichkeit eigneten, M. Scaurus, einen derart charakterfesten, einsichtsvollen und verständigen Mann, die

beiden Mucier, L. Crassus, M. Antonius[22], der sich damals mit einer Schutztruppe vor der Stadt befand, lauter Männer, deren Weisheit und Geistesgaben in unserer Bürgerschaft weit an der Spitze standen, sowie die übrigen Hüter und Lenker des Staates, die ebenso großes Ansehen genossen? Was sollen 27
wir von den hochachtbaren Männern und vortrefflichen Bürgern, den römischen Rittern sagen, die damals gemeinsam mit dem Senat für die Rettung des Staates stritten? Was von den Ärartribunen[23] und Leuten aller übrigen Stände, die damals für die gemeinsame Sache der Freiheit zu den Waffen griffen?

Doch was rede ich von allen denen, die nur dem Befehl der Konsuln gehorchten? Was wird aus dem Rufe der Konsuln selbst? Wollen wir L. Flaccus nach seinem Tode eines ruchlosen Verbrechens und Mordes schuldig sprechen, einen Mann, der stets in den öffentlichen Angelegenheiten größte Gewissenhaftigkeit zeigte, zumal bei der Führung von Ämtern, in seiner Priesterwürde und bei den heiligen Handlungen, die er leitete[24]? Wollen wir dieser Schmach und Schande über Tote auch den Namen des C. Marius beigesellen? C. Marius, den wir wahrhaft den Vater des Vaterlandes, den Gründer, sage ich, von eurer Freiheit und von diesem Staatswesen nennen können, ihn wollen wir nach seinem Tode eines ruchlosen Verbrechens und Mordes schuldig sprechen? Denn 28
wenn T. Labienus meinte, man müsse für C. Rabirius auf dem Marsfelde ein Kreuz errichten, weil er zu den Waffen gegriffen hat, welche Marter wird man sich dann schließlich für den ausdenken, der zu den Waffen rief?

Und wenn dem Saturninus, wie du ja sehr oft betonst, ein Sicherheitsversprechen gegeben wurde: nicht C. Rabirius, sondern C. Marius hat es gegeben, und er hat es auch verletzt, wenn er sich nicht daran hielt. Wie konnte man überhaupt ohne Senatsbeschluß ein Sicherheitsversprechen geben,

Labienus? Bist du so fremd in dieser Stadt, kennst du dich so wenig mit unseren Grundsätzen und Gepflogenheiten aus, daß du dies nicht weißt, daß es aussieht, als seiest du auf Reisen in einem auswärtigen Gemeinwesen und nicht Inhaber eines Amtes in deinem eigenen?

29 «Was können meine Vorwürfe dem C. Marius noch schaden?» meint Labienus; «er ist ja fühllos und tot.» Wirklich, steht es so? Hätte C. Marius ein so mühevolles und gefahrenreiches Leben geführt, wenn er sein Hoffen und Trachten für sich und seinen Ruhm nicht weiter gerichtet hätte, als die Schranken seines Daseins erheischten? Doch nein, ich glaube schon: als er in Italien ungezählte Scharen von Feinden[25] geschlagen und den Staat von der Bedrängnis befreit hatte, da meinte er gewiß, alle seine Taten würden mit ihm zusammen zugrunde gehen. Das ist nicht wahr, Quiriten, und niemand unter uns steht in den Nöten des Staates rühmlich und tatkräftig seinen Mann, ohne sich von der Hoffnung auf den Lohn der Nachwelt leiten zu lassen. Ich halte daher den Geist vortrefflicher Männer aus mancherlei anderen Gründen für göttlich und unvergänglich, vor allem aber deshalb, weil die Seele eines jeden wahrhaft hervorragenden und weisen Mannes derart für die Zukunft vorausdenkt, daß sie sich einzig
30 auf die Ewigkeit zu richten scheint. Ich glaube daher, daß sich die Geister des C. Marius und der übrigen durch Weisheit und Tatkraft ausgezeichneten Männer aus dem Leben der Menschen zur hochheiligen Behausung der Götter begeben haben, und ich rufe sie zu Zeugen für meine Auffassung an, daß man ihren Ruf, ihren Ruhm und ihr Andenken ebenso verteidigen muß wie die Heiligtümer und Tempel des Vaterlandes. Und wenn ich um ihres Ansehens willen die Waffen ergreifen müßte, ich würde sie nicht weniger entschlossen ergreifen, als jene sie für das gemeinsame Heil ergriffen haben. Denn, Quiriten, die Natur hat uns eine kurze Bahn für das

Leben zugemessen, doch eine unermeßliche für den Ruhm. Wenn wir daher diejenigen auszeichnen, die bereits aus dem Leben geschieden sind, so hinterlassen wir auch uns selbst ein besseres Todeslos.

Doch wenn du dich schon um die nicht kümmerst, die unseren Blicken entzogen sind, Labienus, glaubst du dann nicht einmal derer achten zu müssen, die du hier erblickst? Ich be- 31
haupte: wer immer sich an jenem Tage, den du zum Gegenstand des Prozesses machst, in Rom befand und bereits erwachsen war, der hat zu den Waffen gegriffen, der ist den Konsuln gefolgt. Du kannst aus dem Alter eines jeden schließen, was er getan hat; sie alle werden von dir unter dem Namen des C. Rabirius auf Tod und Leben vor Gericht geladen. Doch nein, Rabirius hat ja den Saturninus getötet. Hätte er es nur getan! Ich würde nicht eine Strafe abzuwenden suchen, sondern eine Belohnung verlangen. Denn Scaeva, ein Sklave des Q. Croto, der den L. Saturninus getötet hat, wurde immerhin mit der Freiheit beschenkt; welche Belohnung wäre da für einen römischen Ritter angemessen gewesen? Und wenn C. Marius, weil er befohlen hatte, die Leitungen zu unterbrechen, die den Tempel und Sitz des Jupiter Optimus Maximus mit Wasser versahen, weil ... auf der kapitolinischen Straße ... der frevlerischen Bürger ...[26]

... Dennoch ging der Senat, der sich unter meinem Vorsitz 32
mit der Sache befaßte, nicht verständiger oder strenger vor als ihr alle: ihr habt ja die Aufteilung der Welt und vor allem die kampanische Mark mit Herzen, Mund und Händen abgelehnt[27].

Ich rufe, erkläre und verkünde dasselbe wie der Urheber 33
dieses Prozesses: Es gibt keinen König mehr, kein Volk und keinen Stamm, vor dem ihr euch zu fürchten braucht; es gibt kein von außen, kein aus der Fremde kommendes Übel, das in diesen Staat eindringen könnte. Wenn ihr wollt, daß dieses

Gemeinwesen unvergänglich sei, daß dieses Reich auf ewig, daß sein Ruhm auf immerdar bestehen bleibe, dann müssen wir uns vor unseren Begierden hüten, vor aufrührerischen und umstürzlerischen Elementen, vor Mißständen im Inneren,
34 vor Anschlägen im eigenen Lande. Gegen diese Übel wiederum hinterließen euch eure Vorfahren ein festes Bollwerk, den Ruf des Konsuls: «Wer da wünscht, daß der Staat bestehen bleibt.» Schützt diesen Ruf, Quiriten; nehmt durch euer Urteil nicht mir ... und raubt dem Gemeinwesen nicht die Aussicht auf Freiheit, die Aussicht auf Wohlfahrt, die Aussicht auf Ehre.

35 Was würde ich tun, wenn T. Labienus ein Blutbad unter Bürgern angerichtet hätte wie L. Saturninus, wenn er das Gefängnis gestürmt, wenn er mit bewaffneten Leuten das Kapitol besetzt hätte? Ich würde dasselbe tun, was C. Marius tat: ich würde dem Senat berichten, ich würde euch auffordern, den Staat zu verteidigen, ich würde, selbst bewaffnet, mit euch zusammen dem bewaffneten Feinde Widerstand leisten. Doch jetzt läßt zwar nichts auf Waffen schließen; ich erblicke keine Geschosse; es gibt keine Gewalt, keinen Mord, keine Besetzung des Kapitols und der Burg[28]. Aber es findet eine verderbliche Anklage statt, ein bitterböser Prozeß, das Unternehmen eines Volkstribuns, das ganz und gar gegen den Staat gerichtet ist. Da habe ich geglaubt, ich müsse euch nicht zu den Waffen rufen, sondern zur Abstimmung gegen den Sturmangriff auffordern, der eure hoheitliche Gewalt bedroht. Deshalb bitte ich jetzt euch alle, ich flehe euch an und ermahne euch: so ist es nicht Brauch, daß ein Konsul ...

36 ... fürchtet; er hat diese Narben und Male seiner Tapferkeit, dem Feinde zugewandt, für das Vaterland empfangen, doch er fürchtet sich vor dem Gedanken, sein Ruf möchte eine Wunde erhalten; ihn haben die Angriffe der Feinde nie einen Fußbreit zurückzudrängen vermocht, doch jetzt bebt er vor

dem Ansturm seiner Mitbürger, dem er sich unweigerlich beugen muß. Und er bittet euch nicht mehr um die Möglichkeit 37
eines glücklichen Lebens, sondern um die Gunst eines Todes in Ehren, und nicht so sehr der Verlust seines Hauses peinigt ihn wie die Vorstellung, ihm möchte die ererbte Grabstätte entzogen werden. Nur darum noch bittet er euch inständig: verwehrt ihm nicht ein rechtmäßiges Begräbnis und den Tod in der Heimat; duldet, daß er, der für das Vaterland vor keiner tödlichen Gefahr auswich, in seinem Vaterland den Tod erleiden darf.

Ich habe jetzt bis zu dem Zeitpunkt gesprochen, den der 38
Volkstribun mir vorgeschrieben hat. Ich bitte euch nachdrücklich, nehmt meine Verteidigung als Opfer der Treue für die Gefahr des Freundes, als Beisteuer des Konsuls für das Heil des Staates.

... und der dem gesamten römischen Volk, vor allem aber 1
dem Ritterstand weitaus der teuerste war[29].

DIE CATILINARISCHEN REDEN

Einleitung

Über den Putschversuch Catilinas berichten die vier ciceronischen Reden und die Monographie Sallusts, ferner die Griechen Plutarch, Appian und Cassius Dio. Daher sind wenige Ereignisse der untergehenden römischen Republik so gut bekannt wie diese Episode, die das letzte Vierteljahr von Ciceros Konsulat (63 v. Chr.) ausfüllte. Allerdings befassen sich die Quellen vor allem mit den äußeren Begebenheiten; der Hintergrund der sozialen Nöte, der das Abenteurertum Catilinas ermöglicht hat, zeigt sich nur umrißhaft und in einseitiger Perspektive.

Ciceros Reden schließen sich zu zwei Paaren zusammen. Das erste Paar gibt die Ansprachen wieder, die Cicero am 7. und 8. November, die eine im Senat, die andere vor dem Volke, gehalten hat. Es befaßt sich mit Catilina selbst; das gemeinsame Thema ist Ciceros Bestreben, Catilina zu offenem staatsfeindlichen Handeln zu nötigen. Das zweite Paar gilt dem stadtrömischen Anhang Catilinas, seiner Entdeckung und Bestrafung. Cicero richtete die erste dieser beiden Ansprachen am Abend des 3. Dezember an das römische Volk; die zweite trug er in der Senatssitzung vom 5. Dezember vor. Die beiden Senatsreden sind argumentierender Art, da sie unmittelbar auf die Entscheidungen anderer einwirken wollen; in den beiden Volksreden herrscht der Bericht über Geschehenes vor. Cicero scheint alle vier Ansprachen gründlich umgearbeitet zu haben, als er im Jahre 60 v. Chr. eine Ausgabe seiner Konsulatsreden vorbereitete.

L. Sergius Catilina (geb. 108 v. Chr.) entstammte einem alten Patriziergeschlecht. Der Werdegang vermittelt ein düsteres Bild von den Verhältnissen, die ihn ermöglicht haben. Während der sullanischen Proskriptionen betätigte sich Catilina als Mordscherge der siegreichen Aristokratie. Im Jahre 73 v. Chr. stand er wegen der Schändung einer Vestalin vor Gericht. Er durchlief gleichwohl die Ämterkarriere; im Jahre 68 v. Chr. erreichte er die Prätur. Die Statthalterschaft in Afrika (67/66 v. Chr.) diente ihm zu skrupelloser Ausbeutung der Provinzialen. Jetzt begann der Staatsapparat ihm Schwierigkeiten zu machen: er durfte sich nicht um das Konsulat des Jahres 65 v. Chr. bewerben, und an der Kandidatur für das folgende Jahr hinderte ihn der Erpressungsprozeß, den man gegen ihn anstrengte. Er wurde allerdings nicht verurteilt, da er den Ankläger und die Richter bestochen hatte. Während dieser Zeit (66/65 v. Chr.) wirkte er bei einem Komplott gegen die Staatsführung mit. Die Ziele und Hintergründe dieser Umtriebe, der sogenannten 1. catilinarischen Verschwörung, sind undurchsichtig; man behauptete, Crassus und Caesar hätten das Unternehmen gefördert. Die Anschläge scheiterten; weder Catilina noch andere Beteiligte wurden vor Gericht gestellt. Im Sommer 64 v. Chr. bewarb sich Catilina um das Konsulat. Er verband sich mit C. Antonius, der dasselbe Ziel erstrebte, zu gemeinsamer Wahlkampagne; Crassus und Caesar finanzierten den Stimmenkauf. Die skrupellosen Wahlumtriebe führten zu Verhandlungen im Senat; eine Invektive Ciceros, die «Rede im Kandidatengewand» (*Oratio in toga candida*; bis auf einige Fragmente verloren), deckte schonungslos die dunkle Vergangenheit und die umstürzlerischen Absichten der beiden Mitbewerber auf. Die Senatsaristokratie sah sich nunmehr veranlaßt, die Kandidatur Ciceros, der sie zunächst mit Reserve begegnet war, nachdrücklich zu fördern; Cicero und Antonius wurden gewählt. Im

Sommer 63 v. Chr. bewarb Catilina sich abermals um das Konsulat. Er verschaffte sich Anhänger; er verhieß Schulderlaß; er warf sich zum Haupt der Besitzlosen auf. Cicero bemühte sich vergebens, einen Senatsbeschluß gegen Catilina herbeizuführen; andererseits verliefen die Wahlen ohne Zwischenfall, und Catilina wurde zum zweiten Male abgewiesen.

Catilina bereitete nunmehr den gewaltsamen Umsturz vor. Ende Oktober spitzten sich die Ereignisse zu. Anonyme Briefe warnten vor Mordanschlägen, die gegen führende Männer des Senats geplant seien; Cicero, durch einen Spitzel über die Absichten der Catilinarier unterrichtet, gab in der Senatssitzung vom 21. Oktober bekannt, daß der offene Aufruhr am 27. Oktober in Etrurien beginnen solle. Der Senat beschloß daraufhin den Ausnahmezustand und erteilte den Konsuln unbeschränkte Vollmacht (*senatus consultum ultimum*)*. Der Aufstand begann, wie von Cicero angekündigt; C. Manlius, ebenfalls ein ehemaliger Sullaner, übernahm das Kommando. Catilina, der wohl noch stets einflußreiche Stützen im Senat hatte, blieb in Rom und spielte den Unschuldigen. In der Nacht vom 5. zum 6. November hielt er eine Beratung ab; man beschloß die Ermordung Ciceros. Das Attentat scheiterte, da Cicero gewarnt war. In der Senatssitzung, die daraufhin einberufen wurde (7. November), erschien zu allgemeiner Überraschung auch Catilina; er wollte offensichtlich bekunden, daß er an dem Aufstand in Etrurien nicht beteiligt sei und zu Unrecht staatsfeindlicher Umtriebe bezichtigt werde. Er verlangte sogar, daß der Senat über ihn abstimme; er wolle sich, wenn man ihn schuldig spreche, für den Staat opfern und in die Verbannung gehen.

Auf diesem Stand der Dinge beruht die erste Rede. Cicero mußte von mehreren Prämissen ausgehen, die den Spielraum

* Siehe hierüber die Einleitung zur Rede für C. Rabirius.

des Möglichen erheblich einschränkten. Die entschiedenen Optimaten* drangen auf energisches Handeln. Die Popularen* lehnten Maßnahmen gegen Catilina ab, solange es an untrüglichen Beweisen fehlte. Eine weitere Gruppe von Senatsmitgliedern war aus Skepsis oder Vorsicht noch nicht zu durchgreifenden Beschlüssen bereit. Cicero konnte sich daher auf das Ansinnen Catilinas nicht einlassen, noch wollte er von seinem Ausnahmerecht Gebrauch machen und auf eigene Verantwortung gegen Catilina vorgehen. Andererseits war er überzeugt, daß sich Catilina von dem Aufstand in Etrurien nicht mehr distanzieren könne, und er sah mit Recht den Schwebezustand, den der Gegner aufrechtzuerhalten suchte, für bedrohlicher an als eine klare Trennung der Fronten. Aus alledem ergab sich Ciceros Entscheidung, von rechtlichem Zwang abzusehen und alle Mittel des moralischen Drucks gegen Catilina einzusetzen: er sollte genötigt werden, die Maske fallen zu lassen und sich zu seinen Truppen zu begeben. Der Bluff gelang; Catilina erlag dem Druck und reiste ab. Die ausgearbeitete Rede mag die ursprüngliche Improvisation stark verändert haben; immerhin meidet auch sie einen planen Aufbau; Cicero trägt von verschiedenen Seiten her leidenschaftliche Angriffe vor, die sämtlich dem Zweck dienen, Catilina den weiteren Aufenthalt in der Stadt unmöglich zu machen.

Am Morgen des 8. November, wenige Stunden nach Catilinas Abreise, hielt Cicero vor dem römischen Volk die zweite Rede. Die beiden einander entgegengesetzten Auffassungen, von denen er bereits im Senat ausgegangen war, kehren hier in situationsbedingter Abwandlung wieder. Dem Verlangen nach sofortiger Bestrafung Catilinas, erklärt Cicero, habe er aus mancherlei Gründen nicht nachgeben dürfen (3 f.); andererseits sei der Vorwurf unberechtigt, daß er sich zu einem

* Siehe hierüber die Einleitung zu den Reden über das Siedlergesetz.

Machtwort habe hinreißen lassen: er habe Catilina nicht «hinausgeworfen», das heißt das umstrittene Ausnahmerecht benutzt, die ungesetzliche Strafe der Verbannung über ihn zu verhängen, er habe ihn vielmehr «fortgeschickt» (12–15). Den eigentlichen Gegenstand der Rede macht die catilinarische Bewegung und ihre mutmaßliche Gefährlichkeit aus. Catilina ging, doch mancher Gefolgsmann blieb in Rom; diese Tatsache dämpft, wie Cicero nicht völlig verhehlen kann, die Freude über den Erfolg (4–6). Andererseits braucht man die Scharen, die in offenem Aufruhr stehen, nicht sonderlich zu fürchten. Cicero bedenkt den Führer und seinen Anhang zunächst mit einer kräftigen Invektive (7–10). Später sucht er mit etwas minder emotionalen Begriffen die Kräfte zu analysieren, die sich um Catilina gesammelt haben; hierbei werden sechs Gruppen von Gefolgsleuten unterschieden (17–23). Gegen die Machtmittel des römischen Staates, so lautet das Fazit, vermöge dieser buntscheckige Haufe nichts auszurichten (24–26). Diese Partie ist besonders aufschlußreich für die Einstellung, mit der Cicero und die von ihm repräsentierte Senatsaristokratie der sozialen Krise begegneten: man war lediglich darauf bedacht, den Staatsapparat und die bestehenden Besitzverhältnisse gegen zerstörerische Kräfte zu behaupten; man nahm jedoch keinerlei Anlaß, sich über die Ursachen der catilinarischen Bewegung Gedanken zu machen und zu fragen, wie sich dem Übel von Grund auf abhelfen lasse.

Mit der dritten Rede wandte sich Cicero am Abend des 3. Dezember an das römische Volk. Sie enthält in ihrem Kern den Bericht über einen gelungenen Coup: es war Cicero geglückt, die Catilinarier, die in der Hauptstadt auf eine Gelegenheit zum Losschlagen warteten, zu entlarven und vor dem Senat durch Urkunden und Geständnisse des Hochverrats zu überführen; der Senat hatte beschlossen, die Schuldigen in

Haft zu nehmen (3–15). Um diesen Hauptabschnitt rankt sich einiges Beiwerk, das sich zum Teil als Zutat der späteren Ausarbeitung zu erkennen gibt: der vernichtende Schlag gegen die Catilinarier bekundet sichtbarlich die Hilfe der Götter (18–22); andererseits hat Cicero so Großes vollbracht, daß man ihn, den Retter, als zweiten Stadtgründer betrachten darf; zum Lohn hofft er auf das ehrende Andenken der Mitbürger und auf ihren tätigen Schutz, falls ihn die inneren Feinde wegen seiner Politik bedrängen sollten (1f. 23–29).

Am 5. Dezember fragte Cicero den Senat, was mit den Verhafteten geschehen solle. An sich war er durch das *senatus consultum ultimum* ermächtigt, überführte Hochverräter ohne ein ordentliches Gerichtsverfahren hinrichten zu lassen, eine Maßnahme, die sich um so mehr empfahl, als der römische Staat offenbar nicht mehr imstande gewesen wäre, politische Gefangene für längere Zeit hinter Schloß und Riegel zu halten. Andererseits bestritten die Popularen die Legitimität des vom Senat verhängten Ausnahmezustandes, und das Problem, das sich Cicero schon bei der ‹Verbannung› Catilinas gestellt hatte, kehrte um so dringlicher wieder, als es sich dieses Mal um die Todesstrafe handelte. Cicero suchte sich dem Dilemma zu entwinden, indem er den Senat befragte und so das Quasi-Urteil einer Behörde erwirkte, die noch weniger zu standrechtlichen Maßnahmen befugt war als er selbst. Die vierte Rede beruht auf einer bestimmten Situation während der Senatsdebatte: D. Iunius Silanus, der zum Konsul für das Jahr 62 v. Chr. gewählt war, hatte für die Todesstrafe plädiert, Caesar hingegen empfohlen, die Verbrecher zu lebenslänglicher Haft zu verurteilen (7f.). Cicero gibt zu, daß Caesars Vorschlag ihm größeren Schutz gegen populare Angriffe gewähre (9–11); der Senat solle sich indes bei seiner Entscheidung allein durch das Wohl des Staates, nicht durch die Rücksicht auf seine Person bestimmen lassen (1–3). Die staatsfeindlichen Kräfte seien nicht imstande, die Vollstreckung zu verhindern – Cicero nimmt diesen Hinweis zum Anlaß, seinen politischen Lieblingsgedanken von der Einigkeit aller Stände und Gruppen ausführlich darzulegen (14–19). Auch bei der vierten Rede lassen zumal Anfang und Schluß die Bearbeitung des Jahres 60 v. Chr. erkennen; sie spiegeln deutlich den popularen Druck, dem sich Cicero damals ausgesetzt sah.

Die Debatte des 5. Dezember wurde durch den Antrag Catos entschieden; der Senat verhängte mit großer Mehrheit die sofortige Todesstrafe; Cicero verkündete am späten Abend den Vollzug. In den ersten Monaten des Jahres 62 v. Chr. wurden die Scharen Catilinas aufgerieben, und Catilina selbst fand im Kampfe den Tod. Cicero aber mußte trotz des taktischen Geschicks, das er bewiesen hatte, für die Folgen seiner senatstreuen Politik einstehen; schon während der letzten Wochen seines Konsulats begann die populare Agitation; fünf Jahre später diente die Hinrichtung der Catilinarier als Vorwand für seine Verbannung (58/57 v. Chr.).

Die Catilinarischen Reden haben mit Recht seit jeher als ein Höhepunkt von Ciceros brillanter Eloquenz gegolten. Andererseits treten dort zum ersten Male die Grenzen und Schwächen des bedeutenden Verfassers unübersehbar hervor: das maßlose Selbstlob und die kolossale Überschätzung eines episodischen Ereignisses, das chimärische Wunschbild von der Einigkeit aller Stände und jene simplifizierende Schwarzweißmalerei, die den bewegenden Kräften einer aus den Fugen geratenen Zeit mit den Kategorien der «Rechtschaffenen» (*boni*) und der «Bösewichter» (*improbi*) gerecht zu werden glaubte. Diese Schwächen sind indes in erheblichem Maße nichts als der individuelle Ausdruck einer allgemeinen Verlegenheit, der fundamentalen Verlegenheit einer Übergangsepoche, die ihre eigenen Ziele noch nicht kannte. Die Catilinarischen Reden dokumentieren endlich wider die Absicht ihres Urhebers ein gänzlich ausgehöhltes, unmittelbar vor dem Zusammenbruch stehendes Staatsgefüge; sie danken ihr Dasein der Illusion, daß sich ein System durch Umsicht, Geschick und durch die Meisterschaft des Wortes retten lasse, in dem catilinarische Existenzen ein Politikum, und nicht vielmehr den Gegenstand einer Polizeiaktion ausmachen.

Literatur

Kommentierte Ausgabe:

K. Halm–W. Sternkopf, Ciceros Reden gegen L. Sergius Catilina und für den Dichter Archias (Ciceros ausgewählte Reden, Bd. III), Berlin 1916[15].

Abhandlungen:

E. Norden, Aus Ciceros Werkstatt, SB Berlin, Phil.-hist. Kl., 1913, 6–12 = Kleine Schriften, Berlin 1966, 137–144.

K. Vretska, Das Datum der 1. Catilinaria, Ciceroniana I, 1959, 185–196.

H. Fuchs, Eine Doppelfassung in Ciceros catilinarischen Reden, Hermes 87, 1959, 463–469.

Z. Yavetz, The Failure of Catiline's Conspiracy, Historia 12, 1963, 485–499.

A. Primmer, Historisches und Oratorisches zur ersten Catilinaria, Gymnasium 84, 1977, 18–38.

Chr. Ratkowitsch, Ein 'Hymnus' in Ciceros erster Catilinaria, Wiener Studien 94, 1981, 157–167.

ERSTE CATILINARISCHE REDE

Wie lange noch, Catilina, willst du unsere Geduld mißbrauchen? Bis wann soll deine Tollheit uns noch verhöhnen? Wie weit wird zügellose Dreistigkeit sich noch vermessen? Erschütterte dich nicht der nächtliche Posten auf dem Palatin, nicht die Wachen in der Stadt, nicht die Furcht des Volkes, nicht die Zusammenkunft aller Rechtschaffenen, nicht diese fest verwahrte Stätte der Senatssitzung[1], nicht die Mienen und Blicke der Anwesenden? Spürst du nicht, daß deine Anschläge aufgedeckt sind? Siehst du nicht, daß die Kenntnis aller derer, die hier sind, deine Verschwörung bereits gebändigt hat? Was du in der letzten, was in der vorletzten Nacht[2] getan, wo du dich befunden, wen du herbeigerufen, was für einen Entschluß du gefaßt hast, wer von uns, glaubst du, wüßte das nicht? 1

Welche Zeiten, welche Sitten! Der Senat bemerkt's, der Konsul sieht's; doch dieser Mann lebt. Er lebt? Schlimmer noch: er kommt gar in den Senat, er nimmt teil am Staatsrat, seine Augen bezeichnen und bestimmen einen jeden von uns für den Mord. Doch wir mutigen Männer glauben dem Staatswohl Genüge zu tun, wenn wir dem Wüten und den Waffen dieses Gesellen ausweichen. Zum Tode hätte man dich schon längst, Catilina, auf Befehl des Konsuls abführen, auf dich das Verderben lenken sollen, das du gegen uns alle seit langem 2
anstiften willst. Der Oberpriester P. Scipio, ein Mann von 3
größtem Ansehen, hat, ohne eine Amtsgewalt zu besitzen, Ti. Gracchus getötet, der nur mit Maßen an der Staatsverfassung zu rütteln suchte[3]; da sollen wir, die Konsuln, Catilina ertragen, der mordend und brennend die Welt zu verwüsten trachtet? Denn auf die allzu fernen Ereignisse möchte ich mich nicht einlassen: daß C. Servilius Ahala den Sp. Maelius, wie er einen Umsturz anzettelte, mit eigener Hand ge-

tötet hat[4]. Es gab sie einst, es gab in unserem Staatswesen diese Entschlossenheit; tatkräftige Männer zügelten den schädlichen Bürger mit härteren Strafen als den bittersten Feind.

Wir haben einen Senatsbeschluß wider dich, Catilina, wirksam und scharf; dem Staate fehlt nicht der Rat noch die Vollmacht dieser Versammlung: wir, ich gestehe es offen, wir,
4 die Konsuln, lassen es fehlen. Einst beschloß der Senat, der Konsul L. Opimius solle Sorge tragen, daß der Staat keinen Schaden leide. Keine Nacht verging: getötet war, da einiger Verdacht aufrührerischer Umtriebe bestand, C. Gracchus, der Sohn, Enkel und Abkömmling hochberühmter Männer; erschlagen war mitsamt seinen Kindern der ehemalige Konsul M. Fulvius[5]. Durch einen ähnlichen Senatsbeschluß wurde der Staat den Konsuln C. Marius und L. Valerius überantwortet: hat daraufhin der Tod, die Strafe des Staates, den Volkstribunen L. Saturninus und den Prätor C. Servilius auch nur einen Tag warten lassen[6]? Wir indessen dulden bereits den zwanzigsten Tag[7], daß die Klinge der vom Senat erteilten Vollmacht abstumpft. Denn wir haben ja einen derartigen Senatsbeschluß; er liegt jedoch verriegelt in der Kanzlei; er steckt wie ein Schwert in der Scheide. Hiernach hättest du auf der Stelle tot sein sollen, Catilina. Du aber lebst, und du lebst nicht, um von deiner Verwegenheit abzulassen, sondern um dich darin bestärkt zu fühlen. Ich wünsche milde zu sein, versammelte Väter, ich wünsche andererseits, daß es nicht heißt, ich hätte mich in einer derartigen Notlage des Staates unachtsam verhalten; doch nunmehr muß ich mich selbst der Untätigkeit und Fahrlässigkeit bezichtigen.

5 Ein Heerlager ist in Italien, in den Pässen Etruriens[8] gegen das römische Volk aufgeschlagen; von Tag zu Tag wächst die Zahl der Feinde; doch den Befehlshaber dieses Lagers und Anführer der Feinde sehn wir innerhalb der Mauern und gar

im Senat, wie er täglich von innen her einen verderblichen Schlag gegen den Staat ausheckt. Wenn ich jetzt befehle, Catilina, man solle dich verhaften, man solle dich hinrichten, dann muß ich wohl befürchten, daß auch nur ein Rechtschaffener sagt, ich hätte allzu scharf durchgegriffen, und nicht vielmehr, daß alle behaupten, ich hätte zu spät gehandelt. Doch mich veranlaßt ein bestimmter Grund, noch nicht zu tun, was schon längst hätte getan sein sollen. Du wirst erst dann hingerichtet, wenn sich niemand mehr ausfindig machen läßt, so schlecht, so verworfen, so sehr dir ähnlich, daß er nicht
zugäbe, dies sei zu Recht geschehen. Solange jemand für dich 6
einzutreten wagt, wirst du leben, und du wirst so leben, wie du jetzt lebst: von meinen zahlreichen und starken Mannschaften niedergehalten, so daß du keine Hand gegen den Staat zu rühren vermagst. Vieler Augen und Ohren werden dich, ohne daß du es merkst, wie bisher beobachten und überwachen.

Denn worauf wartest du noch weiter, Catilina, wenn nicht die Finsternis der Nacht die ruchlosen Zusammenkünfte in Dunkel hüllen noch ein Privathaus die Stimmen deiner Verschwörung in seinen Wänden bergen kann, wenn alles ans Licht kommt, alles hervorbricht? Ändere nunmehr deinen Plan, hör auf mich; entschlage dich des Mordens und Brennens. Man hat dich überall gefaßt, alle deine Anschläge sind für uns so klar wie der Tag; du magst sie dir jetzt mit meiner Hilfe ins Gedächtnis zurückrufen.

Erinnerst du dich: ich erklärte am 21. Oktober im Senat, 7
C. Manlius, der Gefolgsmann und Helfer deiner Verwegenheit, werde an einem bestimmten Tage die Waffen erheben, und dieser Tag werde der 27. Oktober sein. Habe ich mich etwa getäuscht, Catilina, nicht nur, was den ungeheuerlichen, so scheußlichen und so unglaublichen Sachverhalt angeht, sondern, worüber man sich noch viel mehr wundern muß,

hinsichtlich des Termins? Ich erklärte ebenfalls im Senat, du habest die Ermordung des Adels auf den 28. Oktober anberaumt – damals sind zahlreiche maßgebliche Männer unseres Staates aus Rom entwichen, nicht so sehr, um sich selbst in Sicherheit zu bringen, als um deine Anschläge zu vereiteln. Kannst du leugnen, daß du an diesem Tage nichts gegen den Staat zu unternehmen vermochtest, weil meine Mannschaften, meine Bereitschaft dich umstellt hatten? Da du versichertest, du seiest nach dem Fortgang der übrigen auch mit der Ermordung von uns zufrieden, die wir zurückgeblieben wa-
8 ren? Wie? Als du glaubtest, du könnest Präneste[9] genau am 1. November durch einen nächtlichen Handstreich einnehmen, hast du da gemerkt, daß die Kolonie auf meinen Befehl durch meine Posten, Mannschaften und Wachen gesichert war? Du tust nichts, du planst nichts, du denkst nichts, ohne daß ich's erfahre und sogar sehe und genau bemerke.

Mustere endlich mit mir zusammen die vorletzte Nacht; dann wirst du vollends einsehen, daß ich schärfer für die Sicherheit des Staates wache als du für sein Verderben. Ich erkläre, daß du während der vorletzten Nacht in der Sichelmachergasse[10], und zwar (ich will mich deutlich ausdrücken) im Hause des M. Laeca, erschienen bist; dort fanden sich noch mehrere Genossen deines wahnwitzigen Frevels ein. Wagst du zu leugnen? Was schweigst du? Ich werde dich überführen, wenn du leugnest. Ich sehe nämlich einige hier im Senat sit-
9 zen, mit denen du dort zusammengetroffen bist. Bei den unsterblichen Göttern! Wo auf der Welt befinden wir uns? Was haben wir für einen Staat? In welcher Stadt leben wir? Hier, hier in unserer Mitte, versammelte Väter, in dieser ehrwürdigsten und bedeutendsten Ratsversammlung des Erdenrunds, gibt es Leute, die auf unser aller Verderben, die auf den Untergang dieser Stadt und gar des Erdkreises sinnen. Ich, der Konsul, sehe sie und frage sie nach ihrer Meinung über

die Sicherheit des Staates, und ich verwunde sie, die man mit
dem Schwerte niedermachen sollte, noch nicht einmal mit
meinem Wort.

Du befandest dich also in jener Nacht bei Laeca, Catilina,
du verteiltest die Gebiete Italiens, du setztest fest, wohin ein
jeder sich begeben solle, du suchtest aus, wen du in Rom
zurücklassen, wen du mit dir nehmen wolltest, du grenztest
die Stadtviertel für die Brandlegung ab, du beteuertest, du
selbst wollest Rom nunmehr verlassen, du erklärtest, du
werdest jetzt nur dadurch ein wenig aufgehalten, daß ich
noch lebte. Es fanden sich zwei römische Ritter, die dich
von dieser Sorge befreien wollten und die sich anheischig
machten, mich in derselben Nacht kurz vor Tagesanbruch auf
meinem Ruhebett zu ermorden. Dies alles erfuhr ich, kaum 10
daß eure Versammlung sich aufgelöst hatte. Ich sicherte und
verwahrte mein Haus durch verstärkte Wachen; ich schloß
die aus, die du mir zur morgendlichen Begrüßung[11] sandtest.
Ich hatte bereits vielen Männern von hohem Rang vorausge-
sagt, wer um diese Zeit zu mir kommen würde, und eben
diese kamen auch.

Da es so steht, Catilina, führe aus, was du begonnen hast;
verlaß endlich die Stadt; die Tore sind geöffnet; brich auf!
Allzu lange schon wartet dein manlisches Lager auf dich, auf
den Feldherrn. Nimm auch alle deine Leute mit, oder jeden-
falls möglichst viele; säubere die Stadt. Du befreist mich von
großer Furcht, wenn sich nur die Mauer zwischen mir und
dir befindet. In unserer Mitte kannst du nicht länger weilen;
ich ertrage, ich dulde, ich gestatte es nicht! Den unsterblichen 11
Göttern und zumal dem Jupiter Stator hier[12], dem ältesten
Hüter der Stadt, gebührt großer Dank, daß wir so oft schon
diesem Scheusal, einer derart entsetzlichen und derart staats-
gefährlichen Geißel entronnen sind. Doch das gesamte Staats-
wohl darf nicht noch öfters durch eine Person in Bedrängnis

geraten. Du stelltest mir nach, Catilina, als ich zum Konsul bestimmt war; damals habe ich mich nicht durch staatliche Wachen, sondern durch meine persönliche Vorsicht geschützt. Während der letzten Konsulwahlen hast du mich, den Konsul, und deine Mitbewerber[13] auf dem Marsfelde ermorden wollen; ich habe deine ruchlosen Absichten mit einer Wachmannschaft von Freunden unterdrückt, ohne von Amts wegen zu den Waffen zu rufen. Schließlich hast du mich wieder und wieder bedroht; ich aber habe mich dir aus eigener Kraft widersetzt, obwohl ich sah, daß mein Verderben großes Unheil für die Allgemeinheit nach sich ziehen würde.

12 Jetzt greifst du schon offen das gesamte Staatswesen an; die Tempel der unsterblichen Götter, die Dächer der Stadt, das Leben aller Bürger, ganz Italien weihst du dem Untergang und der Verwüstung. Ich wage noch nicht zu tun, was das Erste wäre und was meiner Amtsgewalt und den Grundsätzen der Vorfahren entspräche. Ich will daher das tun, was weniger streng, aber nützlicher für das Gemeinwohl ist. Denn wenn ich deine Hinrichtung befehle, so wird die übrige Schar der Verschworenen in unserem Staate zurückbleiben; wenn du jedoch abziehst, wozu ich dich schon lange auffordere, dann entleert sich die Stadt auch von dem Haufen deiner Genossen, von dem verderblichen Abschaum unseres Gemeinwesens.

13 Was ist, Catilina? Zögerst du, wo ich's befehle, das zu tun, was du schon aus eigenem Entschluß tun wolltest? Der Konsul befiehlt dem Staatsfeinde, sich aus der Stadt zu entfernen. Du fragst mich: «Doch nicht in die Verbannung?» Das befehle ich nicht; doch wenn du mich fragst: ich rate es dir. Denn was könnte dir in dieser Stadt noch behagen, Catilina? Außer deiner Schwurgemeinschaft Verworfener gibt es dort niemanden, der dich nicht fürchtet, der dich nicht haßt. Welches Schandmal ist deinem Familienleben nicht eingebrannt? Welcher Schimpf privaten Umgangs haftet nicht an

deinem Ruf? Welche Ausschweifung blieb fern von deinen
Augen, welche Untat je von deinen Händen, welcher Schmutz
von deiner ganzen Person? Welchem Jüngelchen, das du in
die Lockungen der Laster verstrickt hattest, trugst du nicht
zum verwegenen Streich das Schwert oder zur schnöden Lust
die Fackel voraus? Was weiter? Du hattest kürzlich durch den 14
Tod deiner vorigen Gattin Platz für eine neue Hochzeit ge-
macht: hast du nicht noch ein anderes unglaubliches Ver-
brechen auf dieses Verbrechen getürmt[14]? Ich lasse es auf sich
beruhen und dulde gern, daß man es verschweigt: es soll
nicht heißen, daß in unserer Bürgerschaft eine so entsetzliche
Missetat vorgekommen oder unbestraft geblieben sei. Ich
lasse auf sich beruhen, daß dir der völlige Zusammenbruch
deines Vermögens droht (du wirst es an den nächsten Iden
spüren[15]); ich wende mich den Dingen zu, die nicht mit der
persönlichen Schmach deiner Laster, nicht mit den häuslichen
Schulden und Schändlichkeiten zusammenhängen, die viel-
mehr das Ganze des Staates und unser aller Leben und Wohl-
fahrt berühren.

Kann dir dieses Licht oder die Luft dieses Himmels beha- 15
gen, Catilina? Du weißt doch: niemand ist unter den An-
wesenden, der nicht wüßte, daß du am 31. Dezember im
Konsulatsjahr des Lepidus und Tullus bewaffnet auf dem
Komitium standest, daß du dir eine Bande verschafft hattest,
um die Konsuln und die ersten Männer im Staate zu ermorden,
daß sich deinem verbrecherischen Wahnsinn nicht ein Ent-
schluß oder eine Furchtanwandlung von deiner Seite, sondern
das gnädige Geschick des römischen Volkes widersetzt hat[16]?
Und schon sehe ich auch von diesen Dingen ab: sie sind ja
nicht unbekannt, noch fehlt es an späteren Missetaten. Wie
oft hast du versucht, mich zu ermorden, als ich zum Konsul
bestimmt war, wie oft erst, seit ich Konsul bin! Wie vielen
Angriffen von dir – sie waren so geführt, daß sie unvermeid-

lich schienen – bin ich mit einer kleinen Biegung und, wie man sagt, nur mit dem Körper[17] entronnen! Du erreichst nichts, bringst nichts zuwege, und doch hörst du nicht auf,
16 es zu versuchen und zu wollen. Wie oft schon wurde dir dein Dolch aus den Händen entwunden, wie oft entglitt er dir von ungefähr und fiel zu Boden! Ich weiß nicht, mit welchen Beschwörungen du ihn geweiht und verzaubert hast, daß du glaubst, du müßtest ihn in die Brust des Konsuls stoßen.

Doch jetzt erst, wie sieht dein Leben aus! Denn nunmehr will ich so mit dir reden, als sei ich nicht von dem Haß erfüllt, den ich dir schulde, sondern von Mitleid, das dir niemand schuldet. Du bist soeben in den Senat gekommen. Wer in dieser zahlreichen Versammlung, aus dem großen Kreise deiner Freunde und Bekannten hat dich begrüßt? Das ist seit Menschengedenken noch niemandem zugestoßen; du aber wartest auf den Schimpf der Worte, da dich das Schweigen, das strengste Urteil, vernichtet hat? Wie? Daß man bei deiner Ankunft die Bänke geräumt hat, daß alle ehemaligen Konsuln, die du schon oft zum Tode bestimmt hattest, diesen Teil der Bänke leer und unbenutzt ließen, sobald du Platz nahmst, wie glaubst du dich vollends damit abfinden zu sollen?

17 Beim Herkules, wenn meine Sklaven mich derart fürchteten, wie dich alle deine Mitbürger fürchten, ich würde denken, daß ich mein Haus verlassen müsse: du aber hältst es nicht für nötig, die Stadt zu verlassen? Und wenn ich sähe, ich sei bei meinen Mitbürgern zu Unrecht einem so schweren Verdacht und Unwillen ausgesetzt, ich würde lieber auf den Anblick der Mitbürger verzichten als mich den feindlichen Blicken eines jeden aussetzen: du aber gibst im Bewußtsein deiner Verbrechen zu, daß du die allgemeine Abneigung, berechtigt wie sie ist, schon lange verdient hast, und du zögerst, deren Anblick und Gegenwart zu meiden, deren Gedanken und Empfindungen du kränkst? Wenn deine Eltern

dich fürchteten und haßten und du dich auf keine Weise mit ihnen aussöhnen könntest, du würdest dich, meine ich, wohin es auch sei, vor ihren Blicken verkriechen. Nun aber haßt und fürchtet dich das Vaterland, der gemeinsame Ursprung von uns allen, und es befindet, daß du schon seit langem an nichts denkst als an seine Vernichtung: willst du weder seine Meinung achten noch sein Urteil befolgen noch vor seiner Macht erzittern?

Das Vaterland, Catilina, spricht so zu dir und erhebt ge- 18
wissermaßen schweigend seine Stimme: «Seit einigen Jahren schon ist kein Verbrechen zustande gekommen außer durch dich, keine Schandtat ohne dich; allein bei dir blieb der Mord an vielen Bürgern, blieben Mißhandlung und Plünderung der Bundesgenossen frei und ungestraft; du hast es vermocht, Gesetze und Prozesse nicht nur geringzuachten, sondern zu zerschmettern und zu vernichten[18]. Deine früheren Taten habe ich, obwohl sie unerträglich waren, ertragen, wie ich konnte. Doch daß ich jetzt allein deinetwegen von Furcht erfüllt bin, daß man sich vor Catilina ängstigt, was immer sich regt, daß sich offenbar kein Anschlag gegen mich ersinnen läßt, bei dem dein Frevelmut nicht beteiligt wäre: das ist vollends unerträglich. Geh daher fort und nimm mir diese Furcht, wenn sie begründet ist, damit ich nicht überwältigt werde, wenn unbegründet, damit ich endlich einmal aufhören kann, mich zu fürchten.»

Wenn das Vaterland so, wie ich sagte, zu dir spräche, müßte 19
es nicht sein Ziel erreichen, auch wenn es keine Gewalt anzuwenden vermöchte? Wie? Hast du dich nicht selbst in Haft begeben und erklärt, du wolltest, um keinen Verdacht zu erregen, bei M'. Lepidus wohnen? Der nahm dich nicht auf; du aber wagtest auch zu mir zu kommen und batest, ich solle dich in meinem Hause bewachen. Von mir erhieltest du ebenfalls die Antwort, ich könne mich mit dir unter einem Dache

keineswegs sicher fühlen; ich sei schon in großer Gefahr, weil wir uns innerhalb derselben Mauern befänden. Da gingst du zum Prätor Q. Metellus. Der wies dich ab, und du zogst zu deinem Genossen M. Metellus, einem trefflichen Manne; ohne Frage glaubtest du, er sei imstande, dich besonders gewissenhaft zu bewachen, mit größtem Spürsinn zu bespitzeln und ungewöhnlich streng zu bestrafen[19]. Doch wie fern muß jemand wohl dem Gefängnis und den Fesseln stehen, der sich
20 schon selber der Haft für würdig hält! Unter diesen Umständen zögerst du, Catilina, wenn du schon nicht mit Gleichmut zu sterben weißt, wenigstens in irgendein Land zu gehen und dein Leben, das du zahlreichen gerechten und verdienten Strafen entzogen hast, der Flucht und der Einsamkeit anzuvertrauen?

Du sagst: «Berichte hierüber dem Senat.» Denn das forderst du, und du erklärst, du wollest gehorchen, wenn diese Versammlung beschließe, sie halte es für richtig, daß du in die Verbannung gehst. Ich werde ihm nicht berichten; das widerspräche meiner Wesensart. Und doch will ich dir zeigen, was die Anwesenden von dir denken. Verlaß die Stadt, Catilina, erlöse den Staat von seiner Bedrängnis, geh in die Verbannung, wenn es dir auf dieses Wort ankommt. Wie steht's? Beobachtest du, bemerkst du, wie diese hier schweigen? Sie lassen es zu, sie bleiben still. Was wartest du auf ein ausgesprochenes Gebot, wenn du den unausgesprochenen Willen
21 erkennst? Doch wenn ich dasselbe zu P. Sestius, einem vortrefflichen jungen Manne, wenn ich es zum wackeren M. Marcellus gesagt hätte[20], mit vollem Recht wäre der Senat hier im Tempel gegen mich, den Konsul, handgreiflich und tätlich geworden. Bei dir aber verhalten sie sich ruhig, Catilina – also stimmen sie zu; sie dulden es – also beschließen sie; sie schweigen – also rufen sie laut. Und das gilt nicht nur für die, deren Gebot dir offenbar viel, doch deren Leben dir

sehr wenig bedeutet: es gilt auch für die römischen Ritter, hochangesehene und vortreffliche Männer, und für die übrigen wackeren Bürger, die sich um den Senat versammelt haben. Du konntest soeben ihre große Zahl sehen und ihren Willen erkennen und ihre Rufe vernehmen. Ich vermag kaum noch ihre Fäuste und Waffen von dir fernzuhalten; ich werde sie ohne Mühe überreden, dich bis zum Tore zu geleiten, wenn du all dies verläßt, was du schon seit langem zu verwüsten suchst.

Doch was rede ich? Dich sollte je etwas beugen, du könn- 22
test je dich bessern, du sännest irgend auf Flucht, du dächtest irgend an Verbannung? Ach, gäben dir die unsterblichen Götter diesen Vorsatz ein! Indes, ich sehe schon: wenn du, von meinen Worten eingeschüchtert, dich entschließest, in die Verbannung zu gehen, welch ein Sturm von Anfeindungen steht uns bevor! Vielleicht nicht sofort, während die Erinnerung an deine Freveltaten noch frisch ist, wohl aber in späterer Zeit. Doch dieser Preis ist mir nicht zu hoch, wenn es sich nur um mein persönliches Unglück handelt und keine Gefahren für den Staat daraus erwachsen. Von dir hingegen kann man nicht verlangen, daß deine Laster dich erschüttern, daß du die Strafen der Gesetze fürchtest, daß du der Notlage des Staates ein Opfer bringst. Denn so bist du nicht geartet, Catilina, daß dich Scham von einer Schandtat oder Furcht von einer Gefahr oder vernünftiges Denken von Raserei zu-
rückhielte. Daher, wie ich schon oft gesagt, brich auf, und 23
wenn du gegen mich, deinen Feind, wie du behauptest, gehässige Vorwürfe aufrühren willst, so geh geradewegs in die Verbannung: wenn du das tust, so werde ich nur mit Mühe das Gerede der Leute ertragen; wenn du auf Befehl des Konsuls in die Verbannung gehst, so werde ich mit genauer Not die Last der Anfeindungen aushalten. Willst du jedoch meinem Ansehen und Ruhm einen Dienst erweisen, so rücke mit-

samt deinem üblen Verbrecherhaufen aus, begib dich zu Manlius, sammle die heillosen Mitbürger um dich, sondere dich von den Rechtschaffenen ab, überziehe dein Vaterland mit Krieg, überhebe dich in ruchlosen Raubzügen: dann ist offenbar, daß ich dich nicht in die Fremde hinausgetrieben, sondern aufgefordert habe, zu den Deinen zu gehen.

24 Indes, was fordere ich dich auf? Ich weiß doch bereits, daß
du Leute hast vorausziehen lassen, die mit ihren Waffen bei
Forum Aurelium[21] auf dich warten sollen; ich weiß, daß du
mit Manlius einen bestimmten Tag festgesetzt und verein-
bart hast; ich weiß, daß du jenen Silberadler[22] vorausschick-
test, für den in deinem Hause ein verruchtes Heiligtum ein-
gerichtet war und der, wie ich überzeugt bin, dir und allen
deinen Leuten Verderben und Unheil bringen wird. Wie soll-
test du auch längere Zeit ohne ihn auskommen: du pflegtest
ihn anzubeten, wenn du dich zum Blutvergießen aufmachtest;
du hast oft deine ruchlose Rechte von seinem Altar zum Bür-
25 germord gewandt. Du wirst endlich einmal dorthin gehen,
wohin dich deine hemmungslose und rasende Leidenschaft
schon seit langem zieht; denn dein Vorhaben erfüllt dich
nicht mit Schmerz, sondern mit einer ganz unglaublichen
Lust. Zu diesem Wahnsinn hat dich die Natur geschaffen,
dein Wille geübt, das Schicksal aufbewahrt. Nie war dir der
Friede erwünscht, nicht einmal der Krieg – außer einem ver-
brecherischen. Du hast dir eine Bande von Schurken ver-
schafft; sie ist aus verworfenen Gesellen und aus Leuten zu-
sammengewürfelt, die nicht nur jede Schicksalsgunst, sondern
26 auch alle Hoffnung verlassen hat. Welches Glücksgefühl
wirst du dort genießen, in welchen Freuden schwelgen, in
welcher Lust taumeln, wenn du inmitten der großen Zahl der
Deinen keinen einzigen ehrlichen Mann hören oder sehen
mußt! Aus Hang zu diesem Leben hast du dich in den Stra-
pazen geübt, die man dir nachsagt: du liegst auf der Erde,

nicht nur um auf Unzucht zu lauern, sondern auch um ein Verbrechen zu begehen; dein Wachen stellt nicht allein dem Schlaf der Ehemänner nach, sondern ebenso dem Vermögen friedliebender Leute. Dort kannst du sie nun zeigen, deine berühmte Fähigkeit, Hunger, Kälte und allerlei Entbehrungen zu ertragen; du wirst schon merken: in kurzer Zeit bist du gänzlich entkräftet davon. So viel habe ich erreicht, als ich 27
dich vom Konsulate vertrieb: du vermagst nur noch als Verbannter den Staat zu belästigen, statt ihn als Konsul zu erschüttern[23], und was du auf verbrecherische Weise angezettelt hast, das wird man eher einen Raubzug nennen als einen Krieg.

Jetzt möchte ich mich, versammelte Väter, in eindringlicher Bitte gegen eine nahezu berechtigte Klage des Vaterlandes verwahren; seid so gütig, hört genau auf das, was ich sage, und prägt es tief eurem Herzen und Gedächtnisse ein. Wenn nämlich das Vaterland, das mir weit teurer ist als mein Leben, wenn ganz Italien, wenn das gesamte Staatswesen so zu mir spräche: «M. Tullius, was tust du? Willst du zulassen, daß dieser Mann davongeht? Du hast doch zuverlässig erfahren, daß er ein Staatsfeind ist; du siehst, daß er den Krieg leiten wird; du spürst, daß ihn das Lager der Feinde als seinen Feldherrn erwartet – den Urheber des Verbrechens, das Haupt der Verschwörung, den Aufwiegler von Sklaven und heillosen Elementen der Bürgerschaft! Gewiß wird man meinen, du habest ihn nicht aus der Stadt hinaus, sondern gegen die Stadt losgeschickt! Willst du nicht befehlen, ihn ins Gefängnis zu führen, ihn zum Tode zu schleppen, ihn die äußerste Strafe erleiden zu lassen? Was hindert dich eigentlich? Der 28
Brauch der Vorfahren? Aber in diesem Staate haben doch sehr oft Männer ohne Amtsgewalt verderbliche Bürger hingerichtet! Oder die Gesetze, die man über die Todesstrafe an römischen Bürgern erlassen hat[24]? Aber in dieser Stadt haben

doch niemals Leute, die der Verfassung untreu wurden, die Vorrechte der Bürger behalten! Oder fürchtest du die Anfeindungen der Folgezeit? Das römische Volk hat dich, der sein Ansehen nur sich selbst verdankt, ohne empfehlenden Stammbaum so frühzeitig über alle Ämterstufen hinweg zur höchsten staatlichen Gewalt erhoben; da erweisest du ihm wahrhaftig einen vortrefflichen Dank, wenn du wegen der Anfeindungen oder aus Furcht vor einer Gefahr die Wohl-
29 fahrt deiner Mitbürger geringachtest. Doch wenn du irgend gehässige Vorwürfe scheust: du brauchst den Vorwurf der Strenge und Unerschrockenheit nicht stärker zu fürchten als den der Untätigkeit und Fahrlässigkeit. Oder meinst du etwa, wenn der Krieg Italien verwüstet, die Städte heimsucht, die Häuser in Brand steckt, dann werde dich nicht eine wahre Feuersbrunst des Hasses niedersengen?»

Auf diese ehrwürdige Rede des Vaterlandes und auf die Ansichten derer, die ebenso denken, will ich mit wenigen Worten antworten. Wenn ich es für das Beste hielte, Catilina mit dem Tode zu bestrafen, versammelte Väter, so hätte ich diesem Banditen nicht eine einzige Stunde den Genuß des Lebens vergönnt. Denn Männer von höchstem Rang, sehr angesehene Bürger, haben sich durch das Blut des Saturninus, der Gracchen, des Flaccus und anderer in früherer Zeit keineswegs befleckt[25], sondern sogar Ehre verschafft; ich brauchte daher gewiß nicht zu befürchten, daß ich später einmal allzu viele Anfeindungen ernten würde, wenn ich diesen Mordbrenner unserer Bürgerschaft hinrichten ließe. Falls mir aber noch so große Anfeindungen bevorstehen sollten, so war es doch stets meine Einstellung, Haß, den mir meine Tatkraft zuzog, für Ruhm, nicht für Haß zu halten.

30 Indes, einige in dieser Versammlung sehen nicht, was uns droht, oder lassen sich nicht merken, was sie sehen; sie haben die Hoffnung Catilinas durch milde Meinungsäußerungen

genährt und der entstehenden Verschwörung durch ihren Unglauben zu Kräften verholfen. Deren Einfluß hätte nicht nur gewissenlose, sondern auch unerfahrene Leute in großer Zahl bestimmt, von einer grausamen und tyrannischen Tat zu reden, wenn ich Catilina bestraft hätte[26]. Er gelange jetzt in das Lager des Manlius, wohin es ihn ja zieht; dann wird, denke ich, niemand mehr so töricht sein, die vollzogene Verschwörung nicht zu bemerken, niemand so gewissenlos, ihr Bestehen zu leugnen.

Wenn ferner nur der eine hingerichtet wird, so läßt sich dadurch, meine ich, dies Verderben unseres Staates zwar für kurze Zeit aufhalten, jedoch nicht für immer aufheben. Wenn er aber davoneilt, seine Leute mitnimmt und auch die übrigen gestrandeten Existenzen, die er überall aufgelesen hat, an einer Stelle um sich schart, dann kann man nicht nur das gegenwärtige Verderben, das derart in unserem Staate wuchert, sondern auch die Wurzel und Ursache jeglichen Übels beseitigen und vertilgen. Denn schon lange umgeben uns die Ge- 31
fahren und Fallstricke dieser Verschwörung, versammelte Väter, aber irgendwie sind alle Verbrechen, die längst bestehende Raserei und Tollheit, erst in der Zeit meines Konsulats herangereift und ausgebrochen. Wenn jetzt nur der eine aus dem großen Komplott beseitigt wird, dann kommt es uns vielleicht für kurze Zeit so vor, als seien wir von der Sorge und Furcht befreit; die Gefahr aber wird haftenbleiben und tief im Mark und in den Eingeweiden unseres Gemeinwesens weiterschwären. Oft spüren Schwerkranke, wenn die Fieberhitze sie schüttelt, zunächst Erleichterung, sobald sie kaltes Wasser trinken; doch werden sie hernach viel stärker und heftiger heimgesucht. Ebenso steht es mit der Krankheit im Inneren unseres Staates: wenn man sie nur durch die Bestrafung Catilinas zu lindern sucht, so wird sie sich durch die übrigen, die am Leben bleiben, erheblich verschlimmern.

32 Daher sollen die Frevler entweichen, sich von den Rechtschaffenen absondern und an *einer* Stelle versammeln, kurz, wie ich schon oft gesagt, sie seien durch die Mauer von uns geschieden; sie mögen aufhören, dem Konsul in seinem Hause nachzustellen, das Tribunal des Stadtprätors zu umdrängen[27], in Waffen die Kurie[28] zu belagern, Brandpfeile und Fackeln für die Einäscherung der Stadt heranzuschaffen; mit einem Wort, ein jeder trage es an der Stirn geschrieben, wie er über den Staat denkt.

Ich versichere euch, versammelte Väter, wir, die Konsuln, werden so viel Umsicht, ihr so viel Einfluß, die römischen Ritter so viel Tatkraft und alle Rechtschaffenen eine so einhellige Gesinnung zeigen, daß ihr nach dem Abzug Catilinas alles aufgeklärt und ans Licht gebracht, unterdrückt und
33 geahndet seht. Im Zeichen dieser prophetischen Worte zieh aus, Catilina, in den verbrecherischen und ruchlosen Krieg – zum Heil des gesamten Staates, zu deinem Unglück und Verderben sowie zum Untergang derer, die sich mit dir durch Verbrechen und Mordtaten jeder Art verbunden haben. Jupiter! Dein Bild wurde unter denselben Wahrzeichen wie diese Stadt von Romulus gestiftet[29], und wir nennen dich mit Recht den Schirmer von Stadt und Reich: du wirst diesen Mann mitsamt seinen Genossen von den Tempeln, deinen eigenen und den übrigen, von den Dächern und Mauern der Stadt, vom Leben und Besitz aller Bürger fernhalten; du wirst die Widersacher der Wohlgesinnten, die Feinde des Vaterlandes, die Freibeuter Italiens, die sich durch das Band des Verbrechens und einen frevlerischen Pakt miteinander verschworen haben, im Leben und im Tode mit ewigen Strafen heimsuchen.

ZWEITE CATILINARISCHE REDE

Endlich, Quiriten! L. Catilina raste vor Verwegenheit, 1
schäumte vor Frevelmut, sann ruchlos auf das Verderben des Vaterlandes, bedrohte euch und diese Stadt mit Feuer und Schwert – wir haben ihn aus der Stadt hinausgejagt oder fortgeschickt oder ihm, wie er freiwillig von dannen zog, mit unseren Worten das Geleit gegeben. Er ging weg, er entwich, er verschwand, er stürzte davon. Jetzt kann das Scheusal und Ungeheuer den Mauern der Stadt im Innern der Mauern kein Verderben mehr bereiten. Und diesen einen Anführer des Aufruhrs im eigenen Lande haben wir unzweifelhaft besiegt. Denn sein Dolch wird unsere Brust nicht mehr bedrohen; wir brauchen ihn nicht mehr zu fürchten, nicht auf dem Marsfelde, nicht auf dem Forum, nicht in der Kurie[30], noch auch in unseren eigenen vier Wänden. Er hat seine günstige Stellung verloren, da er aus der Stadt vertrieben ist. Wir können nunmehr gradheraus den gerechten Krieg gegen den Staatsfeind führen, ohne daß jemand uns hindert. Kein Zweifel, wir haben den Mann zugrunde gerichtet und glänzend besiegt, indem wir ihn aus seinem verborgenen Hinterhalt in den offenen
Aufruhr trieben. Überdies, welche Betrübnis, glaubt ihr, 2
beugt ihn nieder und vernichtet ihn? Denn er trug ja nicht, wie er wollte, ein blutiges Schwert davon; er ging fort, ohne uns getötet zu haben; wir haben ihm die Waffe aus den Händen gewunden; er ließ die Bürger unversehrt und die Stadt unbeschädigt zurück. Jetzt liegt er zu Boden gestreckt, Quiriten, und er spürt, daß er niedergeworfen und überwältigt ist, und wahrhaftig, oft wendet er seine Augen nach dieser Stadt zurück, die zu seiner Trauer seinem Rachen entrissen wurde; sie aber, scheint mir, ist froh, daß sie ein derartiges Unheil ausgespien und hinausgeworfen hat.

3 Vielleicht denkt jemand so, wie alle denken sollten, und er macht mir gerade deshalb heftige Vorwürfe, weswegen meine Rede frohlockt und triumphiert: ich hätte einen derart gefährlichen Feind nicht laufen lassen, sondern verhaften sollen. Doch das liegt nicht an mir, Quiriten, sondern an den Verhältnissen. Schon längst hätte man L. Catilina töten und der schwersten Strafe ausliefern müssen: so forderten es von mir der Brauch der Vorfahren und die Strenge dieser Amtsgewalt und das Wohl des Staates. Aber wie viele, denkt ihr, hätten meine Anschuldigungen nicht geglaubt, wie viele sie aus Torheit angezweifelt, wie viele gar zu rechtfertigen gesucht, wie viele die Sache aus Gewissenlosigkeit begünstigt? Wäre ich ferner der Meinung gewesen, die Beseitigung L. Catilinas werde jede Gefahr von euch abwenden, ich hätte ihn schon längst beseitigt, um den Preis bitteren Hasses und selbst des
4 Lebens. Aber ich sah, daß nicht einmal ihr damals alle von der Sache überzeugt waret und daß ich, von Anfeindungen bedrängt, seine Genossen nicht verfolgen könne, wenn ich ihn, wie er es verdiente, mit dem Tode bestraft hätte; ich führte daher eine Lage herbei, die es euch ermöglicht, offen gegen den klar erkannten Feind zu kämpfen.

Wie sehr man ihn meiner Meinung nach als Feind außerhalb der Stadt fürchten muß, Quiriten, das könnt ihr daraus ersehen: ich bedaure es, daß er die Stadt mit allzu geringer Begleitung verlassen hat! Ach, hätte er doch alle seine Scharen mitgenommen! Er nahm mir den Tongilius mit, der noch ein Knabe war, als er sich in ihn verliebte, ferner den Publicius und Minucius, deren Wirtshausschulden den Staat bestimmt nicht hätten erschüttern können. Doch was für Männer ließ er zurück, mit welchen Schulden, wie mächtig, wie hochge-
5 boren! Wenn ich daher die gallischen Legionen in Betracht ziehe und die Aushebung, die Q. Metellus in der picenischen und gallischen Mark durchgeführt hat[31], und die Truppen,

die wir Tag für Tag bereitstellen, dann habe ich für jene Armee nur Verachtung übrig: sie ist zusammengewürfelt aus hoffnungslosen alten Männern[32], aus bäurischer Genußsucht, aus Verschwendern vom Lande, aus Leuten, die lieber Gerichtstermine verabsäumen wollten als diese Armee. All diesen brauche ich nicht die Schlachtreihe unserer Truppen, sondern nur das Edikt des Prätors[33] zu zeigen: sie brechen ohnmächtig zusammen.

Doch ich sehe manch einen auf dem Forum sein Wesen treiben, bei der Kurie stehen und gar den Senat besuchen; sie glänzen von Pomade und schimmern in Purpur; von denen wär' es mir lieber, Catilina hätte sie als seine Soldaten mitgenommen. Wenn die hier bleiben, dann seid versichert: wir müssen uns nicht so sehr vor dem Heere fürchten als vor diesen, die dem Heere untreu wurden. Und wir müssen uns desto mehr vor ihnen fürchten, als sie spüren, daß ich von ihren Absichten weiß, und sich gleichwohl nicht beunruhigen lassen.
Ich sehe, wem man Apulien zugeteilt hat, wer Etrurien er- 6
hielt, wer die picenische, wer die gallische Mark, wer den tückischen Anschlag auf die Stadt, das Morden und Brennen, für sich beansprucht hat. Sie merken, daß man mich von allen Entschlüssen der vorletzten Nacht[34] unterrichtet hat; ich habe sie gestern im Senat kundgemacht; Catilina selbst bekam Angst und lief davon: doch diese Leute, worauf warten sie? Wahrhaftig, sie irren sich gewaltig, wenn sie annehmen, daß meine bisherige Milde ewig dauern werde.

Was ich erhoffte, habe ich jetzt erreicht: ihr alle seht, daß man sich offen gegen den Staat verschworen hat, es sei denn, jemand bezweifelt, daß, wer Catilina gleicht, auch mit Catilina zusammenhält. Jetzt ist kein Platz mehr für Milde; die Lage selbst erheischt strenge Maßnahmen. Eines will ich auch jetzt noch gestatten: sie mögen fortgehen und davonziehen; sie sollen nicht zulassen, daß Catilina aus Sehnsucht nach

ihnen elend verschmachtet. Ich will den Weg weisen: er zog
auf der aurelischen Straße[35] davon; wenn sie geneigt sind,
sich zu beeilen, dann können sie ihn gegen Abend einholen.

7 Welch ein Segen für unser Gemeinwesen, wenn es sich die-
ses Abschaums der Stadt entledigt hat! Schon die Entfernung
Catilinas hat, wie mir scheint, unser Gemeinwesen aufgerich-
tet und gestärkt. Denn welches Unheil oder Verbrechen kann
man sich vorstellen und ausdenken, das er nicht geplant hätte?
Welcher Giftmischer läßt sich in ganz Italien ausfindig ma-
chen, der nicht zugäbe, daß er mit Catilina auf vertrautestem
Fuße stand? Und welcher Bandit, welcher Räuber, welcher
Halsabschneider, welcher Meuchelmörder, welcher Testa-
mentsfälscher, welcher Betrüger, welcher Schlemmer, wel-
cher Verschwender, welcher Ehebrecher, welches verrufene
Frauenzimmer, welcher Jugendverderber, welcher verdorbene,
welcher verworfene Mensch? Welche Mordtat wurde in die-
sen Jahren ohne ihn begangen, welche frevelhafte Unzucht
8 nicht durch ihn? Und vollends, wer vermochte je die Jugend
derart an sich zu locken wie er? Zu einigen war er selbst in
schimpflichster Begierde entbrannt, bald gab er sich in schand-
barster Weise der Leidenschaft anderer preis; einigen verhieß
er Befriedigung ihrer Lüste, anderen den Tod der Eltern, in-
dem er sie nicht nur dazu anstiftete, sondern auch tätige Hilfe
leistete. Jetzt erst, wie schlagartig hatte er nicht nur aus der
Stadt, sondern auch vom Lande eine ungeheure Anzahl ver-
worfenen Gesindels zusammengebracht! Kein bankrotter
Schuldenmacher, nicht in Rom und nicht einmal in irgendei-
nem Winkel ganz Italiens, den er nicht in diesen unglaub-
9 lichen Bund des Verbrechens einbezogen hätte. Und damit
ihr die Vielfalt seiner Neigungen in ganz verschiedenen Be-
reichen ermessen könnt: niemand von einigem Draufgänger-
tum im Gladiatorenhaus, der nicht zugäbe, aufs engste mit
Catilina befreundet zu sein, kein Windbeutel und Schelm auf

der Bühne, der nicht vorbringen könnte, daß er fast zu den vertrautesten Genossen Catilinas gehört habe[36]. Und doch hat sich derselbe Mann durch die Ausübung von Unzucht und Verbrechen daran gewöhnt, Kälte und Hunger und Durst und durchwachte Nächte zu ertragen; seine Genossen rühmten daher seine Ausdauer; in Wahrheit verzehrte er die Mittel seiner Tatkraft und das Rüstzeug seiner Tüchtigkeit in Wollust und Wagemut.

Wenn ihm erst seine Anhänger folgen, wenn die Schand- 10
rotten heilloser Menschen die Stadt verlassen, welch ein Glück für uns, welch ein Segen für den Staat, welch glänzender Ruhmestitel meines Konsulats! Denn nicht gewöhnlich sind die Ausschweifungen dieser Gesellen, unmenschlich und unerträglich ihre verwegenen Absichten; sie sinnen auf nichts als auf Mord, auf Brand, auf Raubzüge. Ihr Vermögen haben sie verschwendet, ihre Güter verpfändet; ihre Geldmittel begannen sich schon längst, ihr Kredit vor einiger Zeit zu erschöpfen; doch die Genußsucht dauert an wie beim einstigen Überfluß. Wenn sie nur nach Gelagen und Dirnen bei Wein und Würfel trachteten, so wären sie zwar heillos, doch wären sie erträglich; wer aber kann dulden, daß Tagediebe den Tüchtigsten nachstellen, ausgemachte Toren den Einsichtsvollsten, Trunkenbolde den Mäßigen, Schlafmützen den Wachsamen? Da liegen sie mir bei ihren Schmäusen, schamlose Frauenzimmer in den Armen haltend, vom Weine schlaff, übersättigt von Speisen, mit Blumengewinden bekränzt, mit Salben bestrichen, durch Unzucht geschwächt, und so rülpsen sie mit ihren Reden Mord für die Wohlgesinnten und Feuersbrünste für die Stadt aus.

Ich bin überzeugt, daß ihnen ein Unheil droht und daß die 11
Strafe, die ihre Gewissenlosigkeit, Nichtsnutzigkeit, Verruchtheit und Genußsucht schon lange verdient hat, entweder bereits unmittelbar bevorsteht oder jedenfalls herannaht. Wenn

mein Konsulat sie beseitigt (es kann sie ja nicht heilen), dann sichert es den Fortbestand des Staates nicht für irgendeine kurze Frist, sondern für viele Jahrhunderte. Denn es gibt kein Volk mehr, das wir fürchten müßten, und keinen König, der Rom mit Krieg überziehen könnte. Dem gesamten auswärtigen Machtbereich hat die Tatkraft eines Mannes[37] zu Wasser und zu Lande Frieden verschafft; der Krieg im Inneren dauert an; hier drinnen lauert der Hinterhalt, hier steckt die Gefahr, hier ist der Feind. Wir müssen gegen die Genußsucht, gegen den Aberwitz, gegen das Verbrechen kämpfen. Für diesen Krieg biete ich mich als Führer an, Quiriten; ich nehme die Feindschaft verworfenen Gesindels auf mich; was man heilen kann, werde ich auf jede Weise heilen, was man fortschneiden muß, werde ich nicht bis zum Untergang des Staates bestehen lassen. Daher mögen sie verschwinden oder Ruhe halten, oder, wenn sie in der Stadt und bei derselben Gesinnung verharren, dann sollen sie das gewärtigen, was sie verdienen.

12 Indes, Quiriten, noch behaupten manche, ich hätte Catilina hinausgeworfen. Wenn ich das mit einem bloßen Wort erreichen könnte, ich würde eben die hinauswerfen, die so etwas behaupten. Freilich, der schüchterne oder gar allzu folgsame Mensch konnte die Rede des Konsuls nicht ertragen; er gehorchte, sobald man ihm befahl, in die Verbannung zu gehen. Vielmehr habe ich gestern, nachdem ich beinahe bei mir zu Hause ermordet worden wäre, den Senat in den Tempel des Jupiter Stator berufen und die versammelten Väter von der ganzen Sache unterrichtet. Als Catilina dort erschien, welcher Senator hat ihn da angeredet, wer ihn gegrüßt, kurz wer ihn nicht angeblickt wie einen verruchten Mitbürger oder vielmehr wie den ärgsten Feind? Ja die Häupter der Versammlung ließen gar den Teil der Bänke leer und unbenutzt, auf den
13 er seine Schritte gelenkt hatte. Da habe ich, der brutale Kon-

sul, der mit seinem Worte Bürger in die Verbannung schickt, Catilina gefragt, ob er an der nächtlichen Versammlung bei M. Laeca teilgenommen habe oder nicht. Zunächst schwieg dieser tolldreiste Mensch, von seinem Gewissen überführt; dann teilte ich das übrige mit: ich legte dar, was er in jener Nacht getan, wo er sich aufgehalten, was er für die folgende Nacht beschlossen und wie er den ganzen Kriegsplan festgesetzt habe[38]. Als er nicht weiter wußte, als er gefaßt war, da fragte ich ihn, weshalb er zögere, das längst in Aussicht genommene Ziel aufzusuchen; mir sei ja bekannt, daß er Waffen und Beile und Rutenbündel, daß er Trompeten und Feldzeichen, daß er den Silberadler vorausgeschickt habe, für den er in seinem Hause sogar ein Heiligtum eingerichtet hatte[39].
Ich soll jemanden in die Verbannung geschickt haben, von 14
dem ich wußte, daß er bereits die Bahn des Krieges beschritten hatte? Denn dieser Hauptmann Manlius, der in der Mark von Faesulae[40] ein Lager aufschlug, der hat ja wohl in seinem eigenen Namen dem römischen Volke den Krieg erklärt, und dieses Lager wartet jetzt nicht auf Catilina, seinen Anführer, und er, der Hinausgeworfene, begibt sich, wie es heißt, in die Verbannung nach Massilia[41], und nicht in das Lager.

Welch elende Aufgabe, den Staat zu leiten, und noch mehr, ihn zu erhalten! Gesetzt, L. Catilina, von meinen Vorbereitungen, Mühen und gefahrvollen Maßnahmen umstellt und lahmgelegt, bekommt jetzt plötzlich Angst, ändert seinen Entschluß, läßt seine Leute im Stich, gibt die Kriegsabsichten auf und wendet sich von der Bahn des Frevels und Krieges zur Flucht und in die Verbannung: dann wird es heißen – nicht, daß er von mir seiner verwegenen Waffenmacht beraubt, nicht, daß er durch meine Umsicht in Bestürzung und Schrecken versetzt, nicht, daß er von seinem hoffnungsvoll begonnenen Unternehmen abgebracht worden sei; man wird vielmehr sagen, der Konsul habe ihn, den Schuldlosen, ohne

Urteil durch Gewalt und Drohungen in die Verbannung geschickt, und sicherlich wollen ihn manche, wenn er dies tut, nicht für gewissenlos, sondern für unglücklich, und mich nicht für einen sehr umsichtigen Konsul, sondern für einen höchst
15 grausamen Tyrannen angesehen wissen[42]! Doch der Preis ist mir nicht zu hoch, Quiriten, den Sturm dieses falschen und ungerechten Vorwurfes über mich ergehen zu lassen, wenn ich nur von euch die Gefahr dieses scheußlichen und verruchten Krieges abwenden kann. Man sage meinetwegen, er sei von mir hinausgeworfen worden, wenn er nur in die Verbannung geht.

Doch glaubt mir, er wird nicht dorthin gehen. Niemals werde ich, nur um den Vorwürfen gegen mich das Gewicht zu nehmen, die unsterblichen Götter bitten, Quiriten, ihr sollet vernehmen, daß L. Catilina an der Spitze des feindlichen Heeres stehe und sich in Waffen umhertummle; aber dennoch, innerhalb von drei Tagen werdet ihr's vernehmen, und es wird mir, fürchte ich, einst viel eher Anfeindungen einbringen, daß ich ihn habe abziehen lassen, als daß ich ihn hinausgeworfen hätte. Doch es gibt Leute, die ihn, der davonzog, für hinausgeworfen erklären: was würden die erst sagen, wenn
16 man ihn hingerichtet hätte? Indes, wer da behauptet, Catilina gehe nach Massilia, den erfüllt diese Aussicht nicht so sehr mit Bedauern wie mit Besorgnis. Von diesen Leuten ist niemand so mitleidig, daß er ihn nicht lieber zu Manlius als zu den Massilioten gehen sähe[43]. Doch Catilina würde, auch wenn er, beim Herkules, sein jetziges Unternehmen niemals zuvor im Sinne gehabt hätte, trotzdem lieber als Räuber umkommen, statt als Verbannter sein Leben zu fristen. In Wahrheit aber ist ihm noch nie etwas wider sein Sinnen und Trachten zugestoßen, außer daß er Rom verließ, ohne mich ermordet zu haben; da wollen wir lieber wünschen, daß er in die Verbannung geht, als uns darüber beschweren.

Doch warum reden wir so lange von diesem einen Feind? 17
Und zwar von dem Feind, der schon zugibt, daß er unser Feind ist, und den ich nicht fürchte, weil er, wie ich es stets gewollt habe, durch die Mauer von uns geschieden ist? Doch über die heimlichen Feinde, die sich noch in Rom aufhalten, die unter uns sind, sagen wir nichts? Diese Leute möchte ich, wenn es irgend geschehen kann, nicht bestrafen, sondern ihrer gesunden Vernunft zurückgeben und mit dem Staate aussöhnen, und ich sehe nicht, warum das unmöglich sein sollte, wenn sie jetzt auf mich hören wollen. Ich möchte euch nämlich erklären, Quiriten, aus welchen Gruppen von Leuten die Scharen Catilinas Zulauf erhalten; dann will ich, wenn ich kann, ratend und redend einer jeden ein Heilmittel vorschlagen.

Eine Gruppe besteht aus den Leuten, die große Schulden, 18
aber noch größere Besitzungen haben; sie hängen daran und bringen es durchaus nicht fertig, sich ihrer Schulden zu entledigen. Diese Art von Leuten ist hochangesehen (sie sind ja vermögend), doch ihre Einstellung und ihr Ziel läßt jegliche Scham vermissen. Du bist mit Grundstücken, mit Gebäuden, mit Silber, mit Sklaven, mit allen Dingen versehen und reichlich ausgestattet, und du zögerst, deinen Besitz zu verringern, deinen Kredit zu vergrößern? Denn worauf wartest du? Auf den Krieg? Wie? Meinst du, deine Besitzungen seien inmitten der allgemeinen Verwüstung unantastbar? Oder auf Tilgung der Schulden? Der irrt sich, der das von Catilina erwartet[44]; *ich* werde die Schuldentilgung durchführen, aber auf dem Wege der Versteigerung; denn wer Besitzungen hat, kann auf keine andere Weise wieder gesunden. Wenn sie sich zeitiger hierzu entschlossen und nicht versucht hätten (was die größte Torheit ist), die Zinsen mit den Erträgnissen ihrer Güter zu bestreiten, dann hätten wir an ihnen sowohl vermögendere als auch bessere Mitbürger. Ich glaube indes, daß

man sich vor diesen Leuten am wenigsten zu fürchten braucht: sie lassen sich entweder von ihrer Meinung abbringen oder sie werden, wenn sie daran festhalten, eher ihre Wünsche, scheint mir, als ihre Waffen gegen den Staat richten.

19 Die zweite Gruppe besteht aus Leuten, die trotz ihrer Schuldenlast nach Herrschaft streben, die Macht an sich bringen wollen und glauben, sie könnten in verworrener Lage des Staates die Ämter erlangen[45], denen sie, wenn Ruhe herrscht, entsagen müssen. Ihnen muß man offenbar folgendes raten – eines nämlich und dasselbe wie allen anderen: sie mögen die Hoffnung aufgeben, daß sie ihr Ziel erreichen werden; zuallererst passe ich selbst auf, bin auf dem Posten und sorge für die Sicherheit des Staates; groß ist ferner die Zuversicht der Wohlgesinnten, groß ihre Eintracht, groß auch ihre Truppenmacht; schließlich werden die unsterblichen Götter dem unbesiegten Volke, dem ruhmvollen Reich und der herrlichen Stadt gegen ein so verruchtes Unternehmen tätige Hilfe leisten. Doch gesetzt, sie hätten einmal erreicht, was sie in ihrer schlimmen Raserei begehren: glauben sie denn, sie könnten in den Trümmern der Stadt und im Blute der Bürger, wie sie es sich in ihrem verbrecherischen und frevelhaften Sinn gewünscht haben, Konsuln oder Diktatoren oder gar Könige sein? Sehen sie nicht, daß sie etwas begehren, was sie, sobald sie es erreicht haben, einem flüchtigen Sklaven oder einem Gladiator überlassen müssen[46]?

20 Die dritte Gruppe ist schon vom Alter geschwächt, aber wegen ihrer Geübtheit noch leistungsfähig; zu ihr gehört der Manlius, an dessen Stelle jetzt Catilina tritt. Dies sind Leute aus den Kolonien, die Sulla gegründet hat[47]. Zwar wohnen dort, wie ich meine, im großen ganzen vorzügliche Bürger und sehr tüchtige Männer; es gibt aber doch Siedler, die sich von dem unverhofften und plötzlichen Gelde zu einem allzu aufwendigen und unbescheidenen Wandel verleiten ließen.

Sie bauen, als wären sie steinreich; sie finden Gefallen an Mustergütern, großem Gesinde, prächtigen Gastmählern, und schon sind sie derart in Schulden geraten, daß sie Sulla aus der Unterwelt herbeirufen müßten, wenn sie gerettet sein wollten; sie haben auch einige Leute vom Lande, arme Schlukker, zur gleichen Hoffnung auf die altgewohnten Raubzüge[48] verleitet. Ich rechne sie beide zu derselben Gruppe von Räubern und Plünderern; doch ich rate ihnen dringend, von ihrer Raserei, von dem Gedanken an Ächtungen und Diktaturen abzulassen. Denn jene Zeiten haben unserem Gemeinwesen eine so tiefe Wunde eingebrannt, daß, wie mir scheint, kein Mensch und nicht einmal das Vieh gewillt ist, diese Dinge hinzunehmen.

Die vierte Gruppe ist ein recht buntes und verworrenes 21
Gemisch. Diese Leute stecken schon seit langem in der Klemme, sie kommen nie empor; mit ihren alten Schulden, der Folge teils von Unfähigkeit, teils von schlechter Geschäftsführung, teils auch von hohem Aufwand, stehen sie auf äußerst wackligen Füßen. Sie sind von Terminen, Prozessen und Konkursen zermürbt; es heißt, daß sie in großer Zahl von der Stadt und vom Lande aus das Lager Catilinas aufsuchen. Ich möchte meinen, diese Leute sind nicht so sehr schneidige Soldaten wie lahme Ausflüchtemacher. Sie mögen schnellstens zusammenbrechen, wenn sie sich nicht halten können, doch so, daß die Gesamtheit und selbst die nächsten Nachbarn nichts davon merken. Denn das verstehe ich nicht, weshalb sie, wenn sie nicht in Ehren leben können, mit Schande zugrunde gehen wollen oder warum sie glauben, sie gingen gemeinsam mit vielen weniger schmerzlich zugrunde als allein.

Die fünfte Gruppe besteht aus Meuchelmördern, Halsab- 22
schneidern und Kriminellen aller Art. Diese Leute will ich nicht von Catilina abbringen; denn sie sind untrennbar mit ihm verbunden, und sie sollen auch auf ihrem Raubzug zu-

grunde gehen, da sie so zahlreich sind, daß sie das Gefängnis[49] nicht fassen kann.

Die letzte Gruppe aber ist Catilinas eigenes Gewächs, der Zahl und besonders der Art und Lebensführung nach, seine Auserwählten, ja seine Herzens- und Busenfreunde. Ihr seht sie mit gestriegeltem Haar, schmucke Burschen, teils bartlos, teils mit stattlichem Barte; ihre Tunica hat Ärmel und reicht bis an die Knöchel hinab[50]; sie drapieren sich mit Stoff, statt eine Toga zu tragen; alle Tatkraft ihres Lebens und Ausdauer im Wachen entfaltet sich bei Mahlzeiten, die sich bis zum
23 frühen Morgen hinziehen. In diesen Kreisen tummeln sich alle Spieler, alle Ehebrecher, alle Lüstlinge und Wüstlinge. Diese jungen Leute, so hübsch und so verwöhnt, haben nicht nur gelernt, zu lieben und sich lieben zu lassen, zu tanzen und zu singen, sondern auch Dolche zu schleudern und Gift zu verspritzen. Wenn die nicht weggehen, wenn die nicht zugrunde gehen, so wißt: auch wenn Catilina zugrunde geht, wird in unserem Staatswesen immer noch diese Pflanzschule von Catilinariern bestehen. Indes, was haben diese Unglücklichen vor? Sie werden doch nicht ihre Frauenzimmer mit sich ins Lager nehmen? Doch wie können sie auf sie verzichten, zumal in diesen Nächten[51]? Wie aber werden sie den Apennin und den Frost und Schnee aushalten? Es sei denn, sie glauben, sie könnten den Winter deshalb leichter ertragen, weil sie gelernt haben, bei den Gelagen nackt zu tanzen.

24 Ein gar fürchterlicher Krieg; denn über diese Leibwache von Buhlknaben wird Catilina gebieten! Rüstet jetzt, Quiriten, gegen diese wahrhaft prächtigen Truppen Catilinas euren Landsturm und eure Heere! Und stellt zuerst diesem entnervten und angeschlagenen Banditen eure Konsuln und Feldherren entgegen; führt sodann wider die gestrandete und entkräftete Schar Schiffbrüchiger die Blüte und die Kraft ganz Italiens ins Feld. Gewiß werden ja auch die Mauern der Kolo-

nien und Landstädte den Waldschanzen Catilinas gewachsen sein, und ich brauche nicht erst eure übrigen Mittel, Waffen und Wehren mit der Dürftigkeit und Armut dieses Räubers zu vergleichen.

Doch wenn wir auch diese Dinge beiseite lassen, die uns zu 25
Gebote stehen und ihm fehlen, den Senat, die römischen Ritter, die Stadt, die Staatskasse, die Steuereinkünfte, ganz Italien, sämtliche Provinzen, die auswärtigen Völker, wenn wir also dies alles beiseite lassen und allein die Grundsätze vergleichen wollen, die miteinander ringen, dann können wir gerade daran ablesen, wie tief die Gegner darniederliegen. Denn auf dieser Seite kämpft die Gewissenhaftigkeit, dort der Leichtsinn, hier die Keuschheit, dort die Unzucht, hier die Treue, dort der Trug, hier die Pflicht, dort das Verbrechen, hier die Beständigkeit, dort die Raserei, hier die Ehre, dort die Schande, hier die Selbstbeherrschung, dort die Zügellosigkeit; kurz, hier streiten die Gerechtigkeit, die Mäßigung, die Tapferkeit, die Umsicht und sämtliche Tugenden gegen das Unrecht, die Üppigkeit, die Feigheit, die Planlosigkeit, gegen sämtliche Laster; endlich schlägt sich der Überfluß mit der Dürftigkeit, die vernünftige Einstellung mit der heillosen, das gesunde Denken mit dem Aberwitz, überhaupt die wohlbegründete Hoffnung mit völliger Verzweiflung. Wenn nun in einem derartigen Kampf und Streit die Bemühungen der Menschen erlahmen sollten, werden dann nicht die unsterblichen Götter selbst darauf dringen, daß diese glänzenden Tugenden so viele und so schwere Laster überwinden?

Da dem so ist, Quiriten: verteidigt ihr, wie ich schon früher 26
gesagt habe, eure Häuser mit Wachen und Posten; ich habe Sorge getragen und vorgesehen, daß die Stadt hinlänglich durch Mannschaften gesichert ist, ohne daß ihr euch zu ängstigen braucht und es eines allgemeinen Aufgebots bedürfte. Alle eure Mitbürger in den Kolonien und Munizipien wurden

von mir über den nächtlichen Auszug Catilinas unterrichtet; sie können ohne Mühe ihre Städte und Bezirke verteidigen. Von den Gladiatoren glaubte Catilina, sie würden seine zuverlässigste Truppe sein; meine Amtsgewalt wird sie in Schranken halten, obwohl sie zuverlässiger sind als mancher Patrizier. Ich habe vorsorglich Q. Metellus in die gallische und picenische Mark vorausgesandt[52]; er wird den Mann überwältigen oder sich allen seinen Bewegungen und Unternehmungen in den Weg stellen. Was man aber sonst noch beschließen und eilends ausführen sollte, darüber will ich nunmehr dem Senat berichten, der, wie ihr seht, gerade einberufen wird.

27 Nun zu denen, die in der Stadt geblieben sind, ja von Catilina dort zurückgelassen wurden, der Stadt und euch allen zu schaden: sie sind Feinde, doch möchte ich sie, weil sie als Bürger geboren sind, immer wieder gewarnt haben. Meine bisherige Milde ist gewiß manchem zu weit gegangen; doch sie hat nur darauf gewartet, daß ans Licht käme, was verborgen war. In Zukunft kann ich nicht mehr außer acht lassen, daß dies mein Vaterland ist, daß ich der Konsul dieser Bürger hier bin und daß ich mit ihnen leben oder für sie sterben muß. Kein Wächter steht an den Toren, kein Posten lauert am Wege; wenn jemand fortgehen will: ich kann ein Auge zudrücken. Doch wer sich in der Stadt zu rühren wagt und wen ich nicht nur nach vollendeter Tat, sondern schon bei irgendeinem Beginnen oder Vorhaben gegen das Vaterland entdecke, der wird spüren: diese Stadt hat wachsame Konsuln, hat hervorragende Beamte, hat einen tatkräftigen Senat, hat Waffen, hat ein Gefängnis, von unseren Vorfahren zur Bestrafung verruchter und offenkundiger Verbrechen bestimmt[53].

28 Und all dies geht so vonstatten: die wichtigsten Dinge werden mit möglichst geringer Unruhe, die äußersten Gefahren

ohne allgemeines Aufgebot beigelegt; ein innerer und im eigenen Lande geführter Krieg, der grausamste und furchtbarste seit Menschengedenken, wird allein durch mich, den Führer und Feldherrn in der Toga[54], beseitigt. Ich will dabei so vorgehen, Quiriten, daß in unserer Stadt, wenn irgend möglich, nicht einmal ein Frevler die Strafe für sein Verbrechen erleiden muß. Doch vielleicht zwingt mich der Druck handgreiflicher Vermessenheit oder die dem Vaterlande drohende Gefahr, von meiner Milde abzugehen; dann will ich jedenfalls erreichen, was man sich wohl in einem so furchtbaren und tückischen Krieg kaum wünschen darf: kein Rechtschaffener soll zugrunde gehen und die Bestrafung weniger euch allen die Rettung verschaffen. Dies verspreche ich euch 29
nicht im Vertrauen auf meine eigene Umsicht noch überhaupt auf menschliches Planen, Quiriten; vielmehr haben mich zahlreiche und unbezweifelbare Zeichen der unsterblichen Götter zu dieser Erwartung und Auffassung geführt. Die schützen durch ihr Walten und Wirken ihre Tempel und die Dächer der Stadt, zwar nicht mehr, wie sie einst zu tun pflegten, weit weg gegen einen fremden und fernen Feind, sondern hier vor unseren Augen. Ihr müßt sie bitten, verehren und anflehen, Quiriten: sie möchten diese Stadt, nach ihrem Willen die schönste, blühendste und mächtigste, die es gibt, nunmehr, da alle Heere der Feinde zu Wasser und zu Lande überwunden sind, gegen den ruchlosen Anschlag zutiefst verworfener Bürger verteidigen.

DRITTE CATILINARISCHE REDE

1 Ihr seht, Quiriten: der Staat und euer aller Leben, euer Hab und Gut, eure Frauen und Kinder sowie dieser Wohnsitz des herrlichsten Reiches, die gesegnetste und schönste Stadt, all dies wurde am heutigen Tage durch die unsterblichen Götter, die euch ihre übergroße Liebe erzeigten, sowie durch meine Mühen, Vorkehrungen und Fährnisse der Flamme und dem Schwert und fast dem Rachen des Schicksals entrissen und
2 euch erhalten und wiedergegeben. Und gewiß ist uns der Tag unserer Rettung nicht minder angenehm und bedeutend als der Tag unserer Geburt, weil die Freude über unsere Rettung bestimmt, das Los aber, zu dem wir geboren werden, unbestimmt ist, und weil wir ohne Bewußtsein geboren, jedoch zu unserer Lust gerettet werden; dann aber muß wahrhaftig, da wir ja den Gründer dieser Stadt durch unser dankbares Urteil zu den unsterblichen Göttern erhoben haben[55], derjenige bei euch und euren Nachkommen in Ansehen stehen, der eben diese Stadt nach ihrer Gründung und Erweiterung gerettet hat. Denn wir haben das Feuer gelöscht, das fast schon die ganze Stadt, die Tempel und Heiligtümer, Häuser und Mauern von allen Seiten ergriff; wir haben ebenfalls die Schwerter zurückgestoßen, die gegen den Staat gezückt waren, und ihre
3 Spitzen von euren Kehlen weggeschlagen. Dies wurde im Senat ans Licht gebracht, bekanntgegeben und genau ermittelt, und zwar durch mich. So will ich nunmehr auch euch in Kürze unterrichten: ihr, die ihr noch in Unkunde und voller Erwartung seid, sollt wissen, welch ungeheuerliche Dinge aufgespürt und entdeckt wurden und mit welcher Klarheit und auf welche Weise.

Um zu beginnen: Catilina war vor einigen Tagen aus der Stadt davongeeilt, hatte jedoch die Genossen seines Verbrechens und eifrigsten Anführer dieses ruchlosen Krieges in

Rom zurückgelassen. Da habe ich stets achtgegeben und mich darum gesorgt, Quiriten, wie wir einen so schlimmen und so versteckten Anschlag überstehen könnten. Denn damals, als ich Catilina aus der Stadt hinauswarf (mich ängstigt nämlich der gehässige Sinn dieses Wortes nicht mehr, da ich mich mehr vor dem Anwurf fürchten muß, daß er lebend davongekommen sei), als ich ihn also entfernt wissen wollte, da glaubte ich, die übrige Schar der Verschwörer werde zugleich abziehen oder die Zurückgebliebenen seien ohne ihn
schwach und kraftlos. Ich mußte jedoch gewahr werden, daß 4
diejenigen noch unter uns weilten und in Rom zurückgeblieben seien, von denen ich wußte, daß sie am schlimmsten von Raserei und Bosheit erfaßt waren. Da verwendete ich alle Tage und Nächte darauf, zu erfahren und zu sehen, was sie trieben, was sie vorhätten. Denn da meine Rede euren Ohren wegen der unglaublichen Ausmaße des Verbrechens nicht sonderlich vertrauenswürdig erschien, wollte ich die Sache so fest in die Hand bekommen, daß ihr die Missetat unmittelbar vor Augen sähet und dann endlich mit ganzer Überzeugung für eure Rettung sorgtet.

Man berichtete mir nun, daß die Gesandten der Allobroger von P. Lentulus aufgewiegelt worden seien, jenseits der Alpen Krieg und im diesseitigen Gallien Aufruhr zu erregen[56]; man habe sie nach Gallien zu ihren Landsleuten und auf demselben Wege mit Briefen und Aufträgen für Catilina abgefertigt, und als Begleiter sei ihnen T. Volturcius beigegeben, dem man Briefe an Catilina ausgehändigt habe. Da glaubte ich, die Gelegenheit sei für mich gekommen, daß die ganze Sache (was sehr schwierig war und was ich mir stets von den unsterblichen Göttern gewünscht hatte) nicht nur von mir, sondern auch vom Senat und von euch handgreiflich aufge-
deckt würde. Ich rief daher gestern die Prätoren L. Flaccus 5
und C. Pomptinus zu mir, zwei ungemein tüchtige und dem

Staat ganz ergebene Männer; ich legte den Sachverhalt dar; ich setzte ihnen auseinander, was geschehen solle. Sie aber, die dem Gemeinwohl gegenüber nur ausgezeichnete und vorbildliche Grundsätze kannten, übernahmen die Aufgabe ohne Weigerung und ohne Säumen. Und als es Abend wurde, gelangten sie insgeheim zur mulvischen Brücke[57] und besetzten dort auf zwei Seiten die angrenzenden Landgüter, und zwar so, daß sich der Tiber und die Brücke zwischen ihnen befanden. An diesen Platz hatten sie nun teils selbst, ohne bei jemandem Verdacht zu erregen, zahlreiche beherzte Männer mitgenommen, teils hatte ich einige ausgewählte junge Leute aus dem Bezirk von Reate[58], die mir ständig für den Schutz des Staates zu Diensten stehen, mit Schwertern bewaffnet dorthin gesandt.

6 Mittlerweile ging die dritte Nachtwache zu Ende[59]; da begannen die Gesandten der Allobroger mit großem Gefolge die mulvische Brücke zu überschreiten, und mit ihnen Volturcius. Man greift sie an; man zieht auf ihrer wie auf unserer Seite das Schwert. Nur die Prätoren waren eingeweiht; die übrigen wußten nichts. Da legen sich Pomptinus und Flaccus ins Mittel; man stellt den Kampf, der sich erhoben hatte, wieder ein. Alle Schriftstücke, welche der Zug bei sich führte, werden mit unversehrten Siegeln den Prätoren ausgehändigt; die Festgenommenen selbst führt man mir vor, als es eben zu tagen begann. Und ich ließ den gewissenlosesten Rädelsführer aller dieser Verbrechen, Gabinius Cimber, sofort zu mir rufen (er ahnte noch nichts); ebenso wurde dann L. Statilius herbeigeholt und nach ihm Cethegus. Lentulus aber kam erst sehr spät, wohl weil er wider seine Gewohnheit die Nacht zuvor bei der Ausfertigung der Briefe durchwacht hatte[60].

7 Als die Sache bekannt wurde, fanden sich morgens die Häupter unseres Staates, hochangesehene Männer, in großer Zahl bei mir ein. Sie empfahlen mir, ich solle die Schriftstücke

öffnen, ehe ich sie dem Senat vorlegte: es solle, falls sich nichts darin fände, nicht heißen, ich hätte die Bürgerschaft unnötig in solche Aufregung versetzt. Ich weigerte mich, in gefährlicher Lage des Staates dem Staatsrat vorzugreifen. Denn auch wenn man nicht gefunden hätte, was mir angezeigt worden war, Quiriten, so glaubte ich doch nicht, mich in einer derart großen Gefahr unseres Staates vor einem Übermaß an Sorgfalt fürchten zu müssen.

Wie ihr gesehen habt, rief ich eilends den Senat zusammen;
man kam in großer Zahl. Und unterdessen beauftragte ich 8
auf Anraten der Allobroger alsbald den Prätor C. Sulpicius, einen tüchtigen Mann, er solle aus dem Hause des Cethegus herbeischaffen, was sich dort an Waffen fände, und wirklich brachte er eine große Menge Dolche und Schwerter mit. Ich führte Volturcius vor, ohne die Gallier; ich gab ihm auf Geheiß des Senates das staatliche Sicherheitsversprechen[61]; ich forderte ihn auf, ohne Furcht auszusagen, was er wisse. Da erklärte er, nachdem er sich mit Mühe von seiner großen Furcht erholt hatte: P. Lentulus habe ihm den brieflichen Auftrag an Catilina übergeben, Catilina solle sich auf die Hilfe der Sklaven stützen und möglichst bald mit seinem Heer gegen die Stadt vorrücken; dies aber solle deshalb geschehen, damit er zur Stelle sei, die Flüchtenden aufzufangen und sich mit den Anführern in der Stadt zu vereinigen, sobald man die Stadt an allen Ecken, wie es geplant und eingeteilt war, in Brand gesteckt und ein unermeßliches Blutbad unter den Bürgern angerichtet habe.

Die Gallier aber, die nunmehr hereingeführt wurden, sag- 9
ten aus, sie hätten von P. Lentulus, Cethegus und Statilius eidliche Versprechen sowie Briefe an ihre Landsleute erhalten; ferner sei ihnen von den Genannten und von L. Cassius[62] befohlen worden, sie sollten möglichst bald Reiterei nach Italien schicken; an Fußtruppen werde kein Mangel sein. Lentulus

aber habe ihnen versichert, er sei gemäß den sibyllinischen Sprüchen und nach den Auskünften der Opferschauer jener dritte Cornelius, an den die Herrschaft und Gewalt über diese Stadt gelangen solle; vor ihm seien es Cinna und Sulla gewesen. Er habe auch behauptet, dieses Jahr sei vom Schicksal für den Untergang von Stadt und Reich bestimmt; es sei das zehnte nach der Freisprechung der vestalischen Jungfrauen, nach dem Brande des Kapitols jedoch das zwanzigste. Über diesen Punkt aber, erklärten sie, habe sich Cethegus mit den übrigen gestritten, daß Lentulus und andere meinten, man solle das Massaker und die Einäscherung der Stadt an den Saturnalien durchführen, während Cethegus diese Frist für allzu lang hielt[63].

Und um es kurz zu machen, Quiriten: ich befahl, die Brieftafeln hervorzuholen, die ein jeder ausgefertigt haben sollte. Zuerst zeigte ich sie Cethegus; er erkannte sein Siegel. Ich durchschnitt das Band[64]; ich verlas den Brief. Er hatte ihn mit eigener Hand an Senat und Volk der Allobroger gerichtet: er werde ausführen, was er ihren Gesandten zugesichert habe; er bitte sie, ebenfalls zu tun, was ihre Gesandten ihm versprochen hätten. Cethegus hatte noch kurz zuvor irgend etwas über die Schwerter und Dolche vorgebracht, die bei ihm entdeckt worden waren, und behauptet, er sei stets ein Liebhaber von gutem Eisengerät gewesen – da aber, nachdem der Brief verlesen war, verstummte er plötzlich, gelähmt und entmutigt durch sein böses Gewissen. Statilius wurde hereingeführt; er bestätigte sein Siegel und seine Hand. Man verlas den ungefähr gleichlautenden Brief; Statilius war geständig.

Da zeigte ich Lentulus die Tafeln und fragte, ob er das Siegel anerkenne. Er sagte: «Ja.» «Gewiß», erwiderte ich, «es ist ein bekanntes Siegel, das Bildnis deines Großvaters, eines hochangesehenen Mannes, der sein Vaterland und seine Mitbürger über alles geliebt hat[65]; das Bild hätte dich, stumm

wie es ist, von einem solchen Frevel zurückrufen sollen.» Man 11
verliest einen Brief gleichen Sinnes an Senat und Volk der Allobroger. Ich gab ihm Gelegenheit, ob er sich hierzu äußern wolle. Und zuerst lehnte er ab; einige Zeit darauf aber, nachdem bereits der ganze Inhalt der Anzeige zu Protokoll gegeben und verlesen war, erhob er sich; er fragte die Gallier, was er mit ihnen zu tun habe, weshalb sie in sein Haus gekommen seien, und ebenso den Volturcius. Als die ihm kurz und fest geantwortet hatten, durch wessen Vermittlung und wie oft sie zu ihm gekommen seien, und ihn fragten, ob er ihnen nichts über die sibyllinischen Sprüche gesagt habe, da zeigte er, in seiner Verruchtheit plötzlich von Sinnen, welche Macht das Gewissen hat. Denn obwohl er das hätte leugnen können, fand er sich wider aller Erwarten auf einmal zum Geständnis bereit. So ließ ihn nicht nur sein Talent und seine Redefertigkeit im Stich, worin er stets stark war, sondern, unter dem Druck des handgreiflich erwiesenen Verbrechens, ebenso seine Unverschämtheit und Gewissenlosigkeit, durch die er alle übertraf. Volturcius aber verlangte plötzlich, man möge den Brief 12
vorzeigen und öffnen, den Lentulus ihm, wie er sagte, für Catilina mitgegeben habe. Und da geriet Lentulus in größte Verwirrung; gleichwohl bestätigte er sein Siegel und seine Hand. Der Brief war ohne Anrede und Absender, sondern lautete so: «Wer ich bin, erfährst du von dem, den ich zu dir sende. Erzeige dich als Mann und bedenke, wie weit du gegangen bist. Sieh zu, was du jetzt zu tun gezwungen bist, und kümmere dich darum, daß du dir von jedermann Hilfe verschaffst, auch von den Niedrigsten[66].» Darauf wurde Gabinius herbeigeführt; nachdem er sich zunächst auf unverschämte Antworten verlegt hatte, leugnete er schließlich nichts mehr von dem, was die Gallier ihm vorwarfen. Und ich 13
war nun zwar der Meinung, Quiriten, die Briefe, Siegel, Schriftzüge und schließlich das Geständnis eines jeden seien

ganz untrügliche Beweise und Anzeichen des Verbrechens; allein für viel untrüglicher noch hielt ich dies: die Farbe des Gesichts, die Blicke, die Mienen, das Schweigen. Denn die Beschuldigten waren so bestürzt, starrten so auf den Boden, sahen einander bisweilen so verstohlen an, daß man nicht mehr den Eindruck hatte, sie würden von anderen angezeigt, sondern sie zeigten sich selbst an.

Die Anzeigen waren zu Protokoll gegeben und verlesen, Quiriten; da fragte ich den Senat, was für das Wohl von Staat und Verfassung getan werden solle. Die maßgeblichen Mitglieder[67] gaben sehr scharfe und entschiedene Erklärungen ab, denen sich der übrige Senat ohne Ausnahme anschloß. Und da der Senatsbeschluß noch nicht aufgezeichnet ist, will ich euch aus dem Gedächtnis mitteilen, Quiriten, was der Senat
14 für gut befunden hat. Zunächst dankt man mir mit sehr ehrenvollen Worten, daß durch meine Entschlossenheit, Umsicht und Vorsorge der Staat von schlimmster Gefahr befreit worden sei. Dann erhalten die Prätoren L. Flaccus und C. Pomptinus berechtigtes und verdientes Lob: sie hätten mir mutig und zuverlässig Hilfe geleistet. Und auch meinem tüchtigen Kollegen wird Anerkennung ausgesprochen: er habe die Teilnehmer an dieser Verschwörung von seinen eigenen und den staatlichen Angelegenheiten ferngehalten[68].

Und man beschloß weiterhin, daß P. Lentulus, nachdem er sein Amt als Prätor niedergelegt habe, in Haft genommen werden solle, und ebenso sollten C. Cethegus, L. Statilius und P. Gabinius, die alle anwesend waren, in Haft gelangen, und dasselbe wurde gegen L. Cassius verfügt, der für sich die Aufgabe beansprucht hatte, die Stadt in Brand zu stecken, gegen M. Ceparius, dem, wie die Anzeige lautete, Apulien zugewiesen war, die dortigen Hirten aufzuwiegeln, gegen P. Furius, der zu den von Sulla nach Faesulae gebrachten Siedlern gehört, gegen Q. Annius Chilo, der sich gemeinsam mit Furius immer wieder bemüht hatte, die Allobroger zum Aufruhr zu verleiten, sowie gegen den Freigelassenen P. Umbrenus, von dem erwiesen war, daß er zuerst die Gallier zu Gabinius geführt hatte[69]. Der Senat ließ also eine solche Milde walten, Quiriten, daß er glaubte, man könne die übrigen, sei der Staat einmal gerettet, wieder zur Vernunft bringen, wenn man aus einer derart weitreichenden Verschwörung und einer so großen Anzahl einheimischer Feinde nur die neun verworfensten Gesellen bestrafe.

Und ferner wurde den unsterblichen Göttern für ihre ein- 15
zigartige Hilfe zu meiner Ehre ein Dankfest bewilligt, was mir als erstem Zivilbeamten seit der Gründung der Stadt begegnet ist[70], und es wurde mit dem Wortlaut beschlossen, «weil ich die Stadt vor der Einäscherung, die Bürger vor dem Tode, Italien vor dem Kriege bewahrt hätte». Wenn man dieses Dankfest mit den übrigen Dankfesten vergleicht, so zeigt sich der Unterschied: die übrigen wurden wegen guter Verwaltung, nur dieses aber wegen der Rettung des Staates festgesetzt.

Und das, was zuerst getan werden mußte, ist getan und ausgeführt. Denn P. Lentulus hatte gewiß durch die vorgeführten Beweise, durch seine Geständnisse, durch das Urteil des Senates nicht nur die Vorrechte des Prätors, sondern auch die des Bürgers verloren; gleichwohl legte er in aller Form sein Amt nieder. Zwar hatte einst der hochberühmte C. Marius keinerlei Bedenken, den C. Glaucia, über den kein ausdrücklicher Beschluß vorlag, als Prätor zu töten[71]; wir aber wollten uns diesem Bedenken nicht aussetzen und P. Lentulus erst bestrafen, wenn er Privatperson sei.

Da ihr nunmehr die ruchlosen Anführer eines überaus ver- 16
brecherischen und gefährlichen Krieges in Haft und Gewahrsam habt und die Stadt aus ihrer bedrängten Lage befreit ist, dürft ihr glauben, Quiriten, daß jetzt die gesamte Macht Catilinas, alle seine Aussichten und Auskünfte zunichte geworden

sind. Als ich diesen Mann aus der Stadt vertrieb, da sah ich voraus, Quiriten, daß ich nach seiner Entfernung weder den Schlaf des P. Lentulus noch den Wanst des L. Cassius noch auch das blindwütige Treiben des C. Cethegus würde fürchten müssen. Von ihnen allen war allein Catilina furchtbar, doch nur, solange er sich im Mauerring der Stadt befand. Er kannte alles, er hatte Zugang zu allem; er konnte die Leute ansprechen, beeinflussen, aufwiegeln, und er wagte es. Er war fähig, eine Untat zu planen, seinem Plane aber fehlte weder die Zunge noch die Hand. Er hatte bereits bestimmte Leute für die Ausführung bestimmter Aufgaben ausgesucht und eingeteilt. Doch wenn er einen Auftrag erteilt hatte, so hielt er ihn noch nicht für erledigt; es gab nichts, wo er nicht selbst dabei war und herzueilte, wachte und sich mühte; er ver-
17 mochte Kälte, Hunger und Durst zu ertragen. Dieser Mann war so hart, so verwegen, so schlagfertig, so gewitzt, so wachsam bei der Freveltat, so umsichtig bei heillosen Unternehmungen: hätte ich ihn nicht aus seinem Hinterhalt an Ort und Stelle in das Räuberdasein des Feldlagers getrieben, dann (ich will sagen, was ich denke, Quiriten) wäre es mir nicht leicht geworden, euch dieses schwer lastende Unheil vom Halse zu schaffen. Er hätte für uns nicht erst die Saturnalien vorgesehen noch den Unglücks- und Schicksalstag des Staates so lange zuvor angekündigt noch sich so ungeschickt verhalten, daß sein Siegel, daß ein Brief von ihm als Zeuge des handgreiflichen Verbrechens abgefangen wird. Doch jetzt, während seiner Abwesenheit, hat man diese Dinge so ausgeführt, daß nie ein Diebstahl in einem Privathause so offen aufgedeckt wurde, wie diese im ganzen Staatswesen verzweigte Verschwörung sichtbar enthüllt ist. Zwar habe ich, solange Catilina in der Stadt war, allen seinen Plänen entgegengearbeitet und sie durchkreuzt; wäre er jedoch bis zum heutigen Tage geblieben, so hätten wir, gelinde ausgedrückt, mit ihm kämp-

fen müssen, und wir hätten, solange dieser Feind in den Mauern weilte, den Staat niemals in solchem Frieden, solcher Ruhe, solcher Stille aus derartigen Nöten befreien können.

Indes, die Ausführung von alledem durch mich ging so von- 18
statten, Quiriten, daß man glauben möchte, es sei durch das Walten und Wirken der unsterblichen Götter vollbracht und vorbereitet worden. Dies können wir einmal aus der Erwägung ableiten, daß die Lenkung derart bedeutender Ereignisse wohl kaum menschlichem Planen zu entspringen vermochte; zum anderen aber ließen die Götter uns in dieser Notzeit so unmittelbar ihre Hilfe und ihren Beistand zuteil werden, daß wir sie geradezu leibhaft wahrnehmen konnten. Ich will mich gar nicht damit aufhalten, daß man zu nächtlicher Zeit von Westen her den Feuerschein von Fackeln am Himmel bemerkt hat, ich will das Zucken der Blitze, die Erdbeben auf sich beruhen lassen, ich will alles andere übergehen, was sich während meines Konsulats in solcher Fülle begeben hat, daß man glauben muß, die unsterblichen Götter hätten die jetzigen Ereignisse genau vorausgesagt. Doch wovon ich jetzt reden will, Quiriten, das darf man gewiß nicht unberührt noch unbeachtet lassen.

Denn sicherlich erinnert ihr euch: als Cotta und Torquatus 19
Konsuln waren[72], da schlug an mehreren Stellen auf dem Kapitol der Blitz ein; die Götterbilder fielen zu Boden, und die Statuen von Männern der Frühzeit stürzten um, und die ehernen Gesetzestafeln zerschmolzen, und auch er, der diese Stadt gegründet hat, Romulus, wurde getroffen; ihr wißt, er stand vergoldet auf dem Kapitol, wie er sich als kleiner Säugling nach den Zitzen der Wölfin reckt. Damals fanden sich aus ganz Etrurien die Opferschauer[73] ein, und sie erklärten, daß Mord und Feuersbrunst, die Aufhebung der Gesetze, ein Krieg unter Bürgern und im eigenen Lande sowie der völlige Untergang von Stadt und Reich bevorstünden, wenn nicht

die unsterblichen Götter auf jede Weise versöhnt würden und durch ihr Eingreifen geradezu das Schicksalswalten selbst ab-
20 änderten. Daher veranstaltete man damals gemäß diesen Auskünften Spiele von zehntägiger Dauer und unterließ nichts, was geeignet war, die Götter zu versöhnen. Die Opferschauer empfahlen auch, ein noch größeres Bild des Jupiter anzufertigen und an erhöhter Stelle aufzurichten und im Gegensatz zu früher nach Osten zu wenden. Und sie erklärten, wenn dieses Standbild, das ihr dort seht, gen Sonnenaufgang und auf das Forum und auf die Kurie blicke, so hofften sie, die Anschläge, die man insgeheim gegen das Heil von Stadt und Reich anzettele, würden ans Licht kommen, so daß der Senat und das Volk von Rom sie zu durchschauen vermöchten. Und die genannten Konsuln gaben die Errichtung des Standbildes in Auftrag; doch das Werk verzögerte sich derart, daß es weder während der Amtszeit der früheren Konsuln noch in meinem Konsulat vor dem heutigen Tage aufgestellt werden konnte.

21 Wer vermag da so der Wahrheit abhold, so eilfertig, so beschränkt zu sein, daß er leugnete, dies alles, was wir hier sehen, und zumal unsere Stadt werde durch den Willen und die Macht der unsterblichen Götter gelenkt? Denn der Bescheid, der ergangen war, lautete: Mord, Brand, der Untergang des Staates werde vorbereitet, und zwar von Bürgern. Das schien damals manchem wegen der Größe der Verbrechen unglaublich, doch ihr habt jetzt erkannt: ruchlose Bürger haben das nicht nur geplant, sondern auch ins Werk gesetzt. Dies aber hat doch wohl ganz offenkundig der Wille des Jupiter Optimus Maximus verursacht, daß man am Morgen des heutigen Tages auf meinen Befehl hin die Verschworenen und ihre Entdecker über das Forum zum Tempel der Concordia[74] geführt und genau zur gleichen Zeit das Standbild aufgestellt hat? Es war gerade aufgerichtet und zu euch und zum Senate hingewandt, da ersahen der Senat und ihr, daß alle Pläne gegen

das Heil der Gesamtheit ans Licht gebracht und aufgedeckt waren.

Desto größere Verachtung und Bestrafung verdienen daher 22
diese Gesellen, die sich vorgenommen hatten, nicht nur eure Wohnungen und Häuser, sondern auch die Tempel und Heiligtümer der Götter mit verderblichem und verruchtem Brande heimzusuchen. Wenn ich behaupten wollte, ich hätte das verhindert, dann würde ich mir allzu viel anmaßen und wäre unausstehlich: der, der dort, Jupiter[75], hat es verhindert; er wollte, daß das Kapitol, er, daß die Tempel, er, daß die ganze Stadt, er, daß ihr alle gerettet würdet. Da die unsterblichen Götter mich führten, wurden mir diese Einsichten und Entschlüsse zuteil und gelangte ich zu diesen bedeutenden Beweisen. Und erst die Aufwiegelung der Allobroger! Auch wären Lentulus und die übrigen inneren Feinde wahrhaftig niemals so töricht gewesen, unbekannten Barbaren so gewichtige Dinge anzuvertrauen und ihnen Briefe auszuhändigen, hätten nicht die unsterblichen Götter diesen furchtbaren Frevelmut der Vernunft beraubt. Und schließlich gar: die Gallier kamen von einem kaum befriedeten Stamme; ihr Volk bleibt als einziges übrig, das in der Lage und nicht abgeneigt zu sein scheint, gegen das römische Volk Krieg zu führen. Müßt ihr nicht glauben, es sei nach göttlichem Ratschluß geschehen, daß diese Leute die Hoffnung auf Macht und größte Vorteile, die ihnen Patrizier von sich aus antrugen, ausgeschlagen und euer Heil ihrem eigenen Nutzen vorgezogen haben? Zumal sie uns ja nicht durch Kampf, sondern durch Schweigen überwinden konnten?

Deshalb, Quiriten, da das beschlossene Dankfest allen Göt- 23
tersitzen gilt, feiert diese Tage mit euren Frauen und Kindern. Denn schon oft hat man den unsterblichen Göttern mit Recht verdiente Ehrungen in großer Zahl dargebracht, doch, wahrhaftig, noch niemals mit größerem Recht. Denn ihr seid

der grausamsten und elendsten Vernichtung entrissen; ihr seid ihr entrissen ohne Mord, ohne Blutvergießen, ohne Heer, ohne Kampf; als Bürger in Zivil habt ihr gesiegt, einzig von
24 mir, dem Zivilbeamten, geleitet und befehligt. Denn vergegenwärtigt euch alle die Auseinandersetzungen unter Bürgern, Quiriten, die, von denen ihr gehört habt, und besonders die, an die ihr euch als Augenzeugen erinnert. L. Sulla überwältigte den P. Sulpicius: er hat C. Marius, den Schützer dieser Stadt, und viele tüchtige Männer teils aus dem Vaterland verbannt, teils getötet. Der Konsul Cn. Octavius vertrieb seinen Kollegen mit Waffengewalt aus der Stadt: dieser ganze Platz hier war mit Leichenhaufen und Bürgerblut bedeckt. Hernach gewann Cinna zusammen mit Marius die Oberhand: da sind vollends durch die Ermordung der angesehensten Männer die Leuchten unserer Bürgerschaft ausgelöscht worden. Darauf nahm Sulla Rache für die Grausamkeit dieses Sieges: ich brauche nicht einmal zu erwähnen, mit welchem Verlust an Bürgern und zu welchem Verderben für den Staat. M. Lepidus überwarf sich mit dem hochangesehenen und überaus tüchtigen Q. Catulus: nicht so sehr sein eigener, wie der Untergang der übrigen brachte dem Gemeinwesen Trauer[76].

25 Doch diese Auseinandersetzungen bezweckten nicht den Untergang, sondern die Veränderung des Staates. Denn die Genannten wünschten nicht, daß kein Staat mehr bestehe, sondern verlangten im bestehenden Staat die ersten zu sein, noch wollten sie diese Stadt einäschern, sondern in dieser Stadt Macht und Ansehen genießen. Und doch spitzten sich alle diese Streitigkeiten, von denen keine die Vernichtung des Staates anstrebte, derart zu, daß sie nicht durch die friedliche Wiederherstellung der Eintracht, sondern durch Bürgermord beigelegt wurden. Dieser Krieg aber war einerseits der weitaus größte und grausamste seit Menschengedenken, wie ihn

kein Barbarenreich je gegen das eigene Volk geführt hat; denn Lentulus, Catilina, Cethegus und Cassius hatten für ihn das Gesetz aufgestellt, daß jeder als Feind gelten solle, der nur in der Sicherheit der Stadt die eigene Sicherheit finde. Doch andererseits habe ich mich in diesem Kriege so verhalten, Quiriten, daß ihr allesamt heil und bewahrt bliebt. Und während eure Feinde glaubten, nur so viele Bürger würden überleben, als dem unendlichen Blutbad entgingen, nur so viel bleibe von der Stadt übrig, als die Flamme nicht habe erreichen können, habe ich Stadt und Bürger unangetastet und unversehrt gerettet.

Für so Großes, Quiriten, will ich von euch keinen Lohn 26
meiner Tüchtigkeit, keine Zeichen meiner Ehre, kein Denkmal meines Ruhmes verlangen, sondern nur das ewige Andenken an diesen Tag. Ich möchte alle meine Triumphe, alle Zierden meines Ansehens, Denkzeichen meines Ruhmes und Anerkennungen meines Verdienstes in euren Herzen geborgen und aufbewahrt wissen. Nichts Stummes vermag mich zu erfreuen, nichts Schweigendes, überhaupt nichts von der Art, was auch weniger Würdige erlangen können. Mein Ruf wird durch euer Andenken genährt, Quiriten; er wächst durch Gespräche, er verfestigt sich und erstarkt durch die geschichtliche Überlieferung. Ich bin auch überzeugt, daß ein und derselbe Tag, dessen Wirkung, wie ich hoffe, ewig währen wird, die Erhaltung der Stadt und das Andenken an mein Konsulat verbürgt, und daß zur gleichen Zeit in diesem Staat zwei Bürger hervorgetreten sind, von denen der eine die Grenzen eures Reiches nicht durch Landstriche, sondern durch die Himmelsgegenden festgesetzt[77], der andere die Wohnstatt und den Sitz dieses Reiches gerettet hat.

Indes, meine Taten und die Leistungen derer, die auswär- 27
tige Kriege führten, unterscheiden sich nach ihrer Beschaffenheit und ihren Voraussetzungen: ich muß mit denen zusam-

men leben, die ich besiegt und bezwungen habe, doch jene ließen ihre Feinde getötet oder überwältigt zurück. Deshalb müßt ihr dafür sorgen, Quiriten, daß, wenn den anderen ihre Taten mit Recht Vorteil bringen, mir die meinigen nicht dereinst Schaden zufügen. Denn ich habe verhindert, daß die verbrecherischen und ruchlosen Absichten höchst verwegener Menschen euch schaden; ihr müßt verhindern, daß sie mir schaden. Indes, Quiriten, auch mir selbst können diese Burschen keinen Schaden mehr antun. Denn groß ist der Schutz bei den Wohlgesinnten, den ich mir für immer verschafft habe, groß das Ansehen unserer Verfassung, das stets stillschweigend für mich eintreten wird, groß ist auch die Macht des Gewissens – wer sie mißachtet, indem er mich verwunden will,
28 wird sich selbst verraten. Wir sind nämlich gesonnen, Quiriten, vor niemandes Verwegenheit zurückzuweichen und sogar von uns aus stets alle Böswilligen herauszufordern. Wenn sich die gesamte Stoßkraft der inneren Feinde, die ich von euch abgewandt habe, gegen mich allein kehrt, so müßt ihr zusehen, Quiriten, welche Lage ihr in Zukunft denen gewährleisten wollt, die sich für euer Wohl Anfeindungen und Gefahren jeder Art ausgesetzt haben; doch ich selbst, was kann ich noch zum Ertrag meines Lebens hinzugewinnen? Denn weder an Ehren, die ihr verleiht, noch an Ruhm für Verdienste
29 wüßte ich Höheres, wozu ich noch aufsteigen möchte. Das aber will ich wahrhaftig erreichen, Quiriten, daß ich die Taten meines Konsulats nach Beendigung des Amtes verteidige und hochhalte: falls ich mir durch die Rettung des Staates Mißgunst zugezogen habe, soll sie den Mißgünstigen selbst schaden, mir aber Ruhm einbringen. Überhaupt werde ich mich bei der Wahrnehmung staatlicher Belange so verhalten, daß ich stets bedenke, was ich geleistet habe, und dafür sorge, daß meine Taten als Erfolg meiner Tüchtigkeit, nicht als Ergebnis des Zufalls angesehen werden.

Es ist schon Nacht, Quiriten; betet daher zu Jupiter, der euch und diese Stadt beschirmt, und geht fort in eure Häuser und schützt sie, obwohl die Gefahr bereits abgewendet ist, ebenso wie in der vorigen Nacht durch Posten und Wachen. Ich werde dafür sorgen, Quiriten, daß ihr das nicht länger zu tun braucht und ihr auf immer in Frieden leben könnt.

VIERTE CATILINARISCHE REDE

1 Ich sehe, versammelte Väter, wie euer aller Mienen und Blicke auf mich gerichtet sind; ich sehe, wie euch nicht nur eure eigene und die Gefahr des Staates, sondern auch, für den Fall, daß diese gebannt ist, die meinige Sorge bereitet. Euer Mitgefühl mir gegenüber ist mir willkommen im Unglück und tröstlich im Schmerz, doch, bei den unsterblichen Göttern!, laßt davon ab und denkt, ohne euch um meine Rettung zu kümmern, an euch und eure Kinder. Wenn mir mein Konsulamt unter der Bedingung anvertraut ist, daß ich alle Bitternisse, alle Schmerzen und Martern ertrüge: ich will sie ertragen und nicht nur gefaßt, sondern auch mit Freuden, wenn nur meine Mühen euch und dem römischen Volke Ehre und
2 Heil einbringen. Ich bin der Konsul, versammelte Väter, für den nichts je sicher war vor tödlicher, tückischer Gefahr: nicht das Forum, von dem alle Gerechtigkeit ausgeht, nicht das Marsfeld, das durch die konsularischen Auspizien geweiht ist, nicht die Kurie, der höchste Hort aller Völker, nicht das Haus, jedermanns Zuflucht, nicht das Bett, zur Ruhe bestimmt, und endlich auch nicht dieser Ehrensitz[78]. Ich habe vieles verschwiegen, vieles ertragen, vieles zugestanden, vieles, während ihr in Furcht wart, durch meinen einsamen Schmerz geheilt. Wenn jetzt der Wille der unsterblichen Götter mein Konsulat so enden läßt, daß ich euch und das römische Volk dem jammervollsten Blutbad, eure Frauen und Kinder und die vestalischen Jungfrauen der bittersten Unbill, die Tempel und Heiligtümer sowie unser aller herrliche Vaterstadt der scheußlichsten Feuersbrunst, ganz Italien dem Krieg und der Verwüstung entreiße: jedes Geschick soll ertragen werden, das über mich allein verhängt ist. Denn wenn P. Lentulus, von den Wahrsagern verleitet, glaubte, sein Name sei schicksalhaft für das Verderben des Staates[79], warum soll ich

mich nicht freuen, daß mein Konsulat geradezu schicksalhaft für die Rettung des römischen Volkes geworden ist?

Denkt daher an euch, versammelte Väter, sorgt für das 3
Vaterland, schützt euch, eure Frauen, Kinder und Vermögen, verteidigt Ansehen und Heil des römischen Volkes; laßt ab, mich zu schonen und auf mich Rücksicht zu nehmen. Denn einmal darf ich hoffen, daß mir alle Götter, die diese Stadt beschirmen, meinem Verdienste gemäß ihre Dankbarkeit erzeigen; zum anderen werde ich, falls mir etwas zustößt, gefaßt und bereitwillig sterben. Denn kein schimpflicher Tod kann dem Tapferen zustoßen, kein allzu früher dem Konsular, kein beklagenswerter dem Weisen. Doch bin ich nicht der Fels, der sich nicht von der Trauer seines anwesenden Bruders, des teuersten und geliebtesten, noch von den Tränen aller derer rühren ließe, von denen ihr mich umgeben seht. Und keineswegs wenden sich meine Gedanken nicht oft nach Hause zurück zu meiner niedergeschlagenen Gattin, zu meiner vor Furcht vergehenden Tochter und zu meinem kleinen Sohne, den mir das Gemeinwesen als Bürgen für mein Konsulat in Gewahrsam zu halten scheint, endlich zu meinem Schwiegersohne, den ich dort stehen sehe, wie er den Ausgang des heutigen Tages erwartet[80]. Alles dies beeindruckt mich, doch nur in dem Sinne, daß ich wünsche, sie alle möchten mit euch zusammen überleben, auch wenn mich irgendeine Macht vernichten sollte, statt daß sowohl sie als auch wir durch eine und dieselbe Katastrophe des Staates zugrunde gehen.

Seid daher auf das Heil des Staates bedacht, versammelte 4
Väter, achtet auf die Stürme, die ringsum drohen, wenn ihr euch nicht vorseht. Nicht Ti. Gracchus wird zur Aburteilung und vor euer strenges Gericht geführt, weil er zum zweiten Male Volkstribun werden wollte, noch C. Gracchus, weil er versucht hat, die Landbevölkerung aufzuwiegeln, noch L.

Saturninus, weil er C. Memmius getötet hat[81]: wir haben die in unserer Gewalt, die in Rom blieben, die Stadt in Brand zu stecken, euch alle zu ermorden, Catilina aufzunehmen; wir haben ihre Briefe, Siegel, Schriftzüge, schließlich das Geständnis jedes Einzelnen. Man stiftet die Allobroger zum Aufruhr an, wiegelt die Sklaven auf, ruft Catilina herbei; man hat ein Komplott von der Art geschmiedet, daß nach dem allgemeinen Blutbad nicht einmal mehr jemand übrigbleibt, der den Namen des römischen Volkes beweinen und das Unglück
5 eines solchen Reiches beklagen könnte. Dies alles haben die Anzeigenden berichtet, die Beschuldigten gestanden, habt ihr bereits durch manches Urteil anerkannt. Denn erstens habt ihr mich mit einzigartigen Worten eures Dankes versichert und befunden, daß durch meine Tüchtigkeit und Umsicht eine Verschwörung verworfener Menschen aufgedeckt worden sei; ferner habt ihr P. Lentulus gezwungen, sein Amt als Prätor niederzulegen; außerdem habt ihr beschlossen, ihn und die übrigen Verurteilten in Haft zu nehmen; vor allem habt ihr um meinetwillen ein Dankfest anberaumt, eine Ehre, die vor mir keinem Zivilbeamten zuteil wurde[82]; schließlich habt ihr am gestrigen Tage für die Gesandten der Allobroger und für Titus Volturcius sehr hohe Belohnungen festgesetzt. Alles dies berechtigt ohne jeden Zweifel zu der Annahme, daß die von euch auch für schuldig befunden wurden, die ihr mit Nennung des Namens in Haft gegeben habt.

6 Doch ich habe beschlossen, versammelte Väter, euch zu befragen, als stünde noch alles offen: was ihr von der Tat haltet und wie ihr über die Strafe urteilt. Ich will nur vorausschicken, worauf zu dringen der Konsul verpflichtet ist. Ich sah schon seit langem, daß unser Staat von einer großen Raserei befallen sei, daß sich ein Umsturz zusammenbraue und man Übles im Schilde führe, aber daß Mitbürger von uns eine so große und verderbliche Verschwörung anzetteln, hätte ich

niemals gedacht. Jetzt müßt ihr, wohin auch eure Meinungen und Ansichten sich neigen mögen, vor Einbruch der Nacht einen Beschluß fassen[83]. Ihr seht, was für ein Verbrechen euch kundgetan wurde. Wenn ihr glaubt, nur wenige seien darin verwickelt, so irrt ihr euch sehr. Dieses Übel hat sich weiter verbreitet, als man denken möchte; es hat sich nicht nur über Italien ergossen, sondern auch die Alpen überstiegen und im verborgenen vorankriechend schon viele Provinzen erfaßt. Durch Aufschieben und Hinhalten kann man es keineswegs beseitigen; wie ihr euch auch entscheiden wollt, ihr müßt rasch durchgreifen.

Wie ich sehe, liegen bis jetzt zwei Anträge vor. Den einen 7
hat D. Silanus gestellt; er meint, diejenigen, die all dies hier zu vernichten suchten, seien mit dem Tode zu bestrafen. Den anderen hat C. Caesar vorgebracht[84]; er sieht von der Todesstrafe ab, will jedoch alle Härten sonstiger Strafmaßnahmen angewandt wissen. Ein jeder befleißigt sich äußerster Strenge, wie es seinem eigenen Ansehen und dem Gewicht der Sache entspricht. Silanus meint, wer uns allen, wer dem römischen Volk das Leben zu rauben, wer das Reich zu zerstören, wer den Namen des römischen Volkes auszulöschen versucht hat, der dürfe sich keinen Augenblick mehr des Lebens und der allen gemeinsamen Atemluft erfreuen, und hierbei erinnert er sich, daß diese Art von Strafe in unserem Staate oft über gewissenlose Bürger verhängt worden ist. Caesar berücksichtigt, daß die unsterblichen Götter den Tod nicht als Strafe, sondern als natürliche Notwendigkeit oder zur Ruhe von Mühsal und Elend eingerichtet haben. Deshalb haben Weise ihn niemals mit Sträuben, Standhafte oft sogar freudig auf sich genommen. Die Haft aber, und jedenfalls die lebenslängliche, ist sicherlich als äußerste Strafe eines ruchlosen Verbrechens vorgesehen. Caesar empfiehlt, die Häftlinge auf die Landstädte zu verteilen. Dieser Vorschlag brächte wohl Ungerechtigkeiten mit sich,

wenn man befehlen, Schwierigkeiten, wenn man bitten wollte. Doch man mag sich für ihn entscheiden, wenn er einleuch-
8 tet. Denn ich werde die Ausführung übernehmen und, wie ich hoffe, Leute finden, die nicht glauben, im Namen ihrer Würde ablehnen zu müssen, was ihr zum Wohle aller beschlossen habt. Caesar fügt eine hohe Buße für die Landstädte hinzu, falls jemand die Verurteilten entkommen lassen sollte; so umgibt er sie mit furchtbarer Bewachung, wie es dem Verbrechen verworfener Menschen angemessen ist. Er setzt fest, daß niemand die Strafe derer, die er verurteilt wissen will, über den Senat oder über die Volksversammlung mildern dürfe; so beraubt er sie auch der Hoffnung, die allein den Menschen im Elend zu trösten pflegt. Er empfiehlt außerdem, ihr Vermögen einzuziehen; nur das nackte Leben läßt er diesen ruchlosen Menschen. Nähme er's ihnen, so würde er sie durch die Pein eines Augenblicks von vieler Qual an Leib und Seele und von der Buße für ihre Verbrechen befreien. Deshalb hat man einst, damit den Gewissenlosen bei Lebzeiten ein Schreckbild vor Augen stehe, angenommen, derartige Strafen seien in der Unterwelt über die Frevler verhängt; denn offensichtlich erkannte man, daß ohne sie der Tod an sich nichts Furchtbares habe.

9 Nun sehe ich, versammelte Väter, was für mich von Vorteil ist. Wenn ihr den Antrag des C. Caesar billigt, so werde ich vielleicht, da er für diesen Beschluß eintritt und bürgt, die Angriffe der Volksfreunde weniger zu fürchten haben; denn er hat ja in der Politik den Weg eingeschlagen, der für volksfreundlich gilt. Billigt ihr jedoch den anderen, so erwachsen mir möglicherweise größere Schwierigkeiten. Doch trotzdem siege das Staatswohl über die Rücksicht auf meine Risiken. Wir haben ja von Caesar, wie es sein eigenes Ansehen und der Glanz seiner Vorfahren erheischte, ein Urteil, das gleichsam als Bürge für seine dauernde Loyalität gegenüber dem Staate

dienen kann. Hier ist ersichtlich, wodurch sich die Leicht-
fertigkeit der Demagogen von einer wahrhaft volksfreund-
lichen Gesinnung unterscheidet, die für das Wohl des Volkes
Sorge trägt. Ich bemerke ja, daß mancher von denen, die für 10
volksfreundlich gelten wollen, fehlt; sie möchten eben nicht
über den Kopf römischer Bürger abstimmen. Und doch haben
sie vorgestern römische Bürger der Haft überantwortet und
mir zu Ehren ein Dankfest beschlossen; ferner haben sie am
gestrigen Tage den Anzeigern sehr hohe Belohnungen zu-
erkannt. Da ist doch niemandem mehr zweifelhaft, wie die über
den ganzen Fall und Sachverhalt urteilen, die für den Be-
schuldigten Haft, für den Untersuchenden eine Danksagung,
für den Anzeigenden eine Belohnung festsetzen. C. Caesar hin-
gegen erkennt, daß für römische Bürger das Sempronische
Gesetz besteht, daß jedoch ein Staatsfeind keinesfalls Bürger
sein könne; endlich habe der Urheber des Sempronischen Ge-
setzes auf Befehl des Volkes selber dem Staate gebüßt[85]. Auch
glaubt er nicht, daß man eben den Lentulus, der doch mit
Geschenken um sich warf, noch einen Volksfreund nennen
könne, da er so schlimm, so grausam auf das Verderben des
römischen Volkes, auf den Untergang dieser Stadt bedacht
war. Caesar, ein Mann von größter Milde und Nachgiebigkeit,
zögert daher nicht, P. Lentulus immerwährender Finsternis
und Haft auszuliefern, und er sieht vor, daß in Zukunft nie-
mand auf eine Straferleichterung für diesen Mann pochen und
später einmal zum Verderben des römischen Volkes als Volks-
freund auftreten kann. Er fügt noch die Einziehung des Ver-
mögens hinzu, damit alle Pein der Seele und des Leibes noch
von Dürftigkeit und Bettelarmut begleitet sei.

Wenn ihr daher in diesem Sinne entscheidet, so gebt ihr 11
mir einen Begleiter für die Volksversammlung mit, der ihr
teuer und angenehm ist; wenn ihr euch aber lieber der Mei-
nung des Silanus anschließen wollt, so wird das römische Volk

mich und euch ohne Zögern von dem Vorwurf der Grausamkeit freisprechen, und ich werde beweisen, daß diese Entscheidung weit milder gewesen sei. Indes, versammelte Väter, wie kann von Grausamkeit überhaupt die Rede sein, wenn es ein derart ungeheuerliches Verbrechen zu bestrafen gilt? Ich urteile nämlich nach meinem Empfinden. Denn so wahr ich wünsche, mit euch zusammen in einem heilen Gemeinwesen zu leben: wenn ich diese Sache mit größerem Nachdruck verfolge, so lasse ich mich nicht von Härte bestimmen (denn wer wäre milder als ich?), sondern von ungewöhnlicher Menschlichkeit und Barmherzigkeit.

Ich glaube nämlich vor Augen zu sehen, wie diese Stadt, die Leuchte des Erdenrundes und die Schutzburg aller Völker, plötzlich in *einer* Feuersbrunst zusammenstürzt. Mein Geist nimmt am Grabe unseres Vaterlandes die bejammernswerten und unbegrabenen Leichenhaufen von Bürgern wahr; mir schwebt der Anblick des Cethegus vor Augen und sein Tau-
12 mel, wie er über eure Ermordung frohlockt. Wenn ich mir vollends vorstelle, Lentulus sei König (dies hatte er sich, wie er selbst gestand, von den Schicksalssprüchen erhofft), Gabinius sei sein Minister und Catilina erscheine mit dem Heer, dann erschaudere ich über die wehklagenden Mütter, über die fliehenden Mädchen und Knaben, die mißhandelten Jungfrauen der Vesta, und weil ich glaube, daß all dies überaus jammervoll und bejammernswert ist, deshalb will ich denen gegenüber, die das ins Werk setzen wollten, streng und scharf verfahren. Denn ich möchte fragen: gesetzt, einem Familienvater hat ein Sklave die Kinder getötet, die Frau ermordet, das Haus in Brand gesteckt – wenn er nun seine Sklaven nicht mit äußerster Härte bestraft, gilt er dann für milde und mitleidig oder für höchst unmenschlich und grausam? Ich jedenfalls halte den für gefühllos und hartherzig, der nicht durch die Qual und Marter des Schädigers seine eigene Qual und

Marter lindert. So werden auch wir für mitleidig gelten, wenn wir bei diesen Leuten mit äußerster Schärfe vorgehen, bei Leuten, die uns, unsere Frauen, unsere Kinder niedermetzeln wollten, die es unternahmen, das Haus eines jeden Einzelnen von uns und die gesamte Wohnstatt unseres Gemeinwesens zu vernichten, die es darauf anlegten, den Stamm der Allobroger auf den Überresten dieser Stadt und auf der Asche des niedergebrannten Reiches anzusiedeln. Wenn wir jedoch allzu milde sein wollen, so müssen wir den Makel auf uns nehmen, wir seien in tödlicher Gefahr für Vaterland und Mitbürger äußerst unbarmherzig gewesen.

Oder hat etwa jemand am vorgestrigen Tage L. Caesar, einen 13
überaus tüchtigen und vaterlandsliebenden Mann, für allzu hart gehalten? Erklärte er doch, der Mann seiner Schwester, einer vortrefflichen Frau, habe das Leben verwirkt, und der war anwesend und hörte zu! Erklärte er doch auch, schon sein Großvater sei auf Befehl des Konsuls hingerichtet und dessen noch nicht erwachsener Sohn, den der Vater als Unterhändler entsandt hatte, im Gefängnis getötet worden[86]. Was haben *die* Vergleichbares begangen; welches Komplott, den Staat zu vernichten, haben sie geschmiedet? Damals war in unserem Staate die Bereitschaft zum Geschenkemachen verbreitet, und es gab etwas Streit unter den politischen Richtungen. Und doch hat in jener Zeit der Großvater des Lentulus[87], ein erlauchter Mann, mit bewaffneter Hand den Gracchus verfolgt. Er trug damals sogar eine schwere Verwundung davon, damit das Ganze der Verfassung nicht irgendwie Schaden erleide; dieser Mann aber ruft die Gallier herbei, um die Grundlagen des Staates zu zerstören, er wiegelt die Sklaven auf, holt Catilina, weist dem Cethegus die Aufgabe zu, uns niederzumetzeln, und dem Gabinius, die übrigen Mitbürger zu ermorden, dem Cassius, die Stadt in Brand zu stecken, und dem Catilina, ganz Italien zu verwüsten und auszuplündern.

Ich möchte meinen, ihr solltet weniger den Anschein fürchten, ihr hättet bei einem so ungeheuerlichen und frevelhaften Verbrechen irgendwie zu streng geurteilt; wir müssen uns viel mehr davor hüten, daß man glaubt, wir hätten uns mit einer milden Strafe unbarmherzig gegen das Vaterland verhalten, als davor, wir seien durch die Strenge der Ahndung allzu scharf gegen die gefährlichsten Feinde vorgegangen.

14 Doch was ich da vernehme, versammelte Väter, kann ich nicht überhören. Mir kommen nämlich die Stimmen derer zu Ohren, die zu befürchten scheinen, ich sei nicht ausreichend mit Schutzmannschaften versehen, die Dinge, die ihr am heutigen Tage beschließt, durchzuführen. Alles ist vorgesehen, angeordnet und festgesetzt, versammelte Väter, teils durch äußerste Sorgfalt und Aufmerksamkeit von meiner Seite, und noch weit mehr durch die Bereitschaft des römischen Volkes, die Staatsgewalt aufrechtzuerhalten und die allgemeine Wohlfahrt zu schützen. Jedermann ist zur Stelle, jeden Standes, jeder Art und auch jeden Alters; dicht besetzt ist das Forum, dicht besetzt sind die Tempel rings um das Forum, dicht besetzt alle Eingänge dieser heiligen Stätte[88]. Denn diese Sache hat sich seit Gründung der Stadt als die einzige erwiesen, von der man allgemein eines und dasselbe denkt – außer jenen, die, den sicheren Untergang vor Augen, lieber alle darin einbeziehen als allein untergehen wollten.
15 Diese Leute nehme ich gern aus und sondere sie ab, und ich meine, daß man sie nicht für schlechte Mitbürger, sondern für äußerst gefährliche Feinde halten muß.

Doch die übrigen, bei den unsterblichen Göttern! In welcher Zahl, mit welcher Bereitschaft, mit welcher Tatkraft treten sie gemeinsam für das Wohl und die Ehre der Allgemeinheit ein! Was soll ich hier die römischen Ritter eigens erwähnen? Sie überlassen euch die Ordnungs- und Entschei-

dungsgewalt, doch wetteifern sie mit euch an Vaterlandsliebe. Sie sind nach langjähriger Zwietracht mit unserem Stande zu gemeinsamem und übereinstimmendem Handeln zurückgekehrt; der heutige Tag und dieses Ereignis hier verbindet sie mit euch; wenn wir dieses Bündnis, das mein Konsulat gefestigt hat, in unserer Politik ständig aufrechterhalten, dann versichere ich euch: in Zukunft wird kein die Bürger trennendes, inneres Übel mehr irgendeinen Teil unseres Staatswesens antasten. Mit gleicher Bereitschaft, die Verfassung zu verteidigen, haben sich, wie ich sehe, die Ärartribunen eingefunden, lauter tüchtige Männer, ebenso sämtliche Schreiber, die heute zufällig in großer Zahl bei der Schatzkammer versammelt waren und sich, wie ich sehe, von der Erwartung ihrer besonderen Aufgabe dem Gesamtwohl zugewandt haben[89]. Die 16
ganze Zahl der freigeborenen Bürger, auch der geringsten, ist zur Stelle. Denn wem wären nicht diese Heiligtümer, der Anblick der Stadt, der Besitz der Freiheit, endlich das Tageslicht selbst und der gemeinsame Boden des Vaterlandes teuer, ja süß und wonnevoll? Es verlohnt die Mühe, versammelte Väter, die Bereitschaft der Freigelassenen zur Kenntnis zu nehmen; sie haben den Vorzug unseres Bürgerrechts durch eigene Tüchtigkeit erlangt und glauben aufrichtig, dies sei ihre Heimat, die einige von hier und aus bestem Hause Stammende nicht für ihre Heimat, sondern für eine feindliche Stadt angesehen haben. Doch wozu erwähne ich diese Leute und Gruppen, die der eigene Besitzstand, die das gemeinsame Staatswesen, die endlich die Freiheit, das teuerste Gut, aufgerufen hat, für die Rettung des Vaterlandes einzutreten? Es gibt keinen Sklaven, vorausgesetzt, daß ihm seine Unfreiheit erträgliche Bedingungen gewährt, der nicht verabscheut, wozu Bürger sich erdreisten, der nicht wünscht, daß all dies hier Bestand hat, der nicht seinen guten Willen, so viel er wagt und so viel er vermag, zum Gemeinwohl beisteuert.

17 Wenn also etwa jemanden von euch das Gerücht beeindruckt, ein Kuppler im Dienste des Lentulus laufe bei den Verkaufsläden umher und hoffe, Bedürftige und Unerfahrene gegen Bezahlung aufwiegeln zu können: man hat das zwar angezettelt und versucht; doch hat sich niemand in so erbärmlicher Lage oder von so verworfener Gesinnung gefunden, der nicht eben diesen Platz seines Schemels, seiner Betätigung und seines täglichen Broterwerbs, der nicht seine Schlafstatt und sein Bett, der nicht überhaupt den ruhigen Verlauf seines Lebens bewahrt wissen möchte. Wirklich, der größte Teil der Leute in den Verkaufsbuden, vielmehr (denn man muß sich eher so ausdrücken) dieser ganze Schlag schätzt nichts so sehr wie die Ruhe. Denn jeder Betrieb, jedes Handwerk und Verdienst erhält Auftrieb, wenn die Bürger sich drängen, und nährt sich von ruhigen Verhältnissen; da die Einkünfte zurückzugehen pflegen, wenn die Geschäfte schließen, was würde dann erst geschehen, wenn sie in Flammen aufgingen?

18 Da es so steht, versammelte Väter, fehlt es euch nicht an Schutz von seiten des römischen Volkes; seht ihr zu, daß man nicht glaubt, ihr lasset es dem römischen Volke gegenüber fehlen. Ihr habt einen Konsul, der aus zahlreichen Gefahren und Nachstellungen und vom Angesicht des Todes nicht um seines Lebens willen, sondern zu eurem Heil gerettet worden ist. Alle Stände bekunden gemeinsam durch Gesinnung, Bereitschaft und Rufe ihren Willen, die Staatsordnung zu wahren. Unser von den Fackeln und Geschossen einer ruchlosen Verschwörung bedrängtes gemeinsames Vaterland streckt euch bittflehend die Arme entgegen; euch vertraut es sich selber an, euch das Leben aller Bürger, euch die Burg und das Kapitol, euch die Altäre der Penaten, euch das ewige Feuer der Vesta dort[90], euch die Tempel und Heiligtümer aller Götter, euch die Mauern und Dächer der Stadt. Außerdem habt ihr am heutigen Tage über euer Leben, über das Schick-

sal eurer Frauen und Kinder, über das Hab und Gut aller, über euer Haus und euren Herd zu befinden. Ihr habt einen 19 Leiter, der an euch denkt und sich selbst vergißt, eine Lage, die nicht immer gegeben ist; ihr habt auf eurer Seite alle Stände, alle Bürger, das gesamte römische Volk, das eines und dasselbe denkt – was wir bei einer innenpolitischen Angelegenheit am heutigen Tage zum ersten Male erleben. Bedenkt, unter welchen Mühen das Reich gegründet, durch welche Anstrengung die Freiheit gefestigt, durch welchen Segen der Götter unser Besitz vermehrt und vergrößert worden ist, und all dies hätte *eine* Nacht[91] beinahe zerstört. Daß dies in Zukunft niemals mehr von Bürgern nicht nur nicht vollbracht, sondern nicht einmal geplant werden kann, dafür muß man am heutigen Tage sorgen. Und dies habe ich nicht gesagt, um euch, die ihr mir in eurem Eifer fast vorauseilt, anzutreiben, sondern damit man sieht, daß ich mit meiner Stimme, die sich in unserem Staate als die erste erheben muß, meiner konsularischen Pflicht genüge.

Jetzt will ich, bevor ich auf den Beschlußantrag zurück- 20 komme, einiges über mich sagen. Ich stelle fest, daß ich, so groß die Menge der Verschworenen ist (und ihr seht, sie ist sehr groß), eine ebenso große Zahl von Feindschaften auf mich genommen habe; aber sie ist, meine ich, ehrlos und schwach und verachtet. Wenn einmal dieser Haufe, von irgend jemandem in verbrecherischer Raserei aufgepeitscht, mehr vermögen sollte als eure und des Staates hoheitliche Gewalt, dann werde ich gleichwohl meine Taten und Entschlüsse niemals bereuen, versammelte Väter. Denn der Tod, mit dem diese Leute vielleicht drohen, steht jedem bevor; im Leben aber hat niemand so hohes Lob erlangt, wie ihr es mir durch eure Ehrenbeschlüsse zuerkannt habt; den anderen nämlich habt ihr stets wegen guter Leitung, mir allein wegen der Erhaltung des Staates eine Danksagung zugesprochen[92].

21 Mag jener Scipio berühmt sein, dessen Plan und Tatkraft Hannibal zwang, nach Afrika zurückzukehren und Italien zu verlassen; man mag den anderen Africanus durch höchstes Lob auszeichnen, der die Städte Karthago und Numantia, zwei Todfeindinnen unseres Reiches, vernichtet hat; man mag Paullus für einen ausgezeichneten Mann halten, dessen Triumphwagen Perseus, einst der mächtigste und erlauchteste König, geziert hat; der Ruhm des Marius mag ewig währen, der Italien zweimal von Besetzung und Furcht vor Sklaverei befreit hat; man mag allen Pompeius voranstellen, dessen Taten und Fähigkeiten dieselben Länder und Grenzen erreicht haben wie der Sonne Lauf[93]: Wahrhaftig, der Lobpreis dieser Männer wird auch für unseren Ruhm etwas Raum übriglassen – es sei denn, es wäre wichtiger, uns Provinzen zu erschließen, in die wir ziehen können, als Sorge zu tragen, daß auch die in der Ferne Weilenden wissen, wohin sie als Sieger zurückkehren können.

22 Indes, in *einem* Punkte ist es mit einem auswärtigen Siege besser bestellt als mit einem einheimischen: fremdländische Feinde werden unterjocht und versklavt, oder sie glauben sich, in Gnaden angenommen, der guten Behandlung wegen verpflichtet; doch wer sich einmal aus der Zahl der Bürger, durch irgendeine Wahnsinnsvorstellung betört, zum Feind des Vaterlandes aufgeworfen hat, den kann man, wenn man ihn gehindert hat, den Staat zugrunde zu richten, weder mit Gewalt im Zaume halten noch durch gute Behandlung zur Vernunft bringen. So sehe ich denn, daß ich einen Krieg ohne Ende gegen verworfene Bürger auf mich genommen habe. Aber ich bin fest überzeugt, daß ich und die Meinen sich seiner leicht erwehren können, dank eurer und aller Rechtschaffenen Hilfe und dank der Erinnerung an derart schwere Gefahren, die sich auf immer nicht nur in diesem, dem geretteten Volke, sondern im Gespräch und Gedächtnis aller Na-

tionen erhalten wird. Und wahrhaftig, es wird sich keine Macht von solchem Ausmaß finden, die imstande wäre, das Bündnis zwischen euch und den römischen Rittern und eine derart große Übereinstimmung unter allen Rechtschaffenen zu zerbrechen und ins Wanken zu bringen.

Da es so steht: für die Befehlsgewalt, für das Heer, für die 23
Provinz, auf die ich verzichtet habe[94], für den Triumph und die übrigen Ruhmesauszeichnungen, die ich verschmäht habe, um über der Stadt und eurem Heil zu wachen, für die Bande der Gefolgschaft und Gastfreundschaft in der Provinz, die ich freilich durch meinen Einfluß in der Stadt mit großem Eifer erhalte und anknüpfe, für alle diese Opfer also, für meine einzigartige Bereitschaft euch gegenüber und für die von euch bemerkte Umsicht, den Staat zu erhalten, verlange ich nichts von euch als die Erinnerung an diese Zeit und an mein ganzes Konsulat: solange die in eurem Gedächtnis haftet, werde ich glauben, von der stärksten Mauer umgeben zu sein. Sollte indes die Macht der Gewissenlosen wider meine Erwartung die Oberhand gewinnen, so lege ich euch meinen kleinen Sohn ans Herz[95]: er wird sich wahrlich in guter Obhut nicht nur für seine Sicherheit, sondern auch für sein Ansehen befinden, wenn ihr daran denkt, daß er der Sohn dessen ist, der durch sein persönliches Wagnis all dies hier gerettet hat.

Entscheidet daher mit Umsicht und Tatkraft, wie ihr be- 24
gonnen habt, über euer und des römischen Volkes gesamtes Wohl, über eure Frauen und Kinder, über Herd und Altar, über Tempel und Heiligtümer, über die Häuser und Zinnen der ganzen Stadt, über Herrschaftsmacht und Freiheit, über das Heil Italiens, über das gesamte Staatswesen. Ihr habt einen Konsul, der nicht zögert, eure Beschlüsse zu befolgen, und der bis zu seinem letzten Atemzuge für das, was ihr festsetzt, einzutreten und sich selbst zu verbürgen vermag.

REDE FÜR L. MURENA

Einleitung

Die Rede für L. Murena, ein Verteidigungsplädoyer, gilt einem politischen Strafprozeß. Sie entstammt dem Konsulatsjahr Ciceros (63 v. Chr.). Die Verhandlung gegen Murena fand in der zweiten Hälfte des November statt; das ciceronische Plädoyer fällt somit in die Zeit zwischen der zweiten (8. November) und dritten Ansprache gegen Catilina (3. Dezember). Cicero hat einige Punkte des mündlichen Vortrags nicht in die Buchausgabe aufgenommen (57); die veröffentlichte Rede ist bis auf eine Lücke in der Beweisführung (72/73) und einige unerhebliche Verderbnisse (85) vollständig erhalten.

L. Licinius Murena hatte sich erfolgreich um das Konsulat des Jahres 62 v. Chr. beworben; er wurde alsbald wegen unerlaubter Wählerbeeinflussung (*ambitus*) angeklagt. Diese Deliktskategorie sollte den leidenschaftlichen Wettlauf um die Ämter zügeln, der zumal während der späten Republik überaus unerfreuliche Begleiterscheinungen mit sich brachte. Die Frühzeit hatte den krassesten Mißbrauch, den Stimmenkauf, mit der Todesstrafe bedroht; ein weiteres Gesetz verbot dem Bewerber, sich durch ein glänzendes Kleid kenntlich zu machen, ein drittes, auf den Märkten und in den Dörfern umherzuziehen. Alle diese Vorschriften scheinen indes wenig gefruchtet zu haben. Die geringe Wirkung der beiden späteren Gesetze läßt sich vor allem daran ablesen, daß der Bewerber nach seinem glänzenden Kleide *candidatus* und die Bewerbung nach dem Herumgehen *ambire* genannt wurde. Von diesem

Verbum wiederum leitete man zwei Begriffe ab: während *ambitio* die erlaubte Wahlbewerbung bezeichnete, diente *ambitus* als Terminus technicus für alle strafbaren Formen der Wählerbeeinflussung. Seit dem 2. Jahrhundert v. Chr. versuchte der Gesetzgeber immer wieder, gegen mancherlei Mißbräuche einzuschreiten; doch je rascher die Vorschriften einander folgten, desto deutlicher offenbarte sich die Ohnmacht des Rechts gegenüber der Korruption. Um das Jahr 115 v. Chr. wurde ein ständiger Gerichtshof (*quaestio*) für die Behandlung von *ambitus*-Fällen niedergesetzt*; die Jahre 81, 67 und 63 v. Chr. brachten gesetzliche Bestimmungen über Tatbestand, Strafe und Verfahren (*lex Cornelia*, *lex Calpurnia*, *lex Tullia de ambitu*). Diese Maßnahmen richteten sich vor allem gegen den organisierten Handel, der mit den Stimmen ganzer Wählergruppen getrieben wurde; ferner suchten sie für die Zeit der Bewerbung geschenkähnliche Vergünstigungen wie Festschmäuse und öffentliche Spiele zu unterbinden; schließlich verboten sie dem Bewerber, durch ein gemietetes Gefolge übertriebene Vorstellungen von seinem Prestige zu erwecken. Die Bestimmungen richteten sich im allgemeinen nur gegen die aktive Wählerbeeinflussung. Wer wegen *ambitus* verurteilt wurde, verlor das auf rechtswidrige Weise erwirkte Amt. Sulla schrieb außerdem vor, daß der Täter zehn Jahre von weiteren Amtsbewerbungen ausgeschlossen sein solle; das Calpurnische Gesetz gebot den lebenslänglichen Verlust der Senatorenwürde; die von Cicero eingebrachte *lex Tullia* bestrafte das Delikt mit zehnjähriger Verbannung aus Italien.

Der Murena-Prozeß war ein Streit unter Optimaten. Der berühmte Jurist Ser. Sulpicius Rufus hatte sich ebenfalls um das Konsulat des Jahres 62 v. Chr. beworben; seine Niederlage veranlaßte ihn, gegen den einen der erfolgreichen Rivalen

* Über die *quaestiones* siehe die Einleitung zur Rede für Sex. Roscius aus Ameria.

Anklage zu erheben. Ihm schloß sich M. Porcius Cato an, der schon damals ein hohes moralisches Ansehen genoß; er war wohl durch seine strengen, der stoischen Ethik verpflichteten Grundsätze zur Mitwirkung bestimmt worden. Als Nebenankläger traten ferner ein gewisser C. Postumus sowie ein jüngerer Ser. Sulpicius Rufus, ein Verwandter des Juristen, auf. Die Gegenseite hatte ebenfalls starke Kräfte aufgeboten: Murena wurde von Q. Hortensius Hortalus (Konsul 69 v. Chr.), M. Licinius Crassus (Konsul 70 v. Chr.) und Cicero verteidigt. Cicero ergriff als letzter das Wort; er befaßte sich vor allem mit der politischen Bedeutung des Prozesses. Die Verhandlung fand vor der zuständigen *quaestio de ambitu* statt; der Name des Vorsitzenden ist nicht bekannt.

In der Einleitung (1–10) spricht Cicero von sich selbst. Die Gegenseite hatte ihn hierzu genötigt; sie hatte gerügt, daß er sich zur Übernahme der Verteidigung habe bereit finden lassen. Cicero wiederum sucht diese Beschwerden als gegenstandslos zu erweisen. Derartige Vorgeplänkel über die moralische Position eines Anwalts, über seine sachlichen und persönlichen Motive, waren durchaus üblich; sie hatten vor allem bei politischen Prozessen ein erhebliches Gewicht. Der Hauptteil (11–83) folgt der dreigliedrigen Disposition der Anklage. Ein erster, sehr kurzer Abschnitt weist die Rügen zurück, mit denen man die Lebensführung Murenas bedacht hatte (11–14). Der zweite Abschnitt befaßt sich mit den Wahlchancen der beiden Rivalen (15–53). Die Gegner hatten sich dieses Themas angenommen, um darzutun, wie schlecht es mit den relativen Aussichten Murenas bestellt gewesen sei; sie konnten dann mit desto größerer Überzeugungskraft behaupten, daß er seinen Sieg mit unlauteren Mitteln erfochten habe. Cicero läßt diese nachträgliche Wahlprognose nicht auf sich beruhen; er zeigt mit großer dialektischer Kunst, daß die Anklage die von ihr ins Feld geführten Gegebenheiten unrichtig bewertet habe. Das Renommee der Herkunft, behauptet Cicero, sei auf beiden Seiten gleich (15–17); durch seine bisherige Laufbahn aber habe der Offizier Murena dem Juristen Sulpicius Rufus einen erheblichen Vorsprung abgewonnen (18–42). Zumal in dieser Partie läßt Cicero seinem Witz die Zügel schießen: er konfrontiert die öffentliche Bedeutung, die der Offiziers- und auch der Rednerlaufbahn zukomme, mit einer Karikatur der Rechtsgutachtertätigkeit: sie sei auf ihren Formelkram eingeschworen und gebe sich mit Gegenständen ab, die jedermann mühelos zu erfassen vermöge (22–30). Nach diesen erheiternden Darlegungen weiß Cicero gewichtigere Gründe für den Erfolg Murenas vorzubringen: Murena habe, anders als sein Rivale, während seiner Prätur großartige Spiele veranstaltet; er habe weiterhin, abermals im Gegensatz zu Sulpicius Rufus, eine Provinz verwaltet; er sei schließlich bei den Wahlen selbst von den Truppen seines Feldherrn Lucullus unterstützt worden, die sich damals nach ihrer Rückkehr aus dem 3. mithridatischen Kriege zum Triumph in Rom eingefunden hatten (37–42). Schließlich ergreift Cicero die Offensive; er bemängelt die Wahltaktik des Gegners. Statt mit ganzer Kraft die eigenen Aussichten zu verbessern, sei Sulpicius Rufus schon damals mit der Vorbereitung des *ambitus*-Prozesses beschäftigt gewesen. Durch diesen Beweis mangelnden Selbstvertrauens habe er sich viele Wähler abspenstig gemacht; die Stimmen seien bei der allgemeinen Furcht vor Catilina, der sich ebenfalls um das Konsulat bewarb*, zwangsläufig Murena zugute gekommen (43–52). Der dritte Abschnitt des Hauptteils gilt den eigentlichen Anschuldigungen (54–83). Cicero sucht zunächst die Tatsache zu entkräften, daß gerade ein Cato sie vorgebracht hat; Cato habe sich durch ein Übermaß an Tugend zu seiner Anklage verleiten lassen (61–66). Auf diese heitere Partie, die nicht ohne Ironie den

* Siehe die Einleitung zu den Catilinarischen Reden.

Rigorismus der stoischen Ethik durchnimmt, folgt die Widerlegung der Anklagepunkte; sie ist ziemlich kurz und nicht sonderlich überzeugend ausgefallen (67–77). Um so schlagender vermag Cicero die politische Verkehrtheit des Prozesses darzutun: wer wünsche, daß am 1. Januar nur ein Konsul sein Amt antreten könne, der arbeite Catilina und allen Feinden der Verfassung in die Hände (78–83). Das eindringliche Pathos dieser Ausführungen leitet über zum Epilog (83–90): Cicero appelliert an die Richter, bei der Entscheidung auf die dringenden Erfordernisse des Staatswohls bedacht zu sein.

Ciceros Darlegungen lassen vermuten, daß sich Murena – gelinde ausgedrückt – besser auf die Künste der Bewerbung verstanden hatte als sein korrekter Rivale Sulpicius Rufus. Andererseits wird er sich nicht erheblich vom damals Üblichen entfernt haben. Der von Cicero veröffentlichte Teil der Widerlegung befaßt sich mit ziemlich geringfügigen Vergehen: Murena habe sich von allzu vielen Leuten in die Hauptstadt einholen lassen, als er aus der Provinz zurückkehrte; er sei bei seinen täglichen Ausgängen von einem überaus großen Gefolge begleitet worden; man habe in seinem Namen Freiplätze für Schaustellungen verschenkt und zu Schmäusen eingeladen (67–77). Cicero hatte daher sicherlich die besseren Gründe auf seiner Seite, wenn er die Angelegenheit zuallererst nach Kriterien der politischen Zweckmäßigkeit beurteilt wissen wollte; während des Schwelens der catilinarischen Krise war die genaue Einhaltung aller *ambitus*-Vorschriften von geringerem Gewicht als die Frage, ob Rom am 1. Januar 62 eine schlagkräftige Regierung haben würde. Aus dieser grundsätzlichen Entscheidung ergab sich für Cicero die taktische Aufgabe, den Streit im eigenen Hause so zu behandeln, daß keine nachhaltige Verstimmung daraus erwuchs. Er enthielt sich daher aller persönlichen Angriffe; die heiter-ironischen Partien, die er der Jurisprudenz und der stoischen Ethik gewidmet hat, gelten vorgegebenen Systemzwängen, nicht individuellem Versagen. Cicero ließ allenfalls durchblicken, daß die Anklage Weltfremdheit und Starrsinn bekunde; er nahm jedoch auch diesen Vorwürfen die Spitze, indem er darauf bedacht war, seine Darlegungen mit dem Ethos der freundschaftlichen Verbundenheit und des Einverständnisses im Wesentlichen zu durchdringen. Das Plädoyer verfehlte seine Wirkung nicht; Murena wurde freigesprochen (Cicero, Pro Flacco 98 und De domo sua 134).

Die Rede für Murena zeigt eine reiche Skala der Tönungen und Haltungen; sie ist erfüllt von Witz, Schwung und Pathos. Sie behandelt ein episodisches Ereignis aus dem Alltag der Republik; gerade deshalb vermittelt sie ein überaus anschauliches Bild von dem Zusammenspiel der gesellschaftlichen Bedingungen, die das Triebwerk der republikanischen Verfassung in Gang hielten.

Literatur

Kommentierte Ausgabe:

K. Halm–G. Laubmann, Ciceros Reden für L. Murena und für P. Sulla (Ciceros ausgewählte Reden, Bd. VII), Berlin 1893[5].

Abhandlungen:

E. Rosenberg, Studien zur Rede Ciceros für Murena, Hirschberg i. Schl. 1902.

A. Boulanger, La Publication du Pro Murena, Revue des Etudes Anciennes 42, 1940, 382–387.

J.-H. Michel, Le droit romain dans le Pro Murena et l'œuvre de Servius Sulpicius Rufus, Ciceroniana – Hommages à K. Kumaniecki, Leiden 1975, 181–195.

P. Moreau, Cicéron, Clodius et la publication du Pro Murena, Revue des Etudes Latines 58, 1980, 220–237.

REDE FÜR L. MURENA

Ihr Richter! Ich habe an jenem Tage, da ich in geweihter 1
Versammlung der Zenturien die Wahl des L. Murena zum Konsul verkündete[1], nach Brauch und Satzung der Vorfahren zu den unsterblichen Göttern gebetet, daß dieses Ereignis mir und den Obliegenheiten meines Amtes, dem Gesamtvolk und der Plebs von Rom zu Glück und Segen ausschlagen möge. Dieselbe Bitte richte ich jetzt abermals an die unsterblichen Götter, um das Konsulat und zugleich das Heil desselben Mannes zu bewahren und daß eure Meinung und Entscheidung mit dem Willen und der Wahl des römischen Volkes übereinstimmen möchte und diese Tatsache euch und dem römischen Volke Frieden, Ruhe und ungestörte Eintracht bringe. Wenn das feierliche und durch die Zeichenschau des Konsuls geheiligte Gebet der Komitien die Kraft und Weihe enthält, wie die Hoheit unseres Staates sie erheischt: niemand anders als ich hat gebetet, daß dies auch den Männern, denen unter meiner Leitung die Konsulwürde verliehen worden ist, zu Glück, Heil und Segen ausschlagen
möge. Da es so steht, ihr Richter, und da die Macht der un- 2
sterblichen Götter entweder ganz oder jedenfalls zum Teil auf euch übergegangen ist, empfiehlt jetzt derselbe Fürsprecher einen Konsul eurem Ermessen, der ihn zuvor den unsterblichen Göttern empfohlen hat: er soll, von desselben Mannes Stimme als Konsul ausgerufen und verteidigt, die Auszeichnung des römischen Volkes zu eurem und aller Bürger Heil behalten dürfen.

Und da die Ankläger mir einen Vorwurf daraus machten, daß ich in dieser Angelegenheit die Verteidigung mit Eifer betrieben, und sogar, daß ich mich überhaupt der Sache angenommen habe, will ich einiges zu meinen Gunsten sagen, ehe ich für L. Murena zu sprechen beginne. Es kommt mir hierbei in dieser Stunde nicht so sehr darauf an, meine Hilfsbereitschaft zu rechtfertigen, als für das Heil dieses Mannes einzutreten. Ich möchte euch nämlich meine Handlungsweise nur deshalb verständlich machen, um mit desto größerem Nachdruck die Ehre, den Ruf und die gesamte Existenz Murenas gegen die Angriffe der Gegner in Schutz nehmen zu können.

3 Und zuerst will ich M. Cato wegen meiner Hilfsbereitschaft Antwort stehen; er unterwirft ja das Leben einem festen Maßstab der Vernunft und wägt mit größter Sorgfalt das Gewicht aller Verpflichtungen ab. Cato erklärt, ich hätte nicht recht daran getan, mich mit der Sache des L. Murena zu befassen: ich sei Konsul, ich hätte das Gesetz wegen Amtserschleichung eingebracht und mein Konsulat nach strengen Grundsätzen gehandhabt. Sein Vorwurf bestimmt mich ernstlich, nicht nur euch, ihr Richter, denen ich's am meisten schulde, von der Richtigkeit meines Tuns zu überzeugen, sondern gerade auch Cato, einen überaus bedachtsamen und gänzlich unbestechlichen Mann.

Von wem wird denn ein Konsul mit größerem Recht verteidigt, M. Cato, als von einem Konsul? Wer kann oder muß mir im öffentlichen Leben näher stehen als der, dem ich bereits die Wahrnehmung der Staatsgeschäfte übergebe, nachdem ich selbst sie unter großen Mühen und Gefahren wahrgenommen habe? Bei einer Klage auf Herausgabe von Sachen, die der Manzipation unterliegen, muß der die Prozeßgefahr auf sich nehmen, der sich durch den Kaufvertrag hierzu verpflichtet hat[2]: wahrhaftig, dann sollte in einem Prozeß gegen einen gewählten Konsul mit noch größerem Recht vor allem der Konsul, der den Konsul ausgerufen hat, der Gewährsmann für den Gunstbeweis des römischen Volkes und der Verteidiger
4 in der Prozeßgefahr sein. Und gesetzt, für diesen Sachverhalt
würde, wie es in einigen Gemeinden üblich ist, der Anwalt

von Staats wegen bestellt: dann gäbe man jemandem, der für
das höchste Amt bestimmt ist, vor allem den zum Verteidiger,
der, mit demselben Amte betraut, ebensoviel Ansehen wie
Befähigung für sein Plädoyer mitbringt. Wenn jemand den
Hafen verläßt, dann pflegen ihn die Leute, die bereits von der
hohen See in den Hafen einfahren, mit größter Bereitwillig-
keit darüber zu unterrichten, wie es sich mit der Witterung,
mit den Piraten und der Route verhält; denn wir hegen von
Natur aus für diejenigen Sympathie, die denselben Gefahren,
wie wir sie überstanden haben, entgegengehen: was sollte
ich dann wohl dem gegenüber empfinden, der, wie ich sehe,
die schlimmsten Stürme der Politik auf sich nehmen muß,
während ich nach schwerem Schlingern fast schon das Land
erblicke? Ein guter Konsul sollte nicht nur bemerken, was
jeweils geschieht, sondern auch voraussehen, was bevorsteht;
ich will daher an anderer Stelle zeigen, wie viel für das Ge-
meinwohl davon abhängt, daß sich am 1. Januar zwei Konsuln
der Staatsgeschäfte annehmen[3]. Wenn es sich so verhält, dann 5
müßte weniger die Pflicht mich persönlich auffordern, für die
Zukunft eines befreundeten Mannes einzutreten, als der Staat
den Konsul, sich für das allgemeine Wohl zu verwenden. Denn
allerdings habe ich das Gesetz über Amtserschleichung ein-
gebracht, jedoch gewißlich so, daß ich das schon längst bei
mir selbst eingebrachte Gesetz über die Verteidigung be-
drängter Bürger nicht aufhob. Wenn ich nämlich zugeben
müßte, man habe Wahlgeschenke verteilt[4], und behauptete,
diese Tat sei Rechtens, dann würde ich gewissenlos handeln,
auch wenn ein anderer das Gesetz eingebracht hätte; da ich
indes erkläre, das Gesetz sei nicht verletzt worden, wie sollte
dann die Einbringung des Gesetzes meiner Verteidigung im
Wege stehen?

Cato behauptet, ich handelte nicht mit gleicher Strenge, 6
wenn ich Catilina, während er innerhalb der Mauern den

Untergang des Staates anzettelte, durch Worte und fast durch einen Machtspruch[5] aus der Stadt vertrieben hätte und jetzt für L. Murena einträte. Ich aber habe den Part der Milde und des Erbarmens, den mich die Natur selbst gelehrt hat, stets gern ausgeübt; die Rolle des Ernstes und der Strenge jedoch habe ich nicht begehrt, sondern auf mich genommen, da der Staat sie mir übertrug, so wie es der Rang dieses Amtes in der größten Bedrängnis der Mitbürger erheischte. Ich habe mich damals, als die allgemeine Lage ein strenges Machtgebot verlangte, über meine Natur hinweggesetzt und so scharf durchgegriffen, wie ich genötigt wurde, nicht, wie ich wollte. Doch jetzt, da mich alle Gründe zum Mitleid und zur Menschlichkeit auffordern: mit welcher Bereitschaft muß ich mich da wohl von meinem Wesen und meiner Gewohnheit leiten lassen? Und vielleicht muß ich noch an einer anderen Stelle der Rede[6] über meine Pflicht zur Verteidigung und deine Gründe zur Anklage sprechen.

7 Indes, ihr Richter, nicht minder als der Vorwurf Catos hat mich die Beschwerde des Ser. Sulpicius, eines sehr klugen und hochangesehenen Mannes, beeindruckt; er sagte, er sei ganz aufgebracht und erbittert darüber, daß ich, ohne an unsere engen Freundschaftsbande zu denken, gegen ihn die Sache des L. Murena vertrete. Es ist mein Wunsch, ihr Richter, ihn zufriedenzustellen, und ihr sollt die Schiedsleute sein. Denn es ist gewiß bedrückend, in Freundschaftsdingen berechtigte Vorwürfe zu erhalten; doch auch, wenn man fälschlich bezichtigt wird, darf man sich nicht darüber hinwegsetzen.

Ich gestehe, Ser. Sulpicius, daß ich dir während deiner Amtsbewerbung, wie es unserer Freundschaft entsprach, jede Mühe und jeden Dienst geschuldet habe, und ich glaube auch, daß ich allen Verpflichtungen nachgekommen bin. Während deiner Bewerbung um das Konsulat fehlte es dir von meiner Seite an nichts, was du von einem Freunde oder einem dir

gewogenen Manne oder einem Konsul verlangen konntest. Diese Zeit ist vorbei; die Verhältnisse haben sich geändert. Dies ist meine Ansicht, dies meine Überzeugung: im Kampf gegen die Auszeichnung Murenas war ich dir so viel schuldig, wie du von mir zu fordern wagtest; im Kampf gegen sein Heil schulde ich dir nichts. Denn wenn ich mich für dich bemüht 8
habe, da du das Konsulat verfolgtest, so muß ich dir nicht in gleicher Weise behilflich sein, da du Murena selbst verfolgst[7]. Und dies verdient nicht nur kein Lob, sondern ist sogar unerlaubt, daß wir uns weigern, auch noch so Fremde zu verteidigen, wenn unsere Freunde Anklage erheben. Doch zwischen mir und Murena besteht eine enge und langjährige Freundschaft, ihr Richter, und die kann Ser. Sulpicius im Kampf um die Existenz nicht deshalb zunichte machen, weil sie im Streit um eine Auszeichnung vor ihm zurücktreten mußte.

Wenn dieser Grund nicht bestünde, so hätte mich gleichwohl das Ansehen dieses Mannes oder die Würde des Amtes, das er erlangt hat, mit dem ärgsten Schimpf der Anmaßung und Roheit gebrandmarkt, falls ich einen derart bedrohlichen Prozeß eines Mannes abgelehnt hätte, der es durch seine Verdienste und die Auszeichnungen des römischen Volkes zu hoher Ehre brachte. Es ist mir nämlich nicht mehr gestattet noch unbenommen, daß ich meine Mühe nicht darauf verwende, den Leuten in ihren Bedrängnissen beizustehen. Denn diese Dienstwilligkeit hat mir so großen Lohn eingebracht wie niemandem zuvor, und da meine ich, nur ein ebenso verschlagener wie undankbarer Mensch werde sich den Mühen, die er während seines Strebens nach Ämtern auf sich nahm, entziehen, sobald er sein Ziel erreicht hat. Wenn es freisteht 9
aufzuhören, wenn du dich verbürgst, daß ich's kann, wenn ich keinen Schimpf der Trägheit, keine Rüge der Anmaßung, keinen Vorwurf der Unmenschlichkeit auf mich nehme, dann will ich wahrhaftig gern aufhören. Wenn es jedoch Bequem-

lichkeit verrät, Mühen zu meiden, Anmaßung, Bittsteller abzuweisen, und Gewissenlosigkeit, sich um die Freunde nicht zu kümmern, dann ist diese Sache wirklich von der Art, daß kein dienstwilliger, hilfsbereiter oder pflichtgetreuer Mann sich ihr entziehen kann.

Und dies kannst du sehr leicht aus deinem eigenen Berufe schließen, Servius. Denn du hältst dich für verpflichtet, auch den Widersachern deiner Freunde, die dich in einer Rechtsfrage aufsuchen, Bescheid zu geben, und du meinst, es sei sogar schimpflich, wenn die Gegenpartei, während du als Beistand tätig bist, wegen eines Formfehlers den Prozeß verliert[8]: sei dann nicht so ungerecht zu glauben, daß, während deine Quellen selbst deinen Feinden zugänglich sind, die mei-
10 nigen auch den Freunden verschlossen sein müßten. Denn wenn mich die Freundschaft mit dir von dieser Sache ferngehalten, wenn sich dasselbe mit Q. Hortensius und M. Crassus, zwei erlauchten Männern, wenn es sich ebenso mit den übrigen begeben hätte, die, wie ich weiß, deine Gunst hoch einschätzen, dann fände ein für das kommende Jahr gewählter Konsul in dem Staate keinen Verteidiger, in dem nach dem Willen unserer Vorfahren auch dem Geringsten niemals ein Anwalt fehlen sollte. Ich jedenfalls, ihr Richter, hielte mich selbst für niederträchtig, wenn ich dem Freunde, für hartherzig, wenn ich dem Bedrängten, für hochfahrend, wenn ich dem Konsul nicht beistünde. Daher will ich, was der Freundschaft gebührt, ihr reichlich gewähren; ich werde mit dir nicht anders verfahren, Servius, als wenn sich mein Bruder, der mir das Teuerste ist, an jener Stelle dort[9] befände; was der Pflicht, der Treue, der Rücksichtnahme zukommt, will ich so bemessen, daß ich mir bewußt bin, gegen den Wunsch eines Freundes für einen bedrängten Freund zu sprechen.

11 Wie ich feststelle, ihr Richter, bestand die Anklage im ganzen aus drei Teilen, und hiervon galt der eine dem Tadel der

Lebensführung, der zweite einem Vergleich der Würdigkeit und der dritte den Vorwürfen der Amtserschleichung. Und von diesen drei Teilen war der erste, welcher der gewichtigste sein müßte, so kraftlos und geringfügig, daß die Gegner mehr eine Art Anklägerbrauch als ein wirklicher Anlaß zu Bezichtigungen bestimmt hat, sich über das Vorleben des L. Murena zu äußern.

Man warf ihm nämlich Asien vor; diese Provinz hat er indes nicht zu Vergnügen und Üppigkeit aufgesucht, sondern in mühevollem Kriegsdienst durchzogen. Hätte er nicht als junger Mann unter dem Oberbefehl seines Vaters gedient, so würde man annehmen, er habe den Feind oder das väterliche Kommando gefürchtet oder er sei vom Vater abgelehnt worden. Die jugendlichen Söhne pflegen doch mit Vorliebe den Triumphatoren zu Pferde voranzuziehen; hätte er es da meiden sollen, den Triumph des Vaters durch seine Kriegsauszeichnungen zu zieren und nach gemeinsam vollbrachten Taten sozusagen zugleich mit seinem Vater zu triumphieren[10]?

Indes, er war in Asien, ihr Richter, und er hat seinen Vater, 12
einen überaus tüchtigen Mann, in den Gefahren kräftig unterstützt, in den Bedrängnissen aufgerichtet und nach dem Siege beglückwünscht. Und wenn Asien einen gewissen Verdacht der Üppigkeit erregt: nicht Asien niemals gesehen, sondern in Asien enthaltsam gelebt zu haben, ist lobenswert. Daher hätte man Murena nicht das bloße Wort Asien vorwerfen sollen, woraus seiner Familie Lob, seinem Geschlecht ein bleibendes Andenken, seinem Namen Ehre und Ruhm erwachsen ist, sondern irgendeinen Schimpf und Makel, den er in Asien auf sich geladen oder aus Asien mitgebracht habe. Doch daß er in jenem Kriege diente, nicht nur dem schwersten, sondern auch dem einzigen, den das römische Volk damals führte, bekundet Tapferkeit, daß er's mit größtem Eifer unter dem Kommando des Vaters tat, die Liebe des Sohnes, daß der

Dienst mit dem Sieg und Triumph des Vaters endete, die Gunst des Schicksals. Jedenfalls ist hierbei für eine Verleumdung deshalb kein Platz, weil alles durch Lob besetzt ist.

13 Cato nennt L. Murena einen Tänzer. Das ist die Rüge eines scharfen Anklägers, wenn sie zu Recht vorgebracht wird, und die eines schmähsüchtigen Zänkers, wenn zu Unrecht. Daher ist es dir, der du solches Ansehen genießest, M. Cato, nicht erlaubt, dir ein Schimpfwort von der Gasse oder aus einem Streit von Possenreißern anzueignen und aufs Geratewohl den Konsul des römischen Volkes als einen Tänzer zu bezeichnen; du solltest vielmehr beachten, welchen Lastern der sonst noch ergeben sein muß, dem man so etwas mit Recht vorwerfen könnte. Fast niemand tanzt nämlich in nüchternem Zustande, es sei denn, er ist verrückt, noch in der Einsamkeit oder bei einer maßvollen und ehrbaren Gasterei. Der Tanz ist die äußerste Begleiterscheinung eines Mahles, das schon frühzeitig beginnt[11], einer reizvollen Gegend und vieler Sinnenfreuden. Du bringst mir das an, was mit Notwendigkeit unter allen Lastern das letzte ist, und läßt die Dinge beiseite, ohne die dieses Laster gar nicht auftreten kann? Kein schimpfliches Gelage, kein Liebesverhältnis, keine Zecherei, keine Wollust, keinerlei Verschwendung wird nachgewiesen, und da sich nicht finden läßt, was, wiewohl lasterhaft, Genuß genannt wird, glaubst du, bei einem Manne den Schatten der Üppigkeit entdecken zu können, bei dem du die Üppigkeit selbst nicht zu entdecken vermagst?

14 Nichts läßt sich also gegen das Vorleben des L. Murena vorbringen, rein gar nichts, sage ich, ihr Richter. Meine Verteidigung eines gewählten Konsuls kann davon ausgehen, daß man keinerlei Trug, keine Habgier, keinen Treuebruch, keine Hartherzigkeit, kein anmaßendes Wort in seinem Leben aufzustöbern weiß. Gut so; die Grundlage der Verteidigung ist fertig. Denn wir verteidigen einen Mann, dessen Anstand und

Rechtschaffenheit nicht unser Lob (hiervon will ich erst später Gebrauch machen), sondern fast schon das Geständnis seiner Feinde bewiesen hat. Da dies feststeht, habe ich desto bequemer Zugang zum Vergleich der Würdigkeit; dies war ja der zweite Teil der Anklage.

15 Ich sehe, Ser. Sulpicius, daß Abkunft, Charakter, Tätigkeitsdrang und alle übrigen Vorzüge, deren Besitz zur Bewerbung um das Konsulat berechtigt, dir größte Würdigkeit verleihen. Doch wie ich feststelle, kommen diese Vorzüge L. Murena in gleichem Maße zu, und so sehr in gleichem Maße, daß weder du ihn an Würdigkeit übertreffen kannst noch er dir an Würdigkeit etwas voraus hat. Du hast das Geschlecht des L. Murena geringschätzig behandelt und das deinige herausgestrichen. Wenn du hierbei beanspruchst, daß nur ein Patrizier aus guter Familie stamme, so nimmst du an, man müsse die Plebs wieder zum Auszug auf den Aventin veranlassen[12]. Doch wenn es hervorragende und angesehene plebejische Familien gibt: sowohl der Urgroßvater als auch der Großvater des L. Murena waren Prätoren; sein Vater aber errang durch die Prätur auf die glänzendste und ehrenvollste Weise einen Triumph; er hinterließ ihm also einen Rang, der ihm den Erwerb des Konsulats desto mehr erleichterte, als er, der Sohn, nur forderte, was man schon seinem Vater geschuldet hatte.

16 Dein Adel jedoch, Ser. Sulpicius, ist zwar sehr erlaucht; doch kennen ihn nur belesene und in der Geschichte bewanderte Leute einigermaßen, dem Volke hingegen und den Wählern ist er ziemlich dunkel. Dein Vater hatte nämlich den Rang eines Ritters; kein hervorragendes Lob verschaffte deinem Großvater Hochschätzung. Man kann daher die Erinnerung an deinen Adelsstand nicht dem frischen Gespräch der Leute, sondern nur alten Chroniken entnehmen. Deshalb pflege ich dich immer unserer Klasse[13] zuzurechnen: deine unermüdliche Tüchtigkeit hat erreicht, daß man dich des höchsten

Ansehens für würdig erachtete, obwohl du der Sohn eines römischen Ritters bist. Und ich habe niemals geglaubt, daß Q. Pompeius, ein Neuling und zugleich ein überaus tüchtiger Mann, weniger fähig war als M. Aemilius, ein Sproß aus höchstem Adel[14]. Denn es erfordert dieselbe Tatkraft und Begabung, seinen Nachkommen, wie Pompeius tat, einen Glanz des Namens zu hinterlassen, den man nicht ererbt hat, oder, wie Scaurus, das fast erstorbene Andenken an das Geschlecht durch eigene Leistung zu erneuern.

17 Indes, ich glaubte schon, ihr Richter, ich hätte durch meine Anstrengung erreicht, man werde einer großen Zahl von tüchtigen Männern keinerlei Vorwurf mehr aus ihrer unbekannten Herkunft machen; ich habe ja hierfür den Boden bereitet, indem ich nicht nur Männer wie Curius, Cato, Pompeius, überaus tüchtige Neulinge der früheren Zeit, in die Erinnerung zurückrief, sondern auch die der jüngsten Vergangenheit, einen Marius und Didius und Caelius[15]. Ich hatte aber die Schranken des Adelstitels nach so langer Pause durchbrochen, daß der Zugang zum Konsulat nunmehr wie bei unseren Vorfahren ebenso der Tüchtigkeit wie dem Adel freigegeben war; da glaubte ich nicht, daß die Ankläger über das Fehlen eines Stammbaumes reden würden, wenn der gewählte Konsul, Sproß einer alten und berühmten Familie, den Konsul und Sohn eines römischen Ritters zum Verteidiger habe. Denn auch bei mir traf es sich, daß ich mich zugleich mit zwei Patriziern bewarb; der eine war von äußerster Skrupellosigkeit und Verwegenheit, der andere ein sehr bescheidener und vortrefflicher Mann; gleichwohl übertraf ich Catilina an Würdigkeit, Galba[16] an Einfluß. Wenn man dem Neuling daraus einen Vorwurf machen müßte, so hätte es mir wahrhaftig we-
18 der an Feinden noch an Neidern gefehlt. Wir wollen also aufhören, über die Abkunft zu reden; sie ist bei beiden überaus angesehen; betrachten wir das übrige.

«Er bewarb sich zugleich um die Quästur, und ich wurde vor ihm gewählt[17].» Man muß nicht auf alles antworten. Denn niemandem von euch entgeht: da viele gleich würdig sind, aber nur einer die erste Stelle erhalten kann, halten sich Würdigkeit und Bekanntgabe der Wahl nicht an dieselbe Rangfolge, weil die Bekanntgabe Stufen hat, die Würdigkeit aber sehr oft bei allen gleich groß ist. Doch beider Quästur hatte durch das Los nahezu dasselbe Gewicht. Das Titische Gesetz wies dem Murena eine stille und ruhige Provinz zu, dir aber jene, bei der man, wenn die Quästoren losen, sogar in Spottrufe auszubrechen pflegt: Ostia, eine weniger einflußreiche und angesehene als mühevolle und beschwerliche Aufgabe[18]. Euer beider Name wurde während der Quästur nicht weiter genannt. Denn das Los gab eurer Tüchtigkeit kein Betätigungsfeld, auszugreifen und sich zu zeigen.

Man macht den übrigen Zeitraum zum Gegenstand des 19
Vergleichs. Die beiden haben ihn auf die verschiedenste Weise verwendet. Servius unterzog sich mit uns dem Dienste hier in der Stadt: er gab Auskünfte, schrieb, setzte Urkunden auf, ein Geschäft, das viel Unruhe und Ärger mit sich bringt. Er erlernte das bürgerliche Recht, er wachte und arbeitete viel, er war vielen zur Hand; bei vielen bereitete ihm Dummheit Pein, mußte er Anmaßung ertragen, nahm er Widerspenstigkeit hin; er richtete sein Leben nach dem Gutdünken anderer ein, nicht nach seinem eigenen. Es ist ein großes und den Menschen willkommenes Verdienst, daß einer sich in *der* Wissenschaft abmüht, die vielen Nutzen bringt.

Was tat Murena inzwischen? Er war Legat bei einem äus- 20
serst tüchtigen und gescheiten Manne, bei dem hervorragenden Feldherrn L. Lucullus[19]. Er führte in dieser Stellung ein Heer, blies zum Angriff, lieferte Gefechte, trieb starke feindliche Truppen auseinander; er nahm die Städte teils im Handstreich, teils durch Belagerung; er durchzog dieses wohlha-

bende und zugleich weichliche Asien, ohne dort irgendeine Spur von Habsucht und Üppigkeit zu hinterlassen; er führte sich in diesem gewaltigen Kriege so, daß er viele bedeutende Dinge ohne den Feldherrn vollbrachte, der Feldherr keines ohne ihn. Und dies sage ich zwar in Anwesenheit des L. Lucullus; es könnte jedoch so scheinen, als hätte er uns wegen unserer Bedrängnis die Erlaubnis gegeben, uns etwas auszudenken. Indes, es ist alles durch amtliche Schreiben bezeugt; dort hat L. Lucullus ihm so hohes Lob zuerkannt, wie es ein Feldherr, der frei war von Ehrgeiz und Mißgunst, einem anderen bei der Teilung des Ruhmes bewilligen mußte.

21 Beide genießen größte Ehren, größtes Ansehen; den Wert würde ich, wenn Servius es erlaubte, als völlig gleich veranschlagen. Aber er erlaubt es nicht; er bekrittelt den Heeresdienst, er greift die ganze Legatentätigkeit an; er glaubt, das Konsulat sei die Frucht der Beharrlichkeit und der erwähnten täglichen Bemühungen. «Du warst bei der Truppe», sagt er, «so viele Jahre hast du das Forum nicht betreten; so lange warst du abwesend, und jetzt, da du nach einer beträchtlichen Zwischenzeit zurückgekehrt bist, willst du es mit denen an Würdigkeit aufnehmen, die auf dem Forum ihre Wohnstatt hatten?» Erstens zu dieser von uns geübten Beharrlichkeit, Servius: du bedenkst nicht, wie viel Abneigung, wie viel Überdruß sie bisweilen bei den Leuten hervorruft. Es hat mir zwar großen Nutzen gebracht, daß mein Einfluß vor aller Augen lag; gleichwohl habe ich nur unter großen Mühen verhindert, daß man meiner überdrüssig wurde, und du vielleicht ebenfalls; es hätte indes keinem von uns geschadet, wenn man Gelegenheit gehabt hätte, uns zu vermissen.

22 Doch ich will dies auf sich beruhen lassen; ich kehre zum Vergleich der Leistungen und Berufe zurück. Wie kann man bezweifeln, daß Kriegsruhm zum Erwerb des Konsulats viel

mehr Gewicht verleiht als Ansehen im bürgerlichen Recht! Du wachst vor Tagesanbruch, um deinen Klienten Bescheid zu geben, er, um mit seinem Heer beizeiten das Marschziel zu erreichen; dich weckt der Hahnenschrei, ihn der Klang der Trompeten; du bereitest den Prozeß vor, er stellt die Schlachtreihe auf; du suchst zu verhindern, daß deine Klienten, er, daß Städte und Lager überrumpelt werden; er weiß und kennt sich aus, wie man feindliche Truppen, du, wie man Regenwasser abwehrt[20]; er versteht sich darauf, die Grenzen auszuweiten, du, sie zu ziehen[21]. Und begreiflicherweise – ich muß ja sagen, was ich denke - geht die kriegerische Tüchtigkeit allem anderen vor. Sie hat dem römischen Volk seinen Namen, sie der Stadt ewigen Ruhm verschafft; sie zwang den Erdkreis, sich unserem Befehl zu beugen; alle städtischen Angelegenheiten, alle unsere hervorragenden Bemühungen und das Ansehen und die Beflissenheit auf dem Forum sind geborgen im Schutz und in der Obhut kriegerischer Tüchtigkeit. Sobald sich auch nur der Verdacht eines Aufruhrs regt, verstummen unsere Künste auf der Stelle.

Und da du mir deine Rechtswissenschaft wie eine kleine 23
Tochter zu herzen scheinst, kann ich nicht zulassen, daß du dich einem solchen Irrtum hingibst, dieses Etwas, das du mit Eifer gelernt hast, für eine herrliche Sache zu halten. Andere Vorzüge (so habe ich jedenfalls stets geurteilt), dein beherrschtes und gesetztes Wesen, dein Gerechtigkeitssinn, deine Verläßlichkeit und alles übrige geben dir Anspruch auf das Konsulat und jede ehrenvolle Stellung; daß du das bürgerliche Recht erlernt hast, hiervon will ich nicht sagen, du habest deine Mühe vergeudet, sondern vielmehr: von dieser Wissenschaft führt kein Weg zum Konsulat. Denn alle Berufe, die uns die Gewogenheit des römischen Volkes verschaffen sollen, müssen ein blendendes Ansehen und hochwillkommenen Nutzen mit sich bringen.

24 Das größte Ansehen genießen diejenigen, die sich durch kriegerischen Ruhm auszeichnen; man glaubt nämlich, daß sie alles verteidigen und schützen, was zum Reich und zur bürgerlichen Sphäre gehört. Sie erweisen uns auch den größten Nutzen, da ihr Können und ihr Einsatz uns in den Stand setzen, den Staat und auch die eigenen Angelegenheiten zu handhaben. Bedeutsam und mit großem Ansehen verbunden ist auch die Gabe der Rede, die oft bei der Konsulwahl den Ausschlag gab: man ist fähig, durch seinen Rat und Vortrag auf die Ansichten des Senats, des Volkes und der Richter einzuwirken. Von einem Konsul wird verlangt, daß er durch seine Rede hin und wieder die von den Tribunen entfesselte Raserei zu bändigen, das erregte Volk umzustimmen, dem Geschenkemachen entgegenzutreten vermag. Es ist kein Wunder, daß um dieser Fähigkeit willen oft auch Nichtadlige die Konsulwürde erreicht haben, zumal gerade sie vielfältige Dankbarkeit, beständige Freundschaften und größte Gewogenheit hervorruft.

Von alledem findet sich bei eurem Handwerk nichts, Sul-
25 picius. Erstens kann eine so enge Wissenschaft kein Ansehen haben; es geht nämlich um kleine Dinge, die sich beinahe in einzelnen Buchstaben und in Worttrennungen erschöpfen[22]. Zweitens mag dieses Fach bei unseren Vorfahren einige Bewunderung erregt haben: nachdem man eure Geheimnisse verraten hat, ist es gänzlich der Verachtung und Geringschätzung anheimgefallen. Ob man prozessieren könne oder nicht, wußten einst nur wenige; der Kalender war nämlich nicht allgemein bekannt. Die Rechtskundigen hatten eine große Macht; man bat sie auch um die Benennung von Tagen, als wären sie Astrologen. Da fand sich ein Schreiber, Cn. Flavius; der hackte den Krähen die Augen aus, gab dem Volke den Kalender bekannt, indem er die Tage einzeln auswendiglernte, und stahl sich just bei den vorsichtigen Rechtsgelehr-

ten deren Kenntnisse zusammen[23]. Sie erzürnten darob und fürchteten, man könne ohne ihre Mitwirkung prozessieren, da das Verzeichnis der Tage allgemein verbreitet und bekannt sei; sie setzten daher bestimmte Formeln[24] auf, um sich selbst in alle Angelegenheiten einzumischen.

Es könnte ja bestens so zugehen: «Das sabinische Grund- 26
stück gehört mir» – «Nein, mir» – daraufhin der Prozeß. Doch sie wollten nicht. «Das Grundstück», heißt es, «das in der Mark liegt, welche die sabinische genannt wird.» Reichlich umständlich, und bitte schön, was folgt? «Von dem behaupte ich, daß es nach dem Recht der Quiriten mein Eigentum ist.» Was dann? «Ich rufe dich, von dort aus und dort dem Rechte gemäß um das Grundstück zu streiten.» Da wußte der Beklagte nicht, was er einem derart gesprächigen Streithahn hätte antworten sollen. Doch der Rechtsgelehrte geht wie ein latinischer Flötenspieler[25] zu ihm hinüber: «Von wo aus ich dem Rechte gemäß nach deinem Ruf um das Grundstück streiten soll, von dort aus und dort rufe ich dich meinerseits.» Damit dem Prätor nicht in der Zwischenzeit zu wohl würde und er nicht nach Belieben einherredete, hat man für ihn ebenfalls einen Spruch aufgesetzt, der in allem übrigen und zumal hierin sehr sonderbar lautet: «Ich weise in Anwesenheit der Umstände[26] beider Parteien diesen Weg; beschreitet den Weg.» Zur Stelle war der Weise, der den Weg zu beschreiten lehrte. «Kehrt den Weg zurück.» Und sie kehrten mit demselben Führer zurück. Das wirkte schon einst bei den bärtigen Männern, meine ich, lächerlich: nachdem sie richtig an Ort und Stelle angelangt waren, sollten sie fortgehen, um sofort dahin zurückzukehren, von wo sie fortgegangen waren[27]. Mit denselben Albernheiten ist all dies Zeug ausstaffiert: «Da ich deiner vor Gericht ansichtig werde» und «Willst du dich erklären, aus welchem Grunde du das Eigentum beanspruchst[28]?» Solange diese Dinge geheim waren,

fragte man zwangsläufig die danach, die sich darauf verstanden; doch später, da sie allgemein bekannt wurden und man sie in Händen wendete und prüfte, da fand sich, daß sie aller Weisheit bar, aber randvoll von Trug und Torheit waren.

27 Denn während die Gesetze sehr vieles vorzüglich geregelt hatten, wurde das meiste hiervon durch die Einfälle der Rechtsgelehrten verdorben und verfälscht. Unsere Vorfahren wünschten, daß alle Frauen wegen der Unsicherheit ihres Urteils der Gewalt eines Vormundes unterstünden; doch *sie* erfanden Arten von Vormündern, die von der Gewalt der Frauen abhängen[29]. Die Vorfahren wünschten, daß der Ahnenkult nicht erlösche; doch *ihre* Erfindungsgabe brachte die mit Greisen geschlossenen Scheinehen auf, den Ahnenkult zu beseitigen[30]. Überhaupt gaben sie bei allen Fragen des bürgerlichen Rechts die Gerechtigkeit preis und hafteten am bloßen Wortlaut, wie sie zum Beispiel glaubten, alle Frauen, die eine Kaufehe[31] abschlössen, müßten Gaia heißen, weil sie diesen Namen als Beispiel in jemandes Schriften gefunden hatten. Auch dies kommt mir immer wieder sonderbar vor, daß es so vielen, so erfinderischen Leuten auch jetzt noch nicht gelungen ist festzusetzen, ob man «dritter Tag» oder «übermorgen», «Richter» oder «Schiedsmann», «Sache» oder «Streitgegenstand» sagen soll.

28 Deshalb verlieh diese Wissenschaft, wie ich sagte, niemals konsularisches Ansehen (sie besteht ja ganz und gar aus erkünstelten und erdichteten Dingen); doch noch viel weniger verlieh sie Einfluß. Denn was allen zugänglich ist und in gleicher Weise mir und meinem Gegner zu Gebote steht, das kann auf keine Weise einflußreich sein. Deshalb habt ihr nicht nur die Hoffnung, Verpflichtungen zu begründen, sondern sogar jenes «Darf ich um Rat fragen?»[32] eingebüßt, das es eine Zeitlang gegeben hat. Niemand kann in einer Wissenschaft für weise gehalten werden, die weder irgendwo außer-

halb Roms noch in Rom selbst etwas gilt, wenn Gerichtsferien sind. Als erfahren kann deshalb niemand angesehen werden, weil sich bei etwas allgemein Bekanntem keiner vom anderen zu unterscheiden vermag. Für schwierig aber gilt die Sache deshalb nicht, weil sie auf sehr wenigen und keineswegs dunklen Schriftwerken beruht. Wenn ihr daher mich, einen stark beschäftigten Menschen, erbosen solltet, so mache ich mich anheischig, in drei Tagen ein Rechtsgelehrter zu sein. Denn was auf Grund von Schriftformeln verhandelt wird, ist alles schriftlich festgehalten, und doch ist nichts so eng geschrieben, wo ich nicht einfügen könnte «worum es sich handelt»[33]; was aber mündlich gefragt wird, darauf kann man mit sehr geringem Risiko antworten. Wenn man das Übliche antwortet, so sieht es aus, als habe man ebenso geantwortet wie Servius; wenn nicht, dann sieht es so aus, als kenne und behandele man auch die umstrittenen Rechtsfragen.

Deswegen gebührt nicht nur dem Kriegsruhm vor euren 29
Floskeln und Prozeßformularen der Vorzug, sondern auch der Rednerberuf übertrifft eure Routine bei weitem und erheblich durch sein Ansehen. Ich glaube daher, daß die meisten zunächst weit mehr hierauf erpicht waren, doch hernach, wenn sie dieses Ziel nicht zu erreichen vermochten, gerade in den anderen Beruf abgesunken sind. Man sagt, unter den griechischen Künstlern seien diejenigen Flötisten, die nicht Zitherspieler werden konnten; ebenso sehen wir, daß diejenigen, die es nicht zum Redner gebracht haben, an die Rechtswissenschaft geraten. Sehr mühsam ist die Beredsamkeit, sehr wichtig, sehr angesehen, doch vor allem von größtem Einfluß. Denn von euch wird eine Art Heilmittel, von den Rednern aber das Heil selbst erbeten. Außerdem werden eure Auskünfte und Bescheide oft durch ein Plädoyer über den Haufen geworfen, und sie können ohne das Bollwerk einer Rede gar keinen Bestand haben. Wenn ich es hierin schon weit genug

gebracht hätte, dann würde ich mich vorsichtiger zu ihrem Lobe äußern; jetzt aber spreche ich nicht von mir, sondern von denen, die bedeutende Redner sind oder waren.

30 Es gibt also zwei Fähigkeiten, die den Menschen zur höchsten Stufe des Ansehens verhelfen können, erstens die des Feldherrn, zweitens die des guten Redners. Denn der eine schützt die Vorzüge des Friedens, der andere wendet die Fährnisse des Krieges ab. Sonstige gute Eigenschaften haben zwar für sich selbst großen Wert: Gerechtigkeitssinn, Zuverlässigkeit, Taktgefühl, Ausgeglichenheit, und jedermann weiß, daß du dich darin auszeichnest, Servius. Doch jetzt rede ich über Berufe, die als Ausweis für ein Amt gelten, nicht über den persönlichen Charakter. Alle diese Betätigungen werden uns aus der Hand genommen, sobald irgendein neuer Aufruhr das Kriegssignal zu blasen anhebt. Denn wie ein geistreicher Dichter und sehr kompetenter Autor[34] sagt, «sobald Kämpfe sich ankündigen, muß sie den Platz räumen» – nicht nur euer wortreiches Scheinbild der Klugheit, sondern auch die Gebieterin aller Dinge selbst, «die Weisheit; Gewalt entscheidet, man verachtet den Redner» – nicht nur den langweiligen und geschwätzigen, sondern auch «den guten; man schätzt den furchtbaren Soldaten»; doch euer Beruf liegt gänzlich darnieder. «Nicht dem Recht gemäß streiten sie», sagt der Dichter, «sondern fordern lieber mit dem Schwert ihr Eigen zurück.» Wenn es sich so verhält, dann sollte, meine ich, Sulpicius, der Markt dem Lager, die Muße dem Kriegsdienst, die Feder dem Schwert, der Schatten dem Sonnenschein nachstehen, kurz, dann sollte in unserem Staate das für das erste gelten, weswegen der Staat selbst der erste von allen ist.

31 Doch Cato erklärt, wir machten allzu große Worte darüber und hätten vergessen, daß wir den ganzen mithridatischen Krieg gegen Weiber geführt haben. Da bin ich ganz anderer Meinung, ihr Richter; doch ich will darüber nur weniges

sagen; es kommt nämlich nicht entscheidend darauf an. Denn wenn alle Kriege, die wir gegen die Griechen geführt haben, Geringschätzung verdienen, dann mache man sich auch über den Triumph lustig, den M'. Curius über König Pyrrhos errungen hat, und T. Flamininus über Philipp, M. Fulvius über die Ätoler, L. Paullus über König Perseus, Q. Metellus über Pseudophilippos, L. Mummius über die Korinther[35]. Doch wenn diese Kriege schlimm waren und ihre siegreiche Beendigung hochwillkommen, weshalb verachtest du dann die asiatischen Völker und zumal diesen Landesfeind? Indes, ich ersehe aus den Aufzeichnungen der Vorzeit, daß das römische Volk keinen größeren Krieg geführt hat als gegen Antiochos; der damalige Sieger L. Scipio, der seinen Ruhm mit seinem Bruder teilte, erwarb sich dieselbe Auszeichnung mit dem Namen Asiens, wie jener sie nach der Niederwerfung Afrikas durch seinen Beinamen zur Schau trug. In diesem Kriege er- 32
glänzte die hervorragende Tapferkeit des M. Cato, deines Urgroßvaters; da er nach meiner Überzeugung von derselben Art war, wie ich sie an dir kenne, wäre er niemals mit Scipio dorthin gezogen, wenn er geglaubt hätte, er müsse gegen Weiber kämpfen[36]. Auch hätte der Senat gar nicht mit P. Africanus verhandelt, er solle als Legat mit seinem Bruder ins Feld ziehen, wenn er nicht geglaubt hätte, es handele sich um einen schweren und furchtbaren Krieg – Africanus selbst hatte ja kurz zuvor Hannibal aus Italien vertrieben und aus Afrika verjagt, Karthago niedergeworfen und so den Staat aus höchster Not befreit.

Doch wenn du genau bedenkst, was Mithridates vermochte und was er erreicht hat und was für ein Mann er war, dann stellst du diesen König ohne Frage an die Spitze aller, mit denen das römische Volk je Krieg geführt hat. L. Sulla, ein kampferprobter und energischer und nicht unerfahrener Feldherr (um nichts weiter zu sagen), gebot über ein stattliches und tapferes Heer; gleichwohl hat er Mithridates, der im Krieg ganz Asien überfallen hatte, im Frieden davonziehen lassen. L. Murena, der Vater des Beklagten, hatte Mithridates mit größter Schärfe und Schlagfertigkeit zugesetzt; gleichwohl konnte er ihn nur auf breiter Front zurückwerfen, nicht niederwerfen[37]. Dieser König nahm sich einige Jahre Zeit, seine Mittel und Rüstungen für den Krieg zu verstärken: da gedieh er mit seinem Hoffen und Planen so weit, daß er meinte, er könne den Ozean mit dem Schwarzen Meer, die Truppen des Sertorius mit seinen eigenen vereinigen[38].

33 In diesen Krieg wurden zwei Konsuln entsandt; der eine sollte Mithridates verfolgen, der andere Bithynien decken[39]. Bei dem einen nahmen die Dinge zu Wasser und zu Lande einen sehr unglücklichen Verlauf, und sie trugen so zur Macht und zum Ansehen des Königs bei. L. Lucullus hingegen tat sich derart hervor, daß man keinen Krieg zu nennen vermöchte, der größer gewesen und mit mehr Umsicht und Tatkraft geführt worden wäre. Denn Mithridates hatte die ganze Wucht seiner Kriegsmacht gegen die Mauern von Kyzikos geworfen: er glaubte, diese Stadt werde ihm als Pforte Asiens dienen, die er nur zu durchbrechen und aufzustoßen brauche, um die ganze Provinz offen vor sich zu haben. Lucullus aber erreichte schlechthin alles; er verteidigte die Stadt unserer getreuesten Bundesgenossen und zerrieb durch die langwierige Belagerung die gesamte Streitmacht des Königs. Wie? Die Seeschlacht von Tenedos, als die Flotte der Feinde, von Hoffnung und Mut erfüllt, in eiliger Fahrt mit den wagemutigsten Führern auf Italien lossteuerte – glaubst du, dieses Treffen habe sich bei mäßigem Kampf und geringem Geplänkel abgespielt[40]? Ich übergehe die Schlachten, ich lasse die Belagerungen von Städten unerwähnt; als er endlich einmal aus seinem Reiche vertrieben war, brachten es seine Klugheit und sein Ansehen gleichwohl zustande, daß er sich mit

dem König der Armenier verbündete[41] und er so durch neue Machtmittel und Truppen wieder zu Kräften kam. Und wenn ich jetzt über die Erfolge unseres Heeres und Befehlshabers zu sprechen hätte, dann könnte ich an zahlreiche große Schlachten erinnern; doch darum geht es hier nicht.

Ich sage nur: wenn dieser Krieg, wenn dieser Feind, wenn 34
dieser König Verachtung verdient hätte, dann hätten der Senat und das Volk von Rom nicht geglaubt, sich seiner mit solcher Sorge annehmen zu müssen, noch L. Lucullus ihn so viele Jahre mit solchem Beifall geführt, noch schließlich das römische Volk mit solchem Nachdruck Cn. Pompeius mit der Beendigung dieses Krieges betraut. Der aber bestand unzählige Schlachten, doch die härteste von allen war, scheint mir, diejenige, die er gegen den König führte und die mit äußerster Erbitterung ausgefochten wurde[42]. Als jener der Schlacht entronnen und an den Bosporus geflohen war, wohin kein Heer zu gelangen vermochte, da bewahrte er selbst in der äußersten Not und Bedrängnis noch sein königliches Ansehen. Deshalb genügte es auch Pompeius nicht, das Reich besetzt und den Feind von allen Küsten und bekannten Wohnsitzen vertrieben zu haben, und obwohl der Sieg ihm alles verschaffte, was jener beherrscht, erobert und erstrebt hatte: auf das Leben dieses einen setzte er so viel, daß er meinte, der Krieg sei erst beendet, wenn er ihn des Lebens beraubt habe[43]. Diesen Feind verachtest du, Cato, gegen den während so vieler Jahre in so vielen Schlachten so viele Feldherren Krieg geführt haben, dessen Leben, als er vertrieben und verjagt war, so viel galt, daß man erst bei der Nachricht von seinem Tode an die Beendigung des Krieges glaubte? In diesem Kriege also, behaupten wir, hat sich L. Murena als Legat von äußerster Tapferkeit, größter Umsicht und höchster Ausdauer bewährt, und dieser Einsatz hat ihm nicht weniger Ansehen für den Erwerb des Konsulats verschafft als unsere Beflissenheit auf dem Forum.

35 Doch freilich, bei der Bewerbung um die Prätur wurde Servius zuerst ausgerufen[44]. Wollt ihr immer noch wie nach einem Vertrage mit dem Volke rechten, daß es verpflichtet sei, jemandem die Rangstelle, die es ihm einmal bei einem Amte eingeräumt hat, auch bei den übrigen Ämtern zu gewähren? Denn welche Meerenge, welcher Euripos[45], glaubt ihr, hat so viele Strömungen, so erhebliche, so vielfältige Schwankungen und Veränderungen der Fluten, wie sich bei Ämterwahlen Wirbel und Wallungen einstellen? Die Zwischenfrist eines Tages oder einer Nacht bringt oft alles durcheinander, und bisweilen verwandelt der leise Hauch eines Gerüchts die gesamte öffentliche Meinung. Oft geschieht auch ohne erkennbare Ursache etwas anderes, als man erwartet hat, so daß sich mitunter sogar das Volk über den Ausgang wundert, als ob es ihn nicht selbst herbeigeführt hätte.

36 Nichts ist unsicherer als die Menge, nichts undurchdringlicher als der Wille der Leute, nichts trügerischer als der ganze Hergang der Wahlen. Wer hätte geglaubt, daß L. Philippus, den Fähigkeit, Tatkraft, Einfluß und Adel auszeichneten, dem M. Herennius würde unterliegen können? Oder Q. Catulus, der sich durch Umgänglichkeit, Klugheit und Unbestechlichkeit hervortat, dem Cn. Mallius? Oder M. Scaurus, ein Mann von würdevollem Wesen, ein vorbildlicher Bürger, ein überaus tüchtiger Senator, dem Q. Maximus[46]? Bei alledem hat man nicht nur nicht vermutet, daß es so kommen würde, sondern auch nachdem es gekommen war, vermochte niemand zu begreifen, warum es so gekommen sei. Denn wie sich Stürme oft nach einem bestimmten Himmelszeichen erheben, oft aber unversehens ohne erkennbaren Grund aus einer verborgenen Ursache aufbrausen, ebenso kann man bei diesen stürmischen Willensbekundungen des Volkes oft erkennen, welches Zeichen sie erregt hat, oft ist der Anlaß so unklar, daß man glaubt, der Zufall habe sie hervorgerufen.

Doch wenn trotzdem Gründe genannt werden sollen: bei der Prätur machte sich das Fehlen zweier Dinge deutlich fühlbar, die sich beide beim Konsulat als großer Vorteil für Murena auswirkten: einmal die Erwartung von Spielen, die einiges Gerede und die böswilligen Behauptungen der Mitbewerber gesteigert hatten, zum anderen die Tatsache, daß die Leute, die in der Provinz und während seiner ganzen Amtszeit als Legat seine Großzügigkeit und Tüchtigkeit kennengelernt hatten, noch nicht nach Rom zurückgekehrt waren. Beides bewahrte ihm das Schicksal für die Bewerbung um das Konsulat auf. Denn einerseits war das Heer des L. Lucullus, das sich zum Triumph eingefunden hatte, für die Wahl des L. Murena zur Stelle, andererseits brachte die Prätur die großartigen Spiele, welche die Bewerbung um die Prätur hatte vermissen lassen[47]. 37

Glaubst du etwa, dies sei eine geringe Hilfe und Unterstützung für das Konsulat: der Wille der Soldaten und die Zustimmung des Heeres, die an sich schon wegen der Menge zählt und wegen des Einflusses bei den Angehörigen, vor allem aber, wenn ein Konsul bestimmt werden soll, sogar beim ganzen römischen Volke große Bedeutung hat? Bei den Konsulwahlen werden nämlich Feldherren, nicht Worterklärer ausgesucht. Daher wiegen solche Reden schwer: «Mich hat er, als ich verwundet war, wiederhergestellt; mir hat er von der Beute geschenkt; unter seiner Führung haben wir das Lager eingenommen, den Feind angegriffen; niemals hat er dem gemeinen Mann größere Anstrengungen zugemutet, als er selbst auf sich nahm, er, der selbst Tapferkeit mit Glück verband.» Was meinst du, wieviel das zur günstigen Meinung und Geneigtheit der Leute beiträgt? Denn wenn unsere Wahlen so sehr von abergläubischen Rücksichten abhängen, daß bis jetzt stets das Vorzeichen maßgeblich war, das die zuerst wählende Zenturie gegeben hatte[48], was Wunder, wenn sich 38 bei Murena das Gerücht und die Kunde von seiner glückhaften Art ausgewirkt hat?

Doch wenn du dies für geringfügig hältst, während es von
größter Bedeutung ist, und du der Willensbekundung der
Stadtbevölkerung mehr Gewicht beimißt als der des Heeres,
dann hüte dich, die erlesenen Spiele und großartigen Theater-
aufführungen Murenas so überaus gering zu veranschlagen:
sie kamen ihm in hohem Maße zustatten. Denn wozu soll ich
erst noch versichern, daß das Volk und der unwissende Hau-
fen an Spielen großen Gefallen findet? Man braucht sich kaum
darüber zu wundern. Doch für ihn ist das Grund genug; auch
die Wahlen sind ja Sache des Volkes und der Menge. Wenn
daher dem Volke großartige Spiele Vergnügen bereiten, so
ist's kein Wunder, daß sie dem L. Murena beim Volke zustat-
39 ten kamen. Doch wenn auch wir, die wir durch unsere Pflich-
ten von den allgemeinen Zerstreuungen ferngehalten werden
und in unserer Tätigkeit selbst mancherlei andere Zerstreu-
ung finden können, uns trotzdem von Spielen vergnügen und
fesseln lassen, was soll man sich über die ungebildete Menge
40 wundern? L. Otho, ein tüchtiger Mann, ein Freund von mir,
hat dem Ritterstand nicht nur sein Ansehen, sondern auch
sein Vergnügen zurückgegeben. Dieses Gesetz über die Spiele
ist deshalb das beliebteste von allen, weil es einem hochan-
gesehenen Stande außer seinem Glanz auch den Vorteil einer
Annehmlichkeit wiederverschafft hat[49]. Demnach haben die
Leute an Spielen Freude, glaub mir's, auch diejenigen, die
es nicht zeigen, nicht die allein, die es offen zugeben; das habe
ich selbst bei meiner Bewerbung gespürt. Denn auch bei mir
hat die Bühne mitgeworben. Ich hatte drei ädilizische Spiele
veranstaltet, und doch machten mich die Spiele des Antonius
besorgt; da glaubst du, der du zufällig gar keine gegeben
hattest, daß dir eben die von dir verspottete Silberbühne des
Murena nicht entgegengearbeitet hat[50]?

Doch nehmen wir an, dies alles sei einander völlig gleichwertig; die Mühewaltung auf dem Forum sei dem Militärdienst gleich und die Stimmen der Soldaten denen der Stadtbevölkerung; es bedeute dasselbe, ob jemand die großartigsten Spiele veranstaltet hat oder überhaupt keine. Was dann? Meinst du, daß während der Prätur selbst keinerlei Unterschied zwischen deinem und Murenas Amtsbereich bestanden hat? Ihm fiel die Aufgabe zu, die wir, deine Freunde, allesamt dir gewünscht hatten, die der Zivilgerichtsbarkeit[51]; hierbei verschafft das Gewicht der Tätigkeit Ansehen, das Gewähren von Gerechtigkeit Einfluß; in diesem Amt vermeidet ein kluger Prätor, wie er einer war, Mißhelligkeiten durch gerechte Entscheidungen und verschafft sich Wohlwollen durch freundliches Anhören. Also ein vorzüglicher und für das Konsulat geeigneter Amtsbereich; das Lob des unbestechlichen Gerechtigkeitssinnes und des umgänglichen Wesens wird schließlich durch das Vergnügen der Spiele bekrönt. 41

Wie aber steht es mit deinem Amt? Es war bedrückend und furchtbar: die Strafverfolgung von Unterschleif, einerseits von Tränen und Niedergeschlagenheit, andererseits mit Anklägern und Denunzianten erfüllt; die Richter mußten wider ihren Willen herbeigeholt, entgegen ihrer Absicht festgehalten werden; ein Schreiber erhielt Strafe, und der ganze Stand war verstimmt; die Begünstigungen Sullas wurden gerügt, was bei vielen tüchtigen Männern und fast bei einem Teil der Bürgerschaft Anstoß erregte[52]; die Festsetzung der Strafsummen war streng – wem das behagt, der vergißt's; wen es ärgert, der trägt es nach. 42

Schließlich hast du nicht in die Provinz gehen wollen. Ich kann bei dir nicht tadeln, was ich bei mir selbst als Prätor und Konsul gutgeheißen habe. Nichtsdestoweniger verschaffte die Provinz L. Murena viele gute Beziehungen und einen ausgezeichneten Ruf. Als er aufbrach, hob er in Umbrien Truppen aus; der Staat gab ihm Gelegenheit zu großzügigem Gebaren[53]; er ergriff sie und verpflichtete sich in großer Zahl die Wahlbezirke, die aus den umbrischen Landstädten bestehen. In Gallien[54] aber erreichte er es durch Gerechtigkeit und Umsicht, daß unsere Leute schon aufgegebene Forderungen einbrachten. Du warst allerdings unterdessen in Rom deinen Freunden zur Hand, zugestanden; doch denke daran, daß mancher Freund in seinem Eifer denen gegenüber nachzulassen pflegt, von denen er feststellt, daß sie Provinzen ausschlagen[55].

43 Ich habe gezeigt, ihr Richter, daß Murena und Sulpicius gleich würdige Konsulatsbewerber waren, jedoch eine ungleich glückliche Hand in der Frage der Provinz hatten; daraufhin will ich jetzt ganz offen sagen, worin mein Freund Servius unterlegen war, und ich will euch gegenüber, da er das Spiel bereits verloren hat, dasselbe sagen, was ich oft zu ihm allein gesagt habe, als die Sache noch nicht entschieden war. Ich habe dir sehr oft gesagt, Servius, daß du dich nicht auf die Konsulatsbewerbung verstehst, und bei eben den Dingen, die ich dich zuversichtlich und beherzt sagen und tun sah, pflegte ich dir zu erklären, daß ich dich eher für einen tüchtigen Ankläger hielte als für einen geschickten Kandidaten.

Erstens die Schreckgespenster der Anklage und die Drohungen, die du täglich zu bemühen pflegtest: sie bekunden mannhaften Mut, doch lassen sie beim Volke die Meinung aufkommen, daß du dich nicht durchsetzen werdest, und schwächen den Eifer der Freunde. Ich weiß nicht, warum es immer wieder so zugeht (man hat's ja nicht nur bei einem oder zweien beobachtet, sondern schon bei ziemlich vielen): sobald der Verdacht aufkommt, der Kandidat richte sich auf eine Anklage ein, glaubt man, er habe die Hoffnung auf das
44 Amt aufgegeben. Wie? Soll man empfangenes Unrecht nicht verfolgen? Allerdings, das soll man durchaus, doch jedes zu

seiner Zeit: entweder man bewirbt sich, oder man verfolgt das Unrecht. Ich verlange zumal von einem Konsulatsbewerber, daß er sich, seines Erfolges sicher und selbstbewußt, von zahlreichem Anhang auf das Forum und das Marsfeld geleiten läßt. Mir gefällt es nicht, wenn jemand seinen Mitbewerber überwacht und so seine Niederlage im voraus ankündigt, wenn er sich lieber Zeugen verschafft als Wähler, wenn er mehr droht als sich freundlich zeigt, wenn er lieber laut eifert als nach 45
allen Seiten grüßt, zumal ja jetzt nach neuer Gepflogenheit fast jedermann jedermanns Haus aufsucht und aus der Miene der Kandidaten Schlüsse zieht, wie viel Zuversicht und Selbstvertrauen ein jeder zu haben scheint. «Siehst du, wie betrübt und niedergeschlagen der ist? Er liegt am Boden, er ist ohne Hoffnung, er hat das Rennen aufgegeben.» Diese Kunde breitet sich aus. «Weißt du, daß er auf eine Anklage sinnt, die Mitbewerber überwacht, Zeugen sucht? Halte es jetzt mit einem anderen, da er ja selbst an seiner Sache verzweifelt.» Durch derlei Gerüchte werden die engsten Freunde der Kandidaten entmutigt, und sie geben ihre Bemühungen auf; sie lassen die ganze Angelegenheit fallen oder sparen ihre Dienste und ihren Einfluß für Verfahren und Anklage auf.

Es kommt hinzu, daß auch der Kandidat selbst nicht mehr seine ganze Aufmerksamkeit und alle seine Sorge, Mühe und Umsicht auf seine Bewerbung wenden kann. Der Plan der Anklage belastet ihn zusätzlich, keine geringfügige Sache, sondern gewiß die allerschwierigste. Denn es ist schwierig, sich die Voraussetzungen zu verschaffen, mit denen man jemandem das Bürgerrecht entziehen kann[56], zumal, wenn der andere nicht wehrlos und schwach ist; er verteidigt sich ja aus eigener Kraft und durch seinen Anhang und sogar durch Außenstehende. Denn wir eilen alle herbei, Gefahren abzuwehren, und wenn wir nicht erklärte Feinde sind, bringen wir auch ganz Fremden, wird ihre Existenz bedroht, die Dienste und Be-

46 mühungen der engsten Freunde dar. Daher bin ich, der ich das beschwerliche Geschäft der Amtsbewerbung, der Verteidigung und der Anklage aus eigener Erfahrung kenne, zu folgender Einsicht gelangt: bei der Amtsbewerbung ist die Beflissenheit, bei der Verteidigung die Hilfsbereitschaft, bei der Anklage die aufgewandte Mühe am wichtigsten. Deshalb meine ich, daß in keiner Weise dieselbe Person eine Anklage und die Bewerbung um das Konsulat gehörig zu versehen und vorzubereiten vermag. Eines können nur wenige vollbringen, beides niemand.

Als du dich von der Bahn der Bewerbung abgewandt und deinen Sinn auf die Anklage hinübergelenkt hattest, da glaubtest du, beiden Tätigkeiten genügen zu können. Du hast dich gehörig verrechnet. Denn welcher Tag verging, nachdem du dich darauf verlegt hattest, diese Anklage in Aussicht zu stellen, ohne daß du ihn ganz und gar hierfür verwendet hättest? Du verlangtest ein Gesetz gegen Amtserschleichung, obwohl es dir hieran nicht fehlte; das Calpurnische Gesetz enthielt nämlich sehr strenge Bestimmungen. Man fügte sich deinem Willen und Ansehen. Doch dieses ganze Gesetz[57] hätte vielleicht deine Anklage gewappnet, wenn du einen schuldigen Täter hättest; deiner Bewerbung jedoch war es hinderlich.
47 Deine Stimme forderte eine schwerere Strafe für die gemeinen Bürger; die kleinen Leute waren hiervon betroffen. Sie forderte für unseren Stand die Verbannung; der Senat fügte sich zwar deinem Verlangen, doch setzte er nur ungern auf deine Veranlassung eine härtere Bedingung für die gemeinsame Sache fest. Die Entschuldigung wegen Krankheit wurde mit Strafe bedroht; das verletzte viele Gutwillige, die sich entweder zum Schaden ihrer Gesundheit abmühen oder wegen des Nachteils einer Krankheit auch auf die übrigen Früchte des Lebens verzichten müssen. Wie nun? Wer brachte diese Bestimmungen ein? Jemand, der dem Wunsche des Senats, der

deinem Willen gehorchte, überhaupt brachte der sie ein, dem sie am wenigsten von Nutzen waren[58]. Jene Anträge, die der stark besuchte Senat mit meiner uneingeschränkten Zustimmung ablehnte – glaubst du, sie hätten dir nur mäßig geschadet? Du fordertest die Vermischung der Stimmklassen... und die Gleichheit von Einfluß, Geltung und Stimmrecht[59]. Angesehene und in ihren Bezirken und Landstädten einflußreiche Männer nahmen es sehr übel, daß ein solcher Mann sich bemühte, alle Unterschiede der Geltung und des Einflusses aufzuheben. Du wünschtest ebenfalls, daß die Richter vom Ankläger bestimmt würden[60], damit der verborgene Haß der Bürger, der jetzt von unausgetragener Zwietracht zurückgehalten wird, gegen die Stellung zumal der Tüchtigsten
ausbricht. Dies alles hat dir den Weg der Anklage geebnet, 48
den Weg des Wahlerfolges versperrt.

Und dann wurde deiner Bewerbung entgegen meinem Rat die allerschwerste Wunde zugefügt. Hierüber hat bereits ein in hohem Maße begabter und redegewandter Mann, Q. Hortensius, ausführlich und mit großem Nachdruck gesprochen. Desto ungünstiger ist der Platz, den ich für meine Rede erhielt: vor mir hat sowohl Hortensius gesprochen als auch M. Crassus, ein Mann, der sich ebenso durch sein Ansehen wie durch Sorgfalt und Redetalent auszeichnet; ich muß daher an letzter Stelle, statt einen Teil der Sache zu behandeln, vom Ganzen erörtern, was mir beliebt. Daher befasse ich mich so ziemlich mit denselben Gegenständen, und ich will, soviel ich kann, eurer Langeweile entgegenwirken, ihr Richter.

Indessen, was glaubst du, Servius, was für einen Beilhieb du gegen deine Bewerbung kehrtest, als du das römische Volk in Angst versetztest? Es mußte ja fürchten, daß Catilina Konsul würde, während du die Bewerbung aufgabst und von dir
warfst und die Anklage vorbereitetest. Denn man sah ja, wie 49
du Nachforschungen anstelltest; du selbst warst erbittert,

deine Freunde bedrückt; man bemerkte, wie Beobachtungen angestellt und Zeugnisse aufgenommen wurden, wie die Zeugen beiseite traten und sich in der Stille die Mitankläger versammelten, Dinge, bei denen sich gewiß auch die Mienen der Bewerber zu verfinstern pflegen. Unterdessen sah man Catilina beflissen und vergnügt, vom Chor der Jugend begleitet, von Verrätern und Mördern umgeben, aufgebläht von der Hoffnung auf die Soldaten und von den Versprechungen meines Kollegen (wie er selbst behauptete), umwogt vom Heer der Siedler aus Arretium und Faesulae[61]; in dieser bunt zusammengewürfelten Schar stachen Leute hervor, die durch die unglückliche Zeit Sullas entwurzelt waren[62]. Catilinas Miene verriet Wahnsinn, seine Augen Verbrechen, seine Reden Anmaßung; man hatte den Eindruck, daß er das Konsulat bereits für ausgemacht hielt und bei sich zu Hause aufbewahrte. Murena verachtete er; Sulpicius galt ihm als sein Ankläger, nicht als sein Mitbewerber: ihm kündigte er Gewalt an, dem Staate drohte er.

50 Welche Angst diese Dinge bei allen Rechtschaffenen erregten und welche Verzweiflung an der politischen Lage, falls er gewählt würde – verlangt nicht, daß ich euch darauf hinweise; ruft euch das selbst ins Gedächtnis zurück. Ihr erinnert euch ja, wie die Worte dieses abgefeimten Banditen bekannt wurden, die er, wie es hieß, in einer Versammlung bei sich zu Hause geäußert hatte, wie er behauptete, man könne keinen getreuen Verteidiger der Elenden finden, es sei denn jemanden, der selbst im Elend stecke. Wer angeschlagen und entrechtet sei, dürfe den Versprechungen der Unversehrten und Begüterten nicht glauben; wer Verbrauchtes ersetzen, Geraubtes wiedererlangen wolle[63], solle beachten, was er selbst[64] für Schulden habe, was er besitze, was er riskiere; der künftige Anführer und Bannerträger der Unglücklichen müsse gänzlich frei von Furcht und überaus unglücklich sein.

Daraufhin, als dies bekannt wurde, kam, wie ihr wißt, auf 51 meinen Vortrag hin ein Senatsbeschluß zustande, daß am folgenden Tage keine Wahlen stattfinden sollten, damit wir die Angelegenheit im Senat beraten könnten. So rief ich denn am folgenden Tage in einer stark besuchten Sitzung Catilina auf und gebot ihm, er möge sich, wenn er wolle, über die Dinge äußern, die man mir hinterbracht habe. Und er, von größter Offenheit, wie er immer war, rechtfertigte sich nicht, sondern bezichtigte sich selbst und verstrickte sich in seine Schuld. Denn er sagte damals, der Staat bestehe aus zwei Leibern[65]; der eine sei gebrechlich und habe ein schwaches Haupt, der andere sei stark und habe gar kein Haupt; diesem Leib werde, wenn er sich ihm gegenüber entsprechend verhalte, zu seinen Lebzeiten das Haupt nicht fehlen. Der zahlreich versammelte Senat ächzte auf, und doch befand er in Anbetracht der ungeheuerlichen Sache nicht streng genug; denn teils waren die Senatoren deshalb nicht tatkräftig in ihren Entschlüssen, weil sie nichts, teils, weil sie alles fürchteten. Er stürzte aus dem Senat, triumphierend vor Freude, er, der gar nicht mehr lebend dort hätte herauskommen dürfen; hatte doch derselbe Catilina wenige Tage zuvor in derselben Versammlung dem wackeren Cato, der einen Prozeß androhte und in Aussicht stellte, geantwortet, wenn man einen Brand gegen seine Aussichten entfache, dann werde er ihn nicht mit Wasser, sondern durch einen allgemeinen Einsturz löschen.

Diese Vorkommnisse stimmten mich damals bedenklich; 52 außerdem wußte ich, daß Catilina schon in jener Zeit seine Mitverschworenen bewaffnet auf dem Marsfeld aufziehen ließ. Ich begab mich daher mit einer sehr starken Schutztruppe mutigster Männer auf das Marsfeld[66] und trug hierbei jenen breiten und auffälligen Brustpanzer – nicht um mich zu schützen (ich wußte ja, daß Catilina nicht auf die Flanke oder den Leib, sondern auf den Kopf und den Hals zu zielen pflegte); vielmehr sollten alle Rechtschaffenen aufmerksam werden und, da sie den Konsul in Furcht und Bedrängnis sahen, zu seiner Hilfe und zu seinem Schutz herbeieilen, wie es denn auch eingetreten ist. Als man daher glaubte, du betreibest deine Bewerbung allzu nachlässig, Servius, und als man sah, wie Catilina von Hoffnung und Gier entflammt war, da wandten sich alle, die dieses Verderben vom Staate fernzuhalten wünschten, unverzüglich Murena zu.

53 Eine plötzliche Zuneigung des Willens hat nun aber bei den Konsulwahlen großes Gewicht, besonders wenn sie sich auf einen tüchtigen Mann richtet, den auch viele andere Eigenschaften bei der Bewerbung empfehlen. Der Vater und die Vorfahren Murenas genossen hohes Ansehen; seine Jugend zeichnete sich durch Bescheidenheit aus; sein Legatenamt war glanzvoll; bei seiner Prätur billigte man die Rechtsprechung, hieß man die Spiele willkommen und bewunderte man die Verwaltung der Provinz. Als er sich nun mit Umsicht bewarb und sich so bewarb, daß er sich weder durch Drohungen einschüchtern ließ noch seinerseits jemandem drohte, nimmt es da wunder, daß ihm Catilinas plötzliche Zuversicht, das Konsulat zu erlangen, wesentlich geholfen hat?

54 Jetzt bleibt mir noch der dritte Punkt meiner Rede übrig, der die Vorwürfe der Amtserschleichung betrifft; meine Vorredner haben ihn als völlig gegenstandslos erwiesen, doch ich muß ihn, da Murena es so wünscht, noch einmal behandeln. Hierbei will ich dem C. Postumus, meinem Freunde, einem ausgezeichneten Manne, wegen der Anzeigen der Spendenverteiler und wegen des beschlagnahmten Geldes antworten[67], ferner dem begabten und trefflichen jungen Manne Ser. Sulpicius wegen der Ritterzenturien[68] sowie dem M. Cato, einer Persönlichkeit, die in allen guten Eigenschaften hervor-

ragt, wegen seiner eigenen Anschuldigungen, wegen des Senatsbeschlusses und wegen des Staatsinteresses.

Doch zuvor will ich, wie es mich gerade bewegt, ein wenig 55
über das Los des L. Murena Klage führen. Denn schon früher haben mich die Mißgeschicke anderer und meine eigenen täglichen Sorgen und Mühen oft veranlaßt, ihr Richter, diejenigen für glücklich zu halten, die sich fern vom Drange des Ehrgeizes zu einem gemächlichen und ruhigen Leben entschlossen. Um so mehr bin ich bei diesen ebenso schweren wie unvorhersehbaren Bedrängnissen des L. Murena in einer Verfassung, daß ich weder unser aller Lage noch das Los und Geschick dieses Mannes genug beklagen kann. Er hat versucht, um eine Rangstufe über die gleichartigen Ämter seiner Familie und seiner Vorfahren hinauszugelangen[69]; da gerät er einmal in die Gefahr, sowohl die ererbte als auch die durch eigene Leistung erworbene Würde zu verlieren, zum anderen setzt er durch sein Streben nach neuem Ansehen auch seine ganze bisherige Stellung aufs Spiel.

Das ist schon drückend, ihr Richter, das Bitterste aber ist, 56
daß Leute ihn anklagen, die sich nicht aus feindseligem Haß zum Prozessieren, sondern aus Prozeßwut zur Feindschaft entschlossen haben. Denn um Ser. Sulpicius nicht zu erwähnen, den, wie ich sehe, nicht ein Unrecht des L. Murena, sondern der Wettstreit um das Amt veranlaßt hat: Ankläger ist ein väterlicher Freund, C. Postumus, seit alters, wie er selbst sagt, Murenas Nachbar und guter Bekannter, der zwar mehrere Gründe für die enge Beziehung vorbrachte, jedoch keinen für sein feindseliges Verhalten zu nennen vermochte. Ankläger ist Ser. Sulpicius, der Sohn des Vereinsgenossen[70], dessen Talent den Schutz aller väterlichen Freunde verstärken müßte. Ankläger ist M. Cato; der aber hat sich niemals in irgendeiner Angelegenheit mit Murena überworfen; vor allem wurde er uns in diesem Staate zu der Bestimmung geschenkt, daß

seine Macht, daß seine Begabung selbst manchen Unbekannten retten und kaum je einen Feind verderben solle.

57 Ich will also zunächst dem Postumus antworten – er scheint mir, ich weiß nicht wie, als Kandidat für die Prätur auf einen Konsulatsbewerber loszustürmen wie das Pferd eines Kunstreiters auf das Wettrennen der Viergespanne[71]. Wenn sich seine Mitbewerber nichts zuschulden kommen ließen, dann machte er ihrer Würdigkeit ein Zugeständnis, indem er die Bewerbung aufgab; doch wenn einer von ihnen Geschenke verteilt hat, dann muß Postumus einen Freund herbeiholen, da er selbst lieber fremde Unbill verfolgt als die eigene.

(Über die Anschuldigungen des Postumus.

Über die Beschwerden des jüngeren Servius[72].)

58 Ich will mich jetzt mit M. Cato befassen, der Hauptstütze und dem Rückgrat der ganzen Anklage; er ist freilich nur insofern ein bedrohlicher und starker Ankläger, als ich das Gewicht seiner Person viel mehr fürchten muß als seine Beschuldigungen. Bei diesem Ankläger möchte ich zuerst darum bitten, ihr Richter, daß nicht sein Ansehen, daß nicht das bevorstehende Tribunat, daß nicht der Glanz und die Bedeutung seines ganzen Lebens dem L. Murena schadet, kurz, daß nicht die Vorzüge, die M. Cato besitzt, um vielen helfen zu können, diesem einen Manne hinderlich sind. P. Africanus war zweimal Konsul gewesen und hatte zwei Schrecknisse unseres Reiches, Karthago und Numantia, vernichtet, als er gegen L. Cotta Anklage erhob[73]. Er besaß die größte Redegabe, die größte Pflichttreue, die größte Lauterkeit und so viel Ansehen wie die Herrschaft des römischen Volkes, die sich auf seine Taten stützte. Oft habe ich Ältere sagen hören, diese außergewöhnliche Machtstellung des Anklägers sei dem L. Cotta von größtem Nutzen gewesen. Nach der Ansicht der hochweisen Männer, die damals diesen Fall entschieden, sollte niemand unter solchen Umständen einen Prozeß verlieren,

daß man glauben konnte, er sei von der Übermacht des Geg-
ners zerschmettert worden. Wie? Hat nicht das römische 59
Volk deinem Urgroßvater M. Cato, dem tüchtigsten und an-
gesehensten Manne, den Ser. Galba (das ist ja überliefert) ent-
rissen, als jener sich bemühte, ihn zu vernichten[74]? Stets ha-
ben sich in diesem Staate das gesamte Volk und einsichtsvolle,
weit in die Zukunft blickende Richter der allzu großen Macht
von Anklägern widersetzt. Ich wünsche nicht, daß ein An-
kläger Macht in den Prozeß einbringt, keine überlegene Stär-
ke, kein hervorragendes Ansehen, keinen allzu großen Ein-
fluß. All dies mag dem Heil Unschuldiger, dem Beistand
Schwacher, der Unterstützung Unglücklicher förderlich sein,
doch wenn es um die Not und das Verderben von Mitbürgern
geht, dann weise man dergleichen zurück. Denn gesetzt, je- 60
mand behauptet, Cato hätte sich nicht zur Anklage entschlos-
sen, wenn er den Fall nicht zuvor beurteilt hätte: der würde
bedrohte Menschen einer ungerechten Bedingung und einer
elenden Lage aussetzen, glaubte er doch, das Urteil des An-
klägers müsse als Vorentscheidung gegen den Beschuldigten
gelten.

Ich kann deinen Entschluß wegen meines überaus günstigen Urteils über deine Trefflichkeit nicht tadeln, Cato; einige Punkte vermag ich vielleicht zurechtzurücken und ein wenig zu verbessern. «Du machst nicht viele Fehler», sprach der ältere Lehrmeister zu einem äußerst tüchtigen Manne, «doch du machst Fehler; ich kann dich anleiten[75].» Nicht aber ich dich; am richtigsten würde ich sagen: du machst niemals einen Fehler, noch verhältst du dich bei irgendeiner Sache so, daß man glauben könnte, man müsse dich zurechtweisen und dich nicht vielmehr nur ein wenig umlenken. Denn schon die Natur hat dir Lauterkeit, Strenge, Selbstbeherrschung, Seelengröße, Gerechtigkeitssinn, kurz alle Tugenden verliehen und dich so zu einem großen und bedeutenden Menschen gebildet. Hierzu kamen noch philosophische Grundsätze, die nicht gemäßigt und duldsam, sondern, wie mir scheint, etwas strenger und härter sind, als die Wirklichkeit und das menschliche Wesen zulassen.

61 Und da ich nicht vor einer unwissenden Menge oder einer Zusammenkunft von Bauern zu reden habe, will ich mich etwas herzhafter über jene höhere Bildung äußern, die euch ebenso bekannt und angenehm ist wie mir. Diese göttlichen und überragenden Vorzüge, die wir an M. Cato bemerken: seid euch bewußt, ihr Richter, daß sie seinem eigenen Wesen entspringen; was wir bisweilen an ihm vermissen, das ist alles nicht durch seinen Charakter, sondern durch seinen Lehrmeister bedingt. Einst lebte nämlich ein Mann von größter Geisteskraft, Zenon[76]; die seinen Erkenntnissen anhängen, heißen Stoiker. Dessen Grundsätze und Vorschriften lauten folgendermaßen: Der Weise lasse sich nie durch Nachsicht bestimmen; nie verzeihe er jemandem ein Vergehen; nur ein Tor und Leichtfuß sei mitleidig; ein Mann lasse sich nicht erbitten noch beschwichtigen; einzig die Weisen seien schön, auch wenn sie noch so verkrüppelt sind, seien reich, auch wenn sie bettelarm sind, seien Könige, auch wenn sie als Sklaven dienen. Doch von uns, die wir keine Weisen sind, behaupten die Stoiker, wir seien Flüchtlinge, Verbannte, Feinde, ja Geisteskranke; alle Fehler seien gleich schlimm; jedes Versehen sei ein ruchloses Verbrechen; wer ohne Not einen Haushahn töte, fehle nicht minder als derjenige, der seinen Vater erdrosselt. Der Weise hingegen sei nie auf Vermutungen angewiesen, er bereue nichts, irre sich in keinem Falle und ändere niemals seine Meinung.

62 Diese Anschauungen hat sich der hochbegabte M. Cato, von grundgelehrten Gewährsleuten angeleitet, zu eigen gemacht, nicht um sich mit ihnen auseinanderzusetzen, wie die meisten, sondern um sein Leben danach einzurichten. Die

Steuerpächter bringen ein Gesuch vor: «Hüte dich, daß Gefälligkeit auch nur den geringsten Einfluß hat!» Elende und Unglückliche kommen hilfeflehend zu dir: «Du bist ein Verbrecher und Frevler, wenn irgend Mitleid dein Handeln bestimmt!» Jemand gesteht, daß er fehlte, und bittet für sein Versehen um Verzeihung: «Nachsicht ist ein ruchloses Verbrechen.» Doch die Missetat ist gering. «Alle Verfehlungen sind gleich schlimm.» Du hast irgend etwas gesagt: «Es ist beschlossen und festgesetzt.» Du hast dich nicht durch Tatsachen, sondern durch eine Mutmaßung bestimmen lassen: «Der Weise stützt sich nie auf Vermutungen.» Dir ist irgendein Irrtum unterlaufen: der Stoiker glaubt, hiermit werde ein Schimpf ausgesprochen. Nach dieser Lehre kommt man uns mit folgendem: «Ich habe im Senat gesagt, ich würde gegen den Konsulatsbewerber Anklage erheben.» Du hast es im Zorne gesagt. «Ein Weiser», erwidert er, «zürnt niemals.» Oder der Umstände wegen. «Nur ein gewissenloser Mensch täuscht durch Lügen», wirft er ein; «seine Meinung zu ändern ist schimpflich, Bitten nachzugeben ein Verbrechen, Mitleid zu haben eine Schande.»

Doch unsere Gewährsleute (ich will nämlich zugeben, Cato, 63
daß auch ich mich in meiner Jugend nach Hilfe bei der Philosophie umgetan habe, weil ich meiner Veranlagung nicht sicher war), unsere Lehrer, sage ich, die Nachfolger des Platon und Aristoteles, gemäßigte und vernünftige Männer, erklären, auch beim Weisen gebe einmal Nachsicht den Ausschlag; es zeige einen guten Charakter, Mitleid zu haben; die Arten der Vergehen seien unterschiedlich und ungleich die Strafen; auch der Beständige gebe der Verzeihung Raum; sogar der Weise müsse oft vermuten, was er nicht wisse, er zürne mitunter, er lasse sich auch durch Bitten bestimmen und beschwichtigen, er nehme bisweilen eine Behauptung zurück, wenn es so richtiger sei; er weiche auch einmal von seiner

Meinung ab; alle guten Eigenschaften seien durch ein bestimmtes Mittelmaß bedingt.

64 Wenn dich mit deiner Wesensart, Cato, ein gütiges Geschick zu diesen Lehrern hätte gelangen lassen, dann wärst du zwar nicht besser noch mutiger, nicht beherrschter noch gerechter (das könntest du ja gar nicht sein), aber du würdest etwas mehr zur Milde neigen. Du würdest nicht gegen den anständigsten Menschen, den größte Würde und Ehrenhaftigkeit zieren, Anklage erheben, ohne durch Feindschaft gereizt, durch einen Rechtsbruch herausgefordert zu sein; du würdest denken, du seiest durch ein politisches Band mit L. Murena verknüpft, da doch das Schicksal dich und ihn als Wächter für dasselbe Jahr bestellt hat; was du drohend im Senate sagtest, das hättest du entweder gar nicht gesagt, oder du würdest es, wenn du könntest, gelinder auslegen.

65 Und dich mag jetzt eine seelische Wallung aufgebracht und die Macht deines Charakters und deiner Wesensart erhoben und die frische Beschäftigung mit den Morallehren entflammt haben: auch dich wird, soviel ich vermutungsweise voraussagen kann, die Erfahrung verändern, die Zeit mildern, das Alter sanfter stimmen. Denn mir scheint, selbst eure Gebieter und Tugendlehrer haben die Grenzen der Pflicht nur deshalb etwas weiter hinausgeschoben, als unsere Natur zuläßt, damit wir, indem wir unseren Willen auf das Äußerste anspannen, gleichwohl dort stehen bleiben, wo es sich gebührt. «Du darfst nichts verzeihen.» Doch, einiges; nicht alles. «Du darfst nichts aus Gefälligkeit tun.» Doch, weise vielmehr die Gefälligkeit nur dann von dir, wenn Pflicht und Redlichkeit es fordern. «Laß dich nicht durch Mitleid bestimmen.» Ganz recht, wenn sonst jede Strenge aufhörte; aber dennoch gebührt auch der Menschlichkeit einiges Lob. «Bleibe bei deiner Meinung.» Jawohl, es sei denn, deine Meinung wird durch eine andere, bessere Meinung besiegt.

Von dieser Art war Scipio; er scheute sich nicht, dasselbe 66
zu tun wie du: er hatte Panaitios, den gelehrtesten Menschen, bei sich zu Hause. Dessen Reden und Grundsätze waren dieselben, welche dir behagen, und doch machten sie Scipio nicht strenger, sondern, wie ich von alten Leuten erfahren habe, äußerst milde. Wer war vollends freundlicher als C. Laelius, der aus derselben philosophischen Schule hervorgegangen ist, wer liebenswürdiger, wer war zugleich charakterfester und weiser als er? Ich könnte dasselbe von L. Philus, von C. Gallus behaupten[77], doch ich will dich jetzt in dein eigenes Haus führen. Glaubst du, irgend jemand sei freundlicher, umgänglicher, schonender in jeder Art von menschlicher Rücksicht gewesen als Cato, dein Urgroßvater? Als du treffend und eindringlich über dessen hervorragende Tüchtigkeit sprachst, da sagtest du, du habest an ihm ein Vorbild deines Hauses, dem du nacheifern könntest. Gewiß, dir steht in deinem Hause dieses Vorbild vor Augen; gleichwohl konnte nur die Ähnlichkeit seines Wesens eher auf dich, der du von ihm abstammst, als auf jemanden von uns übergehen; als nachahmungswürdiges Beispiel aber steht er ebenso mir vor Augen wie dir. Doch wenn du deinen strengen Ernst ein wenig mit seiner freundlichen Umgänglichkeit versetztest, dann werden zwar diese Züge von dir, die schon jetzt vollkommen sind, nicht besser sein; gewiß aber werden sie eine mildere Würze haben.

Laß mir daher (um zum begonnenen Thema zurückzukeh- 67
ren) den Namen Cato aus dem Spiel, halte deine Macht fern, sieh vom Gewicht deiner Person ab, das sich in Prozessen entweder gar nicht oder nur heilbringend auswirken darf; streite mit mir um greifbare Schuldvorwürfe. Was enthält deine Anklage, Cato, was trägst du zum Prozeß bei, was tust du dar? Du klagst die unlautere Ämterjagd an – ich verteidige sie nicht. Du tadelst mich: ich wolle eben das rechtfertigen,

was ich durch ein Gesetz mit Strafe bedroht habe. Doch ich habe die Ämterjagd mit Strafe bedroht, nicht die Unschuld; die Ämterjagd selbst aber werde ich auch mit dir gemeinsam anklagen, wenn du es wünschest. Du sagtest, auf meinen Vortrag hin sei folgender Senatsbeschluß ergangen: wenn jemand gegen Entgelt zum Empfang der Kandidaten ausziehe, wenn gemietete Leute ihnen das Geleit gäben, wenn das Volk bezirksweise für Fechterspiele Plätze erhalte und ebenso wenn man dem Volke Festschmäuse ausrichte, so solle dies als Verstoß gegen das Calpurnische Gesetz gelten[78]. Der Senat urteilt demnach so: dies gelte als Verstoß gegen das Gesetz, wenn es geschehen sei; er beschließt somit etwas, dessen es gar nicht bedarf, indem er den Amtsbewerbern zu willfahren sucht[79]. Denn ob es geschehen ist oder nicht, das fragt sich gar sehr; wenn es geschehen ist, dann kann niemand bezwei-
68 feln, daß es dem Gesetz zuwiderläuft. Es ist wirklich lächerlich: was zweifelhaft ist, das läßt man im ungewissen; was niemandem zweifelhaft sein kann, das setzt man fest. Und man trifft diese Bestimmung, weil alle Amtsbewerber danach verlangen, so daß sich aus dem Senatsbeschluß nicht ersehen läßt, wem er zugute kommt und gegen wen er sich richtet. Beweise daher, daß L. Murena dergleichen begangen hat; dann will ich dir zugeben, es sei dem Gesetz zuwider begangen worden.

«Viele zogen ihm entgegen, als er aus der Provinz zurückkam.» So ist es bei einem Konsulatsbewerber üblich; doch kehrt überhaupt jemand heim, ohne daß man ihm entgegenzieht? «Was war das für eine Menge?» Erstens, wenn ich dir das nicht erklären könnte: Was ist Wunderbares daran, daß viele Leute einem solchen Manne, einem Konsulatsbewerber, bei seiner Ankunft entgegenzogen? Wenn das nicht geschehen wäre, dann müßte man sich wohl noch mehr wundern.
69 Wie? Wenn ich noch hinzufüge, was dem Brauche nicht wider-

spricht: daß man viele gebeten hat? In unserer Bürgerschaft pflegen Geladene sich einzufinden, um die Söhne einfachster Leute fast noch bei Nacht und oft vom äußersten Stadtrand aus zu geleiten[80], und dann soll es anrüchig oder sonderbar sein, daß die Leute nicht anstanden, zur dritten Stunde auf dem Marsfelde zu erscheinen, zumal man sie um eines solchen Mannes willen gebeten hatte? Wie? Wenn alle Pächtergenossenschaften kamen, von deren Mitgliedern viele hier zu Gericht sitzen? Wie? Wenn auch zahlreiche hochangesehene Männer unseres Standes[81]? Wie? Wenn jene äußerst dienstbeflissene Schar, das ganze Volk der Amtsbewerber, das niemandem den ehrenvollen Einzug in die Stadt versagt, wenn selbst unser Ankläger Postumus mit einem ziemlich großen Haufen angerückt kam: was ist dann an jener Menge wunderbar? Ich übergehe die Hörigen, die Nachbarn, die Bezirksgenossen, das ganze Heer des Lucullus, das sich in jenen Tagen zum Triumph eingefunden hatte; ich sage nur: bei dieser Gefälligkeit hat niemals jemandem die unentgeltliche Beteiligung einer großen Menge gefehlt, nicht nur, wenn er sie verdiente, sondern auch, wenn er sie verlangte.

«Doch viele gaben ihm das tägliche Geleit.» Beweise, daß 70
es entgeltlich geschah; dann gebe ich gern zu, daß es ein Vergehen ist. Doch was hast du zu tadeln, wenn diese Voraussetzung fehlt? Du sagst: «Wozu dienen die Begleiter?» Du fragst mich, wozu etwas diene, was bei uns immer üblich war? Die kleinen Leute haben *eine* Gelegenheit, unserem Stande einen Dienst zu erweisen oder zu erwidern: die Mühe der Begleitung bei unseren Bewerbungen. Denn es ist weder möglich noch zumutbar, daß Männer unseres Standes oder römische Ritter ihre nach einem Amte strebenden Freunde tagelang begleiten; von ihnen glauben wir gewissenhafte Huld und Ehre zu empfangen, wenn sie unser Haus aufsuchen, wenn sie hin und wieder mit uns auf das Forum gehen, wenn

sie uns einer Basilikenlänge[82] würdigen. Diese dauernde Gegenwart ist Sache befreundeter kleiner Leute, die nicht beschäftigt sind; sie pflegen tüchtigen und hilfsbereiten Män-
71 nern in großer Zahl zur Verfügung zu stehen. Nimm also dem niederen Volke nicht den Vorteil dieser Dienstleistung, Cato; laß zu, daß diejenigen, die alles von uns erhoffen, auch ihrerseits etwas haben, was sie uns gewähren können. Wenn die kleinen Leute nichts besitzen als ihre Stimme, dann ist ihr Einfluß trotz des Stimmbeistandes wirkungslos. Schließlich können sie selbst, wie sie zu sagen pflegen, nicht für uns vor Gericht sprechen, nicht Bürgschaft leisten und uns nicht zu sich einladen. Und von uns erwarten sie dies alles, und sie glauben, daß sie, was sie von uns erhalten, nur durch ihre Dienste zu entgelten vermögen. Deshalb widersetzten sie sich sowohl dem Fabischen Gesetz über die Zahl der Begleiter als auch dem Senatsbeschluß, der während des Konsulats von L. Caesar zustande kam[83]. Denn keine Strafe vermöchte den Pflichteifer der einfachen Leute von diesem alten Brauch der Dienstleistungen abzuhalten.

72 «Indes, man hat bezirksweise Plätze für Schauspiele verschenkt und öffentlich zum Mahle geladen.» Murena hat dies zwar überhaupt nicht getan, ihr Richter; seine Freunde aber taten es nach dem Herkommen und mit Maß; indes, die Sache selbst erinnert mich daran, wie viele Stimmen wir dadurch eingebüßt haben, daß wir dem Senat derartige Beschwerden vortrugen. Denn zu welcher Zeit hat, so weit unsere und unserer Väter Erinnerung reicht, dieser Brauch – er sei eine Wahlbeeinflussung oder ein uneigennütziges Geschenk – nicht bestanden, daß man seinen Freunden und Bezirksgenossen einen Platz im Zirkus und auf dem Forum[84] verschaffte? Die kleinen Leute erhielten diese Belohnungen und Vorteile nach altem Herkommen von ihren Bezirksgenossen...

... daß der Befehlshaber der Pioniertruppe einmal Plätze an seine Bezirksgenossen verschenkt hat, was wird man dann gegen die vornehmen Herren beschließen, die für ihre Bezirksgenossen ganze Zirkuslogen errichten ließen? Das Volk hat alle diese Vorwürfe über Begleiter, Schauspiele und Festschmäuse deiner allzu großen Genauigkeit zugeschrieben, Servius; Murena indes wird hierbei von der Willensmeinung des Senats gedeckt. Wie denn? Hält der Senat es für ein Verbrechen, jemandem zum Empfang entgegenzuziehen? «Nein; sondern nur, wenn es entgeltlich geschieht.» Überführe mich! Oder sich von vielen Leuten begleiten zu lassen? «Nein, sondern nur, wenn es Mietlinge sind.» Beweise mir das! Oder Zuschauerplätze zu verschenken oder zu einem Festschmaus einzuladen? «Keineswegs, sondern nur, wenn es insgemein und überall getan wird.» Was heißt insgemein? «Für alle.» Wenn sich also L. Natta, ein sehr vornehmer junger Herr (wir sehen ja, welche Geistesart er schon jetzt zeigt und was für ein Mann einmal aus ihm wird) – wenn der sich vor den Hundertschaften der Ritter bei diesem verwandtschaftlichen Dienst und zugleich für die Zukunft in Gunst setzen wollte, so kann daraus seinem Stiefvater kein Schaden oder Vorwurf erwachsen, und wenn ihm die Vestalin, seine Verwandte und Angehörige, ihren Platz bei den Fechterspielen abtrat, dann hat sie pflichtgemäß gehandelt, und er ist frei von Schuld. Dies alles sind Dienste von Verwandten, Vergünstigungen für kleine Leute, Obliegenheiten von Amtsbewerbern. 73

Indes, Cato geht streng und stoisch gegen mich vor; er hält 74
es für nicht richtig, durch Schmäuse nach Beliebtheit zu ködern; er behauptet, das Urteil der Leute dürfe bei der Vergebung von Ämtern nicht durch Lustbarkeiten bestochen werden. Soll man also jeden verurteilen, der anläßlich seiner Bewerbung zu Tische lädt? «Freilich», wirft er ein, «du willst mir nach der obersten Befehlsgewalt, nach der größten Macht,

nach dem Steuerruder des Staates streben, indem du den Begierden der Leute schmeichelst und ihre Sinne köderst und ihnen Lustbarkeiten vorsetzest? Hast du dich bei einer Rotte genußsüchtiger junger Leute um den Lohn der Verführung», fährt er fort, «oder beim römischen Volk um das höchste Amt des Weltreiches beworben?»

Eine schreckliche Rede; allein die Gewohnheit, der Alltag, das Herkommen, die Bürgerschaft selbst lehnt sie ab. Die Spartaner, die Urheber dieser Art von Lebensführung und Grundsätzen, nehmen zu ihren täglichen Mahlzeiten auf Holzbänken Platz, und kein Kreter ließ sich je zu Tische nieder[85]; trotzdem vermochten sie ihre staatlichen Belange nicht besser wahrzunehmen als die Römer, die ihre Zeit auf Vergnügen und Arbeit verteilten. Die einen wurden vernichtet, als unser Heer ein einziges Mal anrückte; die anderen halten im Schutze unseres Oberbefehls an ihren Sitten und Gesetzen
75 fest[86]. Laß daher von deinen allzu strengen Reden ab, Cato, und tadle die Bräuche der Vorfahren nicht, deren Zweckmäßigkeit die Sache selbst und das lange Bestehen unseres Reiches beweisen.

Zur Zeit unserer Väter lebte ein Mann derselben Richtung, gebildet, angesehen und aus vornehmem Hause, Q. Tubero. Als Q. Maximus dem römischen Volke zu Ehren seines Oheims P. Africanus einen Leichenschmaus gab, da bat er Tubero, für die Gedecke zu sorgen; denn dieser war ebenfalls ein Neffe des Africanus. Und er, ein Stoiker und grundgelehrter Mann, ließ auf punische Art gefertigte Pritschen mit Bocksfellen bedecken und samisches Tongeschirr aufstellen[87], als wäre der Kyniker Diogenes gestorben und als solle nicht der Tod des Africanus, des göttlichen Mannes, geehrt werden. Maximus hingegen, der ihm am Tage der Bestattung die Leichenrede hielt, dankte den unsterblichen Göttern, daß dieser Mann gerade in unserem Staate geboren sei; denn zwangsläufig sei die Weltherrschaft dorthin gelangt, wo er gelebt habe. Das römische Volk rechnete dem Tubero seine verkehrte Weisheit bei der Totenfeier dieses Mannes übel an, und so brachten die Bocksfelle den lautersten Menschen und 76 trefflichsten Bürger um die Prätur, obwohl er ein Enkel des L. Paullus und, wie gesagt, ein Neffe des P. Africanus war. Das römische Volk verabscheut den Aufwand Einzelner, doch staatliches Gepränge weiß es zu schätzen; verschwenderische Schmäuse liebt es nicht, doch Geiz und mangelnde Lebensart noch viel weniger; es unterscheidet die Art der Verpflichtungen und Anlässe, den Wechsel von Arbeit und Vergnügen.

Denn wenn du sagst, man dürfe den Willen der Leute einzig durch seine Würdigkeit zur Verleihung eines Amtes bestimmen, so hältst du selbst, der du in höchstem Maße würdig bist, diesen Grundsatz nicht ein. Denn warum bittest du jemanden, er möge sich für dich verwenden, er möge dir helfen? Du bittest mich, daß du meine Obrigkeit seiest, daß ich mich in deine Gewalt begebe. Was soll das? Mußt du mich um diese Gunst bitten oder nicht vielmehr ich dich, du mögest zu meinem Besten Mühe und Gefahr auf dich nehmen? Was bedeutet es, daß du einen Bediensteten hast, der dir die 77 Namen nennt[88]? In dieser Hinsicht betrügst und täuschst du jedenfalls. Denn wenn es sich gehört, daß du deine Mitbürger namentlich begrüßest, so ist es eine Schande, daß dein Sklave sie besser kennt als du. Doch wenn du sie schon kennst, mußt du sie dir trotzdem bei einer Amtsbewerbung von einem Einhelfer nennen lassen, als ob du unsicher wärest? Wie aber, wenn du, obwohl man dich belehrt hat, trotzdem die Leute so grüßest, als ob du selbst sie kenntest? Wie, wenn du viel nachlässiger grüßest, nachdem du gewählt bist? Alle diese Dinge sind recht, wenn du sie nach den Gepflogenheiten unseres öffentlichen Lebens beurteilst; willst du sie aber nach den Vorschriften deines Lehrsystems abwägen, so erweisen sie sich als grundverkehrt. Daher darf man weder die römische Bevölkerung um jene Vorteile bringen, um die Spiele, Fechtkämpfe und Schmäuse (alles dies haben ja unsere Vorfahren eingerichtet), noch den Amtsbewerbern jene Gunsterweise verbieten, die eher auf Freigebigkeit deuten als auf Bestechung.

78 Doch freilich, dich trieb das Staatswohl zur Anklage. Ich bin überzeugt, Cato, daß du in diesem Glauben und in dieser Annahme hier erschienen bist; allein, du strauchelst, ohne es zu wollen. Was ich tue, ihr Richter, das tue ich einmal um meiner Freundschaft mit L. Murena und um seiner Würdigkeit willen, zum anderen aber erkläre und beteuere ich, daß es um des Friedens, der Ruhe, der Eintracht, der Freiheit, des Heiles, kurz und gut, um unser aller Leben willen geschieht. Hört, hört auf euren Konsul, ihr Richter, der – ich will nichts Ungebührliches sagen, ich sage nur: der alle Tage und Nächte über das Staatswohl nachsinnt! L. Catilina denkt nicht so geringschätzig und verächtlich von unserem Staat, daß er glaubt, die Schar, die er mit sich führte, genüge, dieses Gemeinwesen zu vernichten. Die ansteckende Wirkung dieses Verbrechens reicht weiter, als man ahnt; sie hat eine größere Zahl ergriffen. Hier drinnen, hier drinnen, sage ich, steht das trojanische Pferd; solange ich Konsul bin, wird es euch niemals, während ihr schlaft, überwältigen.

79 Du fragst mich, ob ich mich etwa vor Catilina fürchte. Durchaus nicht, und ich habe dafür gesorgt, daß niemand ihn zu fürchten braucht; doch vor seiner Gefolgschaft, die ich hier erblicke, muß man sich, sage ich, fürchten, und nicht einmal das Heer des L. Catilina ist jetzt so besorgniserregend wie jene Leute, von denen es heißt, daß sie sein Heer verlassen haben. Denn sie haben es gar nicht verlassen, sondern blieben auf Catilinas Weisung zurück, uns im Hinterhalte aufzulauern

und unserem Haupt und Nacken zu drohen. Sie wünschen nur, daß euer Urteil einen verfassungstreuen Konsul und tüchtigen Truppenführer, den Wesensart und Umstände auf Gedeih und Verderb mit dem Staate verbinden, vom Schutz der Stadt und von der Obhut über unser Gemeinwesen vertreibt. Ich habe ihre Waffen und ihren Frevelmut auf dem Marsfeld zurückgewiesen, auf dem Forum geschwächt und oft auch in meinem Hause niedergezwungen; wenn ihr diesen Leuten den einen Konsul ausliefert, ihr Richter, dann haben sie durch euer Urteil mehr erreicht als durch ihre eigenen Schwerter. Es ist von großer Bedeutung, ihr Richter, daß es (was ich gegen zahlreiche Widerstrebende betrieben und durchgesetzt habe[89]) am 1. Januar in unserem Staate zwei Konsuln gibt.

Glaubt nicht, daß jene Leute mit gewöhnlichen Plänen oder 80
mit den üblichen Machenschaften umgehen. Nicht ein arges Gesetz, nicht ein verderbliches Geschenk, nicht irgendein schon bekanntes Übel unseres Staates ist ihr Ziel. Man hat in unserem Gemeinwesen Pläne entworfen, ihr Richter, die Stadt zu zerstören, die Bürger zu ermorden, den römischen Namen auszulöschen. Und dies denken sich Bürger, Bürger, sage ich, wenn man sie noch mit diesem Namen bezeichnen darf, gegen ihr Vaterland aus, dies haben sie sich schon ausgedacht! Ich aber durchkreuze täglich ihre Anschläge, breche ihren Frevelmut, widersetze mich ihrem Verbrechen. Doch ich warne euch, ihr Richter. Mein Konsulat nähert sich schon dem Ende; entzieht mir nicht den Stellvertreter meiner Umsicht, nehmt mir nicht den Mann, dem ich unser Staatswesen in unversehrtem Zustande übergeben will und der es vor diesen furchtbaren Gefahren beschützen muß.

Und seht ihr nicht, ihr Richter, welches andere Übel zu 81
diesen noch hinzukommt? Ich rufe dich auf, dich, Cato: siehst du nicht das Unwetter deines Amtsjahres voraus? Denn schon

ertönte in der gestrigen Versammlung die verderbliche Stimme des künftigen Tribunen, deines Kollegen[90]; ihm gegenüber zeigte deine Klugheit, zeigten alle Rechtschaffenen viel Vorsicht, die dich aufforderten, du mögest dich um das Tribunat bewerben. Alles, was man während der letzten drei Jahre angezettelt hat, bereits von dem Augenblick an, da, wie ihr wißt, L. Catilina und Cn. Piso den Entschluß faßten, den Senat auszurotten[91], all das kommt in diesen Tagen, in diesen Monaten, in dieser Zeit zum Ausbruch.

82 An welcher Stelle, ihr Richter, und bei welcher Gelegenheit, an welchem Tage und in welcher Nacht werde ich nicht genötigt, mich nicht durch meinen eigenen, sondern viel mehr noch durch den Ratschluß der Götter dem Hinterhalt und den Dolchen dieser Gesellen zu entreißen und zu entziehen? Sie aber wollen mich nicht um meinetwillen töten, sondern einen wachsamen Konsul von der Leitung des Staates entfernen. Und ebenso würden sie auch dich, wenn sie könnten, gern auf irgendeine Weise beseitigen, Cato, und glaube mir: das betreiben sie und führen sie im Schilde. Sie erkennen, welchen Mut, welchen Verstand, welche Geltung du hast und welchen Schutz der Staat durch dich erhält; doch sie wollen die tribunizische Gewalt erst der Macht und Hilfe des Konsuls beraubt sehen; sie glauben, daß sie dich, wenn du waffenlos und geschwächt bist, um so leichter niederzwingen können. Denn daß ein Konsul nachgewählt wird, fürchten sie nicht. Sie sehen, daß dies in der Macht deiner Kollegen liegt[92]; sie hoffen, daß ihnen D. Silanus[93], ein trefflicher Mann, ohne Kollegen, deine Person ohne Konsul und der Staat ohne Leitung zur Beute wird.

83 Angesichts dieser bedeutsamen Umstände und inmitten so großer Gefahren ist es deine Pflicht, Cato, der du, wie ich glaube, nicht für dich, sondern für das Vaterland geboren bist, zu erkennen, was auf dem Spiele steht, dir den Helfer, Schüt-

zer und Verbündeten bei der Lenkung des Staates zu erhalten, einen uneigennützigen Konsul, einen Konsul (und das erheischt diese Zeit am dringlichsten), den seine Verhältnisse bestimmen, den Frieden hochzuhalten, sein Können, Krieg zu führen, sein Mut und seine Erfahrung, jede beliebige Aufgabe zu meistern.

Indes, hierüber zu befinden, liegt ganz bei euch, ihr Richter; ihr haltet, ihr verwaltet in diesem Prozeß das gesamte Staatswohl. Wenn L. Catilina mit seinem Beirat von ruchlosen Menschen, die er mit sich nahm, in dieser Sache entscheiden könnte, dann würde er L. Murena verurteilen; wenn er ihn vernichten könnte, würde er ihn töten. Denn seine Pläne heischen, daß der Staat seine Stütze verliert, daß sich die Zahl der Feldherren verringert, die seinem wahnsinnigen Beginnen die Stirne bieten könnten, daß die Volkstribunen größere Macht erhalten, indem der Gegner des Aufruhrs und der Zwietracht, die es zu erregen gilt, vertrieben wird. Da können sich die höchst ehrenhaften und einsichtsvollen Männer, die Erwählten der oberen Stände, ebenso entscheiden, wie jener rücksichtslose Bandit, der Feind des Staates, urteilen würde?

Glaubt mir, ihr Richter, in diesem Prozeß stimmt ihr nicht 84
nur über das Heil L. Murenas, sondern auch über euer eigenes ab. Wir befinden uns in äußerster Gefahr; wir haben nichts mehr, womit wir uns aufhelfen oder wo wir im Sturze Fuß fassen könnten. Wir dürfen nicht nur die Hilfsmittel, die wir haben, nicht verringern, sondern müssen uns auch, wenn irgend möglich, neue beschaffen. Der Feind steht nämlich nicht am Anio, was im punischen Kriege als das Schlimmste galt[94], sondern in der Stadt, auf dem Forum – bei den unsterblichen Göttern, man kann es nicht sagen, ohne zu seufzen: manch einer befindet sich sogar im Heiligtum unseres Staates, mancher Feind, sage ich, hält sich in der Kurie[95] selbst auf. Geben

die Götter, daß mein Kollege, der Tapfersten einer, den ruchlosen Raubzug Catilinas mit Waffengewalt unterdrückt[96]! Ich aber will als Zivilbeamter mit eurer und aller Rechtschaffenen Hilfe durch meine Maßnahmen diese Krise ersticken und vertilgen, mit der unser Staat schwanger ist, die zu gebären er sich anschickt.

85 Doch was soll eigentlich geschehen, wenn sie sich unseren Händen entwindet und auf das folgende Jahr übergreift? Es wird nur einen Konsul geben, und der ist nicht mit der Leitung des Krieges, sondern mit der Nachwahl des Kollegen beschäftigt. Schon sind, die ihn hierbei behindern wollen... die furchtbare, entsetzliche catilinarische Seuche wird ausbrechen, so viel... sie droht; sie wird plötzlich in die Gemarkung vor der Stadt eindringen; in der Stadt selbst wird der Wahnsinn herrschen, in der Kurie Schrecken, auf dem Forum die Verschwörung, auf dem Marsfelde das Heer, auf dem Lande Wüstenei; an jedem Platz und jeder Stätte werden wir uns vor Feuer und Schwert fürchten. Was sich schon lange vorbereitet, gerade dies alles, läßt sich leicht durch die Maßnahmen der Beamten und die Umsicht der Bürger unterdrükken, wenn der Staat mit seinen Stützen versehen ist.

86 Da dem so ist, ihr Richter, vernehmt mich zunächst um des Staates willen, der einem jeden mehr bedeuten muß als alles andere: so wahr ich, wie euch bekannt ist, bei der Leitung des Staates größte Umsicht bewiesen habe, warne ich euch, so wahr mir als Konsul Achtung zukommt, mahne ich euch, so wahr eine schlimme Gefahr droht, beschwöre ich euch: sorgt für Waffenruhe, für Frieden, für die Rettung, für euer und der übrigen Bürger Leben! Außerdem aber veranlaßt mich ebenso die Pflicht des Verteidigers und Freundes, euch flehentlich zu bitten, ihr Richter: begrabt nicht die frischen Glückwünsche, die L. Murena, ein unglücklicher, von Krankheit und zumal von seelischem Schmerz zermürbter Mann, empfing, unter

neuem Jammer. Soeben noch schien er, von der größten Gunst des römischen Volkes ausgezeichnet, ein glücklicher Mensch, weil er als erster in eine alte Familie, als erster in eine uralte Landstadt das Konsulat eingebracht hatte; derselbe liegt jetzt in Trauer und Unansehnlichkeit, durch Krankheit abgezehrt, von Tränen und Leid gebrochen, zu euren Füßen, ihr Richter, er beschwört euer Pflichtbewußtsein, er ruft euer Mitleid an, er starrt auf eure Befugnis und eure Macht.

Bei den unsterblichen Göttern! Beraubt ihn nicht, ihr Rich- 87
ter, zugleich mit diesem Amt, durch das er größeres Ansehen zu erlangen hoffte, auch seiner übrigen, zuvor erworbenen Ehren sowie seiner ganzen Würde und Stellung. Und L. Murena bittet und beschwört euch so, ihr Richter: so wahr er niemanden zu Unrecht verletzt, so wahr er niemandes Ohren oder Gesinnung beleidigt, so wahr er bei niemandem, um auch das Geringste auszusprechen, Haß erregt hat, weder in der Heimat noch im Felde, gewährt bei euch der Redlichkeit eine Stelle, gewährt den Bedrückten Zuflucht, gewährt dem Anstand Unterstützung. Die Entziehung des Konsulats erheischt viel Mitleid, ihr Richter; denn zugleich mit dem Konsulat geht alles verloren; das Konsulat selbst aber kann in diesen Zeitläuften keinerlei Neid erregen; es ist ja den Zusammenrottungen der Aufrührer, den Anschlägen der Verschwörer, den Geschossen Catilinas ausgeliefert, kurz, es ist allein jeder Gefahr und jeder Verunglimpfung ausgesetzt.
Weshalb man daher Murena oder jemanden von uns um dieses 88
herrliche Konsulat beneiden sollte, sehe ich nicht ein, ihr Richter; was aber Beklagenswertes damit verbunden ist, das steht mir vor Augen und könnt auch ihr erkennen und einsehen.

Falls euer Urteil – doch Jupiter möge das Vorzeichen entkräften! – diesen Mann hart treffen sollte, wohin kann sich der Unglückliche dann wenden? Nach Hause? Damit er das

Bildnis seines erlauchten Vaters, das er vor wenigen Tagen bei der Feier seines Erfolges mit Lorbeer bekränzt hat, von der Schande entstellt und in Trauer gewahre? Oder zu seiner Mutter, der Unglücklichen, die gerade noch ihren Sohn als Konsul umarmt hat und die sich jetzt quält und sorgt, sie werde ihn in wenigen Augenblicken aller Würden entkleidet wiedersehen?

89 Doch was nenne ich seine Mutter oder sein Haus, da ihn doch die neue gesetzliche Strafe des Hauses, der Mutter, des Umgangs und Anblicks aller Lieben beraubt? Der Elende wird also in die Verbannung gehen? Wohin? In den Osten, wo er viele Jahre Legat gewesen, wo er Truppen geführt und die größten Dinge vollbracht hat? Allein, es ist sehr schmerzlich, von wo du in Ehren geschieden bist, dorthin in Schanden zurückzukehren. Oder soll er sich in der entgegengesetzten Weltgegend verbergen, damit das jenseitige Gallien denselben Mann, den es kürzlich mit größter Freude als Oberbefehlshaber erblickt hat, als Trauernden, Betrübten, des Landes Verwiesenen wiedersehe? Wie wird ihm außerdem zumute sein, wenn er in dieser Provinz seinen Bruder C. Murena trifft[97]? Welcher Schmerz auf der einen, welche Betrübnis auf der anderen, welcher Jammer auf beiden Seiten! Und welche Verkehrung des Schicksals und der Sprache: wo wenige Tage zuvor Boten und Briefe verbreitet haben, Murena sei zum Konsul gewählt, und wo Bekannte und Freunde nach Rom eilten, ihm Glück zu wünschen, dort erscheint er plötzlich selbst als der Bote des eigenen Sturzes!

90 Wenn das bitter, wenn es jammervoll, wenn es beklagenswert ist, wenn es eurer Milde und eurem Mitgefühl gänzlich widerstrebt, ihr Richter, dann erhaltet die Auszeichnung des römischen Volkes, dann gebt dem Staate den Konsul zurück, gewährt diese Gunst seinem Ehrgefühl, gewährt sie dem verstorbenen Vater, gewährt sie seinem Hause und Geschlecht,

gewährt sie auch der hochangesehenen Stadt Lanuvium[98], die ihr während des ganzen Prozesses zahlreich vertreten und in tiefer Trauer hier gesehen habt. Hütet euch, dem altererbten Dienst der Iuno Sospita, zu dem alle Konsuln verpflichtet sind, gerade den Konsul zu entreißen, den die gemeinsame Herkunft mit der Göttin verbindet[99]! Wenn meine Empfehlung etwas bedeutet oder meine Beteuerung etwas auszurichten vermag, dann empfehle ich euch diesen Mann, ihr Richter, der Konsul den Konsul, folgendermaßen: ich verspreche und gelobe, daß er ein leidenschaftlicher Anhänger des Friedens, ein eifriger Freund der Rechtschaffenen, ein scharfer Gegner des Aufruhrs, ein tapferer Soldat im Kriege und der Todfeind dieser Verschwörung sein wird, die gegenwärtig unseren Staat erschüttert.

ANHANG

ANMERKUNGEN

Rede für A. Cluentius Habitus

[1] C. Iunius leitete im Jahre 74 v. Chr. als *iudex quaestionis* den Gerichtshof *de veneficiis;* unter seinem Vorsitz wurden Skamander, Fabricius und Oppianicus verurteilt. Vgl. 55. 89 ff.

[2] Die ersten Glieder dieser beiden Antithesen beziehen sich auf den zweiten, die zweiten Glieder auf den ersten Hauptteil der Rede.

[3] Stadt im nördlichen Apulien, zirka 25 km von der Adriaküste entfernt (heute Larino).

[4] L. Cornelius Sulla und Q. Pompeius Rufus, Konsuln des Jahres 88 v. Chr.

[5] Eigentlich «ohne Vogelschauer», die das jungvermählte Paar der Gunst der Götter versichert hätten; der Brauch der *auspices nuptiarum* war in ciceronischer Zeit nur noch dem Namen nach bekannt.

[6] Die Frau, die nicht der Gewalt des Vaters oder Ehegatten unterstand, hatte einen Vormund; dieser mußte alle wichtigeren Rechtsgeschäfte genehmigen. Wenn kein testamentarisch bestellter Vormund vorhanden war, fiel die Vormundschaft dem gradnächsten männlichen Verwandten im Mannesstamme zu.

[7] Anspielungen auf Hochzeitsbräuche: es war üblich, die Braut abends bei Fackelschein einzuholen und über die Schwelle der neuen Wohnung zu tragen.

[8] In Asculum, der Hauptstadt von Picenum, zirka 150 km nordöstlich von Rom (heute Ascoli Piceno), begann der Bundesgenossenkrieg (91 v. Chr.). Der Ort wurde im Jahre 89 v. Chr. vom Konsul Cn. Pompeius Strabo erobert.

[9] Ein Landstrich an der Adriaküste, der sich ungefähr von Ariminum bis Ancona erstreckte.

[10] Das heißt durch einen Bewohner des *ager Gallicus.*

[11] Vgl. 25.

[12] Q. Caecilius Metellus Pius kämpfte auf der Seite Sullas gegen die Marianer (83/82 v. Chr.).

13 Die Viermänner *(quattuorviri)* standen an der Spitze der städtischen Selbstverwaltung; sie wurden jährlich gewählt.

14 Cicero gibt nicht zu erkennen, welcher dieser beiden gleichnamigen Aurier mit A. Aurius Melinus, dem Gatten der Cluentia und der Sassia, identisch ist.

15 Außer den beiden, die sogleich genannt werden, noch den jüngeren Statius Albius Oppianicus, den Sohn der Magia.

16 Östlich von Larinum gelegene Stadt (heute Passo di Cività). 1 römische Meile = 1,480 km.

17 Das heißt am späten Nachmittag.

18 Cicero unternahm in den Jahren 79–77 v. Chr. eine Bildungsreise nach Athen und Kleinasien. Er erholte sich von den Anstrengungen seiner ersten Anwaltstätigkeit und verbesserte seine Sprechtechnik.

19 Die Einsetzung von Ersatzerben wurde wirksam, wenn der an erster Stelle Berufene – in diesem Falle das Kind, mit dem die Frau schwanger war – die Erbschaft nicht antrat. Offenbar hatte auch C. Oppianicus das erwartete Kind als Erben und den Bruder Statius Albius Oppianicus als Ersatzerben eingesetzt.

20 In diesem Falle sollte das erwartete Kind Erbe und der jüngere Oppianicus Ersatzerbe sein. Vermächtnisse belasteten den oder die Erben. Cn. Magius hatte bestimmt, daß seine Frau das Vermächtnis nur dann erhalten solle, wenn das Kind zur Welt käme und somit Erbe würde; er glaubte, er könne sie hierdurch zu vorsichtigem Verhalten während ihrer Schwangerschaft veranlassen.

21 Zehn Monate betrug die übliche Trauerzeit der Witwe; für die Schwangerschaft rechnete man dieselbe Frist. Die Gattin des Cn. Magius, die in zweiter Ehe mit Oppianicus verheiratet war, scheint mit der bereits genannten Papia (27) identisch zu sein.

22 Ein Testament mußte von sieben Zeugen besiegelt werden.

23 Im Osten der Stadt. Später hatte Maecenas dort seine Gärten.

24 Die *tresviri capitales*, eine Justizbehörde in Rom, nahmen Anzeigen entgegen und waren außerdem für Inhaftierungen, für den Strafvollzug und für polizeiliche Aufgaben zuständig.

25 Cicero meint die sogenannte mänische Säule *(columna Maenia)* am Rande des Forums; dort hatten die Dreimänner ihren Amtssitz.

26 Als Gatte der Magia. Vgl. 21.

27 Testamente wurden auf der Innenseite zusammenklappbarer Wachstafeln niedergeschrieben; man konnte die Schrift mit einem Fingerdruck auslöschen.

28 Die Steuerlisten der in den Munizipien wohnenden römischen Bür-

ger wurden an Ort und Stelle geführt und von den Zensoren durch Beauftragte überwacht. Die Ratsherren *(decuriones)* bildeten den munizipalen Gemeinderat *(ordo decurionum, senatus)*.

29 Tempelsklaven, die zum Venusheiligtum auf dem Berge Eryx gehörten. Die *Martiales* von Larinum hatten offenbar eine ähnliche Rechtsstellung wie die sizilischen *Venerii*.

30 Im Hernikerlande (Latium), einige Kilometer östlich der *via Latina* (heute Alatri). Der Ort liegt zirka 25 km westlich von Arpinum, der Heimat Ciceros.

31 Vgl. 45.

32 Cicero war damals 32 Jahre alt.

33 Das im Jahre 74 v. Chr. maßgebliche Prozeßgesetz Sullas war wohl durch die *lex Aurelia* (70 v. Chr.) abgeändert worden.

34 Am Schluß der Verhandlung wurde abgestimmt. Wenn sich keine Mehrheit für ein Schuldurteil oder einen Freispruch ergab, mußte eine weitere Verhandlung stattfinden.

35 Im allgemeinen wurden die Fälle in der zeitlichen Folge der Anklageerhebung verhandelt. Vgl. 59.

36 Das heißt des C. Fabricius und seines Freigelassenen Skamander.

37 Die *lex Aurelia* (70 v. Chr.) nahm den Senatoren das Privileg des Richteramtes, das Sulla ihnen gewährt hatte. Cicero spielt auf die Agitationen an, die diesem Gesetz vorausgegangen waren. Vgl. 77 ff. 130.

38 Die vortragende Partei durfte ohne ihre Zustimmung nicht unterbrochen werden. Cicero fordert die Gegenseite auf, an seiner Stelle das Wort zu ergreifen.

39 Vgl. 99 ff.

40 Kampanische Stadt, zwischen Capua und Neapel gelegen (heute Sant'Arpino). Die Einzelheiten des hier erwähnten Falles sind schwer verständlich.

41 Unübersetzbarer Scherz mit dem Namen Bulbus, der «Zwiebel» bedeutet. Man pflegte Zwiebeln am Ende, nicht am Anfang der Mahlzeit zu reichen. Staienus machte also seine Sache verkehrt, indem er mit dem Richter «Zwiebel» anfing.

42 Weitere Wortspiele: condĭtor (mit kurzem i) bedeutet «Urheber»; condītor (mit langem i) bezeichnet jemanden, der Speisen würzt. Der Name Gutta bedeutet «Tropfen».

43 Staienus, ein Mann von dunkler Herkunft, hatte sich in das Geschlecht der Älier eingeschlichen und den dort gebräuchlichen Beinamen Paetus angenommen. Den Zweig der Älier, der sich Ligur

nannte, habe er, meint Cicero, mit Bedacht gemieden: man hätte ihn sonst für einen Ligurer gehalten, und der Stamm der Ligurer galt für betrügerisch.

44 Diesen Ausruf pflegte sonst der Gerichtsdiener zu tun. Cannutius verzichtete offenbar auf eine Replik, die ihm noch zustand, und so war die Verhandlung in der Tat beendet.

45 Er war Anwalt in einem Privatprozeß und nahm einen Termin wahr.

46 Vgl. 55.

47 Auf dem Marsfeld fanden die für Wahlen und Gesetzesbeschlüsse zuständigen Volksversammlungen statt. Die Wahlbestechung war ein Krebsschaden der späten Republik.

48 Jeder Richter konnte sich für ein Schuldurteil *(condemno)*, einen Freispruch *(absolvo)* oder ein *non liquet* entscheiden.

49 Da weitere neun Richter auf *non liquet* erkannten (107), wurde Oppianicus mit der knappen Mehrheit von 18 : 14 Stimmen verurteilt; nach der Rede für Caecina, 28, hätte das Verhältnis nur 17 : 15 Stimmen betragen.

50 Vgl. 61.

51 Vgl. 99 ff.

52 Da Iunius lediglich zu einer Geldstrafe verurteilt wurde (89 ff.), kann diese Wendung nur besagen, daß seine politische Karriere zerstört war; für den Verlust des Bürgerrechts hätte es eines Kapitalurteils bedurft.

53 Das heißt die Zuhörer.

54 Die wissentlich grundlose Anklage *(calumnia)* wurde mit dem Verlust der bürgerlichen Ehrenrechte *(infamia)* geahndet.

55 Die Sache verlangte eine Einlassungsfrist für den Angeklagten; das Gesetz verbot, den *iudex quaestionis* während seiner Amtszeit vor Gericht zu ziehen.

56 Nach der *lex Cornelia de sicariis et veneficis*, die auch die Bestimmungen über Richterbestechung enthielt. Im Jahre 74 v. Chr. hat offenbar nur eine *quaestio* für Mordsachen bestanden. Iunius hätte sich also vor dem von ihm selbst geleiteten Gerichtshof verantworten müssen, wenn man ihn während seiner Amtszeit wegen Bestechung angeklagt hätte.

57 Bis zur Amtsniederlegung, die bei den Volkstribunen auf den 10. Dezember fiel. Vgl. 108.

58 «Ein unsträflicher und gewissenhafter Mann»: ironisch. Iunius hatte durch Nachwahl Ersatzrichter bestellt; Verres, der für die Führung der Geschworenenliste zuständig war, überwachte den Vorgang. Als

die Kampagne gegen den von Iunius geleiteten Gerichtshof einsetzte, fälschte Verres die Liste, weil er fürchtete, daß man ihn als Mitschuldigen zur Verantwortung ziehen werde. Vgl. die zweite Rede gegen Verres 1,157f.

59 Die Zuschauer ließen sich auf den Stufen des Gerichtstribunals nieder, das ein Aurelius (wohl M. Aurelius Cotta, Konsul des Jahres 74 v. Chr.) auf dem Forum erbaut hatte.

60 C. Orchivius leitete als Prätor den Gerichtshof für Unterschlagungen; vgl. 147. Der Ankläger behauptete, Faustus Sulla, der Sohn und Erbe des Diktators, besitze öffentliche Mittel, über die der Vater nicht Rechenschaft abgelegt habe.

61 P. Popilius Laenas (Konsul 132 v. Chr.) hatte die Untersuchung gegen die Anhänger des Tiberius Gracchus geleitet; er ging im Jahre 123 v. Chr., von dem Tribunen Gaius Gracchus genötigt, in die Verbannung; er wurde zwei Jahre später zurückgerufen. Q. Caecilius Metellus Numidicus (Konsul 109 v. Chr.) weigerte sich als einziges Senatsmitglied, ein von dem Tribunen Appuleius Saturninus eingebrachtes Ackergesetz zu beschwören (100 v. Chr.); er ging ebenfalls in die Verbannung und wurde im Jahre darauf zurückgerufen.

62 Statthalter von Illyrien (78–76 v. Chr.).

63 Das damals gültige Gesetz gegen Amtserschleichung *(ambitus)* sah also vor, daß ein nach diesem Gesetz Verurteilter, der einen anderen desselben Vergehens überführte, wieder in den vorigen Stand eingesetzt wurde.

64 Konsul des Jahres 77 v. Chr.

65 Vgl. 68.

66 Iuturna-Tempel: auf dem Marsfelde. Welchen Königen die Inschrift des Staienus gegolten hat, ist nicht bekannt.

67 Über diese Angelegenheit berichtet auch die Rede für Caecina 28f.; Cicero folgt dort der allgemein verbreiteten Auffassung, von der er sich in dieser Rede, 138ff., distanziert.

68 Die Geschworenen waren in Gruppen *(decuriae)* eingeteilt. Offenbar durften die Mitglieder einer Gruppe jeweils nur in bestimmten Gerichtshöfen ihr Amt ausüben.

69 Vgl. 55.

70 Staienus wurde wegen Staatsverbrechens, also nach der *lex maiestatis*, verurteilt.

71 Eine Anklage wegen Richterbestechung, die sich auf das sullanische Mordgesetz gründete, war also weniger üblich.

72 Vgl. 76.

73 In dem einige Jahre später (72/71 v. Chr.) von Cicero geführten Prozeß des M. Tullius vertrat Quinctius die Gegenseite.

74 Die sullanische Verfassung hatte die Befugnisse der Tribunen erheblich eingeschränkt.

75 Die Tribunen waren nicht berechtigt, die mit Purpur besetzte Toga der höheren Beamten zu tragen. Ciceros Bemerkung bezieht sich also auf die weitere Laufbahn des Quinctius, die bis zur Prätur geführt hatte (68 v. Chr.).

76 Nach dem Erpressungsgesetz. Vgl. 104.

77 Im Verfahren wegen Erpressungen folgte auf den Schuldspruch eine weitere Verhandlung, in der die erpreßten Beträge ermittelt wurden *(litis aestimatio)*. Hierbei pflegte man es, wie Cicero behauptet, mit den einzelnen Punkten der Anklage nicht mehr sehr genau zu nehmen. So sei Scaevola wegen anderer Vergehen schuldig gesprochen worden; als man ihn der *litis aestimatio* unterwarf, habe man ohne Beweis den Geldbetrag einbezogen, den er für seine Stimme im Oppianicus-Prozeß erhalten haben sollte. Vgl. die erste Rede gegen Verres 38.

78 Cn. Cornelius Lentulus Clodianus u. L. Gellius Publicola (70 v. Chr.).

79 Die Zensoren vermerkten ihre Rügen in den Bürgerlisten; hierbei pflegten sie auch die Gründe ihrer Entscheidung festzuhalten.

80 L. Caecilius Metellus und Cn. Domitius Ahenobarbus hatten im Jahre 115, C. Licinius Geta im Jahre 108 v. Chr. die Zensur inne.

81 Im Gegensatz zur zensorischen Rüge war die rechtliche Bescholtenheit *(infamia)* von lebenslänglicher Dauer.

82 Also nicht nur bei privatdeliktischen, sondern auch bei vermögensrechtlichen Klagen. Im Privatprozeß durften sich die Parteien auf einen bestimmten Richter einigen; wurde er ausgelost, so waren sie innerhalb gewisser Grenzen befugt, ihnen nicht genehme Personen abzulehnen.

83 Diese beiden Maßnahmen richteten sich gegen gewöhnliche Bürger. Was es mit der Versetzung unter die *aerarii* auf sich hatte, ist unbekannt; wahrscheinlich mußten die Ärarier höhere Steuern entrichten. Die Stimmbezirke *(tribus)* unterschieden sich nach Größe und Rang; wer einer ‹besseren› Tribus angehörte, konnte in eine schlechtere eingereiht werden.

84 Cicero meint die berüchtigten Proskriptionen des Diktators Sulla.

85 Vgl. 117. Die Amtszeit der Prätoren und Ädilen, vor denen Cicero sprach, ist unbekannt; sie fiel in die Jahre zwischen 70 (Zensur des Lentulus und Gellius) und 66 v. Chr. (Prozeß des Cluentius).

86 Wenn sich ganze Einheiten gegen die Kriegszucht vergangen hatten, so wurde die Todesstrafe nur an einem Teil der Delinquenten, gewöhnlich an jedem zehnten, vollzogen *(decimatio)*.

87 Mit den übel beleumdeten Gerichtshöfen sind die rein senatorischen Gerichte der sullanischen Verfassung gemeint. Im Jahre 75 v. Chr. wurde A. Terentius Varro wegen Erpressungen angeklagt; sein Verteidiger, der Redner Hortensius, bestach einen Teil der Richter und ließ gekennzeichnete Stimmtäfelchen an sie verteilen, um hernach prüfen zu können, ob sie vereinbarungsgemäß gestimmt hatten.

88 Durch die *lex Aurelia* vom Jahre 70 v. Chr. Vgl. 61.

89 Zum Beispiel das Recht, einen goldenen Ring und eine Tunika mit breitem Purpurstreifen zu tragen.

90 Des jüngeren Scipio Africanus, der im Jahre 142 v. Chr. die Zensur innehatte.

91 Scipio bestätigte also seine Zugehörigkeit zum Ritterstande.

92 Das heißt wenn er Gelegenheit gehabt hätte, sich zu rechtfertigen.

93 L. Licinius Lucullus: Konsul des Jahres 74; M. Terentius Varro Lucullus und C. Cassius Longinus: Konsuln des Jahres 73 v. Chr. Der Senat konnte den Konsuln keine bindenden Weisungen erteilen.

94 In dem Prozeß gegen C. Verres.

95 M. Antonius (Konsul 99) und L. Licinius Crassus (Konsul 95 v. Chr.) waren die berühmtesten Redner ihrer Zeit.

96 Die Kolonie Narbo Martius (Hauptstadt der Provinz Gallia Narbonensis, heute Narbonne) wurde im Jahre 118 v. Chr. trotz der ablehnenden Haltung des Senats gegründet. Gaius Gracchus hatte die Geschworenengerichte den Rittern übertragen (123/122 v. Chr.); Q. Servilius Caepio brachte als Konsul (106 v. Chr.) ein Gesetz ein, das sie zu gleichen Teilen den Senatoren und Rittern zuerkannte. Das Gesetz galt nur kurze Zeit; die «damaligen Richter» waren wieder sämtlich römische Ritter.

97 M. Iunius Brutus (zweite Hälfte des 2. Jh. v. Chr.) gehörte zu den bedeutendsten Juristen seiner Zeit. Sein Werk über das Privatrecht hatte die Form eines Dialoges.

98 Volskische Stadt östlich der *via Appia* (heute Piperno vecchio).

99 Albanum hießen die Villen auf dem Gebiet der ehemaligen Stadt Alba longa (zwischen Albanersee, Aricia und Bovillae).

100 Das heißt mit Hilfe der *lex Cornelia de sicariis et veneficis;* hiernach konnten nur Mitglieder des Senatorenstandes wegen Richterbestechung belangt werden.

101 Das heißt der Senatorenstand, dem Cicero seit seiner Quästur (75 v. Chr.) angehörte.

102 Auch das Erpressungsgesetz richtete sich nur gegen Mitglieder des Senatorenstandes.

103 Diese 24 Kriegstribunen gingen aus jährlichen Volkswahlen hervor, während die übrigen ernannt wurden.

104 «War oder sein wird»: das Gesetz schreibt ausdrücklich vor, daß es sich nicht nur auf die Abfassungszeit, sondern auch auf die Zukunft bezieht.

105 Dieses Gesetz ging offenbar der bekannten *lex iudiciaria* voraus, die das Richteramt auf die Ritter übertrug. Das sullanische Mordgesetz griff darauf zurück.

106 M. Livius Drusus (Volkstribun 91 v. Chr.) verfolgte eine senatsfreundliche Reformpolitik. Er wollte 300 angesehene Ritter in den Senat aufnehmen; das Richteramt sollte den Mitgliedern dieses erweiterten Senats zustehen, die Bestechung bei allen Richtern als strafbare Handlung gelten.

107 Vgl. 151.

108 Die Samniten hatten während des Bürgerkrieges auf seiten der Marianer gestanden; Sulla schlug sie in der Schlacht am collinischen Tor (82 v. Chr.).

109 Nach dem Kriege: Cicero meint wohl den Bundesgenossenkrieg (91–88 v. Chr.). Das Beutegut wurde versteigert; gewerbliche Aufkäufer *(sectores)* erwarben die ausgebotenen Werte in Bausch und Bogen und veräußerten sie weiter.

110 Wer wider besseres Wissen prozessiert hatte, konnte nach Abweisung seiner Klage zu einer Buße verurteilt werden, die sich im allgemeinen auf ein Zehntel des Streitwertes belief.

111 Der Prätor verlieh auf Antrag des Berechtigten den Erbschaftsbesitz *(possessio bonorum)*. N. Cluentius, der Sohn des Angeklagten und der Vibia, war offenbar der gradnächste Blutsverwandte des Erblassers.

112 Aus Wein und Honig; das *mulsum* war ein beliebtes Getränk für festliche Gelegenheiten.

113 Eigenartigerweise hatte der anwesende Zeuge seine Aussage bereits schriftlich zu den Akten gegeben.

114 Der zunächst Skamander und Fabricius und dann erst Oppianicus, den angeblichen Urheber des Verbrechens, angeklagt hatte. Cicero wendet sich hier an den jungen Oppianicus.

115 Bei Sinuessa (heute Mondragone) in Kampanien, zwischen dem Mons Massicus und dem Unterlauf des Volturnus.

116 Vgl. 47.

117 Q. Hortensius Hortalus und Q. Caecilius Metellus Creticus, Konsuln des Jahres 69 v. Chr.

118 Die Höhe des Geldbetrages ist nicht überliefert.

119 Nämlich den Pächter; vgl. 182. Cicero meint, daß seine Nichtswürdigkeit das Protokoll eher entwerte als bestätige.

120 Aquinum (heute Aquino) und Fabrateria nova (am Zusammenfluß von Sacco und Liri) lagen an der *via Latina*, nicht weit von Ciceros Heimatstadt Arpinum entfernt.

121 Das heißt von der adriatischen Küste, in deren Nähe Larinum lag.

122 Frentaner: Stamm der Samniten, der die Gegend um Larinum bewohnte. Marruciner: die nördlichen Nachbarn der Frentaner, am Unterlauf des Aternus (heute Pescara). Teanum in Apulien: vgl. 27. Luceria: apulische Stadt südöstlich von Larinum (heute Lucera). Bovianum: samnische Stadt am Oberlauf des Tifernus (heute Bojano).

123 Zur Zeit Ciceros pflegten sich mehrere Anwälte in das Plädoyer für den Angeklagten zu teilen.

Die Reden über das Siedlergesetz

1 Vgl. 2,86.

2 Vgl. 2,51–54. 2,99.

3 Das umstrittene Testament stammte angeblich von König Ptolemaios XI. Alexander II. (gest. 80 v. Chr.). Im Jahre 65 v. Chr. unternahmen der Zensor Crassus und der Ädil Caesar den vergeblichen Versuch, Ägypten zur römischen Provinz erklären zu lassen; sie gedachten sich hierdurch eine stärkere Stellung gegenüber Pompeius zu verschaffen.

4 In Kampanien; er wurde an Viehzüchter verpachtet. Da er sehr einträglich war, stellt Cicero ihn den «aufgegebenen Besitzungen», das heißt unfruchtbarem Staatsland, das keinen Abnehmer fand, gegenüber.

5 Der Begriff «Weideland» *(pascua)* bezeichnete in der Sprache der Zensoren jede Art von steuerpflichtigem Staatsland.

6 Attaleia: in Pamphylien; Olympos: in Lykien. Die beiden Städte wurden von P. Servilius Vatia Isauricus (Konsul 79 v. Chr.) erobert, während er von Kilikien aus die Seeräuber bekämpfte (78–74 v. Chr.).

7 T. Quinctius Flamininus: der Sieger über Philipp V. von Makedonien (Schlacht bei Kynoskephalai, 197 v. Chr.). L. Aemilius

Paullus: der Sieger über Perseus von Makedonien (Schlacht bei Pydna, 168 v. Chr.).

8 Des Zerstörers von Korinth (146 v. Chr.).

9 Neukarthago (Carthago nova, heute Cartagena), eine Gründung des Karthagers Hasdrubal Barkas, wurde im Jahre 209 v. Chr. vom älteren Scipio (P. Cornelius Scipio Africanus maior) erobert. Mit den beiden Scipionen scheint Cicero dessen Vater P. Cornelius Scipio (Konsul 218) und dessen Onkel Cn. Cornelius Scipio Calvus (Konsul 222 v. Chr.) zu meinen, die bis zum Jahre 211 v. Chr. erfolgreich gegen die Karthager gekämpft hatten. P. Africanus: der jüngere Scipio, der Zerstörer Karthagos (146 v. Chr.).

10 Paphlagonien, Pontos und Kappadokien gehörten damals noch zum Befehlsbereich des Pompeius. Bei öffentlichen Versteigerungen pflegte als Hoheitszeichen ein Spieß *(hasta)* aufgesteckt zu werden.

11 Den Adjutanten der Statthalter *(legati)* standen Aufwandsentschädigung, freie Beförderung und anderes zu; die hier von Cicero erwähnte sogenannte *legatio libera* ist eine Unsitte der späten Republik: einflußreiche Senatoren ließen sich, wenn sie eine Privatreise antraten, vom Senat die Stellung eines Legaten verleihen, um dessen Vorrechte beanspruchen zu können. Vgl. 2,45.

12 Nach einer Bestimmung des Rullischen Gesetzes durften die Zehnmänner sämtliche außeritalischen Besitzungen veräußern, die der römische Staat seit dem Konsulat des L. Cornelius Sulla und des Q. Pompeius Rufus (88 v. Chr.) erworben hatte. Vgl. 2,38.

13 Recentorische Mark: Lage unbekannt. Vgl. 2,57. Hiempsal: König von Numidien (106–60 v. Chr.). Vgl. 2,58.

14 Kriegserträgnisse: die *manubiae* waren ein Teil der Beute, den der Feldherr für gemeinnützige Zwecke zu verwenden pflegte. Ehrengold: die Provinzen brachten dem triumphierenden Feldherrn ein Goldgeschenk *(aurum coronarium)* dar.

15 Faustus Cornelius Sulla, dem Sohne des Diktators. Vgl. die Rede für Cluentius, 94.

16 Die *lex de civitate* des Volkstribunen C. Papius (65 v. Chr.).

17 Valgius. Vgl. 2,69. 3,3. 3,8. 3,13f.

18 Das heißt den Besitz, den ihnen die sullanischen Proskriptionen verschafft hatten.

19 Hügelrücken vor Rom, am rechten Tiberufer (heute Gianicolo).

20 Das Kapitol mit dem gleichnamigen Jupiter-Tempel, in dem sich der Senat alljährlich am 1. Januar, wenn die neuen Konsuln ihr Amt antraten, zu einer feierlichen Sitzung versammelte.

[21] Anspielung auf bekannte Ereignisse des 2. punischen Krieges. Capua trat nach der Schlacht bei Cannae (216 v. Chr.) auf die Seite Hannibals. Die Römer eroberten die Stadt und nahmen ihr die Autonomie; ihr Gebiet, der *ager Campanus*, wurde zu römischem Staatsland erklärt (211 v. Chr.).

[22] Das heißt die Volksversammlung.

[23] Anspielung auf das Winterquartier 216/215 v. Chr.

[24] Ebenfalls in Kampanien, südlich von Cales.

[25] Catilina hatte bei seiner Bewerbung um das Konsulat des Jahres 63 v. Chr. einen großen Schuldenerlaß versprochen. Vgl. 2,8.

[26] Abermaliger Hinweis auf die geplante Kolonie in Capua.

[27] Der Senat hatte für die Konsuln des Jahres 63 v. Chr. Makedonien und Gallia citerior als Provinzen ausersehen. Cicero erhielt das reichere Makedonien; er tauschte sofort mit seinem schwer verschuldeten Kollegen C. Antonius, wodurch er ihn nötigte, seine Beziehungen zu Catilina zu lockern. Hier erklärt Cicero, daß er nicht einmal nach Gallien gehen werde.

[28] Nur Adlige, die ein kurulisches Amt erreicht hatten, sowie deren Nachkommen durften Ahnenbilder in der Vorhalle des Hauses aufstellen *(ius imaginum)*.

[29] Als «Neuling» *(homo novus)* bezeichnete man jemanden, der als erster seines Geschlechts in den Senat eintrat, und im engeren Sinne den, der als gebürtiger Ritter das höchste Amt erreichte. Dieser Fall war vor Cicero im Jahre 94 v. Chr. zum letzten Male eingetreten (C. Coelius Caldus).

[30] Das Mindestalter für das Konsulat war auf 43 Jahre festgesetzt.

[31] Die Herolde verkündeten die Ergebnisse der einzelnen Stimmabteilungen.

[32] Zur Rednerbühne *(rostra)* auf dem Forum.

[33] Vgl. 1,23.

[34] Vgl. 1,23.

[35] Der Volkstribun L. Caecilius Rufus hatte ein Gesetz vorgeschlagen, das mit rückwirkender Kraft die Strafe für Amtserschleichung *(ambitus)* ermäßigen sollte.

[36] Die Tribunen übernahmen ihr Amt bereits am 10. Dezember.

[37] Die Priesterkollegien *(pontifices, augures, decemviri)* ergänzten sich ursprünglich selbst *(cooptatio)*. Seit dem 3. Jahrhundert v. Chr. wurde der Oberpriester *(pontifex maximus)* durch die auf 17 Stimmbezirke beschränkte Volksversammlung gewählt. Ein Gesetz des Volkstribunen Cn. Domitius Ahenobarbus erstreckte dieses Ver-

fahren auf die Gesamtheit der genannten Kollegien (104 v. Chr.). Sulla hob die *lex Domitia* auf; ein Gesetz des Volkstribunen T. Labienus unterwarf die Besetzung der Priesterämter abermals der Volkswahl (63 v. Chr.).

38 Antragsteller und Datum dieser Gesetze sind ungewiß.

39 Tribunizische Gesetze pflegten von allen oder von den meisten Tribunen gemeinsam vorgeschlagen zu werden; der an erster Stelle genannte galt als der eigentliche Antragsteller und gab dem Gesetz den Namen. *Index* und *praescriptio* bedeuten dasselbe.

40 Die persönliche Meldung der Kandidaten wurde offenbar erst nach dem Jahre 63 v. Chr. allgemein vorgeschrieben.

41 Die eigentlichen Wahlen waren Sache der nach Zenturien oder Tribus abstimmenden Bürgerschaft. Die höheren Beamten bedurften zur Ausübung ihrer Amtsgewalt einer Bestätigung; sie wurde von der nach Kurien abstimmenden Bürgerschaft erteilt und hieß *lex curiata de imperio*. In historischer Zeit war das Kuriengesetz nur noch ein formaler Akt; die 30 Kurien stimmten nicht mehr selbst ab, sondern ließen sich durch ebenso viele Liktoren vertreten; außerdem pflegten drei Auguren mitzuwirken. Cicero meint, die Kurienwahl habe ursprünglich dem Volk Gelegenheit geben sollen, das Ergebnis der ersten Wahl ernstlich zu prüfen. Diese rationalistische Erklärung ist sicherlich unrichtig. Die *lex curiata* entstammt wahrscheinlich der Königszeit, die eigentliche Wahlen noch nicht kannte; das Volk verpflichtete sich in diesem Akt zum Gehorsam gegenüber dem neuen Herrscher. Der Brauch hätte demnach seit Beginn der Republik keinen ernstlichen Zweck mehr erfüllt; er wurde lediglich aus religiösen Gründen beibehalten. Rullus war pedantisch genug, ihn auch für den außerordentlichen Zehnerausschuß seines Gesetzes vorzuschreiben, obwohl man ihn in spätrepublikanischer Zeit, wenn überhaupt, so nur noch bei der militärischen Befehlsgewalt der Konsuln für unerläßlich ansah.

42 Die Namen erfolgreicher Bewerber wurden in der Reihenfolge bekanntgegeben, in der sich eine Mehrheit für sie gefunden hatte.

43 Daß die Wahl der Zensoren durch ein Zenturiengesetz bestätigt werden mußte, ist nur an dieser Stelle überliefert. Da die Bürgerschaft auch bei der Wahl der Zensoren nach Zenturien abstimmte, hätte es, solange der Brauch bestand, für jedes Zensorenpaar zweier Zenturienversammlungen bedurft.

44 Bei der Gründung von Kolonien wurden *auspicia* eingeholt, das heißt man befragte durch Beobachtung der Vögel den göttlichen

Willen. Als Zeichen diente meist das Fressen von Hühnern, die eigens in Käfigen bereitgehalten wurden.

45 Das Siedlergesetz des Tiberius Gracchus, dessen Durchführung einem Dreierausschuß anvertraut war.

46 Mit Ausrufern: für den Verkauf der staatlichen Ländereien. Mit Baumeistern: für die Anlage der Kolonien.

47 Das heißt ohne daß die Tribunen ihr Einspracherecht *(ius auxilii)* ausüben durften, das ihnen sonst bei gerichtlichen Entscheidungen zustand.

48 M. Tullius Decula und Cn. Cornelius Dolabella waren im Jahre 81 v. Chr. Konsuln.

49 Im Jahre 70 v. Chr. Sulla hatte die Befugnisse der Tribunen erheblich eingeschränkt.

50 Gaurusberg: in Kampanien, an der Bucht von Puteoli (heute Monte Barbaro). Minturnae: Stadt an der Mündung des Liris (heute Minturno); die Weiden wurden für Schilde und Körbe verwendet. Herkulanische Straße: entweder eine Straße, die von Baiae nach Puteoli führte, oder die Verbindung von Herculaneum am Vesuv.

51 Der Jahre 81 bis 63 v. Chr.

52 Das heißt seit dem Jahre 88 v. Chr. Vgl. 1,10.

53 Mithridates hatte in seinem ersten Krieg gegen die Römer (89–85 v. Chr.) fast ganz Kleinasien besetzt. Cicero nennt hier die bedeutendsten Städte der Provinz Asia.

54 Nikomedes IV., der letzte Herrscher von Bithynien (92–74 v. Chr.), hatte sein Reich testamentarisch den Römern vermacht.

55 Mytilene auf Lesbos hatte sich im Jahre 88 v. Chr. dem Mithridates angeschlossen; die Stadt wurde im Jahre 80 v. Chr. von den Römern erobert.

56 Vgl. 1,1.

57 L. Marcius Philippus, Konsul 91 v. Chr.

58 Gemeint ist Ptolemaios XII. Auletes, der seit dem Jahre 80 v. Chr. regierte; er galt als unebenbürtiger Sohn des Ptolemaios Lathyros. Er wurde erst im Jahre 59 v. Chr. von den Römern anerkannt.

59 Für Erbschaftssachen war der mit 105 Geschworenen besetzte Gerichtshof der *centumviri* zuständig.

60 L. Aurelius Cotta und L. Manlius Torquatus waren im Jahre 65 v. Chr. Konsuln. Vgl. 1,1.

61 Vgl. 1,8.

62 Durch die Gesetze des Gabinius und Manilius, die Pompeius mit

dem Krieg gegen die Seeräuber und gegen Mithridates beauftragt hatten (67/66 v. Chr.).

63 Hinweis auf den Beifall, den Cicero mit seiner Rede über den Oberbefehl des Cn. Pompeius gefunden hatte.

64 Vgl. 1,5. Phaselis, Aperai: Städte in Lykien. Oroanda: Stadt in Pisidien. Gedusanische Mark: unbekannt.

65 Ehemalige Besitzungen der Attaliden, der Herrscher des Reiches von Pergamon, auf der thrakischen Chersones; sie waren durch das Testament des letzten Königs, Attalos III., an die Römer gelangt (133 v. Chr.).

66 Vgl. 1,5.

67 Vgl. 1,5. Ptolemaios Apion, Herrscher von Kyrene (gest. 96 v. Chr.), hatte sein Reich durch Testament den Römern vermacht.

68 Vgl. 1,6. Mithridates war, von Pompeius besiegt, in sein bosporanisches Reich auf der taurischen Chersones (Krim) entflohen; dort wurde er im Jahre 63 v. Chr. ermordet. Mäotis: das Asowsche Meer. Die hohen Berge: der Kaukasus.

69 Den Beinamen, den Sulla dem Pompeius verliehen hatte.

70 Hauptstadt von Pontos.

71 Vgl. 1,6.

72 Der geächteten Marianer.

73 Vgl. 1,10. Cicero spielt auf seine Quästur in Sizilien (75 v. Chr.) und seinen Prozeß gegen Verres (70 v. Chr.) an.

74 Vgl. 1,10. P. Africanus: der jüngere Scipio. C. Aurelius Cotta: Konsul 75 v. Chr.

75 Vgl. 1,12. Wegen Erpressungen *(pecuniae repetundae)* wurden vornehmlich Beamte angeklagt, die sich in ihrer Provinz auf ungerechtfertigte Weise bereichert hatten.

76 Ironie? Wahrscheinlich ist der Text korrupt.

77 C. Fabricius Luscinus, Feldherr im Kriege gegen Pyrrhos (Konsul 282 und 278). A. Atilius Calatinus, Feldherr im 1. punischen Kriege (Konsul 258 und 254, Diktator 249/248). L. Manlius Acidinus Fulvianus (Konsul 179). M. Porcius Cato, der berühmte Zensor (Konsul 195). L. Furius Philus (Konsul 136). C. Laelius, der Freund des jüngeren Scipio (Konsul 140 v. Chr.).

78 Alba, Setia, Privernum: in Latium. Fundi: bei Terracina. Vescia: am Unterlauf des Liris. Falernische Mark: am Mons Massicus in Kampanien. Literum, Cumae, Nuceria: in Kampanien. Alle diese Gebiete erreichte man über die *via Appia*, die von Rom nach Südosten führte. Capena, Falerii: im südlichen Etrurien. Reate: im

Sabinerland. Venafrum, Allifae: in Samnium. Trebula (Mutusca): im Sabinerland. Diese Orte konnte man über die *via Flaminia*, die *via Salaria* oder die *via Latina* erreichen (von der *porta Carmentalis* oder der *porta Collina* aus; die *via Latina* zweigte von der *via Appia* ab).

79 Gebirge im Bruttierlande.

80 Sprichwörtliche Wendung. Vgl. die zweite Rede gegen Verres, 1,53.

81 Vgl. 1,14. 3,3. 3,8. 3,13f.

82 Sipontum (heute S. Maria di Siponto bei Manfredonia) und Salpia (heute Lago di Salpi): apulische Küstenstädte.

83 Vgl. 1,16.

84 Rullus sah in der kampanischen Mark Bauernstellen zu je zehn Morgen vor und verbot, sie zu veräußern. Wie die Erfahrung lehre, meint Cicero, sei nach einiger Zeit das Siedlungsland trotz derartiger Verbote wieder in den Händen weniger Großgrundbesitzer; er beruft sich auf den Erfolg der Versorgung, die Sulla seinen Veteranen hatte zuteil werden lassen. Praeneste (in Latium, heute Palestrina) hatte besonders hartnäckig auf marianischer Seite gekämpft; Sulla gründete dort eine Kolonie.

85 Cumae und Puteoli (Kampanien): bevorzugte Orte für Luxusvillen.

86 Die Bezirke *(tribus)* hatten eine feste Reihenfolge. Die vier städtischen gingen den 31 ländlichen voraus; unter den ländlichen stand die *tribus Romulia* an erster Stelle. Wenn Rullus erklärte, er wolle zunächst die Bürger des romulischen Bezirks berücksichtigen, so gab er zu erkennen, daß er gerade die Angehörigen der großen städtischen Bezirke zu übergehen gedachte. Cicero fordert, Rullus solle einen genauen Plan vorlegen, der sämtliche Bezirke vom ersten städtischen, der *tribus Suburana*, bis zum letzten ländlichen, der *tribus Arniensis*, aufführe.

87 Im Bundesgenossenkriege (91–88 v. Chr.).

88 P. Cornelius Lentulus, nachgewählter Konsul des Jahres 162 v. Chr.

89 Cicero meint vor allem den 1. mithridatischen Krieg (89–85 v. Chr.). In den Zeiten des Sertorius: 80–72 v. Chr. M'. Aquilius, Konsul 101 v. Chr., beendete den 2. sizilischen Sklavenkrieg (104–100 v. Chr.).

90 Vgl. 1,21.

91 Die hier genannten Städte lagen sämtlich in Kampanien.

92 Vgl. 1,24.

93 Sizilien und Sardinien.

94 Korinth wurde im gleichen Jahre zerstört wie Karthago (146 v. Chr.).

95 Vgl. 1,18f.

96 M. Iunius Brutus (Volkstribun 83 v. Chr.) hatte kurz vor Ausbruch des marianisch-sullanischen Bürgerkrieges versucht, in Capua eine Kolonie zu gründen. Vgl. 1, 92.

97 Q. Fulvius Flaccus und Q. Fabius Maximus Verrucosus waren im Jahre 209 v. Chr. Konsuln. Capua fiel in Wahrheit bereits im Jahre 211 v. Chr.

98 Krieg gegen Philipp V. von Makedonien: 200–197 v. Chr. Gegen Antiochos III. von Syrien: 192–188 v. Chr. Gegen Perseus von Makedonien: 171–168 v. Chr. Gegen Pseudophilippos (Andriskos), der sich als Sohn des Perseus von Makedonien ausgab: 150–148 v. Chr. Gegen Aristonikos von Pergamon: 133–129 v. Chr. Gegen Mithridates VI. von Pontos: 89–85, 83–81 und ab 74 v. Chr. 3. punischer Krieg: 149–146 v. Chr. Korinthischer Krieg: 146 v. Chr. Numantinischer Krieg: 143–133 v. Chr. Krieg gegen das aufständische Fregellae (volskische Stadt am Liris, heute Ceprano): 125 v. Chr. Marsischer Krieg: der Bundesgenossenkrieg (91–88 v. Chr.).

99 Brutus kämpfte im Bürgerkrieg auf seiten der Marianer und wurde von Pompeius hingerichtet.

100 Also ein anspruchsvolles Opfer; man unterschied «ausgewachsene» und «saugende Opfertiere» (*hostiae maiores* und *lactentes*).

101 Wahrscheinlich ein Zitat.

102 Führende Geschlechter der großen Zeit von Capua, karthagofreundlich.

103 Albana und Seplasia: Stadtteile von Capua.

104 Diese Forderung stellte Capua vor dem Abfall zu Hannibal (216 v. Chr.).

105 Vgl. 1,20.

106 Vatikanische Mark: auf dem rechten Tiberufer, nördlich des Ianiculum. Pupinische Mark: südöstlich von Rom, galt für unfruchtbar.

107 Das heißt sie werden die bescheidenen Orte in der Umgebung Roms mit den kampanischen Städten vergleichen.

108 Die Tribunen durften auch die höchsten Beamten in Haft nehmen. Im Jahre 60 v. Chr. machte der Tribun L. Flavius gegenüber dem Konsul Q. Caecilius Metellus Celer von diesem Recht Gebrauch.

109 Vgl. 1,26.

110 Vgl. 1,14. 2,69. 3,8. 3,13f.

111 Beim Tode des Königs wurden vom Senat für je fünf Tage «Zwischenkönige» bestellt, bis ein neuer König die Herrschaft antrat.

In republikanischer Zeit führte ein *interrex* die Geschäfte, wenn die Konsuln gestorben waren oder bis zum Ende ihrer Amtszeit keine gültige Wahl der Nachfolger hatten durchführen können. Die Konsuln von 82 v. Chr., der jüngere C. Marius und Cn. Papirius Carbo, fielen dem Bürgerkrieg zum Opfer. Der *interrex* L. Valerius Flaccus brachte noch im gleichen Jahre ein Gesetz ein, das Sulla die Diktatur verlieh und seine bisherigen Handlungen, darunter die Proskriptionen, für rechtmäßig erklärte.

112 Das Gesetz des *interrex* Flaccus und Sullas Bestimmungen über die Proskriptionen.

113 Hirpinische Mark: das Gebirgsland zwischen Kampanien und Apulien. Arpinum: Volskerstadt im Liristal (heute Arpino), Ciceros Heimat.

114 Der prätorische Besitzschutz *(interdicta)* galt im allgemeinen nicht für Besitzer, die ihren Besitz gewaltsam, heimlich oder durch Leihe erlangt hatten.

115 In der Mark von Casinum, einer Volskerstadt an der *via Latina* (heute Cassino, am Fuße des Monte Cassino).

116 Vgl. 1,3.

Rede für C. Rabirius

1 Der Tribun war im Verfahren vor der Volksversammlung sowohl Ankläger als auch Verhandlungsleiter; er durfte daher für die Plädoyers der Verteidigung bestimmte Fristen anordnen.

2 Rabirius wurde demnach von C. Licinius Macer (Volkstribun 73 v. Chr.) wegen Tempelfrevels *(sacrilegium)* angeklagt; die Geschworenen sprachen ihn frei.

3 Das Archiv *(tabularium)* befand sich an dem zum Forum gewandten Abhang des Kapitols. C. Curtius war Steuerpächter.

4 Eine *lex Fabia* (Antragsteller und Datum unbekannt) bedrohte die Anmaßung des Herrenrechts über fremde Sklaven *(plagium)* mit einer Geldbuße. Es gab mehrere *leges Porciae*, die wichtige Bestimmungen des Provokationsrechts enthielten. Hier ist wohl das Gesetz des P. Porcius Laeca (Prätor 195 v. Chr.) gemeint, das den zuvor nur für Rom geltenden Provokationsschutz auf das gesamte Reichsgebiet erstreckte; wahrscheinlich entzog es auch der militärischen Befehlsgewalt die Befugnis, Soldaten, die das römische Bürgerrecht besaßen, standrechtlich zum Tode zu verurteilen. Rabirius kann sich als Offizier gegen die *lex Porcia* vergangen haben. Vgl. 12.

5 Das heißt in dem Klagantrage, der den Prozeß wegen der soeben genannten Vergehen eingeleitet hatte.

6 Eigentlich: den Perduellionsprozeß. Die Römer kannten zwei allgemeine Kategorien für das Staatsverbrechen: *perduellio* und *laesa maiestas*. Der Tatbestand des ursprünglich von Labienus eingeleiteten Verfahrens hieß *perduellio*; die Anklage in dem hernach durchgeführten Prozeß lautete wohl auf *laesa maiestas*. Cicero meint hier das Perduellionsverfahren mit allen seinen Besonderheiten.

7 Die wichtigste Form der römischen Volksversammlung, die sich in 193 Abteilungen *(centuriae)* gliederte. Die Zenturiatkomitien beschlossen Gesetze und vollzogen die meisten Wahlen; sie waren außer den Geschworenengerichten das einzige Organ, das Kapitalstrafen über römische Bürger verhängen durfte. Sie traten auf dem Marsfeld zusammen; der leitende Beamte mußte sich durch Beobachtung des Vogelflugs *(auspicia)* des göttlichen Einverständnisses versichern.

8 Porzisches Gesetz: Cicero meint an dieser Stelle das vom Zensor Cato eingebrachte Gesetz, das den römischen Bürger vor der Prügelstrafe schützte; vgl. 8. Dem Büttel *(lictor)* oblag die Geißelung; Hinrichtungen scheint damals nur noch der Henker *(carnifex)* vollzogen zu haben. Das Provokationsgesetz des Gaius Gracchus richtete sich gegen die vom Senat beanspruchte Befugnis, die leitenden Beamten durch Erklärung des Ausnahmezustandes zur Tötung römischer Bürger zu ermächtigen.

9 Diesem altertümlichen Ritual war das Verfahren nachgebildet, das Labienus zunächst eingeleitet hatte; vgl. Livius 1,26, 6–11, wo der vollständige Wortlaut der Formel zitiert wird. Baum des Unheils: eigentlich «unfruchtbarer Baum», der den unterirdischen Göttern geweihte Pfahl, an dem die Hinrichtung vollzogen wurde.

10 Der Henker galt als ehrlos und mußte außerhalb der Stadt wohnen. Mit den *censoriae leges* sind die einschlägigen polizeilichen Vorschriften gemeint, die zum Amtsbereich der Zensoren gehörten.

11 Spätrepublikanische Sammlungen von Rechtssätzen, die angeblich der Königszeit entstammten.

12 Anspielung auf die wichtigste Form der Freilassung, die *manumissio vindicta*. Sie war dem Freiheitsprozeß nachgebildet: ein Bürger erschien mit dem Sklaven vor dem Prätor und behauptete, der Sklave sei frei; hierbei berührte er ihn mit einem Stabe. Der ebenfalls anwesende Herr ließ diesen Akt schweigend geschehen; der Prätor bestätigte die Freiheit des bisherigen Sklaven.

[13] Mit dem der Henker die Leichen der Hingerichteten beseitigte.

[14] Diesem Satze geht eine kleinere Textlücke voraus. Cicero gibt hier den Wortlaut des *senatus consultum ultimum* vom Jahre 100 v. Chr. wieder.

[15] Der Tempel des Schwurgottes Semo Sancus stand auf dem Quirinal.

[16] C. Saufeius war damals Quästor. Der hier erwähnte Gracchus gab sich für einen Sohn des Tiberius Gracchus aus; er war angeblich ein Freigelassener; Cicero spielt auf seine ursprüngliche Sklavenstellung an.

[17] Die *lex iudiciaria* des Gaius Gracchus (123 v. Chr.) hatte das Richteramt in den Geschworenengerichten auf die Ritter übertragen. Im Jahre 62 v. Chr. galt die *lex Aurelia* (70 v. Chr.); hiernach setzten sich die Gerichtshöfe zu je einem Drittel aus Senatoren, Rittern und Ärartribunen zusammen.

[18] M. Aemilius Scaurus: Konsul 115. Q. Mucius Scaevola: der Augur, Konsul 117. L. Caecilius Metellus Diadematus: Konsul 117. Ser. Sulpicius Galba: Konsul 108. C. Atilius Serranus: Konsul 106. P. Rutilius Rufus: Konsul 105. C. Flavius Fimbria: Konsul 104. Q. Lutatius Catulus: Konsul 102. Cn. Domitius Ahenobarbus: Konsul 96. L. Domitius Ahenobarbus: Bruder des vorigen, Konsul 94. L. Licinius Crassus: der berühmte Redner, Konsul 95. Q. Mucius Scaevola: der Pontifex, Konsul 95. C. Claudius Pulcher: Konsul 92. M. Livius Drusus, Volkstribun 91. L. Marcius Philippus: Konsul 91. L. Cornelius Scipio Asiaticus: Konsul 83. M. Aemilius Lepidus: Konsul 78. D. Iunius Brutus: Konsul 77. P. Servilius Vatia Isauricus: Konsul 79. Q. Lutatius Catulus Capitolinus: Konsul 78. C. Scribonius Curio: Konsul 76 v. Chr.

[19] Landstrich in Mittelitalien, zwischen Apennin und Adria.

[20] C. Appuleius Decianus (Volkstribun 98 v. Chr.) klagte vor dem Volke seinen Amtsvorgänger P. Furius (Volkstribun 99 v. Chr.) an. Sex. Titius: ebenfalls Volkstribun des Jahres 99 v. Chr.

[21] Der anwesende Sohn des Q. Lutatius Catulus (Konsul 102 v. Chr.) war Q. Lutatius Catulus Capitolinus, Konsul 78 v. Chr.

[22] Der bekannte Redner, Konsul 99 v. Chr.

[23] Wahrscheinlich die Angehörigen der unmittelbar auf die Ritter folgenden Vermögensklasse.

[24] L. Valerius Flaccus war Jupiterpriester *(flamen Dialis)*.

[25] Die Kimbern (Schlacht bei Vercellae, 101 v. Chr.).

[26] Tempel des Jupiter: das Kapitol. Die Unterbrechung der Wasserleitungen zwang Saturninus zur Kapitulation. Kapitolinische Straße: der Fahrweg, der in mehreren Windungen vom Forum auf das Kapitol führte.

27 Cicero weist auf den Beifall hin, den seine Einsprache gegen das Rullische Siedlergesetz beim Senat und beim Volke gefunden hatte.

28 Die nördliche, mit einer Befestigung versehene Kuppe des kapitolinischen Hügels.

29 Zitat des Grammatikers Servius (4./5. Jh. n. Chr.), das wahrscheinlich der nicht erhaltenen Partie zwischen den §§ 31 und 32 entstammt.

Die Catilinarischen Reden

1 Der Tempel des Jupiter Stator, am Nordhang des Palatin. Vgl. 1,11.

2 Das heißt in der Nacht vom 6. auf den 7. sowie in der Nacht vom 5. auf den 6. November. In der vorletzten Nacht hatte die Versammlung im Hause des M. Porcius Laeca stattgefunden; was in der Nacht vom 6. auf den 7. November geschah, ist unbekannt. Vgl. 1,8.

3 Der Konsul P. Mucius Scaevola weigerte sich, gegen Ti. Gracchus, der sich um das zweite Tribunat bewarb, Gewalt anzuwenden. Da warf sich P. Cornelius Scipio Nasica zum Führer der Optimaten auf; Ti. Gracchus und dreihundert seiner Anhänger wurden erschlagen (133 v. Chr.).

4 Ein legendäres Ereignis der römischen Frühzeit (440 v. Chr.). C. Servilius Ahala war Adjutant *(magister equitum)* des Diktators L. Quinctius Cincinnatus.

5 «Der Konsul L. Opimius solle Sorge tragen» usw.: die Formel des *senatus consultum ultimum*. Daraufhin wurden C. Gracchus, dessen Freund M. Fulvius Flaccus (Konsul 125 v. Chr.) sowie zahlreiche Anhänger des Gracchus erschlagen (121 v. Chr.). C. Gracchus war der Sohn des Ti. Sempronius Gracchus (Konsul 177 und 163 v. Chr.) und der Enkel des älteren Scipio Africanus.

6 Im Jahre 100 v. Chr. wurden die Konsuln C. Marius und L. Valerius Flaccus durch ein *senatus consultum ultimum* ermächtigt, mit Waffengewalt gegen die Popularen L. Appuleius Saturninus und C. Servilius Glaucia vorzugehen.

7 Seit dem 21. Oktober, also genau gerechnet erst seit 18 Tagen.

8 Vgl. 2,14.

9 Stadt in Latium, zirka 30 km östlich von Rom (heute Palestrina).

10 In Rom; Lage unbekannt.

11 Die Angehörigen der Aristokratie pflegten in den ersten Morgenstunden den Besuch ihrer Freunde und Hörigen zu empfangen.

12 Cicero wies auf die Statue des Gottes. Vgl. 1,33.

13 D. Iunius Silanus und L. Licinius Murena, die gewählt wurden, ferner Ser. Sulpicius Rufus.

14 Es hieß, daß Catilina nicht nur seine erste Gattin, sondern auch einen erwachsenen Sohn ermordet habe.

15 Weil man dann die Darlehen kündigen werde, die Catilina aufgenommen hatte.

16 Cicero erinnert hier an die sogenannte 1. catilinarische Verschwörung. M'. Aemilius Lepidus und L. Volcatius Tullus waren im Jahre 66 v. Chr. Konsuln. Komitium: ein an das Forum angrenzender Platz für Volksversammlungen. Die Verschwörer beabsichtigten, am 1. Januar 65 v. Chr. die neuen Konsuln L. Aurelius Cotta und L. Manlius Torquatus sowie einige angesehene Mitglieder des Senats zu ermorden; der Anschlag wurde nicht ausgeführt. Auch ein zweites, auf den 5. Februar anberaumtes Attentat mißglückte.

17 Also nicht durch Parieren mit einer Waffe. Der Ausdruck entstammt der Fechtersprache.

18 Mord an vielen Bürgern: während der sullanischen Proskriptionen (82/81 v. Chr.). Mißhandlung und Plünderung der Bundesgenossen: während der Statthalterschaft in Afrika (67/66 v. Chr.). Gesetze und Prozesse: Catilina hatte den Gerichtshof bestochen, vor dem er wegen Erpressungen angeklagt war.

19 Mit dem freiwilligen Arrest wollte Catilina, der wegen Aufruhrs angeklagt war, seine Unschuld dartun. M'. Aemilius Lepidus: Konsul 66 v. Chr. Q. Caecilius Metellus Celer: Prätor 63, Konsul 60 v. Chr. M. Metellus: unbekannt; er wird von Cicero mit beißender Ironie bedacht, da er Catilina nicht gehindert hatte, an der Zusammenkunft im Hause des Laeca teilzunehmen.

20 P. Sestius: damals Quästor. Er betrieb als Volkstribun die Rückberufung Ciceros aus der Verbannung (57 v. Chr.); Cicero verteidigte ihn in einem Strafprozeß (Rede für Sestius, 56 v. Chr.). M. Claudius Marcellus: Konsul 51 v. Chr. Für ihn hielt Cicero die Dankrede an Caesar (46 v. Chr.).

21 Marktflecken in Etrurien, an der *via Aurelia*, zirka 100 km nordwestlich von Rom (heute Montalto, zwischen Orbetello und Civitavecchia).

22 Die Standarte der römischen Legion. Der Raum, in dem sie aufbewahrt wurde, galt als heilig. Vgl. 2,13.

23 Hinweis auf die Konsulwahlen für das Jahr 62 v. Chr. Cicero behauptet, durch seine Vorkehrungen verhindert zu haben, daß Catilina mit offener Gewalt auf die Wahlen einzuwirken suchte. Der Text enthält ein unübersetzbares Wortspiel *(exsul–consul)*.

24 Die sogenannten Provokationsgesetze. Hiernach durfte kein römischer Bürger mit dem Tode bestraft werden, der nicht durch ein ordentliches Gericht verurteilt war.

25 Vgl. 1,3f.

26 So hätten die Popularen geurteilt. Vgl. 2,14f.

27 Um ihn einzuschüchtern.

28 Am Komitium; der gewöhnliche Versammlungsraum des Senats.

29 Vgl. 1,11. Cicero beruft sich hier auf eine durchaus legendäre Tradition.

30 Vgl. 1,32.

31 Q. Metellus Celer war damals Prätor; vgl. 1,19. Picenische und gallische Mark: zwei einander benachbarte Landstriche an der Adriaküste.

32 Cicero meint die Veteranen Sullas; vgl. 2,20.

33 Das heißt die Grundsätze, nach denen der Prätor die Zivilgerichtsbarkeit ausübte.

34 Cicero meint offensichtlich die Beschlüsse, die in der Nacht vom 5. zum 6. November gefaßt wurden; es müßte also eigentlich heißen «der drittletzten Nacht». Vgl. 1,1. 1,8f.

35 Die *via Aurelia* führte von Rom an der tyrrhenischen Küste entlang nach Pisa. Vgl. 1,24.

36 Die Gladiatoren rekrutierten sich meist aus Kriegsgefangenen und Sklaven; wer sich freiwillig verdingte, stand in übelstem Rufe. Auch die Schauspieler waren als Stand schlecht beleumundet.

37 Des Cn. Pompeius. Vgl. 3,26. 4,21.

38 Vgl. 1,1. 1,8f. 2,6.

39 Catilina staffierte demnach seine Bewegung mit allen Insignien römischer Befehlsgewalt aus. Vgl. 1,24.

40 Etruskische Stadt am Fuße des Apennin (heute Fiesole).

41 Massilia gehörte zu den bevorzugten Aufenthaltsorten römischer Verbannter.

42 Vgl. 1,30.

43 Wer «mitleidig» wäre, würde wünschen, daß sich Catilina durch den Rückzug in die Verbannung vor dem Untergang bewahren möchte.

44 Catilina hatte *tabulae novae*, das heißt eine allgemeine Herabsetzung der Schulden, verheißen. Die herabgesetzten Beträge pflegten bei derartigen Maßnahmen in «neue Bücher» überschrieben zu werden.

45 Catilina hatte seinen Anhängern ausdrücklich zugesichert, daß er ihnen staatliche Machtstellungen verschaffen werde.

46 Das heißt Catilina und seine Freunde wären alsbald von den Kräften,

die sie selbst entbunden hatten, aus ihrer führenden Stellung verdrängt worden.

47 In Etrurien, Kampanien und Samnium. Sulla nahm den Gemeinden, die bis zuletzt auf der Gegenseite gekämpft hatten, große Landgebiete ab und besiedelte sie mit seinen Soldaten.

48 Das heißt auf die Umwälzung der Besitzverhältnisse, die der Sieg Sullas mit sich gebracht hatte.

49 Der *carcer* am Fuß des Kapitols. Er diente zur vorübergehenden Haft und zur Vollstreckung von Todesurteilen. Eigentliche Haftstrafen waren dem Recht der Republik nicht geläufig.

50 Die Männertunica war ärmellos und reichte bis zu den Knien. Ein Mann, der die hier beschriebene Frauentunica trug, verstieß gegen den Anstand.

51 Das heißt während der langen Winternächte.

52 Vgl. 2,5.

53 Cicero meint die Todesstrafe, die im *carcer* vollzogen zu werden pflegte. Vgl. 2,22.

54 Cicero zog nicht selbst gegen die Aufständischen zu Felde; er trug daher die Toga, nicht den Kriegsmantel des Oberbefehlshabers *(paludamentum)*.

55 Romulus war, wie die Sage berichtete, zu den Göttern entrückt worden; man setzte ihn dem alten Kriegsgott Quirinus gleich.

56 Die Allobroger, ein großer gallischer Stamm, wohnten zwischen Rhone und Isère. Sie wurden im Jahre 121 v. Chr. von den Römern unterworfen; ihr Gebiet gehörte der bald darauf gegründeten Provinz Gallia Narbonensis an. P. Cornelius Lentulus Sura, Konsul 71 v. Chr., hatte im Jahre 63 v. Chr. zum zweiten Male die Prätur inne; vgl. 3,14f. Das diesseitige Gallien (Gallia cisalpina, das heutige Oberitalien) war bis zum Jahre 42 v. Chr. Provinz.

57 5 km nördlich von Rom, für die nach Norden führenden Straßen (heute Ponte molle).

58 Stadt im Sabinerland, zirka 80 km nordöstlich von Rom (heute Rieti).

59 Die Römer teilten die Nacht in vier «Wachen» *(vigiliae)* ein; die dritte reichte von Mitternacht bis 3 Uhr morgens.

60 P. Gabinius Capito (Cimber) und L. Statilius waren römische Ritter; C. Cornelius Cethegus gehörte dem Senatorenstande an. Ciceros ironische Bemerkung über Lentulus (vgl. 3,16) spielt mit dem Namen (*lentus*: «träge», «langsam»); der Brief, den er geschrieben hatte, war drei Zeilen lang; vgl. 3,12.

61 Das heißt man sicherte ihm zu, daß man ihn, wenn er aussage, nicht für seine Mittäterschaft bestrafen werde. Vgl. 4,5.

62 L. Cassius Longinus, Prätor 66 v. Chr., hatte sich vergeblich um das Konsulat des Jahres 63 v. Chr. beworben.

63 Sibyllinische Sprüche: in griechischer Sprache abgefaßte Orakel, die zumal in Krisenzeiten massenhaft umliefen. Cinna und Sulla gehörten wie Lentulus der *gens Cornelia* an. Freisprechung der vestalischen Jungfrauen: wahrscheinlich ist der Prozeß gemeint, in dem sich auch Catilina wegen eines strafbaren Verhältnisses zu der Vestalin Fabia, einer Schwägerin Ciceros, verantworten mußte. Der Jupiter-Tempel auf dem Kapitol brannte im Jahre 83 v. Chr. aus unbekannter Ursache nieder; der neue Tempel wurde im Jahre 69 v. Chr. geweiht. Saturnalien: das fröhliche Saturn-Fest, das damals am 19. Dezember begann.

64 Die innen mit Wachs überzogenen Holztafeln, die man für briefliche Mitteilungen zu verwenden pflegte, wurden mit einem Faden umwickelt und versiegelt.

65 P. Cornelius Lentulus, nachgewählter Konsul 162 v. Chr., beteiligte sich am Kampf gegen C. Gracchus; vgl. 4,13.

66 Das heißt von den Sklaven.

67 Die Senatoren wurden in bestimmter Reihenfolge aufgefordert, ihre Meinung zu äußern.

68 Ciceros Kollege Antonius hatte zunächst mit den Catilinariern sympathisiert; Cicero überließ ihm seine Provinz Makedonien und gewann ihn so für die Sache des Senates. Vgl. 4,23.

69 Der Senat beschloß also insgesamt neun Verhaftungen. Außer den Anwesenden konnte nur M. Ceparius ergriffen werden; den übrigen gelang die Flucht. Faesulae: vgl. 2,14 und 20.

70 *Supplicationes*, Bitt- oder Dankfeste von mehrtägiger Dauer, pflegten von Fall zu Fall anberaumt zu werden, vor allem, wenn ein Feldherr einen bedeutenden Sieg errungen hatte.

71 Vgl. 1,4.

72 L. Aurelius Cotta und L. Manlius Torquatus, Konsuln des Jahres 65 v. Chr.

73 Die etruskischen *haruspices* wurden in unruhigen Zeiten von Amts wegen beauftragt, Zeichen göttlichen Zornes zu deuten und Sühnemaßnahmen anzuordnen.

74 Dem Ort der Senatssitzung vom 3. Dezember, an der Westseite des Forums.

75 Cicero wies bei diesen Worten auf die neue Statue des Gottes.

[76] Der Volkstribun P. Sulpicius Rufus entzog Sulla durch Volksbeschluß den Oberbefehl im Kriege gegen Mithridates; Sulla besetzte Rom und erklärte eine Anzahl seiner Feinde, darunter Marius, für vogelfrei; Sulpicius Rufus fand den Tod (88 v. Chr.). Nachdem Sulla in den mithridatischen Krieg aufgebrochen war, entstand Streit unter den Konsuln; Cn. Octavius zwang Cinna, Rom zu verlassen; Cinna rief Marius zurück, sammelte ein Heer und eroberte die Hauptstadt; zahlreiche führende Optimaten wurden getötet (87 v. Chr.). Sullas Rache: der Krieg gegen die Marianer und die Proskriptionen (83–81 v. Chr.). M. Aemilius Lepidus und Q. Lutatius Catulus waren die Konsuln des Jahres 78 v. Chr.; die populare Erhebung des Lepidus wurde rasch niedergeworfen (77 v. Chr.).

[77] Cn. Pompeius. Vgl. 2,11. 4,21.

[78] Auf dem Marsfeld fanden die wichtigsten Volksversammlungen statt; der leitende Beamte erkundete vor jeder Versammlung durch Beobachtung des Vogelflugs *(auspicia)* den göttlichen Willen. Kurie: vgl. 1,32. Nicht das Haus, nicht das Bett: Anspielung auf das Attentat; vgl. 1,9f. Ehrensitz: der mit Elfenbein ausgelegte Sessel des Konsuls *(sella curulis)*.

[79] Vgl. 3,9. 4,12.

[80] Ciceros Bruder Quintus hatte im Jahre 62 v. Chr. die Prätur inne. Die Gattin: Terentia. Die Tochter: Tullia. Ciceros Sohn Marcus war damals zwei Jahre alt. Tullia war in erster Ehe mit C. Calpurnius Piso Frugi verheiratet, der damals noch nicht dem Senat angehörte; er hielt sich am Eingang des Versammlungsraumes auf.

[81] Vgl. 1,3f. C. Memmius (Prätor 104 v. Chr.) bewarb sich neben Glaucia um das Konsulat für das Jahr 99 v. Chr.; er wurde während der Unruhen erschlagen, die dem *senatus consultum ultimum* vorausgingen.

[82] Vgl. 3,14f. 4,20.

[83] Nach Sonnenuntergang konnte kein gültiger Beschluß mehr gefaßt werden. Cicero befürchtete einen Gewaltstreich zur Befreiung der Gefangenen.

[84] Nach der Geschäftsordnung des Senats wurde Silanus zuerst um seine Meinung befragt, da er zum Konsul für das kommende Jahr gewählt war *(consul designatus)*. Dann durfte sich Caesar als designierter Prätor äußern.

[85] Die *lex Sempronia* des C. Gracchus verbot, römische Bürger mit dem Tode zu bestrafen, die nicht durch ein ordentliches Gericht verurteilt waren; sie wandte sich hiermit gegen das vom Senat beanspruchte Recht, den Ausnahmezustand zu verhängen und den Konsuln unbe-

schränkte Vollmachten zu verleihen. Die Behauptung, daß C. Gracchus «auf Befehl des Volkes» getötet worden sei, läßt sich nicht ohne Zwang mit den geschichtlichen Tatsachen vereinbaren; vielleicht ist der Text fehlerhaft überliefert.

86 L. Iulius Caesar, Konsul des Jahres 64 v. Chr. Seine Schwester Iulia hatte in zweiter Ehe den Catilinarier Lentulus geheiratet. Sein Großvater mütterlicherseits war M. Fulvius Flaccus, der Freund des C. Gracchus; vgl. 1,4.

87 P. Cornelius Lentulus, nachgewählter Konsul 162 v. Chr. Vgl. 3,10.

88 Des Concordia-Tempels. Vgl. 3,21.

89 Die Ärartribunen, die sich seit dem Jahre 70 v. Chr. mit den Senatoren und Rittern in das Richteramt teilten, waren wohl die Angehörigen der unmittelbar auf die Ritter folgenden Vermögensklasse. Die Staatsschreiber *(scribae)* genossen hohes Ansehen; sie nahmen die nächste Stufe in der streng nach Ständen gegliederten römischen Gesellschaft ein. Die Schatzkammer *(aerarium)* befand sich im Saturn-Tempel an der Südwestecke des Forums. Die Schreiber hatten sich dort eingefunden, weil am 5. Dezember die Quästoren ihr Amt antraten; an diesem Tage wurde durch das Los ermittelt, welcher Schreiber bei welchem Quästor Dienst tun solle.

90 Burg: die befestigte nördliche Kuppe des kapitolinischen Hügels. Penaten: die Götter der Vorratskammer, die in jedem römischen Hause verehrt wurden. Es gab auch staatliche Penaten; sie gehörten zum Kult der Vesta, deren ewiges Feuer in dem Rundtempel auf dem südöstlichen Teil des Forums gehütet wurde.

91 Die Nacht, in der die Gesandten der Allobroger festgenommen wurden (2./3. Dezember).

92 Vgl. 3,15. 4,5.

93 Der jüngere Scipio Africanus zerstörte Karthago (146 v. Chr.) und Numantia in Spanien, das sich zehn Jahre lang gegen die Römer behauptet hatte (133 v. Chr.). M. Aemilius Paullus, Konsul 182 und 168 v. Chr., besiegte Perseus, den letzten König von Makedonien (Schlacht bei Pydna, 168 v. Chr.). Marius schlug bei Aquae Sextiae die Teutonen (102 v. Chr.) und bei Vercellae die Kimbern (101 v. Chr.). Über Pompeius vgl. 2,11. 3,26.

94 Der Senat hatte für die Konsuln des Jahres 63 v. Chr. die Provinzen Makedonien und Gallia cisalpina ausersehen; Cicero war durch das Los das reiche Makedonien zugefallen. Er tauschte mit Antonius und brachte ihn hierdurch von seiner Verbindung mit Catilina ab; er verzichtete sodann auf Gallien. Hiermit begab er sich der Möglichkeit,

einen Triumph zu erringen und sich Anhang unter den Provinzbewohnern zu verschaffen.

95 Vgl. 4,3.

Rede für L. Murena

1 Die Konsuln wurden durch die Zenturiatkomitien, das heißt die nach 193 Stimmabteilungen *(centuriae)* gegliederte Form der Volksversammlung, gewählt. Die Leitung der Wahl oblag einem der amtierenden Konsuln. Er befragte vor Beginn des Aktes durch Beobachtung des Vogelflugs *(auspicia)* den Willen Jupiters; er stellte das Ergebnis der Abstimmung fest und gab es der Versammlung bekannt.

2 Die *mancipatio* war ein formgebundenes Rechtsgeschäft, das der Übereignung bestimmter Sachen, der *res mancipi*, diente; hierzu gehörten insbesondere Grundstücke und Sklaven. Durch Manzipation wurden vor allem Kaufverträge vollzogen. Dann haftete der Verkäufer dem Käufer für Rechtsmängel der verkauften Sache, das heißt er war dem Käufer zum Ersatz verpflichtet, wenn ein Dritter erfolgreich geltend machte, daß er der Eigentümer der Sache sei.

3 Vgl. 78 ff.

4 Der verschleiernde Ausdruck «Schenkung» *(largitio)* bezeichnete den unmittelbaren Stimmenkauf.

5 Durch die 1. Rede gegen Catilina.

6 Vgl. 78 ff.

7 Cicero spielt mit der doppelten Bedeutung von *petere* («begehren», «angreifen»).

8 Sulpicius Rufus wünschte, daß allein die materielle Rechtslage für die Entscheidung maßgeblich sei; er griff daher ein, wenn der Gegner sich anschickte, einen Verfahrensfehler zu begehen.

9 Das heißt unter den Anklägern.

10 L. Licinius Murena, der Vater des Angeklagten, führte den 2. mithridatischen Krieg (83–81 v. Chr.); Sulla berief ihn ab und gewährte ihm den Triumph.

11 Schwelgerische Mähler pflegten vor der üblichen Essenszeit zu beginnen.

12 Die Licinier gehörten zum plebejischen Adel. Cicero spielt auf das bekannte Ereignis der römischen Frühzeit an, das die Überlieferung dem Jahre 494 v. Chr. zuschreibt; nach einer anderen Version zog die Plebs auf den Heiligen Berg.

13 Den Neulingen *(homines novi)*, die vom Ritterstand zur Senatsaristokratie aufgestiegen waren.

14 Q. Pompeius war der erste Konsul der plebeischen *gens Pompeia* (141 v. Chr.). M. Aemilius Scaurus (Konsul 115 v. Chr.) entstammte einem sehr alten Patriziergeschlecht.

15 M'. Curius Dentatus, der Sieger über Pyrrhus: Konsul 290; vgl. 31. M. Porcius Cato, der berühmte Zensor: Konsul 195. T. Didius: Konsul 98. C. Caelius Caldus: Konsul 94 v. Chr. In der Zeit von Caelius bis Cicero erreichte kein *homo novus* das Konsulat.

16 P. Sulpicius Galba.

17 Das heißt Sulpicius Rufus erhielt vor Murena die erforderliche Mehrheit. Sein Name wurde daher früher ausgerufen; seine Wahl galt somit für ehrenvoller.

18 Datum und Antragsteller der *lex Titia* sind unbekannt. Sie enthielt offenbar Vorschriften über die Geschäftsbereiche der Quästoren. Von den zwanzig Quästoren der sullanischen Verfassung hatten vier ihren Amtssitz in italischen Städten, einer von ihnen in Ostia, der die Getreideeinfuhr beaufsichtigte.

19 L. Licinius Lucullus, Konsul 74 v. Chr., Oberbefehlshaber im 3. mithridatischen Kriege (bis 67 v. Chr.).

20 Das heißt Sulpicius Rufus weiß, welche Klage jemand anstrengen kann, auf dessen Grundstück ein Nachbar Regenwasser ableitet.

21 Murena weitet die Grenzen des römischen Reiches aus; Sulpicius Rufus schlichtet privatrechtliche Grenzstreitigkeiten.

22 Cicero karikiert die juristische Auslegung. Schwierigkeiten konnten sich unter anderem daraus ergeben, daß man die Wörter ohne Zwischenräume niederzuschreiben pflegte; INCULTOLOCO zum Beispiel bedeutet entweder *in culto loco* («auf angebautem Lande») oder *inculto loco* («auf unangebautem Lande»).

23 Der römische Kalender enthielt in unregelmäßiger Folge «erlaubte» *(dies fasti)* und «unerlaubte Tage» *(dies nefasti)*; Handlungen vor Gericht waren nur an *dies fasti* möglich. Der Rechtscharakter eines jeden Tages wurde ursprünglich von den Priestern *(pontifices)*, die zugleich den überlieferten Rechtsbrauch bewahrten, durch Ausruf oder Anschlag bekanntgegeben. Cn. Flavius: kurulischer Ädil 304 v. Chr. Den Krähen die Augen aushacken: sprichwörtlich von jemandem, der selbst die Vorsichtigsten zu täuschen vermag.

24 Die Parteien brachten ihre Rechtsbehauptungen beim Prätor ursprünglich nicht in formloser Rede vor, sondern bedienten sich bestimmter, genau festgelegter Sprüche *(legis actiones)*. In ciceronischer Zeit verwendete man statt mündlicher Sprüche meist Schriftformeln.

25 Sie begleiteten den dramatischen Vortrag und traten jeweils dem Schauspieler zur Seite, der sprechen mußte. Sie waren Latiner, nicht römische Bürger.

26 Das heißt der Umstehenden, der Zeugen. Der alte deutsche Rechtsausdruck entspricht dem Archaismus, den die lateinische Formel bewahrt hat.

27 Cicero persifliert in diesem Abschnitt den alten Eigentumsstreit um ein Grundstück. Die Parteien erschienen vor Gericht, suchten gemeinsam mit dem Prätor das strittige Grundstück auf und kehrten zum Gericht zurück. Dieses in ältester Zeit übliche Verfahren diente offensichtlich der Identifikation des Streitgegenstandes. Später fanden sich die Parteien mit einer Scholle, die das Grundstück symbolisierte, vor dem Gericht ein, und alle für die Prozeßeinleitung erforderlichen Handlungen wurden sofort an Ort und Stelle vollzogen.

28 Der Kläger fragte den Beklagten nach dem Rechtstitel (Kauf, Erbschaft usw.), auf den er seinen Anspruch gründete.

29 Alle Frauen, die nicht der Gewalt ihres Vaters *(patria potestas)* oder ihres Ehemannes *(manus)* unterstanden, hatten einen Vormund. Wenn eine Frau den Vormund zu wechseln wünschte, so begab sie sich zum Scheine in die ehemännliche Gewalt eines Dritten. Dieser übertrug sie, abermals zum Scheine, in die Herrengewalt *(mancipium)* dessen, der die Vormundschaft übernehmen sollte. Sobald dieser sie «freiließ», erwarb er als Quasipatron von Gesetzes wegen die Vormundschaft. Das republikanische Recht kannte eine Reihe derartiger Prozeduren, die ältere Normen zu anderen Zwecken benutzten.

30 Die kostspielige Sorge für den Ahnenkult *(sacra)* oblag den Erben. Wenn sich eine Frau dieser Verpflichtung entziehen wollte, so begab sie sich zum Scheine in die ehemännliche Gewalt eines kinder- und vermögenslosen Greises. Der Greis übernahm die Ahnenopfer und setzte sie auch nach der alsbaldigen Aufhebung der «Ehe» fort; hierfür zahlte ihm die Frau eine Vergütung. Mit seinem Tode erlosch die Kultverpflichtung.

31 Das heißt die Eheform, die wohl aus einem Brautkauf hervorgegangen war; sie hatte die Wirkung, daß die Gewalt über die Frau vom Vater auf den Ehemann überging. Der Abschluß der *coemptio* war von Spruchformeln begleitet.

32 Hiernach hieß der römische Jurist *iuris consultus*. Er betätigte sich weder als Richter noch als Anwalt; er stand vielmehr allen Ratsuchenden (den Parteien, Anwälten, Gerichtsbeamten, Geschworenen) mit seinen Rechtsauskünften zu Gebote.

33 Eine in juristischen Formeln oft gebrauchte Wendung.

34 Q. Ennius. Die Zitate entstammen seinem Epos «Annales».

35 M'. Curius Dentatus: vgl. 17. T. Quinctius Flamininus (Konsul 198 v. Chr.); sein Gegner war Philipp V. von Makedonien (Schlacht bei Kynoskephalai, 197). M. Fulvius Nobilior (Konsul 189) kämpfte erfolgreich in Ätolien (bis etwa 187). L. Aemilius Paullus (Konsul 182 und 168) besiegte Perseus von Makedonien (Schlacht bei Pydna, 168). Q. Caecilius Metellus Macedonicus (Konsul 143) überwand im Jahre 148 Pseudophilippos (Andriskos), der als angeblicher Sohn des Perseus in Makedonien einen Aufruhr erregt hatte. L. Mummius, Konsul 146, der Zerstörer Korinths.

36 Der Krieg gegen Antiochos III. von Syrien (192–188 v. Chr.) wurde durch L. Cornelius Scipio Asiaticus (Konsul 190) und P. Cornelius Scipio Africanus maior zu Ende geführt (Schlacht bei Magnesia am Sipylos, 190). M. Porcius Cato Censorius (Konsul 195) diente in Wahrheit unter M'. Acilius Glabrio (Konsul 191), der Antiochos bei den Thermopylen besiegt hatte.

37 Mithridates VI. von Pontos hatte in seinem ersten Kriege gegen die Römer (89–85 v. Chr.) Asien und Griechenland besetzt. Sulla führte den römischen Gegenstoß; er schloß nach einigen Erfolgen in Griechenland den milden Frieden von Dardanos, da er möglichst rasch freie Hand haben wollte, die marianische Revolution zu unterdrücken. Ciceros Darstellung beschönigt die zweifelhaften Verdienste Murenas, des Feldherrn im 2. mithridatischen Kriege (83–81 v. Chr.); vgl. 11.

38 Mithridates verbündete sich zu Beginn seines dritten Krieges gegen die Römer (74–67 v. Chr.) mit dem Marianer Q. Sertorius, der Spanien besetzt hatte und sich dort fast ein Jahrzehnt gegen die Reichsregierung zu behaupten vermochte (80–72 v. Chr.).

39 L. Licinius Lucullus und M. Aurelius Cotta, die Konsuln des Jahres 74 v. Chr. Cotta wurde in Kalchedon am Bosporus eingeschlossen und von Lucullus befreit.

40 Belagerung von Kyzikos an der Propontis: 74/73 v. Chr.; Lucullus vermochte den Belagerer einzuschließen. Seeschlacht von Tenedos oder Lemnos: 73 v. Chr.; einer der feindlichen Flottenführer war der von Sertorius entsandte M. Marius.

41 Mit seinem Schwiegersohn Tigranes (97–56 v. Chr.); das Bündnis bestand bereits seit längerem. Der Krieg gegen Armenien begann im Jahre 69 v. Chr.

42 Pompeius erhielt im Jahre 66 v. Chr. durch das Gesetz des Manilius den Oberbefehl im Kriege gegen Mithridates und Tigranes. Die

härteste von allen Schlachten: bei Nikopolis in Armenien; das Heer des Mithridates wurde völlig zersprengt.

43 Mithridates entfloh nach dem endgültigen Verlust von Pontos in sein Reich am kimmerischen Bosporus (Krim, Straße von Kertsch); er nahm sich im Jahre 63 v. Chr. das Leben.

44 Vgl. 18. Sulpicius Rufus und Murena hatten die Prätur im Jahre 65 v. Chr. inne.

45 Der etwa 30 m breite Sund zwischen Böotien und Euböa. Die täglich mehrmals wechselnde Strömung war von sprichwörtlicher Berühmtheit.

46 L. Marcius Philippus: Konsul 91 v. Chr. M. Herennius: Konsul 93. Q. Lutatius Catulus: Konsul 102. Cn. Mallius Maximus: Konsul 105. M. Aemilius Scaurus: Konsul 115. Q. Fabius Maximus Eburnus: Konsul 116. Cicero meint also die Konsulwahlen für die Jahre 93, 105 und 116 v. Chr.

47 Murena war nicht Ädil gewesen, noch hatte er als Privatmann Spiele veranstaltet. Er holte während seiner Prätur das Versäumnis nach: zum Geschäftsbereich des *praetor urbanus* (vgl. 41) gehörten die *ludi Apollinares* (6.–13. Juli, mit szenischen Darbietungen und Zirkuswettkämpfen).

48 In den Zenturiatkomitien stimmten zuerst die Zenturien der Ritter und der ersten Vermögensklasse, dann der Reihe nach die übrigen Klassen. Aus der ersten Klasse wurde eine Abteilung erlost, die mit der Wahl begann *(centuria praerogativa)*; ihr Votum wurde als göttlicher Hinweis betrachtet, wie die Wahl ausfallen solle.

49 Die Senatoren saßen bei Theateraufführungen in der Orchestra. Eine *lex Roscia* des Volkstribunen L. Roscius Otho (67 v. Chr.) behielt den Rittern die ersten vierzehn Sitzreihen des eigentlichen Zuschauerraumes vor. Offenbar hatten die Ritter dieses Privileg schon einmal genossen.

50 Cicero gab die Spiele während seiner Ädilität (69 v. Chr.), sein Rivale C. Antonius als Prätor (66 v. Chr.). Murena hatte offenbar für die Ausstattung der Bühne viel Silber verwendet.

51 Von den acht Prätoren der sullanischen Verfassung verwalteten zwei, der *praetor urbanus* und der *praetor peregrinus*, die Zivilgerichtsbarkeit; die übrigen waren Vorsitzende von Schwurgerichten.

52 Die *quaestio peculatus* ahndete Unterschlagungen von Staatsgut. Sulla hatte über die großen Werte, die durch die Proskriptionen an den Staat gefallen waren, ziemlich willkürlich verfügt.

53 Da nicht viele Soldaten benötigt wurden, durfte Murena Ausnahmen zulassen.

54 Im jenseitigen Gallien (Gallia Transalpina oder Narbonensis). Vgl. 89.

55 Die Statthalter pflegten ihren Freunden einträgliche Posten zu verschaffen.

56 Die Verbannungsstrafe der *lex Tullia* führte zum Verlust des Bürgerrechts.

57 Die *lex Tullia*.

58 Eine schwerere Strafe für die gemeinen Bürger: wahrscheinlich eine Geldbuße, welche die bestochenen Wähler bedrohte. Die Entschuldigung wegen Krankheit: hiermit sollten offenbar die Geschworenen der *quaestio de ambitu* getroffen werden, die sich mit dieser Begründung dem Richterdienst zu entziehen suchten. Jemand: Cicero selbst. Der Redner behauptet hier, er habe das *ambitus*-Gesetz auf Drängen des Sulpicius Rufus beantragt; diese Darstellung rückt die Dinge um der Verteidigungszwecke willen zurecht; vgl. 67f.

59 Sulpicius Rufus hatte offenbar beantragt, daß die Zenturien nicht mehr klassenweise, sondern in erloster Reihenfolge abstimmen sollten. Statt der Lücke enthält der Text die verderbten Worte *praerogationum legis Maniliae*; sie scheinen auf einen Gesetzesvorschlag des Volkstribunen C. Manilius (67. v. Chr.) zu verweisen, der den Freigelassenen ein besseres Stimmrecht verschaffen sollte.

60 Die Besetzung eines Gerichtshofes pflegte durch das Los entschieden zu werden; außerdem hatten Ankläger wie Angeklagter das Recht, eine bestimmte Anzahl von Geschworenen zu verwerfen.

61 Cicero meint die von Sulla bei Arretium (in Etrurien, heute Arezzo) und Faesulae (ebenfalls in Etrurien, heute Fiesole) angesiedelten und inzwischen verarmten Veteranen.

62 Die Opfer der Proskriptionen und deren Nachkommen.

63 Das erste Glied bezieht sich auf die sullanischen Veteranen, das zweite auf die Opfer der Proskriptionen.

64 Das heißt Catilina, der sich mit diesen Worten zum Führer erbietet.

65 Aus Senat und Volk.

66 Am Tage der Konsulatswahlen (im Juli oder Anfang August).

67 Die *divisores* verteilten rechtmäßige Spenden an die einzelnen Bezirke; sie pflegten auch die Wählerbestechungen durchzuführen. Der Kandidat mußte den vereinbarten Betrag vor der Wahl bei einem Vermittler *(sequester)* hinterlegen; die *divisores* lösten das Geld nach der Wahl ein und bezahlten die Wähler.

68 Vgl. 73.

69 Vgl. 15.

70 Der Vater des jüngeren Sulpicius und Murena waren also Mitglieder derselben religiösen Vereinigung *(sodalitas)*.

71 Die Wagenrennen galten für vornehmer als die Wettkämpfe von Kunstreitern.

72 Diese beiden Titel bezeichnen Themen des mündlichen Vortrags, die nicht in die Buchausgabe aufgenommen wurden.

73 Der jüngere Scipio, Konsul 147 und 134 v. Chr., der Eroberer von Karthago und Numantia (146 und 133 v. Chr.), klagte L. Aurelius Cotta (Konsul 144 v. Chr.) wegen Erpressungen an.

74 Ser. Sulpicius Galba (Konsul 144 v. Chr.) wurde im Jahre 149 v. Chr. von M. Porcius Cato Censorius wegen des Massenmordes angeklagt, den er an den besiegten Lusitanern, einem Stamm in Spanien, begangen hatte.

75 Zitat aus einem Drama.

76 Zenon von Kition, der Gründer der stoischen Schule (etwa 334–263 v. Chr.).

77 Die hier Genannten waren mehr oder minder eng mit dem sogenannten Kreis des jüngeren Scipio verbunden. Panaitios von Rhodos (etwa 180–110 v. Chr.), der angesehenste Stoiker seiner Zeit. C. Laelius, der Freund Scipios: Konsul 140. L. Furius Philus: Konsul 136. C. Sulpicius Gallus: Konsul 166.

78 Dieser Senatsbeschluß diente offenbar als Grundlage der *lex Tullia*. Zum Empfang der Kandidaten: bei der Rückkehr aus der Provinz. Das Geleit gäben: bei ihren täglichen Ausgängen auf das Forum.

79 Vgl. 46 f.

80 Es war Sitte, die Söhne befreundeter Familien, die das Männerkleid *(toga virilis)* erhalten hatten, zu ihrem ersten Besuche des Forums abzuholen.

81 Das Geschäft der Steuerpacht wurde von Rittern betrieben. Die Geschworenengerichte bestanden seit dem Jahre 70 v. Chr. zu je einem Drittel aus Senatoren, Rittern und Ärartribunen. Unseres Standes: des senatorischen.

82 Basiliken: Säulenhallen am Forum, die unter anderem als Gerichtsgebäude dienten.

83 Fabisches Gesetz: Datum und Antragsteller unbekannt. L. Iulius Caesar: Konsul 64 v. Chr.

84 Dort fanden damals die Gladiatorenkämpfe statt.

85 Die Spartaner lagen auf Holzbänken; die Kreter saßen. Beides galt als Zeichen harter Lebensweise.

86 Die einen wurden vernichtet: Cicero meint offenbar den Feldzug

gegen den Spartanerkönig Nabis (195/194 v.Chr.); Befehlshaber war T. Quinctius Flamininus (Konsul 198 v.Chr.). Kreta wurde von Q. Caecilius Metellus Creticus (Konsul 69 v.Chr.) unterworfen (69 bis 67 v.Chr.).

87 Q. Aelius Tubero, ein Schüler des Panaitios. Q. Fabius Maximus Allobrogicus: Konsul 121 v.Chr. P. Africanus: der jüngere Scipio (gest. 129 v.Chr.). Der jüngere Scipio war ein Sohn, Tubero und Fabius Maximus waren Enkel des L. Aemilius Paullus (Konsul 182 und 168 v.Chr.). Bei derartigen Schmäusen pflegten nicht Holzpritschen, sondern kostbare Polster und Decken, nicht Tongeschirr, sondern Gefäße aus Silber und Bronze verwendet zu werden.

88 Kandidaten pflegten auf dem Forum umherzugehen, jeden einzelnen Bürger anzusprechen und um seine Stimme zu bitten. Sie waren von einem *nomenclator*, einem Sklaven mit großer Personenkenntnis, begleitet, der ihnen jeweils den Namen des Bürgers zuflüsterte.

89 Vgl. 52.

90 Des Q. Caecilius Metellus Nepos; er war damals ein entschiedener Gegner der Politik Ciceros.

91 Hinweis auf die 1. catilinarische Verschwörung (66/65 v.Chr.), an der sich außer Catilina vor allem Cn. Calpurnius Piso beteiligt hatte.

92 Die Tribunen konnten die Wahl durch Interzession verhindern.

93 D. Iunius Silanus, der Kollege Murenas.

94 Hannibal rückte im Jahre 211 v. Chr. bis zur Aniobrücke bei Rom vor.

95 Dem gewöhnlichen Versammlungsort des Senats.

96 C. Antonius bereitete damals den Feldzug gegen Catilina vor.

97 C. Murena war Legat seines Bruders; er verwaltete dessen Provinz bis zum Eintreffen des Nachfolgers.

98 Stadt in Latium, zirka 35 km südöstlich von Rom (heute Cività Lavinia), die Heimat Murenas.

99 Der Kult der «Retterin Iuno», dem in Rom zwei Tempel geweiht waren, stammte aus Lanuvium. Die Konsuln brachten der Göttin alljährlich ein Opfer dar.

ZUM TEXT

Die Übersetzung gibt den Text von A. C. Clark, M. Tulli Ciceronis Orationes, Bd. I und IV, Oxford 1905/1909, wieder. Sie beruht an folgenden Stellen auf einer anderen Lesart:

		Clark:	Diese Übersetzung:
Cluent.	3	*omnium*	*omnem*
	10	*non potuero*	*satis facere non potuero*
	12	*non pudor*	*non pudor, non pudicitia*
	18	*vero sic agitur*	*ea vero sic agit*
	27	*Teani*	*Teani Apuli*
	37	*ubi pernoctaret*	*ibi pernoctaret et*
	54	*tota*	*et tota*
	58	*praevaricari*	*praevaricari accusationi*
	62	*per Fabricium*	*per Fabricios*
	74	*HS XL milia … distributa*	*HS DCXL quadragenis milibus nummum … distributis*
	83	*si istinc pecunia*	*istinc pecunia*
	110	*lautioris advocati*	*laudatoris aut advocati*
	116	*admittunt*	*inviti admittunt*[1]
	137	*L. Quincti*	*L. Quincti tribuni plebis*
	139	*aut patronorum*	*ac patronorum*
	153	*et recusarent*	*haec reputarent*
	175	*L. Quinctium*	*C. Quinctilium*
	179	*HS X*	*HS …*
	188	*nupsit*	*innupsit*
	197	*Ferentani*	*Frentani*
Leg. agr.	1, 23	*deductionibus*	*seditionibus*
	2, 59	*residuis*	*repetundis*
	2, 101	*progredi, possum vobis*	*progredi vobisque*
Rab. perd.	36	*volnus perhorrescit*	*volnus pertimescit*
Cat.	1, 5	*videtis*	*videmus*
	2, 19	*concordiam ordinum, maximam multitudinem*	*concordiam*
Mur.	34	*ipse omnia quae*	*omnia quae ille*

[1] Siehe Th. Mommsen, Römisches Strafrecht, Berlin 1899, 725, Anm. 4.

PERSONENREGISTER

Das Verzeichnis führt nur die Paragraphen auf, in denen der lateinische Text den betreffenden Namen erwähnt. Die eingeklammerten Zahlen nennen Stellen, die einen Namen in adjektivischer Form verwenden. Identifikationen von Trägern gleichen Namens sind gelegentlich unsicher; das Verzeichnis befolgt in diesen Fällen das Mögliche und Wahrscheinliche.

Abkürzungen
Cluent.: Rede für A. Cluentius Habitus
Leg. agr.: Reden über das Siedlergesetz
Rab. perd.: Rede für C. Rabirius
Cat.: Catilinarische Reden
Mur.: Rede für L. Murena
Äd.: kurulischer Ädil
Dikt.: Diktator
K.: Konsul
Pr.: Prätor
Tr.: Volkstribun

Die auf diese Abkürzungen folgenden Zahlen nennen das Amtsjahr bzw. die Amtsjahre.

pass.: passim; in zahlreichen Paragraphen der betreffenden Rede

Acidinus → Manlius Acidinus Fulvianus
Aebutius Leg. agr. (2, 21)
Aelii Cluent. 72
P. Aelius Cluent. 162
Aelius Ligur Cluent. 72
C. Aelius Staienus Paetus Cluent. 55. 62. 65 ff. 70. 72 ff. 78 f. 83 f. 86 f. 99 ff. 106
Q. Aelius Tubero Mur. 75
M'. Aemilius Lepidus K. 66 Cat. 1, 15. 1, 19
M. Aemilius Lepidus K. 78 Rab. perd. 21. Cat. 3, 24
Mam. Aemilius Lepidus Livianus K. 77 Cluent. 99
L. Aemilius Paullus Macedonicus K. 182. 168 Leg. agr. 1, 5. Cat. 4, 21. Mur. 31. 76
M. Aemilius Scaurus K. 115 Rab. perd. 21. 26. Mur. 16. 36
Sex. Albius Cluent. 175
C. Albius Oppianicus Cluent. 30
Statius Albius Oppianicus (Vater) Cluent. 10 f. 19 ff. 23 ff. 27 f. 30. 32. 34 ff. 41 ff. 48 ff. 52. 54 ff. 58 ff. 64 ff. 68 ff. (82). 83 f. 86 f. 99 f.

102f. 107ff. 113f. 124f. 127. 131f. 135. 143. 162f. 169f. 172. 175f. 181. 186. 188f. 191. 201
Statius Albius Oppianicus (Sohn) Cluent. 10. 21f. 33. 40. 65. 166f. 176. 178f. 181
Alexander → Ptolemaios XI.
Ancharius Cluent. 161
T. Annius Cluent. 78
T. Annius Cluent. 182
Q. Annius Chilo Cat. 3, 14
Antiochos III. Leg. agr. 2, 90. Mur. 31
M. Antonius K. 99 Cluent. 140. Rab. perd. 26
C. Antonius Hibrida K. 63 Mur. 40
Apion → Ptolemaios Apion
C. Appuleius Decianus Tr. 98 Rab. perd. 24f.
L. Appuleius Saturninus Tr. 103. 100 Rab. perd. 9. 18ff. 22ff. 26. 28. 31. 35. Cat. 1, 4. 1, 29. 4, 4
M'. Aquilius K. 101 Cluent. 127. Leg. agr. 2, 83
C. Aquilius Gallus Pr. 66 Cluent. 147
Archimedes Cluent. 87
Aristonikos Leg. agr. 2, 90
Aristoteles Mur. 63
Ascla Cluent. 176
M. Asellius Cluent. 169. 172
Asuvius Cluent. 36ff. (39)
A. Atilius Calatinus K. 258. 254 Leg. agr. 2, 64
C. Atilius Serranus K. 106 Rab. perd. 21
Attalos Leg. agr. 2, 50
T. Attius Cluent. 62. 65. 84. 86. 100f. 135. 138. 143. 145. 148ff. 156f. 160. 186
C. Aurelius Cotta K. 75 Leg. agr. 2, 58
L. Aurelius Cotta K. 144 Leg. agr. 2, 44. Mur. 58
L. Aurelius Cotta K. 65 Cat. 3, 19
M. Aurelius Cotta K. 74 Cluent. 93
Auria Cluent. 31
Aurii Cluent. 23
A. Aurius Cluent. 23ff.
L. Aurius Cluent. 25
M. Aurius Cluent. 21ff.
N. Aurius Cluent. 21
A. Aurius Melinus (vgl. A. Aurius) Cluent. 11f. 14. 25f. 188
Avillius Cluent. 36ff.

M. Baebius Cluent. 47. 53
Balbutius Cluent. 166
M. Basilus Cluent. 107

A. Bivius Cluent. 163
Blossii Leg. agr. 2, 93
Brutus → Iunius Brutus
Bulbus Cluent. 71 f. 75. 78. 83. 97 f. 103

Caecilii Metelli Rab. perd. 21
L. Caecilius Metellus K. 117 Cluent. 119
M. Caecilius Metellus Cat. 1, 19
Q. Caecilius Metellus Celer K. 60 Cat. 1, 19. 2, 5. 2, 26
Q. Caecilius Metellus Creticus K. 69 Cluent. 179
L. Caecilius Metellus Diadematus K. 117 Rab. perd. 21
Q. Caecilius Metellus Macedonicus K. 143 Mur. 31
Q. Caecilius Metellus Numidicus K. 109 Cluent. 95
Q. Caecilius Metellus Pius K. 80 Cluent. 24
C. Caelius Caldus K. 94 Mur. 17
Caepasius, Caepasii Cluent. 57 f.
Caesar → Iulius Caesar
Calatinus → Atilius Calatinus
C. Calpurnius Piso K. 67 Mur. (46). (67)
Cn. Calpurnius Piso Mur. 81
P. Cannutius Cluent. 29. 50. 73 f. 83
Carbo → Papirius Carbo
Cassii Rab. perd. 21
L. Cassius Cluent. 107
C. Cassius Longinus K. 73 Cluent. 137
L. Cassius Longinus Pr. 66 Cat. 3, 9. 3, 14. 3, 16. 3, 25. 4, 13
Catilina → Sergius Catilina
Cato → Porcius Cato
Catulus → Lutatius Catulus
C. Caudinus Cluent. 107
L. Caulius Mergus Cluent. 107
Ceius Cluent. 162
M. Ceparius Cat. 3, 14
Cethegus → Cornelius Cethegus
Cinna → Cornelius Cinna
M. Claudius Marcellus K. 51 Cat. 1, 21
C. Claudius Pulcher K. 92 Rab. perd. 21
L. Clodius Cluent. 40
Cluentia Cluent. 14
Cluentia Cluent. 30
A. Cluentius Habitus Cluent. pass.
A. Cluentius Habitus (Vater) Cluent. 11
N. Cluentius Cluent. 165
L. Cominius Cluent. 100. 102
P. Cominius Cluent. 100. 102

L. Considius Leg. agr. 2, 92 f.
Q. Considius Cluent. 107
Cornelius Cat. 3, 9
C. Cornelius Cethegus Cat. 3, 6. 3, 8 ff. 3, 14. 3, 16. 3, 25. 4, 11. 4, 13
P. Cornelius Cethegus Cluent. 84 f.
L. Cornelius Cinna K. 87–84 Cat. 3, 9. 3, 24
Cn. Cornelius Dolabella K. 81 Leg. agr. 2, 35
P. Cornelius Lentulus K. 162 Leg. agr. 2, 82
Cn. Cornelius Lentulus Clodianus K. 72 Cluent. 118. 120. 132
P. Cornelius Lentulus Sura Pr. 63 Cat. 3, 4. 3, 6. 3, 8 ff. 3, 12. 3, 14 ff. 3, 22. 3, 25. 4, 2. 4, 5. 4, 10. 4, 12 f. 4, 17
Cornelii Scipiones Leg. agr. 1, 5
P. Cornelius Scipio Africanus maior K. 205. 194 Cat. 4, 21. Mur. 31 f.
P. Cornelius Scipio Aemilianus Africanus minor K. 147. 134 Cluent. 134. Leg. agr. 1, 5. 2, 51. 2, 58. Cat. 4, 21. Mur. 58. 66. 75 f.
L. Cornelius Scipio Asiaticus K. 190 Mur. 31
L. Cornelius Scipio Asiaticus K. 83 Rab. perd. 21
P. Cornelius Scipio Nasica K. 138 Cat. 1, 3
Faustus Cornelius Sulla Cluent. 94. Leg. agr. 1, 12
L. Cornelius Sulla Felix K. 88 Dikt. 82–80 Cluent. 11, 25. (55). 110. 151. (154). Leg. agr. 1, 10. (1, 21). 2, 38 f. 2, 56. (2, 68 ff.). (2, 78). 2, 81. (2, 98). (3, 3). 3, 3. 3, 5 ff. (3, 6 ff.). 3, 12 f. (3, 12 f.). Cat. 2, 20. 3, 9. 3, 14. 3, 24. Mur. 32. (42). (49)
C. Cosconius Cluent. 97
Cotta → Aurelius Cotta
Crassus → Licinius Crassus
Q. Croto Rab. perd. 31
Curio → Scribonius Curio
M'. Curius Dentatus K. 290. 275. 274 Mur. 17. 31
C. Curtius Rab. perd. 8

Decianus → Appuleius Decianus
Cn. Decidius Cluent. 161
T. Didius K. 98 Mur. 17
Dinaea Cluent. 21 f. 33. 40 f.
Diogenes Mur. 75
Diogenes Cluent. 47. 53. 176
Dolabella → Cornelius Dolabella
Cn. Domitius Ahenobarbus K. 122 Cluent. 119
Cn. Domitius Ahenobarbus K. 96 Leg. agr. 2, 19. Rab. perd. 21
L. Domitius Ahenobarbus K. 94 Rab. perd. 21
Drusus → Livius Drusus

Cn. Egnatius (Vater) Cluent. 135

Cn. Egnatius (Sohn) Cluent. 135
Ennius Cluent. 163

Fabius Rab. perd. (8). Mur. (71)
Q. Fabius Maximus Allobrogicus K. 121 Mur. 75
Q. Fabius Maximus Eburnus K. 116 Mur. 36
Q. Fabius Maximus Verrucosus K. 209 Leg. agr. 2, 90
Fabricii Cluent. 46, 49f. 59f. 62. 81. 86
C. Fabricius Cluent. 46f. 49. 56. 58ff. 105. (189). (201)
L. Fabricius Cluent. 46f.
C. Fabricius Luscinus K. 282. 278 Leg. agr. 2, 64
C. Fidiculanius Falcula Cluent. 103f. 108. 112ff.
Fimbria → Flavius Fimbria
Flaccus → Fulvius Flaccus, Valerius Flaccus
Flamininus → Quinctius Flamininus
C. Flaminius Cluent. 126. 147
Cn. Flavius Äd. 304 Mur. 25
C. Flavius Fimbria K. 104 Rab. perd. 21
C. Flavius Pusio Cluent. 153
Florus Cluent. 162
M. Fulvius Flaccus K. 125 Cat. 1, 4. 1, 29
Q. Fulvius Flaccus K. 209 Leg. agr. 2, 90
M. Fulvius Nobilior K. 189 Mur. 31
P. Furius Tr. 99 Rab. perd. 24
P. Furius Cat. 3, 14
L. Furius Philus K. 136 Leg. agr. 2, 64. Mur. 66

P. Gabinius Capito Cimber Cat. 3, 6. 3, 12. 3, 14. 4, 12f.
Galba → Sulpicius Galba
Gallus → Sulpicius Gallus
L. Gellius Publicola K. 94 Cluent. 120. 131f.
Geta → Licinius Geta
Glaucia → Servilius Glaucia
Glaukippos Leg. agr. 1, 13
Gracchus → Sempronius Gracchus
Ti. Gutta Cluent. 71. 75. 78. 98. 103. 127

Hannibal Leg. agr. 1, 20. 2, 95. Cat. 4, 21. Mur. 32
Cn. Heius Cluent. 107
P. Helvidius Rufus Cluent. 198
M. Herennius K. 93 Mur. 36
Hiempsal Leg. agr. 1, 10f. 2, 58
Q. Hortensius Hortalus K. 69 Cluent. 179. Rab. perd. 18. Mur. 10. 48

Iuba Leg. agr. 2, 59

Iulii Rab. perd. 21
C. Iulius Caesar K. 59 Cat. 4, 7. 4, 9 f.
L. Iulius Caesar K. 64 Cat. 4,13. Mur. 71
C. Iunius Cluent. (1). 55. 74. 79. 89 ff. 96. 103. (103). 108. 113. (119). (138)
C. Iunius (Sohn) Cluent. 137
M. Iunius Pr. 67 Cluent. 126
D. Iunius Brutus K. 77 Rab. perd. 21
M. Iunius Brutus (Vater) Cluent. 141
M. Iunius Brutus (Sohn) Cluent. 140 f.
M. Iunius Brutus Tr. 83 Leg. agr. 2, 89. 2, 92. 2, 98
D. Iunius Silanus K. 62 Cat. 4, 7. 4, 11. Mur. 82
M. Iuventius Pedo Cluent. 107

Kleophantos Cluent. 47. 53

Q. Labienus Rab. perd. 14. 20
T. Labienus Tr. 63 Rab. perd. 6. 9. 11 f. 17. 19 ff. 25. 28. 30. 35
Laeca → Porcius Laeca
C. Laelius K. 140 Leg. agr. 2, 64. Mur. 66
Lentulus → Cornelius Lentulus
Lepidus → Aemilius Lepidus
Licinius Leg. agr. (2, 21)
L. Licinius Crassus K. 95 Cluent. 140 f. Rab. perd. 21. 26
M. Licinius Crassus K. 70. 55 Mur. 10. 48
L. Licinius Geta K. 116 Cluent. 119
L. Licinius Lucullus K. 74 Cluent. 137. Mur. 20. 33 f. 37. 69
C. Licinius Macer Tr. 73 Rab. perd. 7
C. Licinius Murena Mur. 89
L. Licinius Murena (Vater) Pr. 88 Mur. 32
L. Licinius Murena (Sohn) K. 62 Mur. pass.
C. Licinius Sacerdos Cluent. 134
Ligur → Aelius Ligur
M. Livius Drusus Tr. 91 Cluent. 153. Rab. perd. 21
Lucullus → Licinius Lucullus, Terentius Varro Lucullus
Luscinus → Fabricius Luscinus
Q. Lutatius Catulus K. 102 Rab. perd. 21. 26. Mur. 36
Q. Lutatius Catulus K. 78 Rab. perd. 21. Cat. 3, 24

Macer → Licinius Macer
C. Maecenas Cluent. 153
Sp. Maelius Cat. 1, 3
Magia Cluent. 21
Cn. Magius Cluent. 21. 33 f.
Cn. Mallius Maximus K. 105 Mur. 36

C. Manlius Cat. 1, 7. (1, 10). 1, 23 f. (1, 30). 2, 14. 2, 16. 2, 20
Q. Manlius Cluent. 38 f.
L. Manlius Acidinus Fulvianus K. 179 Leg. agr. 2, 64
L. Manlius Torquatus K. 65 Leg. agr. 2, 44. Cat. 3, 19
Marcellus → Claudius Marcellus
L. Marcius Philippus K. 91 Leg. agr. 2, 42. Rab. perd. 21. Mur. 36
C. Marius K. 107. 104–100. 86 Leg. agr. (3, 7). Rab. perd. 20. 27 ff. 35. Cat. 1, 4. 3, 15. 3, 24. 4, 21. Mur. 17
C. Marius (Sohn) K. 82 Leg. agr. 3, 6 f. 3, 11
D. Matrinius Cluent. 126
Maximus → Fabius Maximus
C. Memmius Pr. 104 Cat. 4, 4
Metellus → Caecilius Metellus
Minucius Cat. 2, 4
Mithridates VI. Leg. agr. 1, 6. 2, 51 f. 2, 83. 2, 90. Mur. (31). 32 f.
Q. Mucius Scaevola (augur) K. 117 Rab. perd. 21. 26
Q. Mucius Scaevola (pontifex) K. 95 Rab. perd. 21
L. Mummius K. 146 Leg. agr. 1, 5. Mur. 31
Murena → Licinius Murena

Naso → Voconius Naso
Natta → Pinarius Natta
Nikostratos Cluent. 175 f. 178. 181 f. 186 f.
Novia Cluent. 27
Numa Pompilius Rab. perd. 13

Octavii Rab. perd. 21
Cn. Octavius K. 87 Cat. 3, 24
P. Octavius Balbus Cluent. 107
L. Opimius K. 121 Cat. 1, 4
Oppianicus → Albius Oppianicus
C. Orchivius Cluent. 94. 147
Otho → Roscius Otho

Pacenus Cluent. 161
Panaitios Mur. 66
Papia Cluent. 27
Cn. Papirius Carbo K. 82 Leg. agr. 3, 6 f. 3, 11
Paullus → Aemilius Paullus
Perseus Leg. agr. 1, 5. 2, 50. 2, 90. Cat. 4, 21. Mur. 31
Philippos V. Leg. agr. 2, 50. 2, 90. Mur. 31
Philippus → Marcius Philippus
Philus → Furius Philus
L. Pinarius Natta Mur. 73
Piso → Calpurnius Piso

L. Plaetorius Cluent. 165
M. Plaetorius Cluent. 126. 147
Cn. Plancus Cluent. 140
Platon Mur. 63
Pompeii Rab. perd. 21
Q. Pompeius K. 141 Mur. 16f.
Cn. Pompeius Magnus K. 70. 55. 52 Leg. agr. 1, IV. 1, 5f. 1, 13. 2, 23ff. 2, 46. 2, 49. 2, 52ff. 2, 60ff. 2, 99. 3, 16. Cat. 4, 21. Mur. 34
Q. Pompeius Rufus K. 88 Cluent. 11. Leg. agr. 1, 10. 2, 38f. 2, 56
C. Pomptinus Pr. 63 Cat. 3,5f. 3, 14
P. Popilius Cluent. 98. 103. 131f.
P. Popilius Laenas K. 132 Cluent. 95
Porcii Catones Rab. perd. 21
M. Porcius Cato Censorius K. 195 Leg. agr. 2, 64. Rab. perd. (12f.). Mur. 17. 32. 59. 66
M. Porcius Cato Uticensis Pr. 54 Mur. 3. 7. 13. 31. 34. 51. 54. 56. 58. 60ff. 67. 71. 74f. 78. 81ff.
M. Porcius Laeca Pr. 195 Rab. perd. (8)
M. Porcius Laeca Cat. 1, 8f. 2, 13
C. Postumus Mur. 54. 56f. 69
Pseudophilippos (Andriskos) Leg. agr. 2, 90. Mur. 31
Ptolemaios XI. Alexander II. (= Alexas) Leg. agr. 1, 1. 2, 41
Ptolemaios Apion Leg. agr. 2, 51
Ptolemaios XII. Auletes Leg. agr. 2, 44
Publicius Cat. 2, 4
Q. Publicius Cluent. 126
Pyrrhos Mur. 31

C. Quinctilius Cluent. 175
L. Quinctius Tr. 74 Cluent. 74. 77. 79. 83. 90. 94. 103. 108. 110. 112f. (113). (127). 137
T. Quinctius Flamininus K. 198 Leg. agr. 1, 5. Mur. 31
P. Quintilius Varus Cluent. 53

C. Rabirius Rab. perd. pass.
Romulus Rab. perd. 13. Cat. 1, 33. 3, 19
L. Roscius Otho Tr. 67 Mur. 40
A. Rupilius Cluent. 176
L. Rutilius Cluent. 182
P. Rutilius Rufus K. 105 Rab. perd. 21

Safinius Cluent. 68. (99)
Sex. Saltius Leg. agr. 2, 92
Sassia Cluent. 12. 26ff. 176. 178. 180. 183
P. Saturius Cluent. 107. 182

Saturninus → Appuleius Saturninus
C. Saufeius Rab. perd. 20
Scaeva Rab. perd. 31
Scaevola → Mucius Scaevola
Scaurus → Aemilius Scaurus
Scipio → Cornelius Scipio
C. Scribonius Curio K. 76 Rab. perd. 21
Sempronii Gracchi Leg. agr. 1, 21. 2, 10. 2, 81. Cat. 1, 29
Sempronius Gracchus Rab. perd. 20
C. Sempronius Gracchus Tr. 123. 122 Cluent. 151. (154). Leg. agr. 2, 10. Rab. perd. 12 ff. Cat. 1, 4. 4, 4. (4, 10). 4, 13
Ti. Sempronius Gracchus Tr. 133 Leg. agr. 2, 10. (2, 31). 2, 31. Rab. perd. 14. Cat. 1, 3. 4, 4.
Septimii Leg. agr. 3, 3
P. Septimius Scaevola Cluent. 115 f.
Q. Sergius Cluent. 21
L. Sergius Catilina Pr. 68 Cat. 1 pass. 2 pass. 3,3 f. 3,8. 3, 12. 3, 16 f. 3, 25. 4, 4. 4, 12 f. Mur. 6. 17. 48 f. 51 ff. 78 f. 81. 83 ff. 87
Serranus → Atilius Serranus
Q. Sertorius Pr. 83 Leg. agr. (2, 83). Mur. 32
C. Servilius Ahala Cat. 1, 3
Q. Servilius Caepio K. 106 Cluent. (140)
Q. Servilius Glaucia Pr. 100 Rab. perd. 20. Cat. 1, 4. 3, 15
P. Servilius Rullus Tr. 63 Leg. agr. pass.
P. Servilius Vatia Isauricus K. 79 Leg. agr. 1, 5. 2, 50. Rab. perd. 21
P. Sestius Tr. 57 Cat. 1, 21
Silanus → Iunius Silanus
Skamander Cluent. 47. 49 f. 52 ff. 59. 61. 66 ff. 105
Staienus → Aelius Staienus Paetus
L. Statilius Cat. 3, 6. 3, 9 f. 3, 14
Straton Cluent. 176. 178 ff. 182 ff. 186 f.
Sulla → Cornelius Sulla
C. Sulpicius Pr. 63 Cat. 3, 8
P. Sulpicius Galba Pr. ca. 66 Mur. 17
Ser. Sulpicius Galba K. 144 Mur. 59
Ser. Sulpicius Galba K. 108 Rab. perd. 21
C. Sulpicius Gallus K. 166 Mur. 66
P. Sulpicius Rufus Tr. 88 Cat. 3, 24
Ser. Sulpicius Rufus K. 51 Mur. 7 ff. 15 f. 19. 21. 24. 28. 30. 35. 43. 48 f. 52. 56. 72 f.
Ser. Sulpicius Rufus Mur. 54. 56 f.

Tarquinius Superbus Rab. perd. 13
M. Terentius Varro Lucullus K. 73 Cluent. 137
Cn. Titinius Cluent. 153

Titius Mur. (18)
Sex. Titius Tr. 99 Rab. perd. 24 f.
Tongilius Cat. 2, 4
Torquatus → Manlius Torquatus
Tubero → Aelius Tubero
Cn. Tudicius Cluent. 198
M. Tullius Cicero K. 63 Cat. 1, 27
M. Tullius Decula K. 81 Leg. agr. 2, 35
Tullus → Volcatius Tullus
Turranii Leg. agr. 3, 3

P. Umbrenus Cat. 3, 14

L. Valerius Flaccus K. 100 Leg. agr. 3, 5. (3, 6). (3, 8). Rab. perd. 20. 27. Cat. 1, 4
L. Valerius Flaccus Pr. 63 Cat. 3,5 f. 3, 14
Valgius Leg. agr. 3,3
Veratius Leg. agr. (2, 67)
C. Verres Pr. 74 Cluent. 91
Vibellii Leg. agr. 2, 93
Sex. Vibius Cluent. 25
C. Vibius Capax Cluent. 165
Q. Voconius Naso Cluent. 147 f.
L. Volcatius Tullus K. 66 Cat. 1, 15
T. Volturcius Cat. 3, 4. 3, 6. 3, 8. 3, 11 f. 4, 5
P. Volumnius Cluent. 198
L. Volusenus Cluent. 198

Zenon Mur. 61

ÜBERSICHT ÜBER DIE GESAMTAUSGABE

Erster Band

Rede für P. Quinctius
Rede für Sex. Roscius aus Ameria
Rede für den Schauspieler Q. Roscius
Rede für M. Tullius
Rede für M. Fonteius
Rede für A. Caecina
Rede über den Oberbefehl des Cn. Pompeius

Zweiter Band

Rede für A. Cluentius Habitus
Die Reden über das Siedlergesetz
Rede für C. Rabirius
Die Catilinarischen Reden
Rede für L. Murena

Dritter Band

Rede im Vorverfahren gegen Q. Caecilius
Erste Rede gegen C. Verres
Zweite Rede gegen C. Verres, Buch 1–2

Vierter Band

Zweite Rede gegen C. Verres, Buch 3–5

Fünfter Band

Rede für P. Sulla
Rede für den Dichter Archias
Rede für L. Flaccus
Danksagung an den Senat
Danksagung an das Volk
Rede über das eigene Haus
Rede für P. Sestius
Befragung des Zeugen P. Vatinius
Rede über das Gutachten der Opferschauer

Sechster Band

Rede für M. Caelius
Rede über die konsularischen Provinzen
Rede für L. Cornelius Balbus
Rede gegen L. Piso
Rede für M. Scaurus
Rede für Cn. Plancius
Rede für C. Rabirius Postumus
Rede für T. Annius Milo

Siebenter Band

Rede für M. Marcellus
Rede für Q. Ligarius
Rede für den König Deiotarus
Die Philippischen Reden

INHALT

Rede für A. Cluentius Habitus 7
Die Reden über das Siedlergesetz 117
Erste Rede 126
Zweite Rede 138
Dritte Rede 189
Rede für C. Rabirius 197
Die Catilinarischen Reden 221
Erste Rede 229
Zweite Rede 245
Dritte Rede 260
Vierte Rede 276
Rede für L. Murena 291

Anhang

Anmerkungen 353
Zum Text 387
Personenregister 388
Übersicht über die Gesamtausgabe 398